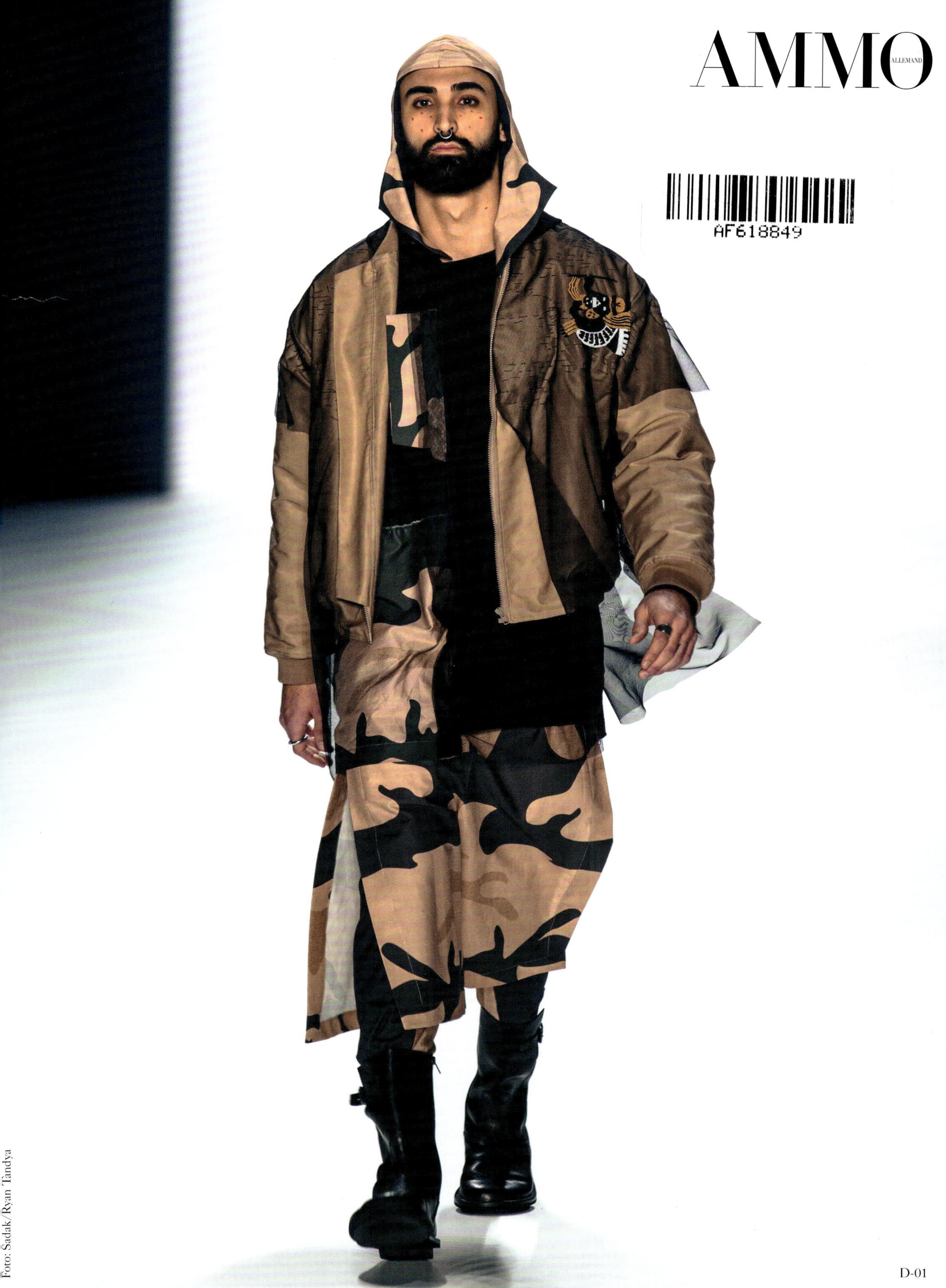

Foto: Sadak/Ryan Tandya

AMMO

Liebe Leserinnen, liebe Leser,

Kunst und Waffen – geht das zusammen? Dies war die Frage, die 2015 die Ausstellung *Fire and Forget. On Violence* in den KW Institute for Contemporary Art in Berlin stellte. Das Projekt *Unter Waffen. Fire & Forget 2* im Museum Angewandte Kunst in Frankfurt am Main spitzt diese Frage noch einmal zu, indem es der ambivalenten Faszination von Waffen und der Ästhetik militärischer Gewalt nicht nur in der zeitgenössischen Kunst, sondern auch in unserem Alltag nachgeht. Auf 1200 qm verfolgt die Ausstellung die Spuren, die sie in Mode, Design und Alltagskultur hinterlassen.

In einer Architektur, die zwischen Kunst- und Waffenmesse changiert, sollen Waffen als Gegenstände sichtbar gemacht werden, in denen sich verborgene Ängste und Sehnsüchte einer Gesellschaft verdichten. Sie vermitteln Macht, Gewalt und Überlegenheit und erinnern zugleich an Schmerz und Tod. Ihre Insignien und Attribute gehören zur affektiven Formensprache von kriegerischer Propaganda, aber auch von Künstlern, Modedesignern und Schmuckproduzenten. Ihre Provokationen sind stets kalkuliert und spielen mit der Ambivalenz menschlicher Affekte – zwischen Lust und Bösartigkeit. Das Magazin, das Sie in Händen halten, beschäftigt sich aus publizistischer Perspektive mit der gleichen Frage: Welche Wechselbeziehung besteht zwischen Waffen, Gewalt und Kultur, und welchen Beitrag leisten die unterschiedlichen gesellschaftlichen Bereiche, bestehende Gewalt zu hegen?

Frei nach der englischen Kurzform für Munition haben wir diese Publikation AMMO genannt. Denn wir wünschen uns, Sie gleichermaßen affektiv und intellektuell auszustatten und zu befeuern; wir möchten Sie gleichermaßen „treffen" und Ihnen Hintergrundmaterial für künftige Diskussionen liefern.

Sie werden in dieser Ausgabe von AMMO Kunst, Werbung, Design und Mode in unterschiedlichster Form präsentiert bekommen und von unseren renommierten Gastautoren Olaf Arndt, Richard Brem, Klaus Günther, Andreas Hofbauer und Barbara Vinken Neues lernen über nichttödliche Waffen, Camouflage, die Rechtfertigung der Selbstverteidigung – und warum in der Mode militärische Referenzen so beliebt sind.

Wir bedanken uns bei der Kulturstiftung des Bundes, die dieses Projekt großzügig gefördert hat, und beim Exzellenzcluster „Normative Orders" an der Goethe-Universität Frankfurt am Main, dessen Geistes- und Sozialwissenschaftler wichtigen Input in Ausstellung, Rahmenprogramm und Publikation gegeben haben, sowie bei allen Künstlern und Leihgebern. Ohne sie wären Ausstellung und Magazin nicht möglich geworden.

Wir wünschen Ihnen viel Freude – und starke Nerven!
IHRE REDAKTION

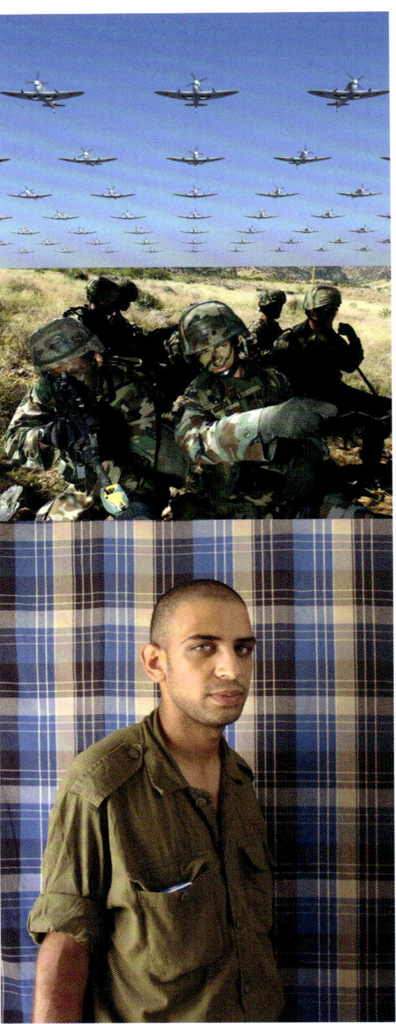

EDITORIAL

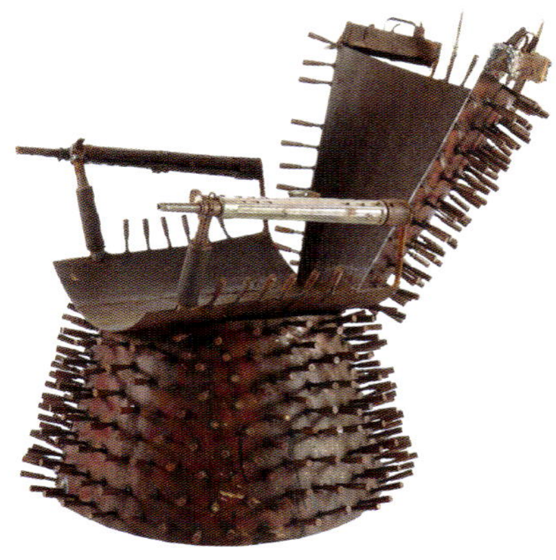

Gonçalo Mabunda, *Loves with loneliness throne*, 2013. Schwerter zu Pflugscharen und Waffen aus dem mosambikanischen Bürgerkrieg zu Sitzmöbeln. Foto: Jack Bell Gallery, London

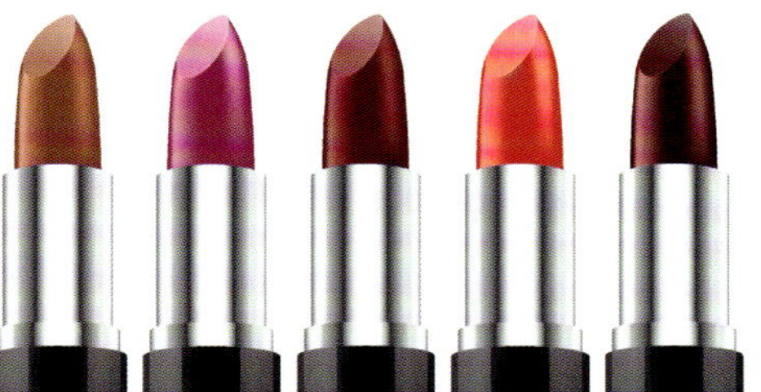

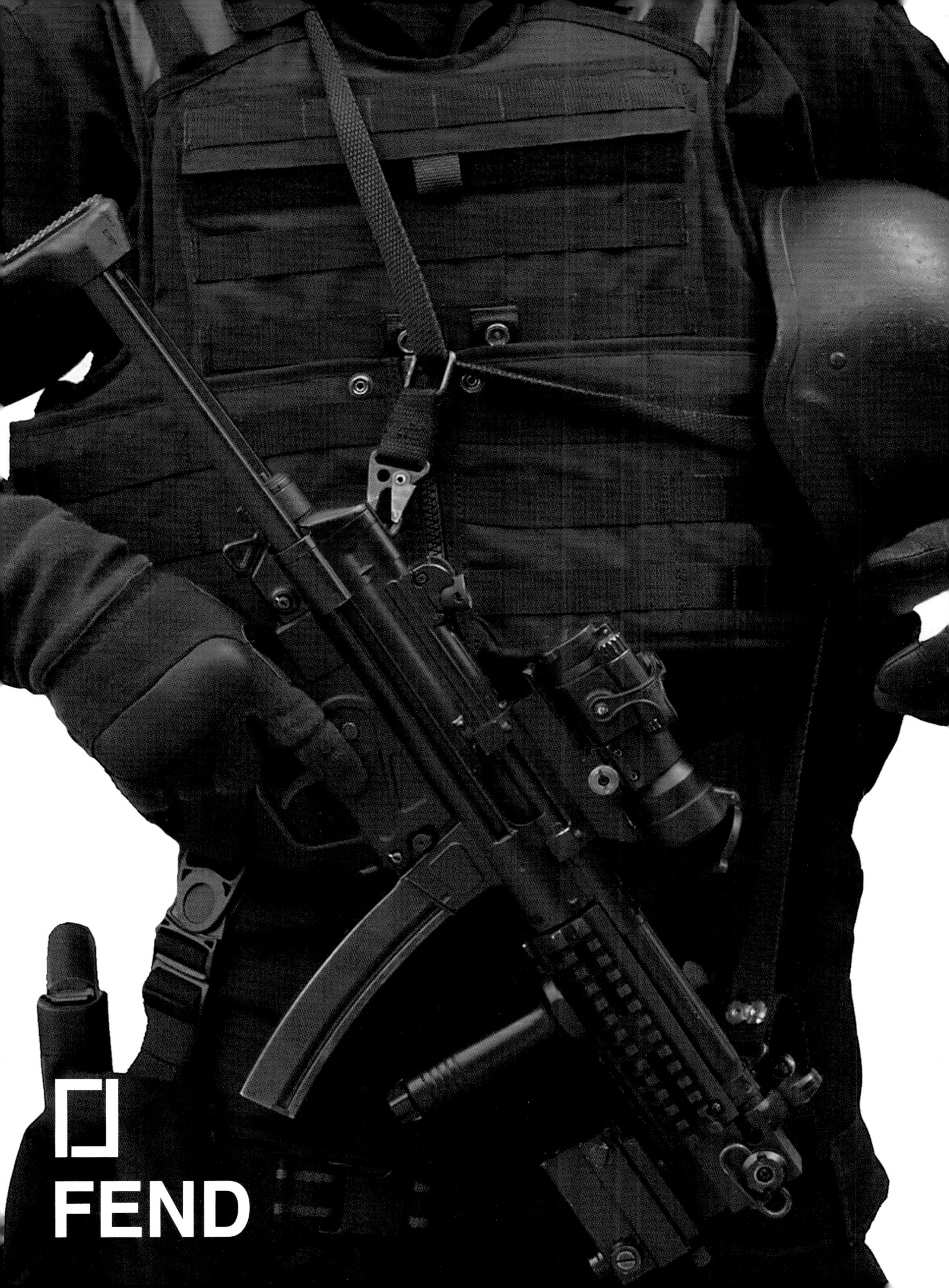
FEND

AMMO

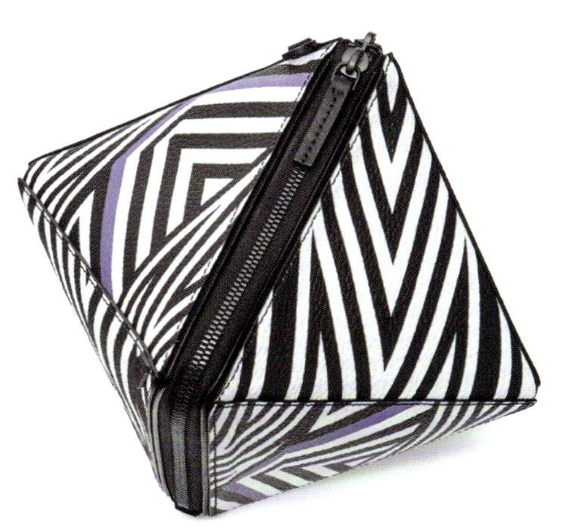

Mal als Tarnmuster gedacht, nun Mode: *Transforming Clutch* von MCM x Tobias Rehberger, 2016. Foto: MCM

GRUSSWORT

Ich bin nicht sicher, mit welchen Waffen der Dritte Weltkrieg ausgetragen wird, aber im Vierten Weltkrieg werden sie mit Stöcken und Steinen kämpfen, soll Albert Einstein gesagt haben. Was bedeutet es, wenn wir uns heute mit Waffen, ihrer Faszination und ihrem Schrecken in einem Museum, zumal im Museum Angewandte Kunst in Frankfurt am Main beschäftigen? Niemand wird bestreiten, dass Kriege jetzt und in Zukunft mit Mitteln der Hochtechnologie geführt werden. Demgegenüber erscheinen physische Objekte wie Gewehre und Pistolen fast schon antiquiert, ja nostalgisch. Retro. Vintage. Wenn sie durch Design und Mode zu Objekten der ästhetischen Begierde werden, heißt das dann, dass sie ihren Schrecken verloren haben? Einerseits, so könnte man sagen, ist der Begriff „Waffe" zu einer Metapher geworden; alles Mögliche kann in einem hochtechnisierten Krieg zur Waffe werden, sie ist vom Objekt zum System geworden. Andererseits scheinen die mörderischen Konflikte wieder archaischer zu werden, wo kriegerische Akte sich terroristischen angleichen: die Machete, das Schwert, der Mensch (als Selbstmordattentäter). Auch das sind mörderische Insignien der globalen Moderne.

Die Ausstellung *Unter Waffen. Fire & Forget 2* hat vor einer Ausstellung in einem Militärmuseum den großen Vorzug, dass sie die Durchdringung von Militärischem und Alltag auf erschreckende Weise bloßlegt. Wie viel Gewöhnung und Abstumpfung, wie viel Präparation oder mentale Zurichtung ist da im alltäglichen (Kriegs-)Spiel in den Medien, der Werbung, im Internet, im Begehren vorhanden und welchen Anteil haben Kunst und Ästhetik daran? „Spiel mir das Lied vom Tod" klingt fünfzig Jahre später angesichts der Allgegenwart der Bilder von Tötungen und Getöteten beruhigend wie klassische Musik aus abgelebten Zeiten, die zur Verklärung freigegeben ist. Die Bedrohung durch Waffen hat längst eine andere Qualität erreicht. Nicht zuletzt, weil Waffen zu Alltagsgegenständen oder zu Liebhaberstücken, Objekten leicht erfüllbarer Begierden von jedermann geworden sind.

Die Ausstellung *Unter Waffen. Fire & Forget 2* versteht sich als Fortsetzung der Berliner Ausstellung *Fire and Forget. On Violence*, kuratiert von Ellen Blumenstein und Daniel Tyradellis, beide Male von der Kulturstiftung des Bundes gefördert. Wir danken Matthias Wagner K, dass er sich für dieses brisante Thema begeistert und sein Haus für die Neuausrichtung der Ausstellung zur Verfügung gestellt hat, und sind überzeugt, dass dessen Vermittlung an diesem Ort und mit diesem kuratorischen Ansatz neue Publikumskreise erschließt.

HORTENSIA VÖLCKERS, ALEXANDER FARENHOLTZ
Vorstand Kulturstiftung des Bundes

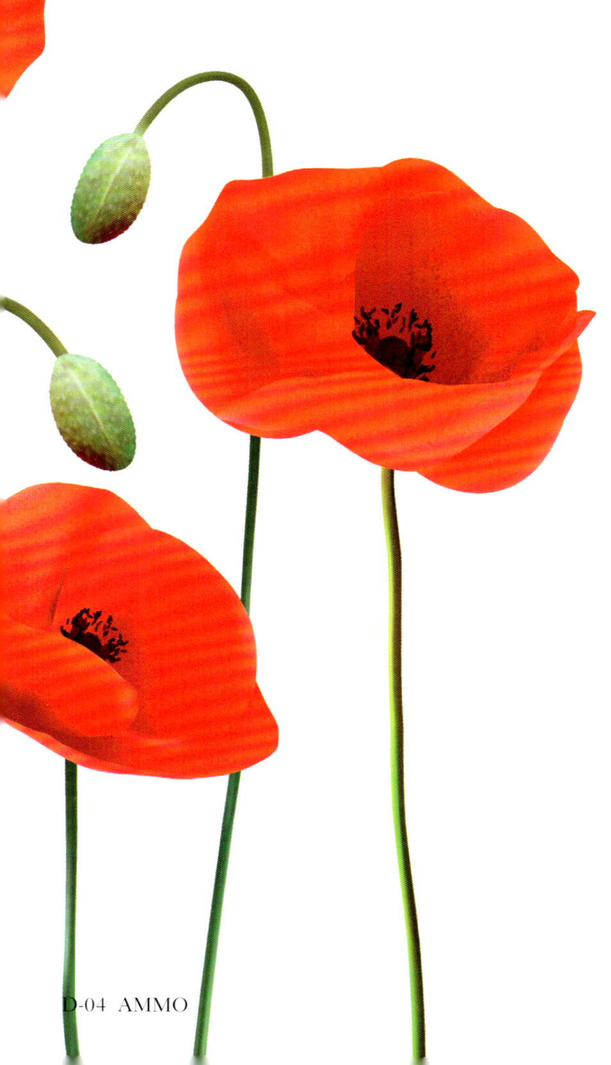

Foto: Sadak/Ryan Tandya

27

46

53

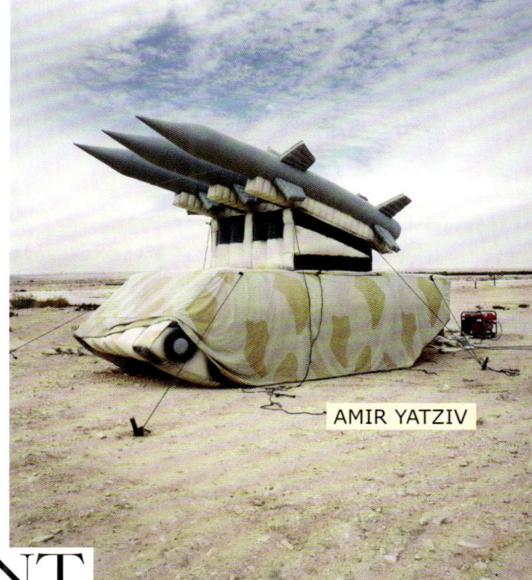

50

CONTENT

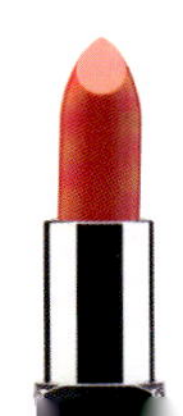

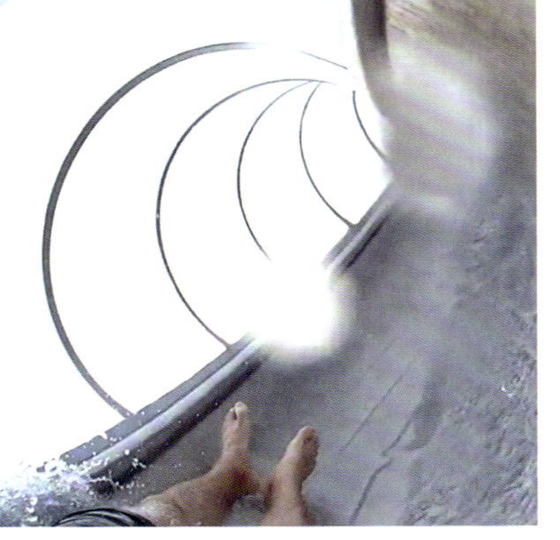

FIRESTARTER

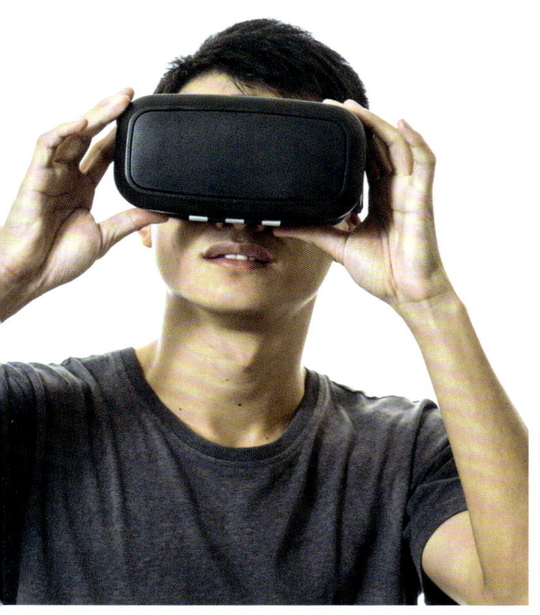

Enter THE VOID

Willkommen in der Realität...

Als Mark Zuckerberg zum ersten Mal das backsteingroße Headset aufsetzte, wusste er sofort: *Das ist die Zukunft.* Palmer Luckey, Erfinder von Oculus Rift, war ein gerade 17-jähriger Sci-Fi-Geek, als er begann, den Prototyp in der Garage seiner Eltern in Long Beach, Kalifornien, zu bauen. Über die Crowdfunding-Plattform Kickstarter schaffte er es innerhalb kürzester Zeit, 2,4 Millionen US-$ für sein Projekt einzusammeln und es nach Silicon Valley zu bringen. Vier Jahre später sitzt das Gerät, das auf den ersten Blick wie eine zu groß geratene, mattschwarze Skibrille wirkt, auf dem Gesicht mächtigsten Mannes des Internets ... *weiter auf D-60*

AMMO

IMPRESSUM

Die Redaktion hat sich nach bestem Wissen bemüht, die Urheber zu recherchieren und die Bildrechte einzuholen. Für nicht verzeichnete Quellen bitten wir Sie, sich an das Museum Angewandte Kunst, Frankfurt am Main zu wenden.

AMMO erscheint anlässlich der Ausstellung: *Unter Waffen. Fire & Forget 2*
Museum Angewandte Kunst,
Frankfurt am Main
10.9.2016 – 26.3.2017

HERAUSGEBER Ellen Blumenstein, Daniel Tyradellis, Matthias Wagner K

KREATIV DIREKTION & DESIGN Timm Häneke

KOORDINATION Anna Gien

AUTOREN
Olaf Arndt
Ellen Blumenstein
Richard Brem
Juliane Duft
Anna Gien
Klaus Günther
Andreas L. Hofbauer
Mahret Kupka
Daniel Tyradellis
Matthias Wagner K
Barbara Vinken

LEKTORAT Lutz Stirl (D), Anna-Sophie Springer (E)

ÜBERSETZUNG Steve Britt

Produktion
DISTANZ Verlag, Sonja Bahr

Gesamtherstellung
optimal media GmbH, Röbel/Müritz

Distribution
Gestalten, Berlin
www.gestalten.com
sales@gestalten.com

ISBN 978-3-95476-173-9
Printed in Germany

Published by
DISTANZ Verlag
www.distanz.de

Bibliografische Information der Deutschen Nationalbibliothek;
Die Deutsche Nationalbibliothek verzeichnet diese Publikationin der Deutschen Nationalbiliografie;
detaillierte bibliografische Daten sind im Internet abrufbar über http://dnb.d-nb.de.

BILDNACHWEIS

D-02: Flugzeugformation: Eugene Sergeev/Shutterstock.com. Soldaten: U.S. Air Force/Wikimedia Commons. Soldat vor karierter Wand: Rami Maymon, Aus: Untitled (Soldiers), 2005, Serie von C-Prints/Courtesy der Künstler und Hezi Cohen Gallery. Lippenstift: Alexandra-VI/Shutterstock.com. D-03: Polizist: Foto011/Shutterstock.com. D-04: Mohnblumen: ecco/Shutterstock.com. Make Up: Szantai Istvan/Shutterstock.com. D-05: Chlorindioxidlösung in Wasser: Iridos/Wikimedia Commons. Lippenstift: Gresei/Shutterstock.com. D-06: Wasserrutsche: Twister Tower Water Slide at Sonnentherme (Videostill): AmusementForce/YouTube.com. V-R Headset: Wayne0216/shutterstock.com. Soldat: Pixabay.com. D-08: U-Boot: rimira/Shutterstock.com. D-09: Boxer: Gualtiero Boffi/Shutterstock.com. D-11/D-12: Airedale Terrier: Pixabay.com. D-17: Panzer: Alex C. Sauceda, U.S. Marine Corps/Wikimedia Commons. Panzer2/Pixabay.com. Kardangelenk: Wapcaplet/Kneiphof/Wikimedia Commons. Paralympischer Läufer: Nick Webb/Flickr.com: Oscar Pistorius Panzer3: TSGT MICHAEL RICE, USAF/US Air Force/Wikimedia Commons. D-20/22: Hund: Pixabay.com. D-24: Würfel: Martial Red/Shutterstock.com. Soldat: Pixabay.com. Kugel: Beautyimage/Shutterstock.com. D-25: Pistole: Samo Trebizan/Shutterstock.com. Screenshots: Darknet. D-27: Napalm Explosion: Air Force, Camera Operator: SSGT CARL S. MCGILL/Wikimedia Commons. Atompilz: U.S. Government/Flickr.com. Anthrax: Pete Seidel, Amanda Moore, MT, Todd Parker, PhD, Audra Marsh, USCDCP. D-28: Dazzler: KATERINE NOLL/U.S. Navy/Wikimedia Commons. Chlorindioxidlösung in Wasser: Iridos/Wikimedia Commons. D-29: Agent Orange: Originally from U.S. Army Operations in Vietnam R.W. Trewyn, Ph.D. (11) Huey Defoliation National Archives: 111-CC-59948, originally found in Box 1 Folder 9 of Admiral Elmo R. Zumwalt, Jr. Collection: Agent Orange Subject Files / Wikimedia Commons. D-30: Ricinus Frucht: Robodoc/Wikimedia Commons. Splitterbombe: Richard Peter/Deutsche Fotothek/Wikimedia Commons. Pilzwolke des Ivy-Mike-Kernwaffentests 1952: US Government/Wikimedia Commons. D-32 Schokoladenpulver: Ivaylo Ivanov/Shutterstock.com. D-35: Tanzende Soldaten: Jason Cooper/Dailymotion.com. D-36: Lana del Rey „High by the Beach" (Videostills)/Universal Music. D-37: Mädchen:DK samco/shutterstock.com. D-38: Videostills/IS Propagandavideo. D-39/D-40: Hund: Pixabay.com. D-42: Spinnennetze: NASA. Soldat1: Pixabay.com. Feuernder Soldat: Pixabay.com. D-43/D-44: Hund: Pixabay.com. D-44: Liberator Gun: Justin Pickard/Flickr.com. D-47/D-48: Hund: Pixabay.com. D-51: Trojanisches Pferd: Pixabay.com. Fallschirmspringer Dummy „Rupert": Merville Bunker Museum/PAJ/Wikimedia Commons. D-53: Explosionstest: US Department of Energy, National Nuclear Security Administration/Nevada Site Office/Wikimedia Commons. Granatapfel: Tim Ur/Shutterstock.com. D-54: Soldatin: Studio0411/Shutterstock.com. D-55/D-56: Löwe: freestockphotos.biz. D-61: V-R Headset: Wayne0216/shutterstock.com. Auge: Seprimor/Shutterstock.com. Wasserrutsche: Twister Tower Water Slide at Sonnentherme (Videostill): AmusementForce/Youtube.com. D-63: Panzer: Summer Woods/Publicdomainpictures.net. Flugzeugformation: Eugene Sergeev/Shutterstock.com. Brieftaube mit Fotokamera: Bundesarchiv Bild/Wikimedia Commons. D-65: glenda/Shutterstock.com. D-67: Soldat: Pixabay.com. Taser: natan86/Shutterstock.com. D-68: Anzeige: Tom Weber/Milpictures. D-70: Special Force: Oleg Zabielin/Shutterstock.com. Finger: nine_Far/Shutterstock.com. Öltanks: dedi57/Shutterstock.com. Leopard: Sapik/Shutterstock.com. D-71: Militärkleidung: Vladimir Prusakov/Shutterstock.com. VW Golf: Volkswagen AG/Wikimedia Commons. Stacheldraht: Szekeres Szabolcs/Shutterstock.com. Munition: bezikus/Shutterstock.com. IMPRESSUM Soldatin & 3 Soldaten/Straight 8 Photography

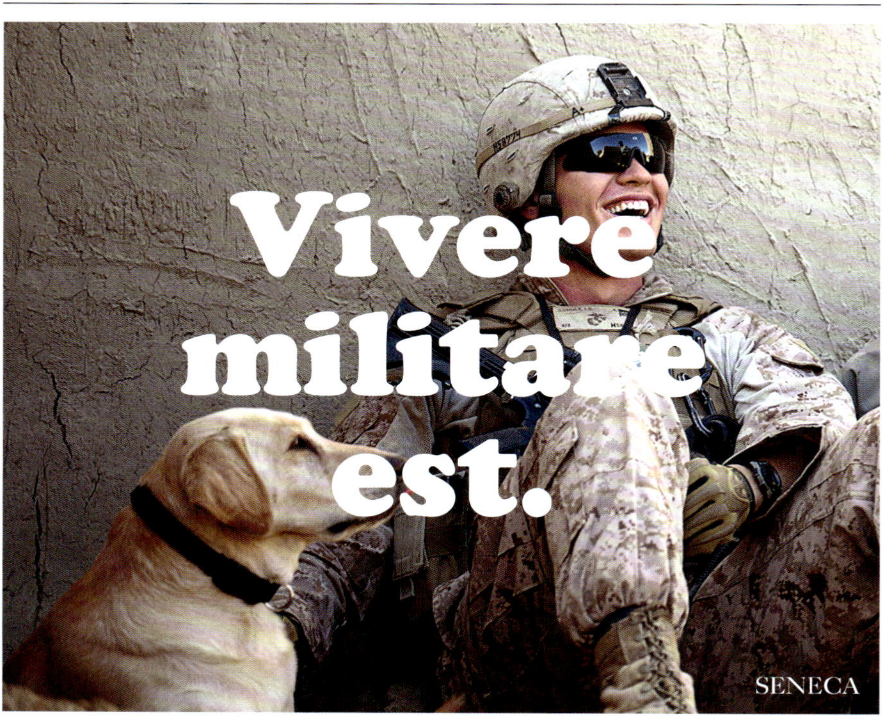

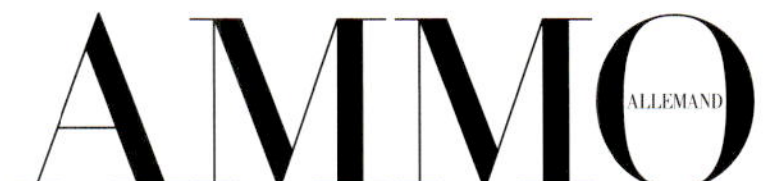

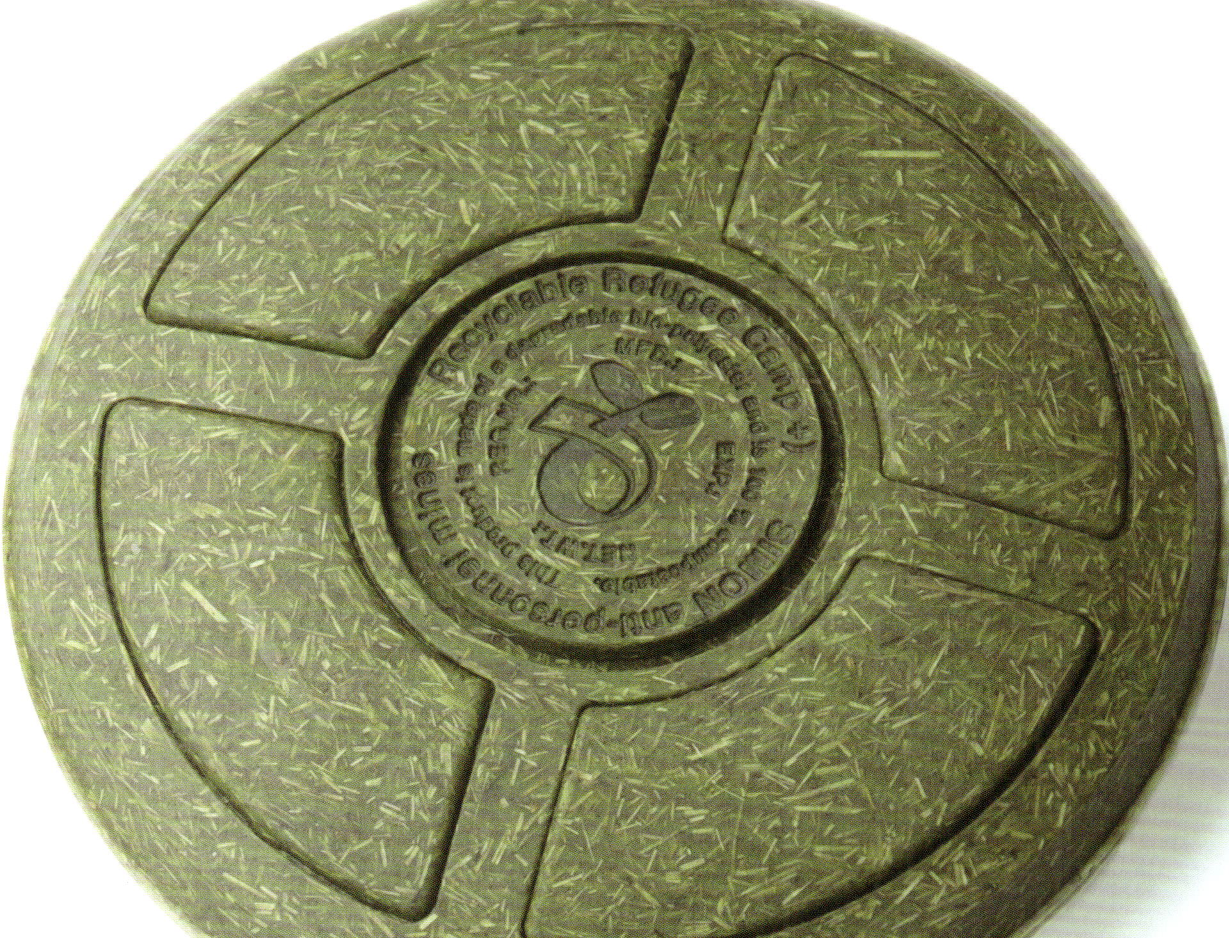

Courtesy Sofie Van Velde Gallery, Antwerpen

Ives Maes
SIMON anti-personnel mines, 2004
Harz, Hanf, Farbstoff, Mohnsamen

The Female ANIMAL

Von ANDREAS L. HOFBAUER

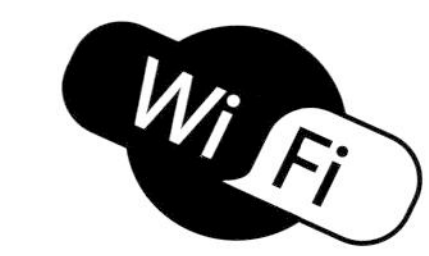

HEDWIG EVA MARIA KIESLER – nie gehört? Dann ein paar Stichworte: Erster Leinwandorgasmus fürs Kinopublikum. Ecstasy and Me – eine angebliche Autobiografie voll erotischer Eskapaden, die sich durch keine Klagen aus der Welt schaffen lässt. BOX-OFFICE-DYNAMITE, Hollywooddiva, schönste Frau der Welt, Wienerin, Sternzeichen: Skorpion. Applaudiert, gefallen, vergessen. *Postum zum 101. Geburtstag dann doch noch ein DOODLE von GOOGLE für: HEDY LAMARR.*

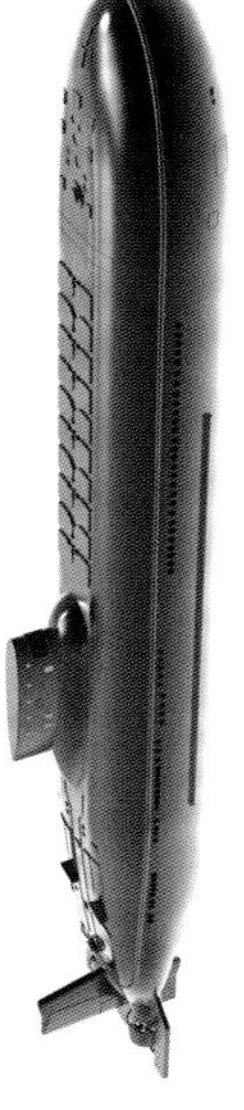

Ursprung heutiger Handy- und Wi-Fi-Technologie: Ein störsicheres Torpedoleitsystem aus dem Zweiten Weltkrieg, das auf 88 verschiedene Frequenzen springen kann.

In ihrem 85. Lebensjahr gibt die seit Jahrzehnten sehr zurückgezogen lebende Filmdiva Hedy Lamarr dem Magazin *Vanity Fair* 1999 ein kurzes Q & A. Nicht ihr verflossener Filmruhm, sondern das internationale Presseecho auf die Ehrungen, die ihr erst kurz zuvor im Zusammenhang mit ihrem 1942 bestätigten US-Patent Nr. 2,292,387 zuteilgeworden sind, haben sie für kurze Zeit wieder ins Zentrum des journalistischen Interesses gerückt. Auf die Frage, als welches Wesen sie nach ihrem Tod zurückkommen möchte, antwortet die Lamarr: als Eule.

Als die blutjunge Hedwig Kiesler Österreich und ihren ersten Ehemann Fritz Mandl, den vermögenden und einflussreichen Generaldirektor der Hirtenberger Patronenfabrik mit besten Kontakten zu den Granden des Austrofaschismus und zu Mussolini, bei Nacht und Nebel in Richtung London verlässt, nimmt sie all ihre Juwelen als Kriegskasse mit. Und wohl auch ein paar Erinnerungen an abgehörte Gespräche, die ihr Mann mit den Abnehmern seiner Ware geführt hat. Flugs schifft sie sich von dort gen Kalifornien ein, wo die dunkelhaarige Schöne sofort den exotischen Charme einer babylonischen Prinzessin versprüht. Während die Faschisten in Europa einen großen Krieg vorbereiten, beginnt sich die Lamarr mehr und mehr um ihre Verwandten in der fernen Heimat zu sorgen. Aus einer säkularisierten jüdischen Familie stammend, hegt sie persönlichen Abscheu vor dem, was da vorgeht und handelt als überzeugte Antifaschistin. Nachdem Roosevelt den Eintritt der USA in den Krieg nach der Attacke der Japaner auf Pearl Harbor nicht länger blockiert, will auch sie aktiv werden. Schon bald genügen ihr die unermüdliche Werbung für Kriegsanleihen und das Tanzen in der Hollywood Canteen nicht mehr, wo GI-Joe gratis trinken und mit den Stars schäkern kann, die ihm Autogramme und Küsschen geben, bevor er, so ermutigt, auf die Schlachtfelder ziehen darf.

Ultrakurzwelle, kurz UKW, steuert die mobilen Waffensysteme des Zweiten Weltkriegs: Panzer, Flugzeuge, U-Boote und ab 1944 einen Teil der Lenkraketen aus Peenemünde. Die beispiellose Angriffseffizienz fußt auf dieser Technologie, die Sender und Empfänger auf diversen Frequenzen verschalten. Entschlüsseln, Abhören, Stören werden zu entscheidenden strategischen Bedingungen. Die US-amerikanischen Schiffe, die unablässig Nachschub nach Europa schaffen, sind leichte Beute für die deutschen U-Boote; sie sind bequem zu orten.

Da trifft die Lamarr George Antheil, einen Avantgardekomponisten, der sich seit 1927 erfolglos an der Synchronisierung von 16 mechanischen Klavieren versucht, um sein Projekt „Ballet mécanique" weiter zu verbessern. Beide entwickeln zusammen ein verschlüsseltes Torpedoleitsystem. Wenn ein solches Leitsystem über nur eine Frequenz läuft, ist es leicht zu stören. Deshalb muss zwischen den Frequenzen „gesprungen" werden; möglich wird dies durch papierene Lochkarten, die Sender und Empfänger durch ein identes Lochkartenmuster synchronisieren. Das *frequency hopping*, das *spread spectrum* ist erfunden und es bedient bei Antheil und Lamarr 88 Frequenzen, was der Anzahl der Tasten auf einem Klavier entspricht. Was sich in diesem Falle verdichtet, ist die Faszinationsgeschichte einer Übertragung als Fernsteuerung – hier etwas bewegen, damit dort etwas passiert. Dadurch ist es möglich, U-Boote en masse zu versenken. Zugleich zeigt sich, wie Klavier, Schreibmaschine und Computer in einem kriegsgeschichtlichen Zusammenhang stehen, so der Musiktheoretiker und Philosoph Hans Georg Nicklaus.

Antheil fährt nach Washington und will die Erfindung denen anbieten, die damit etwas Sinnvolles anzustellen wissen sollten. Doch obwohl Antheil und Lamarr ihre patentierte Erfindung der US-Armee gratis überlassen, trauen die Verantwortlichen einem schillernden Komponisten und einer aus Österreich stammenden Schauspielerin nicht über den Weg. Sie verschwindet im Panzerschrank der Geheimhaltung; erst in späteren Kriegen wird man darauf zurückgreifen. Als aber in den 1990er-Jahren neue zivile Patente für Mobiltelefontechnologie angemeldet werden, beziehen sich diese auf das Vorgängerpatent von 1942. Der Rest ist Geschichte – CDMA, Wi-Fi, Bluetooth, jeder gleichzeitig am Smartphone in der überfüllten U-Bahn. All das verdankt sich dem Geniestreich der beiden. Georges Antheil ist bereits tot, und die Lamarr quittiert die Auszeichnungen für die technische Innovation am Telefon mit einem trockenen „Es wurde auch Zeit", verlässt aber ihre Wohnung nicht mehr für die diversen Feierlichkeiten. Sie blickt auf ein merkwürdiges Schicksal zurück, das sie wohl mit einigen Frauen teilt, die sehr schön und auch sehr klug sind. Und die Sache mit der Abhörsicherheit ... nun, das ist ein anderes Kapitel.

HEDY LAMARRS Erfindung verschwindet für 50 Jahre im Panzerschrank der US-ARMEE

Ein 2011 erschienenes, lesenswertes und gut informiertes Buch von Edoardo Segantini und Giovanni Pau trägt den Titel *Hedy Lamarr, la donna gatto*. Aber das ist falsch. Selbst wenn die von Bob Kane kreierte Comicfigur *Catwoman* unverkennbar Hedy Lamarrs Züge trägt – die wahre *donna gatto* war Marlene Dietrich als österreichische Spionin, Komponistin und Kryptografin X 27 in Josef von Sternbergs *Entehrt* (1931). Die Lamarr ist eine Eule, und deren Flug setzt bekanntlich ein, wenn die Dämmerung hereinbricht.

KEEP CALM *and* KRAV MAGA

„Keine Kompromisse!" Eriks stahlblaue Augen streifen streng über mich und die anderen Kursteilnehmerinnen. Barfuß stehen wir in Reih und Glied auf dem mit Matten ausgelegten Boden des Krav Maga Department in Berlin-Kreuzberg. „In der harten Realität da draußen müsst ihr selbst zur Waffe werden."

BE SMART. DON'T BE A VICTIM

Krav Maga (hebr. קרב מגע „Kontaktkampf") ist ein für die israelische Armee entwickeltes Selbstverteidigungssystem, das auf instinktiven Reaktionen beruht und sich durch simple Techniken auszeichnet. Was Krav Maga von anderen Kampfsportarten wie den Martial Arts oder Taekwondo unterscheidet, ist sein Selbstverständnis. Krav Maga versteht sich nicht als Sport, es geht nicht um Wettkampf, sondern um effektive Verteidigung im Ernstfall auf der Straße. Nicht alles, aber vieles ist erlaubt. Gefahren sollen „in unserem stets von Gewalt geprägten Alltag" frühzeitig erkannt und das Reaktionsvermögen insgesamt geschärft werden. Das kann ja nie schaden.

Angesichts meiner etwas kläglichen, nur fünf Monate währenden Erfahrung mit Karate aus Teenagerjahren scheint mir ein sanfterer Einstieg in die Kunst des Krav Maga sinnvoll. Ich habe mich deshalb eigens zu einem Selbstverteidungskurs für Frauen angemeldet. In den „richtigen" Seminaren, High Impact oder Take Down and Take Control, gibt es zum Beispiel keine Matten, da sind blaue Flecken vorprogrammiert. Aber man versteht schon: Je rauer und anstrengender das Training, desto effektiver das Ergebnis. Wohl deshalb sind auch Outdoortrainings in „realistischen" Umgebungen sehr beliebt: Verlassene Bunker oder sogar Flugzeuge werden genutzt, um Kriegssituationen zu üben und zu lernen, Terroristen in natürlicher Umgebung zu entwaffnen.

TRAIN HARD FIGHT EASY

Der Trend der israelischen Kampftechnik kam vor circa zehn Jahren wie so vieles über den Umweg der USA nach Deutschland, wo sie für polizeiliche und militärische Ausbildungszwecke sowie für Privatpersonen angeboten wird. Die Marktführer Krav Maga Global und Krav Maga System mit Dependencen in Berlin, Hamburg, München und Frankfurt am Main expandieren stetig mit dem Motto: „Wir machen aus jedem einen Fighter."

Das Seminar, das ich gebucht habe, beginnt mit einer einfachen Übung: Schreien, so laut wir können. Ein Instinkt, den wir in unserer modernen Sozialisierung verloren hätten, sagt Erik. Wir begeben uns abwechselnd in die Rolle der „Täter", schreien uns gegenseitig an und drängen uns mit schnell rot verschwitzen Gesichtern von einer Seite der Halle zur anderen, wieder und wieder, bis der Raum von urzeitlichem Gebrüll durchdrungen ist.

BE PREPARED FOR EVERY SITUATION

Kaum wieder zu Atem gekommen, folgt als Nächstes eine Situation, die uns so jederzeit im Alltag widerfahren könnte, wie uns Erik erläutert. Er greift sich die neben mir stehende Mareike, die zwar auch Anfängerin, aber weniger zierlich und mit ihrem kleinen, auf den Handdrücken tätowierten Schlagring sicher auch kampfeslustiger ist als ich. Gemeinsam stellen sie die Gefahrenszene nach: Mareike soll Erik an die Gurgel gehen. Entschlossen stürmt sie vor und greift zu. Was nun folgt, ist ein verblüffendes Nacheinander aus gezielten Hebelbewegungen der sehnigen Gliedmaßen des Instructors, das ihren Griff schneller wieder löst, als sie zupacken kann und sie wie eine Gummipuppe auf den Boden wirft. Routiniert zeigt er uns die *Pressure Points* – jene Stellen am menschlichen Körper, die wie Ohnmachtsknöpfe funktionieren.

Jetzt sind wir an der Reihe. In Zweierteams versuchen wir, die dann doch nicht so intuitive Abfolge der Bewegungen umzusetzen. Wir wiederholen sie gefühlte tausend Mal, bis die Bewegungen fast automatisch ablaufen. Gut so, denn: „Unter Stress bleibt keine Zeit zum Denken!" Leuchtet ein. Zu einem richtigen Training gehören deshalb auch sogenannte *Stress Drills*, Situationen, die den Kämpfer noch zusätzlich unter Druck setzen und das Adrenalin maximal in die Höhe schießen lassen. Erik wirft den CD-Player an. Ohrenbetäubend lauter Techno schallt uns aus den Boxen entgegen. Er nickt mir aufmunternd zu. Ich bin dran.

TRAIN AS LONG AS YOU CAN. NEVER GIVE UP

Während die anderen eine laute und unruhige Menschenmenge simulieren, soll ich meine Gegnerin, die mir von hinten ein schwarzes Gummimesser an die Kehle hält, abwehren. Die Gruppe flirrt um mich herum. Erik weist sie an, sich enger zusammenzudrängen, lauter, aggressiver zu werden. Ich versuche, meinem Fluchtinstinkt zu widerstehen und warte darauf, dass Mareike mir in den Nacken springt. Als sie mich dann plötzlich wirklich umklammert, mir ihren heißen Atem ins Ohr bläst und das Gummimesser hart an meine Kehle presst, setzt tatsächlich der Automatismus ein. Durch vier gezielte Hiebe mit dem Ellbogen, einem Kick zwischen die Beine und einem angetäuschten Punch mitten ins Gesicht werfe ich sie innerhalb weniger Momente zu Boden. Mein Puls rast und die Endorphine schießen durch meine Blutbahnen, während sich meine Gegnerin verdutzt umblickt. Die anderen applaudieren, auch Erik klatscht anerkennend in die Hände. Got it!

Als ich am nächsten Morgen den Kottbusser Damm entlanglaufe, fühle ich mich immer noch wie neu geboren. Jeden potenziellen Angreifer, der mir auf meinem Weg von meiner Wohnung zur U-Bahn begegnet, könnte ich mit ein paar Handgriffen umlegen. *My body is a weapon*. Jetzt verstehe ich, was Imi Lichtenfeld, der Begründer des Krav Maga, meinte, als er sagte: „So that one may walk in peace." *A.G.*

Der TREND der israelischen Kampftechnik kam vor circa zehn Jahren wie so vieles über den Umweg der **USA** nach Deutschland

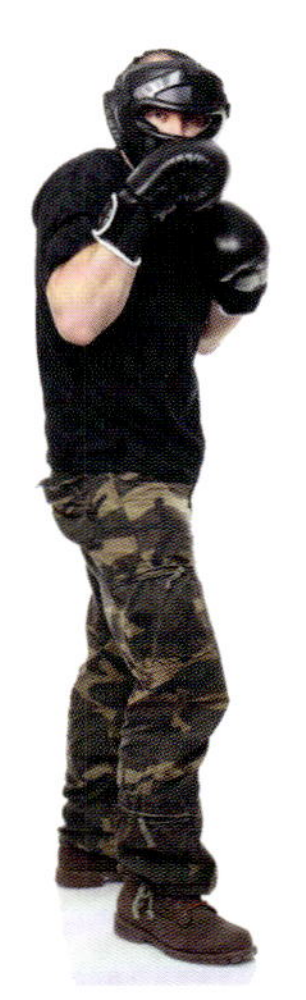

KRAV MAGA: Die hippe Spezialausbildung aus Israel für sicherheitsliebende Großstädter

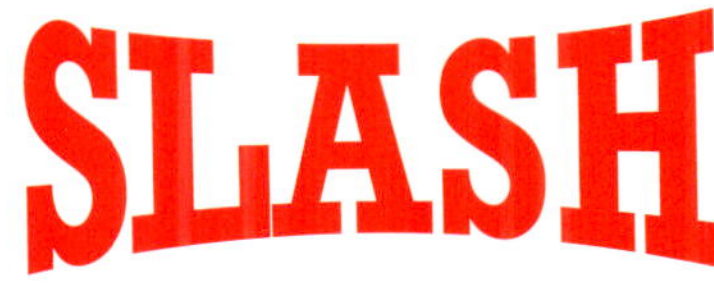

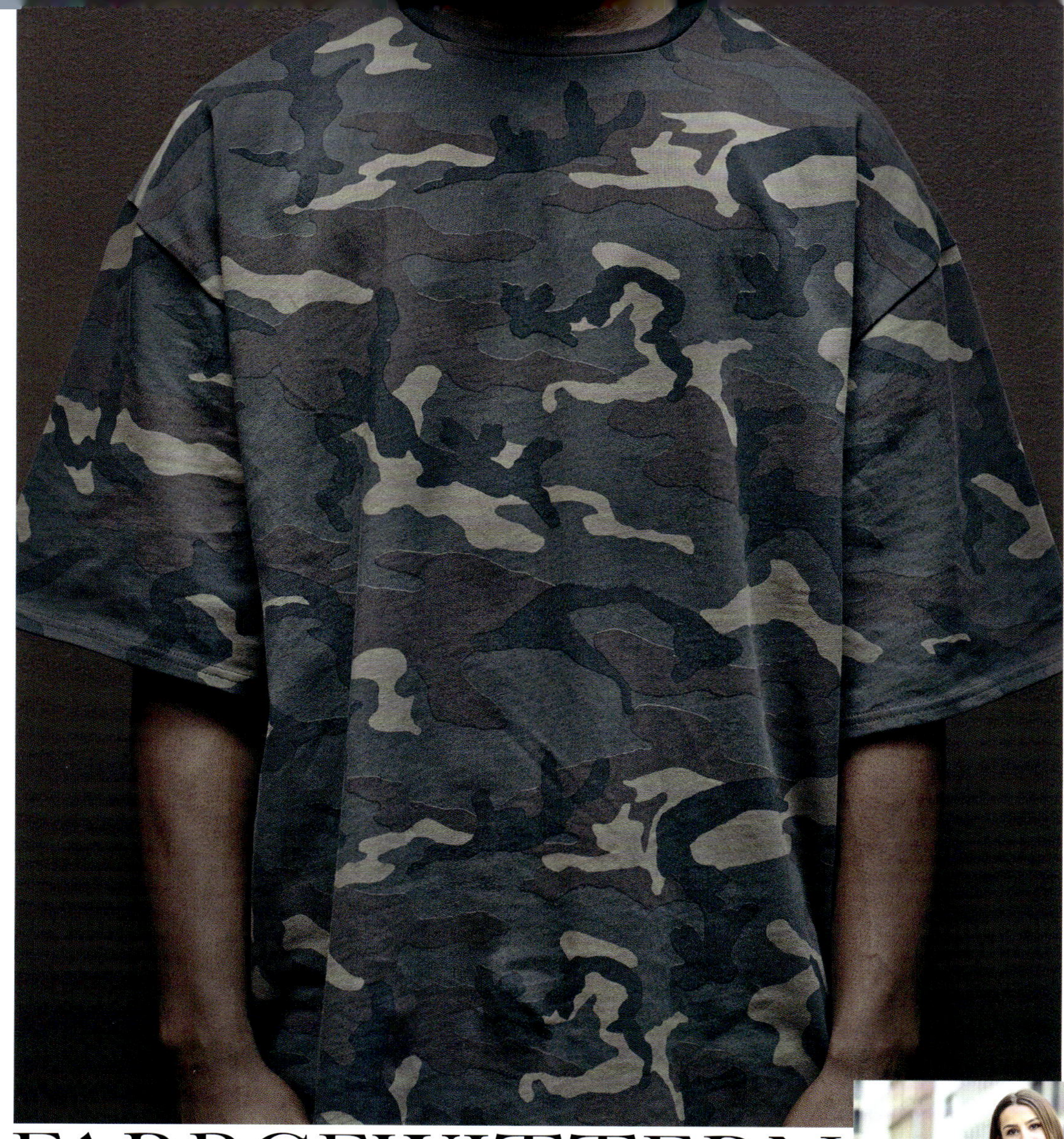

In FARBGEWITTERN

Tarnen und Täuschen waren immer schon Teil des Kriegshandwerks. Doch was wir heute **CAMOUFLAGE** nennen, ist ein ganz besonderes Kapitel. *DEUTSCHER WALD*, der *SAND INDIENS* und der Dschungel Vietnams waren die Vorbilder für diese Tarnmuster. Heute sind sie dabei, sich in einer Welt der PIXEL und POLYGONE aufzulösen. *Und auch der letzte, große Sieg scheint in Zukunft möglich:* Die Befreiung der vielfarbigen Muster aus den Fängen des Militärs. *Von* RICHARD BREM

Perfekt angepasst an das harte Großstadtleben mit unseren Streetstyles (D-57) und Adidas Originals x KANYE WEST – YEEZY SEASON 1 *Camo Tee*, 2015, Foto: YEEZY SEASON 1 ZINE/ JACKIE NICKERSON

Die vielleicht schönste Definition von Camouflage stammt von Georges Braque, der sie 1943 in einem Gespräch mit Ernst Jünger als „die Vernichtung der Formen durch die Farbe“ bezeichnet hat – und sich sogleich als ihren Erfinder. Schon vor Braque hatte allerdings Pablo Picasso das Copyright auf Camouflage angemeldet. Gertrude Stein hat überliefert, dass sie nicht lange nach dem Ausbruch des Ersten Weltkriegs gemeinsam mit Picasso auf dem Pariser Boulevard Raspail unterwegs war, „als der erste getarnte Lastwagen vorbeifuhr. Es war Nacht, wir hatten schon von Camouflage gehört, aber noch nie gesehen, und Picasso schaute verblüfft und rief dann aus: ‚Das waren wir, die das geschaffen haben. Das ist Kubismus!‘“ Tatsächlich steckten hinter diesen Tarnmustern professionelle Maler, die teilweise von den kubistischen Formen bei Picasso und Braque beeinflusst waren. Unter den damals vom französischen Militär rekrutierten Malern, darunter ausgewiesene Kubisten wie André Mare und Fernand Léger, befanden sich nämlich viele Angehörige des Salon d'Automne, einem einflussreichen Ausstellungsort für avantgardistische Kunst.

DER NEUE BLICK VON OBEN

Bis zum Ersten Weltkrieg waren Maler beim Militär in offizieller Funktion nur als Schlachtenmaler in Erscheinung getreten, und die Tarnung von militärischem Gerät oder Stellungen war ohne ihre Mitwirkung auf natürlichem Wege erfolgt – indem man sie hinter Büschen oder Erdwällen versteckte oder mit eigens gesammelten Zweigen, Ästen, Gräsern oder Schilfrohren bedeckte. Im Ersten Weltkrieg bot diese traditionelle Form der Tarnung keinen ausreichenden Schutz, da der Feind nicht mehr nur aus der Ferne, sondern mit Aufklärungsflugzeugen erstmals die Schlachtfelder auch von oben ausspähte. Und neben den menschlichen Augen, die spähten, kamen nun Bordkameras mit immer höherer Auflösung und Schärfe zum Einsatz. Um insbesondere Artilleriestellungen vor diesem Blick von oben zu schützen, wurden die Kanonen entweder direkt bemalt oder mit großen bemalten Stoffbahnen bedeckt, die in Farben und Muster jeweils möglichst exakt denen der Umgebung entsprachen.

Die Idee dazu stammte vom Pariser Porträtmaler Lucien-Victor Guirand de Scévola, der zu Beginn des Kriegs als Artillerist gedient hatte und der in der Folge vom Militär den Auftrag bekam, Maler und Dekorateure zu rekrutieren, die ab 1915 in einer eigenen, die Front auf- und abfahrenden Einheit mit dem Namen „Section de Camouflage“ zusammengefasst wurden.

Dass Tarnung einen derartigen Stellenwert innerhalb einer Armee einnahm, war militärgeschichtlich neu. Selbst der Begriff „Camouflage“ besaß bis zu diesem Zeitpunkt im allgemeinen Gebrauch des Französischen noch keine militärische Färbung. Das Verb *camoufler* hatte seinen Ursprung in der Theater- und Gaunersprache und bedeutet soviel wie: sich kostümieren, etwas vorgaukeln; und ganz ursprünglich sogar: jemandem einen Streich spielen. Diese Bandbreite der Bedeutungen fand sich auch in der Camouflage des Ersten und später des Zweiten Weltkriegs, wo zum Tarnen zusätzlich auch das Täuschen im Sinne von Vortäuschen gehörte: Durch kunstvoll produzierte Attrappen von Waffen, militärischen Anlagen und Transportmitteln sollte die gegnerische Armee dazu verleitet werden, Zeit, Munition und Aufmerksamkeit auf unbedeutende Ziele zu vergeuden.

POLYGONE UND LOZENGE

Auf deutscher Seite spielte Camouflage im Ersten Weltkrieg eine nicht minder wichtige Rolle, und auch hier fanden sich in den Reihen der „Camoufleure“ die Namen bekannter Maler. Allen voran die von Paul Klee und Franz Marc. Im Gegensatz zu Klee konnte Marc seinen Militärdienst nur zeitweise, in Fronteinsatzpausen, mit dem Anbringen von Tarnmustern verbringen. Dafür tat er dies mit umso größerer Begeisterung: In einem seiner *Briefe aus dem Feld* berichtete er im Februar 1916 seiner Frau Maria, wie er neun Zeltbahnen unterschiedlich im Stil großer Maler, „von Manet bis Kandinsky“, bemalt habe.

Während Franz Marc mit seinen Zeltbahnen Artilleriegeschütze vor feindlichen Aufklärungsflugzeugen zu tarnen versuchte, ging sein Freund Paul Klee bei den Königlich Bayerischen Fliegertruppen in Oberschleißheim einer ähnlichen, wenn auch entgegengesetzten Tätigkeit nach: Er produzierte keine Tarnung zum Schutz vor Flugzeugen, sondern tarnte die Aufklärungs- und Jagdflugzeuge selbst. Den Tragflächen der Flugzeuge kam dabei eine besondere Bedeutung zu, weil sie – mit den passenden Mustern bemalt – von oben, das heißt von feindlichen Flugzeugen aus betrachtet, mit der Landschaft darunter verschmolzen. Die Tragflächen wurden dafür mit vier-, fünf- oder sechseckigen Polygonen in vier oder fünf verschiedenen Farben bemalt – eine Technik, die als Lozenge-Tarnung (Rauten-Tarnung) bezeichnet wurde.

Klee machte das schablonenhafte Anbringen solcher Muster keine Freude – der ganze Krieg zehrte nach dem Verlust seiner Freunde Franz Marc und August Macke zu sehr an ihm. Dennoch dürfte ihn seine Zeit bei den Fliegern nachhaltig geprägt haben. Nicht wenigen Kunsthistorikern ist die Ähnlichkeit mancher seiner nach dem Krieg entstandenen Bilder mit den Polygonmustern der Militärzeit aufgefallen.

VERWIRRMUSTER

Der Erste Weltkrieg brachte nicht nur am Boden und zur Luft, sondern auch zu Wasser neue Formen der Kriegsführung hervor. Und damit verbunden auch neue Formen der Tarnung. Zur See waren es die U-Boote, die mit ihren Torpedos Kriegs- und auch Handelsschiffe bedrohten. Einmal von einem U-Boot mit dem Periskop ausgemacht, war für ein Schiff auf offenem Meer ein Unsichtbarwerden durch Tarnung oder andere optische Tricks nicht mehr möglich. Doch die Möglichkeit der Täuschung blieb.

Wiederum war es ein Künstler, dieses Mal der britische Marineoffizier und -maler Norman Wilkinson, der die Idee dazu hatte: Breite Streifen und Rauten in Schwarz, Weiß und maritimen Grau- und Blautönen am Schiffskörper sollten den Feind bezüglich der Größe des Schiffes, seiner Entfernung, Fahrtgeschwindigkeit und genauen Fahrtrichtung verwirren. Die geometrisch wilden, modernistisch anmutenden Muster hießen folglich auch Dazzle-Camouflage oder auf Deutsch: Verwirrmuster.

TARNUNG IM TIERREICH

Dass der Tarnanstrich der Dazzle Ships Zebrastreifen ähnelte, war nicht ganz zufällig. Auf die Seekriegsführung wurde ein Grundprinzip aus der Tarnung in der Tierwelt übertragen, konkret: das Prinzip der Tarnung in Bewegung, die sich vom Erscheinungsbild deutlich von der viel statischeren Tarnung durch Anpassung an die Umgebung unterscheidet.

Bereits 1909 hatte der amerikanische Maler Abbott H. Thayer – dessen eigentliche Spezialität neben Landschaftsporträts die Darstellung von Engelsfiguren war – ein Buch mit dem Titel *Concealing-Coloration in the Animal Kingdom* veröffentlicht, in dem er detailliert die Prinzipien der Tarnung im Tierreich darzulegen versuchte. Allem voran die weiße Unterseite bei vielen Tierkörpern und damit verbunden das Countershading (Gegenschattierung) zur Brechung der plastischen Wirkung von Körpern, nach Thayer auch als „Thayer's Law“ bekannt: „Animals tend to be colored darkest on those parts of their bodies that tend to be the most exposed to the sun's light, and colored lightest on the parts of their bodies that

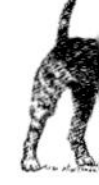

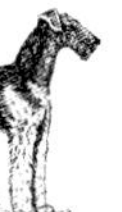

are mostly in shadow [...] Such a phenomenon [...] often renders the animal invisible."

Bei Ausbruch des Ersten Weltkriegs versuchte Thayer das britische Militär auf seine Überlegungen zum Thema Camouflage aufmerksam zu machen. Aber erst mit dem Kriegseintritt der USA 1917 fand Thayer auch Gehör. Es waren nicht nur amerikanische Militärs, sondern auch amerikanische Maler, die sein Buch *Concealing-Coloration in the Animal Kingdom* eifrig studierten – primär allerdings, um als Camoufleure Dienst tun zu können und so dem Einsatz an vorderster Front zu entgehen.

Wilkinson hat angegeben, seine Dazzle-Tarnung unabhängig von Thayer entwickelt zu haben. Und auch die französischen und deutschen Camoufleure dürften im Ersten Weltkrieg ohne Kenntnis von Thayers Buch oder Thayers Gesetz getarnt haben. Dass die Natur aber auch für sie das große Vorbild und die große Lehrmeisterin war, belegte nicht zuletzt ein Abzeichen, das die Soldaten der „Section de Camouflage" auf ihren Uniformen trugen. Es zeigte ein Chamäleon.

VON DER ZELTBAHN ZUR TARNUNIFORM

In der Entwicklung der Camouflage erfolgte die Tarnung der Soldaten selbst erst spät und lange nach der Tarnung von Geschützen, Beobachtungsposten, Tanks und Transportfahrzeugen. In Eigenregie hatten allerdings bereits im Ersten Weltkrieg manche Soldaten ihre Stahlhelme mit mehrfarbigen Polygonmustern bemalt – angelehnt an die Tarnmuster, wie sie damals auch die Flieger verwendeten. Gerade im Schützengraben war der Kopf eines Soldaten besonders exponiert und ein im Sonnen- oder Mondlicht aufblitzender Helm oft verräterisch und tödlich.

Auch erste Tarnuniformen kamen im Ersten Weltkrieg zum Einsatz, allerdings noch in sehr geringer Zahl und meist nur bei Spähern und Scharfschützen, die nahe am Feind operierten. Auf britischer Seite wurde dabei auf das traditionelle Wissen von Jägern aus dem schottischen Hochland zurückgegriffen, die seit Jahrhunderten dem Wild mit aufwendigen, aus Jute, Erde und Gräsern gefertigten Ganzkörperverkleidungen, sogenannten *Ghillie Suits*, auflauerten. Generell lässt sich im Grün der Jäger, wie es im Alpenraum in Österreich und Deutschland eine lange Tradition hat, eine Urform der modernen Tarnuniform erkennen. Auch das Khaki, das die Briten Mitte des 19. Jahrhunderts in der sand- und schlammfarbigen Landschaft des Punjab erstmals als Uniform trugen, ist tarnungsgeschichtlich ein Vorläufer.

Doch noch zu Beginn des Ersten Weltkriegs zogen viele Truppen mit bunten und weithin sichtbaren Uniformen in die Schlacht – die Franzosen etwa mit leuchtend roten Hosen. Erst im Lauf des Kriegs wurden diese durch stumpfere und damit besser tarnende Farben ersetzt. Bereits damals gab es auch den Vorschlag seitens des Malers Louis Guingot, Uniformjacken mit pointillistischen Mustern zu versehen. Guingots Prototyp einer solchen Tarnjacke wirkt heute erstaunlich modern, war seiner Zeit aber zu sehr voraus. Es dauerte bis ins Jahr 1931, ehe die erste Uniform mit Tarnmuster hergestellt wurde, besser: eine Art Uniform, denn die *Zeltbahn 31* der deutschen Reichswehr war in ihrer Primärfunktion ein Einmannzelt, das vom Soldaten nach dem Ponchoprinzip auch als Überwurf getragen werden konnte.

Deutschland blieb in den 1930er- und 1940er-Jahren weltweit führend in der Entwicklung von Tarnmustern. Eine Schlüsselrolle spielte dabei der aus Karlsruhe stammende Kunstmaler und Buchkünstler Johann Georg Otto Schick, der ab 1935 im Auftrag der SS-Verfügungstruppe, aus der später die Waffen-SS hervorging, einschlägige Studien und Experimente durchführte. Schick ging dabei sehr methodisch vor und spannte Maler, Wissenschaftler, Chemiker

> Heute kündigt sich ein zunehmender *Bedeutungsverlust* der herkömmlichen, auf Stoff gedruckten **TARNMUSTER** für die *militärische Praxis* an, der zugleich von einer zunehmenden *Vereinnahmung* der **CAMOUFLAGE** durch **ZIVILISTEN** begleitet wird.

sowie Farb- und Stoffhersteller zusammen. In Zusammenarbeit mit der IG Farben ließ er sogar spezielle Farben für den Stoffaufdruck entwickeln, die vor der Erfassung durch Infrarotgeräte schützten.

In aufwendigen Feld- und Waldstudien analysierten Schick und seine Mitarbeiter zudem die Reflexionseigenschaften von Bäumen und Blattwerk unter verschiedenen Licht- und Schattenverhältnissen und zu verschiedenen Jahreszeiten.

Das Resultat dieser Studien war eine Abkehr von den bis dahin üblichen geometrischen Tarnmustern. An ihre Stelle traten Muster, die sich sehr stark an die Natur anlehnten und die von Militariasammlern später Namen wie *Sumpftarnmuster*, *Platanentarnmuster*, *Beringtes Eichenlaubtarnmuster* oder *Erbsentarnmuster* erhielten. Nicht dokumentiert, aber gut denkbar ist, dass bei der Auswahl dieser Muster auch die in NS- und SS-Kreisen verbreitete Vorstellung vom Wald als mystischem Urgrund des Germanischen eine Rolle spielte und in den Tarnuniformen der Waffen-SS gewissermaßen stofflich wurde.

Wie die Soldaten, die sie trugen, haben nur wenige dieser Tarnuniformen den Krieg überlebt. Und auch Schick verschwand – seine Spur verliert sich mit Kriegsende in der Trümmerlandschaft des „Dritten Reichs".

DIE NATION ALS VISUELLES KONZENTRAT

Nach dem Zweiten Weltkrieg setzten sich Uniformen mit Tarnmuster fast überall durch. Die meisten Armeen ließen dafür eigens Muster kreieren, in denen sich der Nationalcharakter ihres Landes widerspiegelte – nicht der seiner Bevölkerung, sondern der seiner Landschaft. So entstanden reihenweise visuelle Konzentrate von Ländern und ihrer vorherrschenden Vegetation – und damit zugleich eine neue Art von Nationalfarben. Manche Armee griff auch auf ältere Traditionen der Kriegskleidung zurück, beispielsweise Zaire (heute Demokratische Republik Kongo), das als Tarnmuster ein animistisch anmutendes Leopardenfellmuster auserkor.

Als Rückgriff auf archaische Formen der Kriegsführung mutet auch die Gesichtscamouflage an. Im Vietnamkrieg bemalten erstmals auch reguläre Truppen ihre Gesichter mit Tarnfarben, im Zweiten Weltkrieg war die Tarnung des Gesichts noch ausschließlich Spezialeinheiten vorbehalten gewesen. Die US-amerikanische Armee hatte dazu sogar eigens den Make-up-Hersteller Max Factor mit der Entwicklung und Fabrikation von schlachtfeldtauglicher Schminke beauftragt. Bis heute hat der Begriff Camouflage im amerikanischen Englisch auch die starke zivile Bedeutungsschattierung „Abdecken durch Schminke".

POP TRÄGT CAMO

Uniformteile mit dem in Vietnam getragenen *Tiger Stripe*-Tarnmuster der U.S. Army fanden Anfang der 1970er-Jahre als Überschussware und via Surplus Stores in größerer Zahl auch ihren Weg unter die Zivilbevölkerung, wo sie vor allem von jungen Leuten getragen wurden. Oft verbunden mit einer subversiven Intention, die sich in den späten 1970ern dann auch bei Musikgruppen wiederfand, die bei Auftritten und Fotoshootings „Camo", wie man es kurz nannte, trugen. Bands wie The Clash oder Throbbing Gristle unterstrichen so ihre musikalische Militanz und ihr martialisches Image.

1983 fanden auch die Dazzle Ships des Ersten Weltkriegs Eingang in die Popmusik – im Titel und auf dem Cover eines Albums von Orchestral Manoeuvres in the Dark (OMD). In den späten 1980er- und frühen 1990er-Jahren popularisierten Public Enemy und der Berliner Tekkno-DJ Tanith das Tragen von Camo.

In der Gegenrichtung knüpft auch das Militär zu Rekrutierungszwecken gern an die Jugend- und Pop(ulär)kultur an. Dazu werden oft Tarnmuster verwendet, weil sie in der Öffentlichkeit als cool konnotiertes und sofort wiedererkennbares Corporate Design funktionieren. Besonders clever: Eine aktuelle Rekrutierungskampagne der Bundeswehr präsentiert das bekannte Flecktarnmuster der Truppe in der 3-D-Polygon-Ästhetik von Computerspielen. Zielgruppe eindeutig: die Generation Gamer.

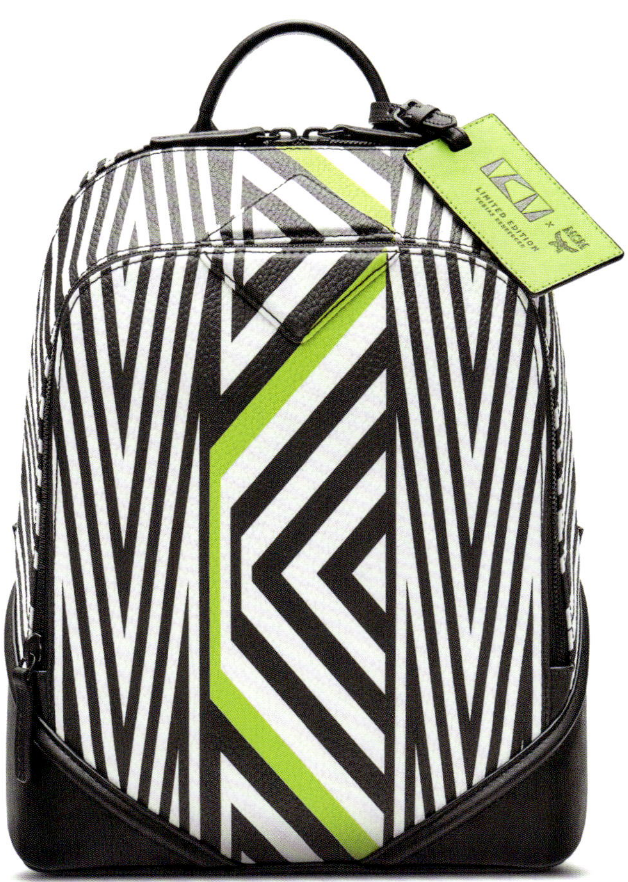

Zwischen Schiffsbemalung und psychedelischem Muster: *Backpack Small* von MCM x Tobias Rehberger, 2016. Foto: MCM

AUSPIXELN

Auch Camouflage im Pixellook, wie sie immer häufiger zu sehen ist, könnte als Reverenz an die Jugend- und Digitalkultur verstanden werden. Tatsächlich dienen digital designte Tarnmuster wie das amerikanische *MARPAT* oder das *CADPAT* (das CAD steht dabei für Canadian Disruptive Pattern, könnte aber ebenso gut auch für Computer-aided Design stehen) nicht dazu, Fotoaufnahmen des Feindes zu „blurren", sondern sie lösen ein altes Problem von Tarnmustern – nämlich das, aus der Nähe wie aus der Ferne gleich effektiv Konturen zu verschleiern. Pixeltarnmuster, die sich quasi fraktal wiederholen, erzielen dabei sehr gute Erfolge und setzen sich deshalb weltweit in den verschiedensten Variationen immer mehr durch.

TARNMUSTER ALS VEXIERBILDER

Doch selbst Tarnmuster mit den besten Formen, Farbkombinationen und Kontrasten reichen heute nicht mehr aus, wenn Wärmebildkameras die Wärmesignatur eines menschlichen Körpers erfassen. Hier kündigt sich ein zunehmender Bedeutungsverlust der herkömmlichen, auf Stoff gedruckten Tarnmuster für die militärische Praxis an, der zugleich von einer zunehmenden Vereinnahmung der Camouflage durch Zivilisten begleitet wird.

Man kann den Beginn des spielerischen Umgangs mit Tarnmustern und ihre Herauslösung aus dem militärischen Kontext vielleicht auf das Jahr 1967 datieren, als der Konzeptkünstler Alighiero Boetti das klassische *Telo-mimetico*-Motiv der italienischen Streitkräfte künstlerisch bearbeitete. Andy Warhol tat 1986 mit seinen fröhlich-bunten Farbremixes des *Woodland*-Tarnmusters der U.S. Army Ähnliches.

Eventuell liegt der Grund für den anhaltenden Erfolg von Tarnmustern in Mode, Kunst und Popkultur auch darin begründet, dass sie Vexierbilder sind, die Gegensätze und Paradoxes vereinen. So tragen Zivilisten heute Tarnmuster nicht, um mit der Umgebung oder einem ebenfalls Uniform tragenden Kollektivkörper zu verschmelzen, sondern um herauszustechen und die Individualität des Trägers zu signalisieren.

Hardy Blechman, einer der weltweit obsessivsten Sammler zum Thema Tarnmuster und Herausgeber einer fast tausend Seiten umfassenden *Encyclopedia of Camouflage*, sieht in der Popularität von Camo vor allem eine unbewusste Sehnsucht nach der Natur. Camo wäre demnach eine Chiffre für Zivilisationskritik, mit der die wilde Natur um uns herum und in uns selbst angerufen wird. Einem totemistischen Symbol gleich, das man mit sich und am Körper trägt, beschwört Camo das Urwüchsige und Ungezähmte – als Gegenkraft zu der von Menschen geplanten und geschaffenen Form. Oder mit den Worten von Ernst Jünger, der im Ersten Weltkrieg die Entwicklung von Camouflage an vorderster Front miterlebt hat: „Daher sucht man auch heute, will man die Spuren menschlicher Tätigkeit verbergen, vor allem den Eindruck von Winkelmaß und Reihung zu zerstören; das ist der Sinn der Tarnfärbung."

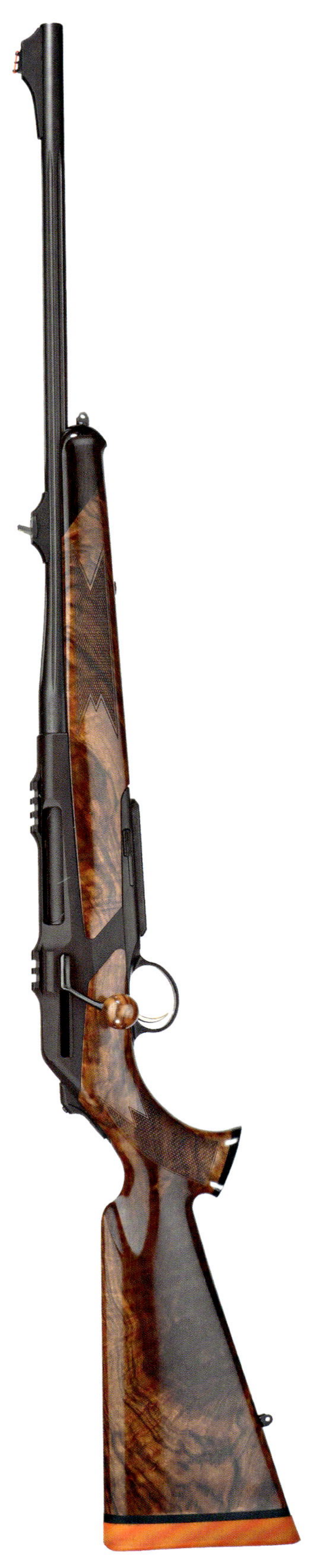

„*Beim* GEWEHR geht es immer *um LEBEN und TOD*" *Jagdwaffenentwicklung bei MERKEL IN SUHL*

MAX SCHMELING, DWIGHT D. EISENHOWER und NIKITA CHRUSCHTSCHOW hatten eines gemeinsam: Alle drei besaßen ein Jagdgewehr des deutschen Traditionsunternehmens Merkel. *Ende des 19. Jahrhunderts* als Familienbetrieb gegründet, wurde die Marke in der DDR zum Devisenbringer und Exportschlager für hochwertige *Jagdgewehre.* Das gilt bis heute, obwohl das Geschäft mit der Jagd betriebswirtschaftlich extrem anspruchsvoll ist: Der Kundenkreis ist durch den Jagdschein limitiert, für das internationale Geschäft gelten strenge Auflagen. Doch bis heute produziert *MERKEL* in Thüringen nach alter Tradition, aber mit hochmodernen Fertigungsmethoden Jagdwaffen. *JEAN FREYEISEN* von *MERKEL* berichtet AMMO exklusiv vom Spagat zwischen *Handwerk und Hightech.*

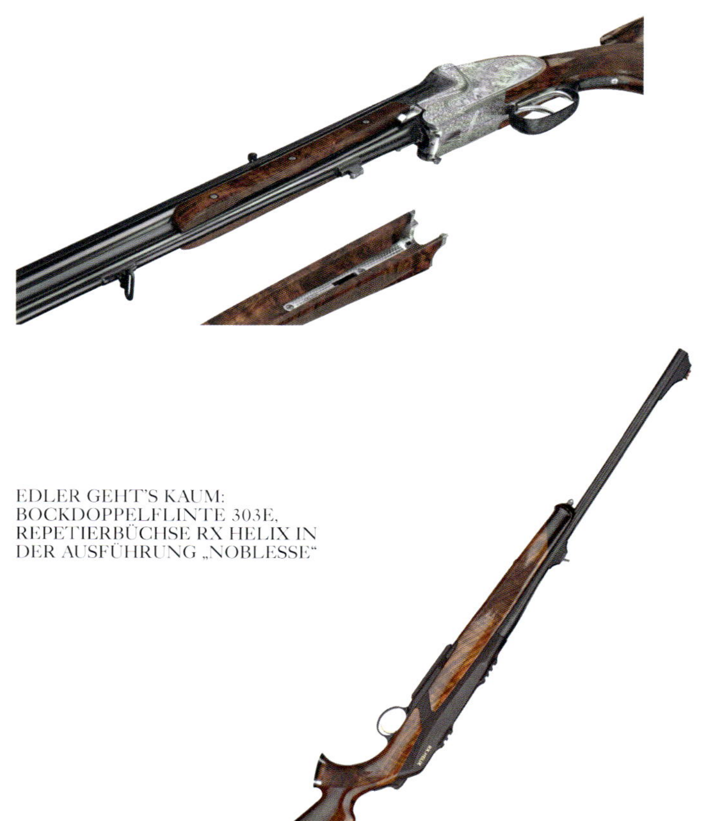

EDLER GEHT'S KAUM: BOCKDOPPELFLINTE 303E, REPETIERBÜCHSE RX HELIX IN DER AUSFÜHRUNG „NOBLESSE"

AMMO: Wie sind Sie zum Waffendesign gekommen?

JEAN FREYEISEN: Der Begriff „Design" ist für Waffen unüblich. Waffen werden eher konstruiert als designt. Der Begriff Konstruktion würdigt das Funktionelle mehr als der Begriff „Design". Waffen sind gefährlich und müssen unter allen Umständen bestimmungsgemäß funktionieren. Die Firma Merkel stammt aus Suhl und ist die letzte große Marke der alten Waffenstadt in Thüringen. Suhl hat bereits im Dreißigjährigen Krieg 30 000 Gewehrläufe im Jahr produziert. Merkel wurde im Jahr 1898 gegründet und hatte seinen Schwerpunkt immer auf dem „feinen Gewehr" – also auf der Jagdwaffe.

In welchem Verhältnis stehen Handwerk, Formgebung und technische Innovation bei Ihrer Arbeit?

Wir unterscheiden bei Merkel zwei Typen von Jagdgewehren: Zum einen unsere „Meisterstücke" mit einem hohen Anteil handwerklicher Arbeit. Das sind traditionelle Jagdgewehre wie beispielsweise unsere Bockflinte 303, die seit 1924 fast identisch bei uns hergestellt wird und die bis heute als eine der besten und schönsten Flinten gilt. Zum anderen unsere innovativen Jagdgewehre wie beispielsweise unsere Helix von 2010. Diese Gewehrklasse nennen wir MEM – der Begriff zitiert das Kulturgen „Mem". Hier werden alte Suhler Konstruktionsprinzipien neu kombiniert oder wesentlich verbessert. Wir schöpfen also eine Innovation aus den Erfahrungen und dem Waffenwissen der Region.

Spielt die letale Kraft der Waffe eine Rolle bei ihrer Gestaltung? Soll die Waffe „schön" sein und/oder soll sie sogar Macht vermitteln?

Die „letale Kraft" der Waffe spielt bei der Konstruktion immer die wichtigste Rolle. Die Waffe muss sicher sein, denn sie ist lebensgefährlich. Manche Waffentypen sind ohne dauerndes Training kompliziert – ein Drilling, ein typisches traditionelles Jagdgewehr mit drei Läufen, beispielsweise kann für einen Ungeübten eine Herausforderung sein. Die Aufgabe des Konstrukteurs ist es, diese Waffe ergonomisch so zu gestalten, dass sie sicher handhabbar ist – auch in Stresssituationen. Jagdgewehre sind in der Regel so gestaltet und konstruiert, dass sie neben der Funktionalität eher Wertigkeit und ästhetische Qualitäten transportieren – nicht die Macht. Das mag bei manchen militärischen beziehungsweise paramilitärischen Gewehren anders sein. Und ja: Jagdgewehre sollen auch schön sein. Die dekorativen Elemente, etwa Gravuren von Jagdszenen auf dem Systemkasten, sind Kunst – ganz nah an den Höhlenmalereien der steinzeitlichen Menschen. Das Mammut und der Hirsch haben seinerzeit an der Höhlenwand den Jagderfolg beschworen.

Gibt es ästhetische Vorbilder aus anderen Gestaltungsdisziplinen oder der Alltagskultur für die Gestaltung von Waffen?

Jagdgewehre bestehen überwiegend aus zwei Materialien: Holz und Metall. Die Materialübergänge sind eine ästhetische Herausforderung, der sich auch andere Designbereiche stellen müssen. Auch die Oberflächen von Metall und Holz bedürfen einer Veredelung, einem spezifischen Korrosionsschutz und einem Schutz gegen aggressive Pulverdämpfe beispielsweise. Das ist ein spezifisches Anforderungsprofil, das schon eher waffentypisch ist.

Welche Rolle spielen Haptik und Gewicht der Waffe?

Für die Konstruktion ist die Gebrauchstauglichkeit eine ganz wichtige Komponente. Auch edle Jagdwaffen müssen funktionell – die Jäger sagen „führig" – sein. Dazu gehört ein Gewicht, das die Waffe alltagstauglich macht. Auf der Pirsch, auf dem Schießstand oder auf dem Hochsitz muss die Waffe ergonomischen und praktischen Ansprüchen gerecht werden. Das bestimmt natürlich ihr Äußeres mit.

Unterliegt die Gestaltung von Waffen Moden oder Konjunkturen?

Die Jagd an sich ist sehr traditionsverbunden und die Moden, denen sie folgt, sind weitaus konservativer als in anderen Gebieten. Seit zehn oder zwanzig Jahren werden Veränderungen deutlicher, denn auch die Jagd ändert sich ja. War früher die Maßanfertigung des persönlichen Jagdgewehrs ein Traum des Jägers in seinem Revier, der über die Ansprüche dieses Reviers definiert wurde, gibt es heute viele Jäger, die Jagdgewehre wollen, die sich wie ein Komponentensystem an unterschiedliche Jagdarten optimal anpassen lassen. Mit dem erweiterten Radius über das eigene Revier hinaus verändert sich auch der Anspruch des Jägers an seine Waffe.

Worin unterscheiden sich Sport- und Jagdwaffen von militärischen Waffen?

Jagdwaffen sollen sich nach dem Verständnis der Jäger von militärischen Waffen deutlich unterscheiden. Bis heute ist es unüblich, ja bisweilen geradezu verpönt, auf Gesellschaftsjagden mit Kunststoffschäften statt mit Holzschaft aufzutauchen. Und das obwohl in der harten jagdlichen Praxis der Kunststoffschaft durchaus gewisse Vorteile hat. Aber seine Erscheinung rückt den

Die „letale Kraft" der **Waffe** spielt bei der Konstruktion immer die wichtigste Rolle. Die Waffe muss sicher sein, denn sie ist lebensgefährlich.

Kunststoffschaft eben näher ans militärische Gewehr. Das klassische Jagdgewehr für die Gesellschaftsjagd ist die edle Büchse oder Flinte mit feinem Nussbaumholz und Gravierungen auf dem System, die eine Jagdszene oder Arabesken zeigen. Wenn nachts im regnerischen Herbst angefahrenes Unfallwild nachgesucht wird, geschieht das in der Regel dann mit dem Kunststoffschaft. Die Jagd ist nach deutschem Verständnis ein Handwerk. Der Jagdschein ist eine aufwendige Ausbildung, durchaus vergleichbar einer Lehre, die sehr viele Inhalte hat: Jagdrecht, Waffenrecht, die Kunde von Flora und Fauna, Schießen, Wildbrethygiene – um nur einige zu nennen. Die Jägerschaft eint eine Zunftsprache und eine ausgeprägte Jagdethik. Das Handwerk Jagd gibt dem Werkzeug Schusswaffe eine genau definierte Aufgabe: Mit dem einen (im Idealfall einzigen), sicher angetragenen Schuss das Wild auf der Stelle zu töten, ohne dass es leiden muss und ohne Wildbret – also Fleisch – unnötig zu zerstören. Der Tod darf keine Qual und nicht umsonst sein – das ist das Ideal der ethischen Jagd.

Sehen Sie Ihre Waffen auch als Sammlerstücke beziehungsweise als Kunstwerke?

Natürlich ist ein Gewehr für 25 000 Euro mehr als ein Gebrauchsgegenstand. Natürlich muten viele unserer Gewehre auch wie mechanische Preziosen an – ganz ähnlich wie edle Uhren. Da gibt es vieles, was diese Sichtweise rechtfertigt. Unter allen Umständen muss so ein Gewehr aber auch funktionieren – und das macht die Sache komplizierter. Das Kunstwerk oder Sammlerstück muss also auch noch hochfunktionell sein und sicher, denn es wird extremen Belastungen ausgesetzt.

Die Explosion einer Jagdpatrone muss kontrolliert und sicher ablaufen: in die richtige Richtung, ohne Gefährdung des Schützen oder seines Umfelds, ohne Störung oder Versager, vor allem wenn wehrhaftes Wild bejagt wird. Auch das Gewehr als Kunstwerk oder Sammlerstück verträgt keine Improvisation und keine Spielerei – beim Gewehr geht es immer um Leben und Tod. Das wissen wir als Hersteller, und das muss jeder Jäger in jeder Sekunde wissen, in der er eine Waffe führt.

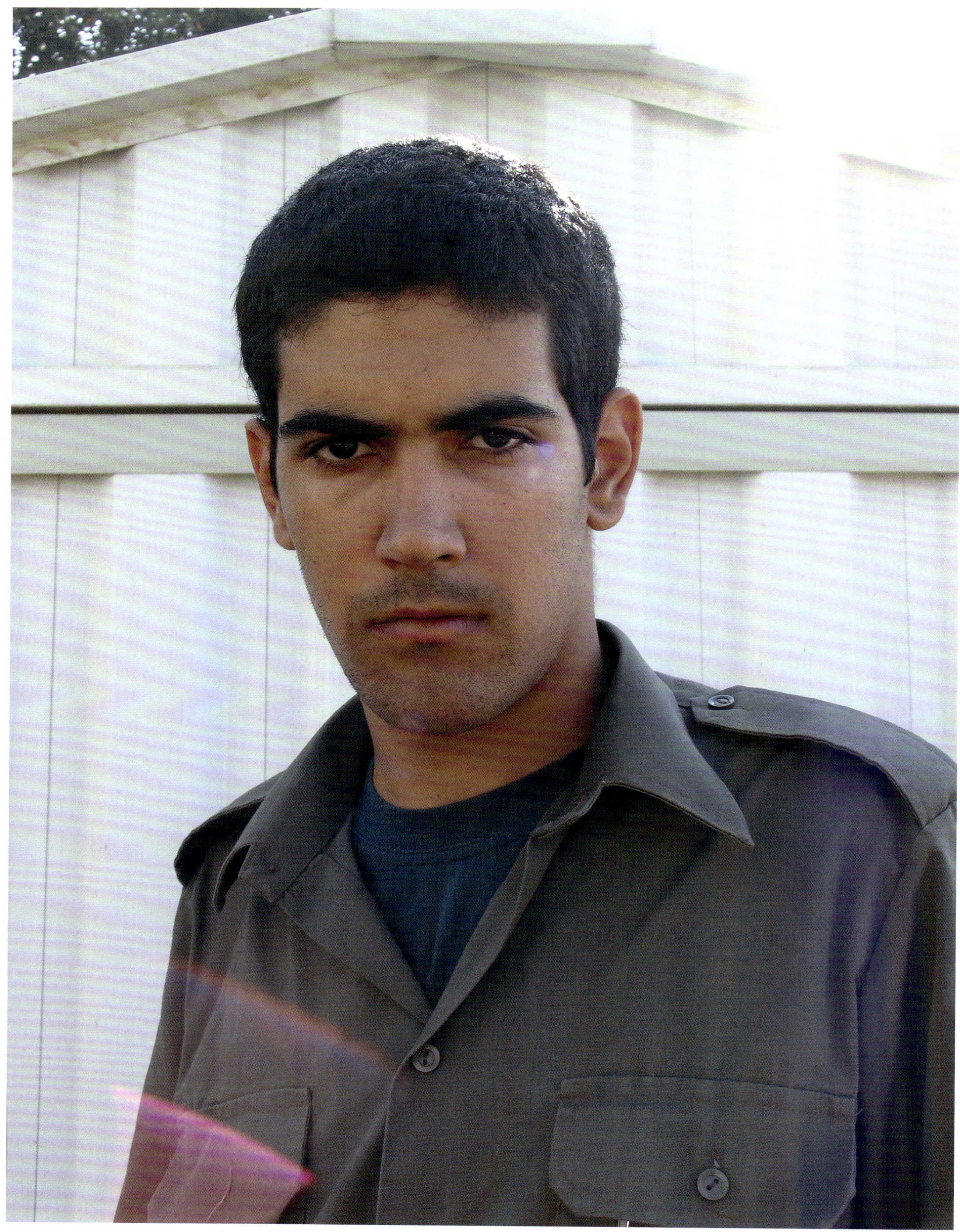

Rami Maymon
Aus: *Untitled* (Soldiers), 2005
Serie von C-Prints

Courtesy der Künstler und Hezi Cohen Gallery

IN *der* KOMFORTZONE

TOTALE RUHE
GIMBAL
GEROLAMO CARDANO
KOMPASS
ALLSEITIG DREHBAR

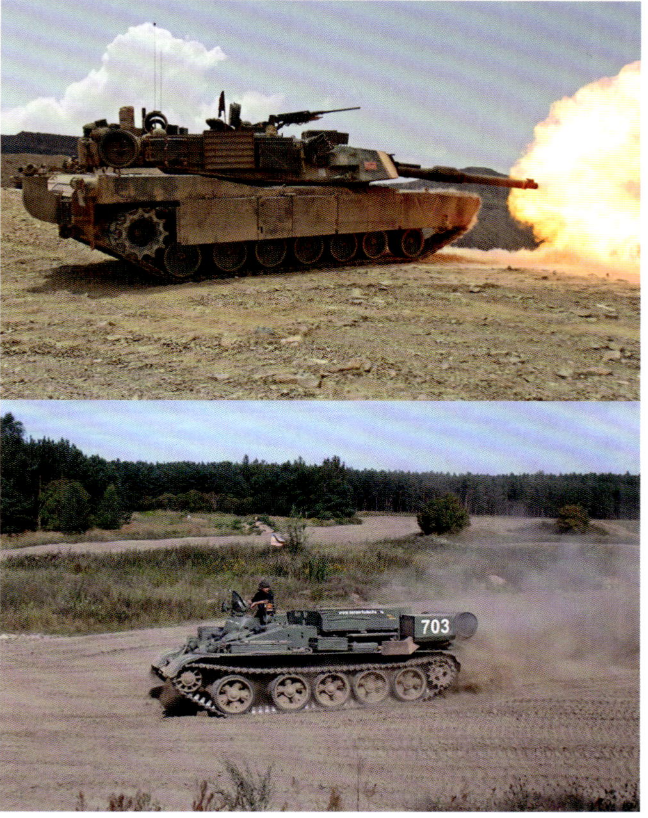

KARDANISCHE AUFHÄNGUNG *und* KREISELINSTRUMENT

Heute muss alles schnell und mobil sein. Panzer auch. Erreichten im Ersten Weltkrieg Tanks – so ihre weltweit übliche englische Bezeichnung – Spitzengeschwindigkeiten von 8 km/h, schaffen heutige Spitzenmodelle aus der deutschen Leopard-2-Serie, der israelische Merkava IV oder der russische T-90 circa 70 km/h – und das bei etwa 70 Tonnen Gewicht und 1500 PS. Auf Ketten, in jedem Gelände! Und gleichzeitiges Schießen ist auch möglich! Angesichts der enormen Kräfte, die dabei auf den Panzerturm wirken, müsste dieser eigentlich weggerissen werden. Tatsächlich schafften das erst in den 1940er-Jahren die vergleichsweise leichten amerikanischen M3-Panzer und später der M4 Sherman. Doch das Feuern ist ohnehin nicht alles – es soll auch getroffen werden. Fahren, Feuern und Treffen zugleich wäre unmöglich, wenn der Turm des Panzers nicht mittels einer kardanischen Aufhängung an der Panzerwanne angebracht wäre und ein Kreiselinstrument sicherstellte, dass sich das Objekt (sprich: die Kanone) nicht der bodenbedingten Neigung seiner Gefährts anpasst. Solche Gyroskope sind dafür verantwortlich, dass die Geschütze von Schlachtschiffen oder Panzern auch bei hohem Seegang oder welligem Gelände stabilisiert werden und alle Schwankungen sowie das Heben und Senken des Geschützes ausgleichen. Heute stellen elektronisch kombinierte Laserkreisel sicher, dass das Rohr der Panzerkanone auch bei Höchstgeschwindigkeit, auf buckligem Gelände, ja sogar im Sprung, stets präzise auf das Zielobjekt gerichtet bleibt. Ohne sie aber auch keine „Verfolgungskameras", durch die dem Fernsehpublikum zu Hause kein noch so abgefälschter Torschuss entgeht. Beide Erfindungen gehen auf den italienischen Renaissance-Gelehrten Girolamo Cardano zurück, der bereits um 1548 eine Kardanwelle für die Kutsche Karls V. entwarf, um dem Kaiser zu geben, was des Kaisers ist: eine ungestörte Fahrt in allen Lebenslagen. *A.L.H.*

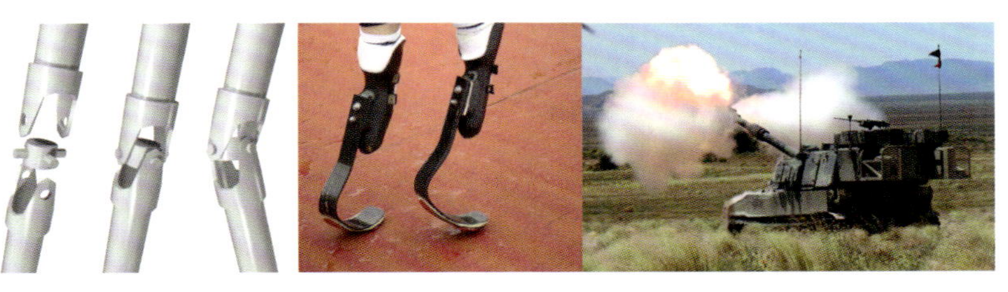

Von der Prothese bis zum Panzer – ohne Kardangelenk geht heute fast nichts mehr.

FRIEDRICH A. KITTLER

Notizen zum Seminar „*LITERATUR UND KRIEG*“ im Wintersemester *1983/84* an der *ALBERT-LUDWIGS-UNIVERSITÄT FREIBURG/BR.*

Friedrich Kittler (1943–2011) gilt als ein Begründer der modernen Medienwissenschaften. Nicht umsonst erhielt er in den USA den Spitznamen CD-Rommel: Seine Studien zum Zusammenhang von Krieg, Medien und Literatur sind heute legendär. In seinem Nachlass finden sich bislang unbekannte Notizen aus der Frühzeit seiner faszinierenden Forschung. AMMO freut sich, sie Ihnen hier erstmals präsentieren zu dürfen!

KRIEG 1.1
Von deutschem Boden aus nie wieder Krieg. Strukturelle Nichtangriffsfähigkeit. Vielleicht geht, nach McNeills Vermutung, eine große Epoche der Kriege heute zu Ende. Die Gestalt Europas seit den Völkerwanderungen, die Gestalt Deutschlands seit dem 30-jährigen Krieg durch Kriege gebildet. Was heute ist: entweder Pax Americana oder Bildung neuer Nietzsche-prophezeiter Kampfräume (Pazifik), wissen nur die Futurologen oder auch nicht die. Keine Entscheidungen jedenfalls für literaturwissenschaftliche Kompetenzen. Wir bleiben bei unserem Leisten Literatur. Was die mit Krieg zu tun hat, ist die Frage. Im heutigen Deutschland immer schon beantwortet: nichts. Siehe Antwort auf *FAZ*-Fragebogen, der einen von Anfang des Jahrhunderts zitiert: „Welche militärischen Leistungen bewundern Sie am meisten“, woraufhin dann von Gegenwartsberühmtheiten, vor allem also Schriftstellern, meistens die Antwort „keine“ kommt. Nicht ganz so im anglo-amerikanischen Raum, wo man sich einigermaßen darüber klar ist, dass man ist, was man ist, weil WK II gewonnen. Große Untersuchung von Fussell über WK I, von Leeds über Massenmerkweltveränderung in No Man's Land, wie in Lit formuliert (leider nichts Entsprechendes für WK II, meines Wissens zumindest). Krieg als die Kunst, andere für einen sterben zu machen – nach Jacques Lacan und Thomas Pynchon –, hat aber zumindest für lange Zeiten internen Bezug auf Lit gehabt. Für ihn musste geworben werden. Noch einmal zur Vorbereitung die ersten 136 Seiten der 100. Auflage des alten Studentenkommersbuchs, Lahr 1919, durchgesehen: lauter Kriegs- und Soldatenwerbungen von E. M. Arndt, von Rückert und dem Sohn von Schillers Freimaurerfreund Körner. Natürlich auch massivere Werbungen als Literatur. Geschichte Basler Fasnacht. Vermutung, dass Schönes nicht so sehr des Schrecklichen Anfang, sondern sein letztes Echo.

Wir bleiben bei unserem LEISTEN LITERATUR. *Was die mit Krieg zu tun hat, ist die Frage.* Im heutigen Deutschland immer schon beantwortet: *NICHTS.*

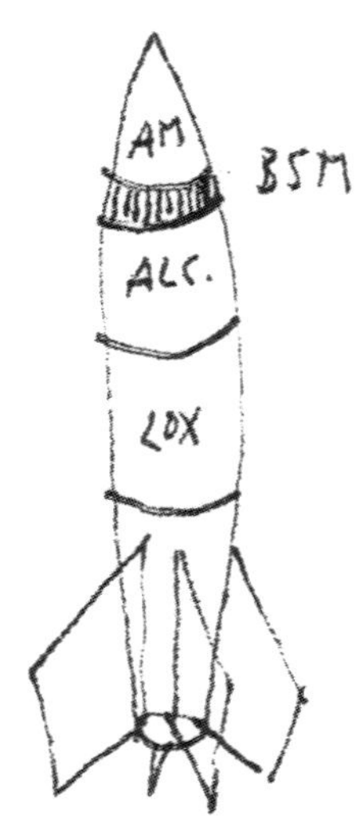

Eine von Kittler selbst gezeichnete V2, in der die Verteilung der Treibstoffe vermerkt ist.

KRIEG 1.2

Diese futuristische Aussicht macht schon klar, dass Seminar reines Experiment. Durch nichts gedeckt, keine Methode, die elaboriert wäre, keinen Aktualismus (Anti-Kriegs-Stimmung usw.), vor allem nicht durch Literaturwissenschaft. Das macht Arbeitsbedingungen problematisch und wie manche wissen hätte ich auch lieber andere Form, anderen Status gehabt. Litwiss als partieller Zugang zur Sache möglich, wie zu zeigen sein wird. Aber eben doch nur partiell. Rahmen eher eine allgemeine Medienwissenschaft, in der Texte nur ein Teil sind. Immerhin war McLuhan Litwiss und hat es geschafft, über Poesie *und* Straßensysteme in einem Atemzug zu sprechen. Das mag Vorbild sein und muss nur ergänzt werden durch eine mehr historische Methode. Schon weil Information stets einen Zeitcharakter, einen Neuigkeitswert, einen Überraschungseffekt trägt wie Krieg auch. Also über Information informieren, datiert und genau. Dass Krieg so medientechnisch angehbar, zeigen die modernen Kriegsspiele im Computer recht schön. Zeichen, Zahlen in Bewegung, keine Leiber und Erdmassen. Kriegsspiele schon seit der Erfindung des Generalstabs in Preußen nach 1806 (Sandkasten eingeführt). All das vereinbar mit alter Metapher Kriegstheater (aus 18. Jh.), die Strukturzusammenhang Kriegswiss. und Litwiss. deutlich machen kann. Wir probieren also aus, inwieweit Krieg als Nachricht gefasst werden kann. Wenn man Nachricht nur weit genug nimmt. Von der Feindlage, der Befehlskette, dem Nachrichtensystem (Kryptografie, Eisenbahnen, Straßen, Funkstrecken, Telegrafiestrecken) bis hin zur Propaganda, also einer Form von Literatur. Wobei zu vermuten steht, dass immaterielle Muster vom Typ Befehlskette und materielle Muster vom Typ Eisenbahnnetz einander äquivalent sind, topologisch aufeinander abbildbar (Moltkes Plan von 1866). So auch bei Propaganda, die wir streifen müssen. Die Feldpostkarte, die im Tornister mitgetragene, gewählte oder aufgeschwätzte oder erbeutete Lektüre. In modernen Kriegen auch eingesetzte Massenmedien (Pynchon). All die genannten Dinge, Nachrichten, bewirken etwas im Krieg, sicher unterschiedlich, falls es um öffentliche oder um geheime Nachrichten geht, aber gleichermaßen. Dagegen die Nachrichten post festum: die Kriegsromane, Erinnerungen, also genau das, was normalerweise beim Thema Kriegsliteratur Literaturwissenschaft wird. Aber diese Sachen, die nicht mehr eingreifen, programmieren, sondern bloß widerspiegeln, womöglich nicht so harmlos.

KRIEG 1.3

Kriegstagebuch Jüngers aus WW I erschien in Militärverlag Mittler, direkt neben Reichswehr-Aufrüstung. Das heißt vielleicht etwas – Stoßtrupps statt stehender Heere ... Programmierung also auch auf globaler Ebene, nicht nur taktischer und operativer. Körpertechniken wie Sport (Turnvater Jahn) oder Schwimmen (Mauss), Beobachtungsfähigkeiten z.B. an Kunst geübt, im Krieg ernstgefallt. In diesen Zusammenhang gehört vielleicht Sprache selber. Ihre Wandlungen, historischen; ihr Einsatz, operativer. Le signifiant est d'abord impératif. In den Staub mit allen Feinden Brandenburgs! Man wird sich diesem Komplex nur nähern können, etwa über milit. Stil, der ja berühmt ist. Kluge teilt hübsche Anekdoten mit. Der ältere Moltke als großer Schweiger. Wette, dass Toast unter 10 Worten bleibt (Kluge 224). Schweigen, Kurznachricht, Ausstreichen alles Überflüssigen, z.B. des Adjektivs, was sich bei Expressionisten wiederfindet. Schlieffen, Generalstabschef. Als Referat: Stramm. Als Folge: Jodl, der sagt, er habe fünf Jahre lang geschwiegen. Milit. Phantasiesprache oder wie man's nennen will. Operation Backfire, PISCES bei Pynchon bis zum vielbewunderten MAD von Pentagon. Aber Schrift und Sprache, wie gesagt, nur sichtbarster oder hörbarster Teil eines allgemeinen Nachrichtenstroms, der eigentlichen Sache. Mediengeschichte in Anknüpfung an die letzten Semester, wo viele Andeutungen (Radio, Grammophon) schon gemacht wurden, aber auf einer physiologischen Ebene am Einzelkörper, die dann im weitesten Sinn auch als ästhetische, litwiss. Ebene gelten konnte. Beschränkung diesmal aufgeben, weil Gegenwartsdiagnose sonst unmöglich. Und an ihr liegt einiges. Wo (über) leben wir? Schlichte Dinge wie Rechtsverkehr auf Straßen – Napoleon (McLuhan). Technisch heißt das Daten zusammengetragen, wie diese Welt geworden ist. Den Daten kann man nur mit Daten kommen.Wobei historisches Nachlaufen ein übles Problem ist. Der Wunsch nach Dispatches, d.h. Vietnamkrieg, schwer zu erfüllen, man wird sehen. Geschichte und Gegenwart – kein metaphysischer Unterschied, sondern mehr und mehr ein datierbarer und datenmäßiger, technischer. Wieso? Sperrfristen für Akten 30 Jahre. 1974 erst Enigma, kriegsentscheidend und noch nicht einmal vollständig.

(AMMO dankt Susanne Holl und dem Deutschen Literaturarchiv Marbach für die Genehmigung des Abdrucks der Notizen aus dem Bestand A: Kittler, Kasten 99, Mappe 1.)

MODE *und* MILITÄR

UNIFORMEN müssen funktional sein. Und sind irgendwie SEXY. Sie signalisieren, dass es anderswo *intensiver* zugeht als im **ALLTAG** – ursprünglicher, authentischer, *krasser.* MODE ist die *Aufrechterhaltung* der Allgemeinen Mobilmachung mit anderen Mitteln. Von BARBARA VINKEN

Abgesehen davon, dass Mode und Militär aufs Schönste alliterieren, scheinen sie wenig miteinander zu tun zu haben. Versteht sich die Mode der Moderne doch als eine Angelegenheit der bürgerlichen Zivilgesellschaft. Allerdings war das Militär für das Vermessen des Körpers und seine Standardisierung nach Größen, die für die nicht mehr maßgeschneiderte, sondern seriell hergestellte Kleidung im Prêt-à-porter Bedingung ist, zentral: Die Standardgrößen richteten sich an dem vermessenen Bauchumfang der preußischen Armee aus. Insofern ist der Zusammenhang zwischen Militär und Mode doch ein intimerer, als es auf den ersten Blick aussieht. Letzten Endes haben sich die Uniformen nicht aus der Zivilgesellschaft vertreiben lassen, Mode ist auch heute ohne Militärzitate schwer vorstellbar, der Krieg und nicht der Frieden ist der Vater aller Dinge. Sieht man genauer hin, so schleppen wir ziemlich viel, was aus dem Militär kommt, im zivilen Alltag mit herum. Trenchcoat, Bomberjacket, Camouflage, Parkas, Armyhosen und Chinos, Olivgrün und Kaki – alles Tarnfarben und Funktionskleidung, die wir der Armeekleidung verschiedener Kriege verdanken – gehören zum Normcore des Alltags. Sie sind Klassiker geworden.

Das Militär ist mit seinen Uniformen als Fundus für die Mode gar nicht zu überschätzen. Militärzitate werden aus ihrem Funktionszusammenhang gelöst und, in das Zivilleben eingeführt, zum letzten Schrei, der auch als Dauerbrenner nichts an Sexiness verliert. Es sieht aus, als ob ein Klassiker umso sicherer zum Klassiker würde, je mehr Umwidmungen, Entwendungen und Aneignungen er hinter sich hat. In der Mode verdanken sich Klassiker Verkleidungen und Travestien: Frau als Mann, Bourgeois als Arbeiter, Ziviler als Militär.

In seiner Aphorismen-Sammlung *Menschliches, Allzumenschliches – Ein Buch für freie Geister* (1878) beschreibt Friedrich Nietzsche Sinn, Zweck und Bedeutung des bürgerlichen Kleidungsstücks par excellence, des Anzugs. Der Anzug, zur Zeit der Französischen Revolution geboren, ist eine Ikone der Moderne. Nicht nur in Europa, sondern weltweit verdrängte er Uniformen und lokale Trachten und wurde zur Standardkleidung des Weltbürgers. Der Anzug ist die Folie, auf der die Militärzitate spielen.

Der Anzug stellt, polemisch zusammengefasst, den Geist gegen den Körper. Der reife europäische Mann, selbstredend ein Geistesmensch, zeigt in seiner Kleidung, „daß er arbeitsam ist und nicht viel Zeit zum Ankleiden und Sichputzen hat, auch alles Kostbare und Üppige in Stoff und Faltenwurf im Widerspruch mit seiner Arbeit findet; endlich daß er durch seine Tracht auf die gelehrteren und geistigeren Berufe als die hinweist, welchen er als europäischer Mensch am nächsten steht oder stehen möchte“, merkt Nietzsche an (KSA 2, 648). Der Anzug unterscheidet den Bürger – das bleibt hier implizit – vom waffentragenden, adeligen Mann, der in seinen Kleidern vor allen Dingen einen fähigen Körper ausstellt, der geschmückt, verziert, ins rechte Licht gesetzt wird.

John Carl Flügel hat den Anzug nicht ganz so enthusiastisch wie Nietzsche begrüßt; den Umbruch, den die Französische Revolution in der Kleiderordnung mit sich brachte, hat er witzig in ein Bonmot gefasst: Die große Französische Revolution (Great French Revolution) führe zur großen männlichen Entsagung (Great Male Renunciation). Bis zur Revolution waren die Männer das schönere, das herausgeputztere, das prunkvollere Geschlecht. Männer, Aristokraten, zeigten in ihren Kleidern Körper – nicht den verarbeiteten und vernutzten Körper der Bauern und Landarbeiter, sondern einen Körper, der zeugen, tanzen, fechten, reiten, jagen, laufen, Ball spielen und vor allen Dingen Waffen führen kann. Ungehemmt zeigte man, was man hatte – und oft mehr, als man hatte. Man ließ den phallischen, mit Waffen ausgestatteten Körper durch seine Kleider, over-sexed und over-dressed, unmissverständlich sprechen.

Der bürgerliche Männerkörper bleibt in bestimmter Negation auf diese aristokratische Mode bezogen. Unauffällig, schmucklos, neutral, tritt alle Oberflächenverzierung hinter die abstrakt-idealisierende Konstruktion, den als solchen nicht in Erscheinung tretenden Schnitt, die niemals sichtbare Unterfütterung zurück.

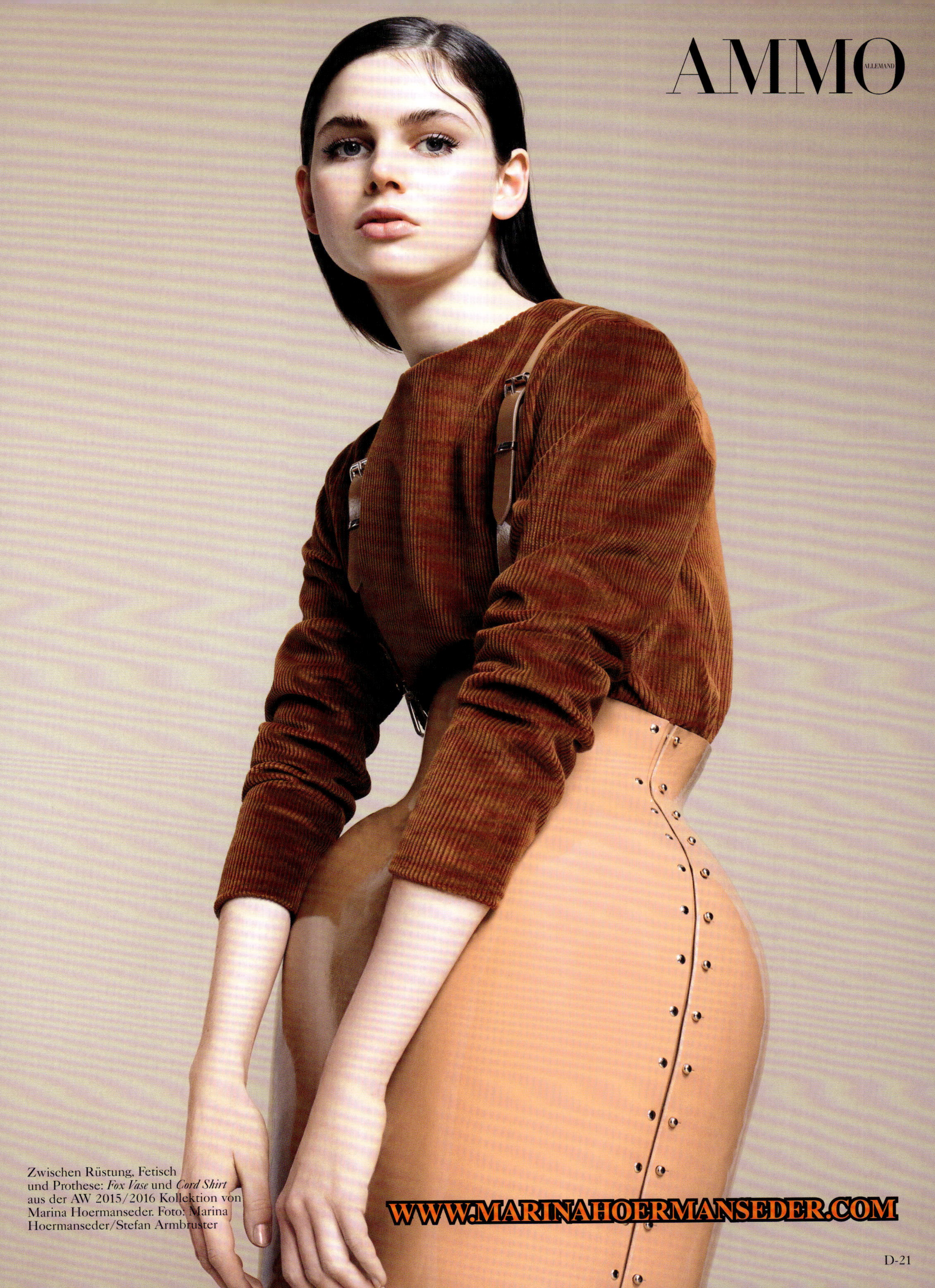

Zwischen Rüstung, Fetisch und Prothese: *Fox Vase* und *Cord Shirt* aus der AW 2015/2016 Kollektion von Marina Hoermanseder. Foto: Marina Hoermanseder/Stefan Armbruster

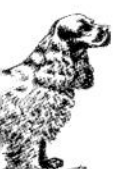

ALLES, und immer mehr, von zartester, bestickter *Crêpe-de-Chine-Unterwäsche* bis zu Cocktailkleid und Smoking kommt in Variationen von **CAMOUFLAGE:** *Hingucken garantiert.*

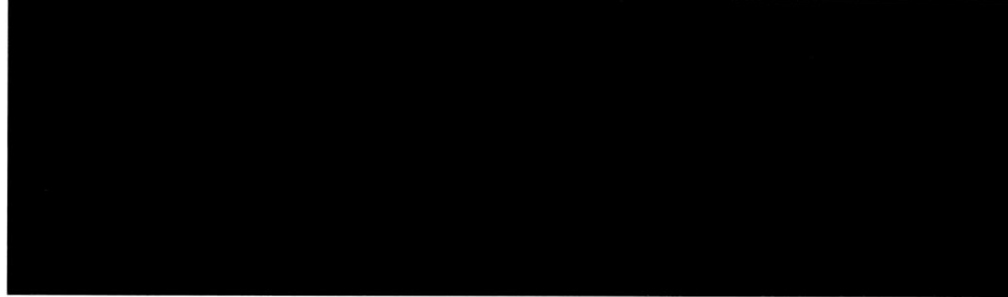

Gedeckte Farben, keine auffälligen Muster, locker fallende Wollstoffe, keine Applikationen, aufgesteppte Nähte oder Ähnliches. Nichts sitzt mehr glänzend hauteng, keine Muskeln zeichnen sich unter dem Stoff ab. Die schmucklose Nüchternheit, die disziplinierte Strenge, einzig die „Persönlichkeit" tritt in ihrer ungeschminkten Wahrheit in diesem Kleid auf, das nichts für sich sein will, und verdoppelt die bürgerliche Ethik. Die Repräsentation von Macht ist in den modernen Republiken an den sexuell unmarkierten Körper gebunden. Der männliche Anzug ist die Conditio sine qua non der Republik; das „habit noir", schrieb Charles Baudelaire, ist sein einzig legitimer Ausdruck.

So ist der Anzug vielleicht konservativ, aber eines sicher nicht: militärisch. Die Leute, die ihn tragen, arbeiten mit der Feder und hantieren nicht mit dem Schwert oder, zeitgemäßer, mit dem Mac, nicht mit der Kalaschnikow. Der Anzugträger ist kein Waffenträger. Wenn man die Kleidung der Banker als Frankfurter Uniform bezeichnet hat, so meinte dies nicht das militärische, sondern das uniformierend vereinheitlichende, irgendwie Entsagungsvolle des Grau in Grau, des Nachtblau in Nachtblau. Muskeln, Geschlecht, Haut werden verhüllt. Fiel das Haar bei Samson noch üppig über die Schultern, ist es nun adrett kurz geschnitten. Nackt sind nur Hände und Gesicht.

Die Uniformen markieren als aristokratisches Überbleibsel in einer zivilen Gesellschaft einen anachronistischen Überhang im bürgerlichen Zeitalter. Nur der waffentragende Mann durfte gegen Mitte des vorletzten, 19. Jahrhunderts noch in Schneeweiß, leuchtendem Rot oder Preußischblau erscheinen, seine Kleider mit Tressen, leuchtenden Knöpfen, Epauletten, Fransen, aufgesetzten Taschen, Kordeln aller Art, Federbüschen, Lampassen über und über verziert herumlaufen und den Oberkörper im enganliegenden, aristokratischen Justaucorps zur Schau stellen. Man braucht nur die roten und goldenen Lampassen mit den vornehm zurückhaltenden, schwarzseidenen Galons der Smoking- oder Frackhosen zu vergleichen, um sich das Überdekorierte der Uniformen vor Augen zu führen. Seit einigen Jahren zieren die „Offiziersstreifen" allerorts die Hosen der Damen. Ein stärkeres Kontrastprogramm zum bürgerlichen Anzug – der vor allen Dingen eins ist: unverziert und den Körper nicht schmückend und ausstellend, sondern ihn vorteilhaft verhüllend –, als Glanz und Glorie der Uniformen, ist nicht vorstellbar. Den Körper zu zeigen, ihn zu schmücken, kurz, „samt und seide, blumen und bänder, feder und farben", um es mit Adolf Loos zu sagen, verschwanden in den Nachwehen der Revolution aus der männlichen zivilen Kleidung. Damit reizten jetzt die Frauen. Uniformen waren der einzige Ort, an dem der Mann auch nach der großen männlichen Entsagung noch Farben und Federn tragen, blitzen und glitzern und einen hauteng scharf geschnitten Körper zeigen durfte. Prächtig, ostentativ männlich, war der Mann in der bürgerlichen Ära nur noch beim militärischen Paradieren – wie „jolly Coppers on Parade". Der Wiener Kabarettist Georg Kreisler hat das kindische, karnevaleske Paradieren der Militärs, die „mit einem Streifen an der Hos'!" großtun, in seinen *Nichtarischen Arien* aufgespießt: „No ja, er ist ein General / Da ist der Schaden schon total / Er näht sich Borten an den Rock und kleine Sterne / und wenn man salutiert, das hat er gerne."

Es kommt zu einer Verflechtung von Zivilkleidung und Militäruniform, zu einem Chiasmus: Zum einen legen die Uniformen mit dem Ersten und a fortiori mit dem Zweiten Weltkrieg alles aristokratisch Schmückende, Körperbetonte zugunsten des strikt Funktionalen ab, zum anderen wird der Anzug seit den 1960er-Jahren mehr und mehr als Kleid einer Kaste, als Kleid der Macht angesehen. Er wird primär als Symbol und nicht mehr in seiner schlichten Funktionalität wahrgenommen und hat damit seine Lässigkeit eingebüßt. Er hat das Signum des funktional Amodischen, das ihn gegen das Modisch-Schmückende der höfischen Kleidung stellte, verloren. Er zeigt nicht mehr, dass man Wichtigeres im Kopf hat als die Kleider, die man trägt. Die amodische Ansage des rein Zweckhaften, des praktisch Bequemen geht auf Zitate aus der Armeekleidung über, die – im Gegensatz zum klassischen Anzug, der den Körper aufhob – durch das unumgängliche Betonen des Körperlichen nun sexy wird. Der Krieg nimmt sich aus wie ein Extremkampfsport unter Extrembedingungen. Einzig die Funktion zählt.

Die Pracht der Uniformen ist jedoch nicht ganz veschwunden; ihren letzten Abglanz finden wir im weiblichen Klassiker der Moderne schlechthin. Eine der größten, konsequent übersehenen Übertragung von Militärzitaten in die Zivilmode ist das Chanel-Kostüm. Gemeinhin gilt es als das weibliche Pendant zum männlichen Anzug. Ganz falsch. Denn das Chanel-Kostüm strotzt mit seinen goldenen Knopfdoppelreihen, aufgesetzten Taschen, Ziernähten und Paspeln, seinen Goldkettchen und seiner umwerfenden Farbenfreude nur so von Uniformzitaten, die durch den Pillbox-Hut abgerundet werden, der an militärische Kopfbedeckungen erinnert.

Natürlich fiel den Leuten bereits im Ersten Weltkrieg auf, dass rote Hosen und goldfunkelnde Helme ideale, weithin leuchtende Zielscheiben sind. Im Krieg waren sie deshalb suboptimal. Farben und Federn, Prunk und Protz, himmelblaue Seiden, goldenes Gefunkel und rote Hosen mussten aufgegeben werden. Sie wurden es auf eine bürgerliche, zivile Art. Seit dem Ersten Weltkrieg war es mit dem Paradieren, abgesehen von wenigen Ausnahmen, vorbei; nun ging es um ein Zurücknehmen, um ein Verbergen des Körpers. Er sollte in Tarnkleidung vor dem Tod geschützt, versteckt und die Gewalt des tötenden Körpers nicht ästhetisiert werden. Praktisch wird Ästhetik – Schönsein, prächtig glänzen – durch die Anästhetik der Funktionalität ersetzt: dem Kugelhagel standzuhalten, vor Wind und Wetter geschützt zu sein, vor den feindlichen Waffen verborgen mit dem Untergrund eins zu sein. In dieser quasi „bürgerlichen" Art, in dieser Zivilisierung der Uniform, geht es um ein Überleben unter Extrembedingungen; zu töten und getötet zu werden, ist die extremste dieser Bedingungen. Aber auch ein verborgener Leib hält den Körper im Visier.

Eine bürgerlich-zivile Art, die Männlichkeit „on Parade", Glanz und Glorie der Militärkleidung weiter herunterzudimmen, war feldgrauer Filz. Bereits im Ersten Weltkrieg mussten Farben und Glänzen dem stumpfen Feldgrau weichen, das von 1914 bis

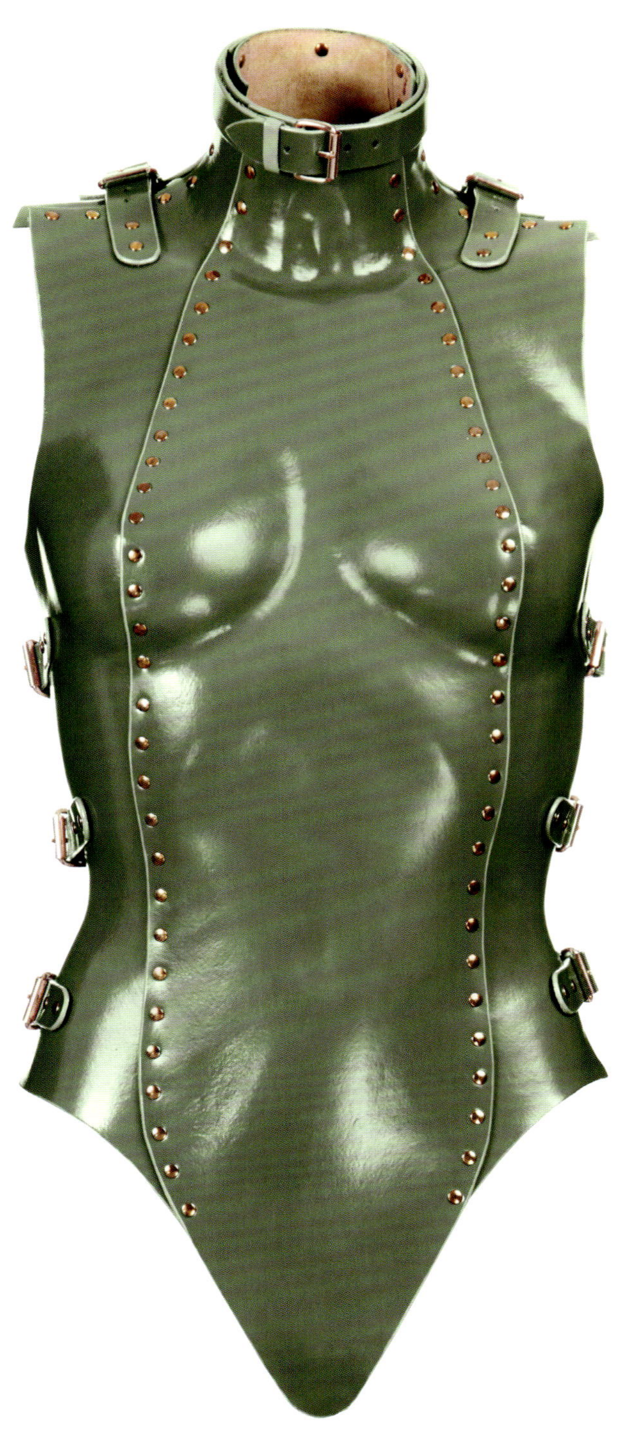

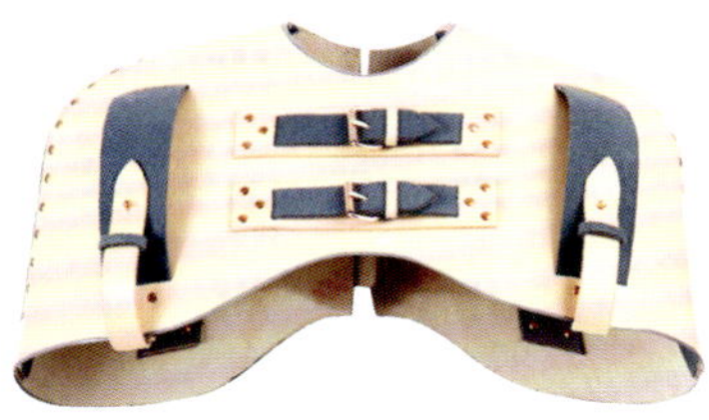

Leather Body und *Leather Cape* aus der AW 2014/2015 Kollektion von Marina Hoermanseder. Foto: Marina Hoermanseder/Stefan Armbruster

1945 dem deutschen Heer der Feldgrauen den Namen gab. Ein strukturell verwandtes, aber modisch viel erfolgreicheres Design als das Feldgrau, das eher ein feldgrau-mäusiges Dasein führte, wurde der *trench coat*. Zwar gab ihm erst der grauenhafte Grabenkrieg des Ersten Weltkriegs den Namen, entwickelt worden war er aber schon 1879. Heute hängt er in jedem Kleiderschrank, egal ob Mann oder Frau. Das lag nicht nur daran, dass er das Kleid der Sieger war – im Ersten Weltkrieg trugen ihn die französischen und englischen Soldaten. Erfunden wurde der Stoff von Thomas Burberry in London. Die wasserabweisende Gabardine aus eng gedrehtem Faden erwies sich in vielen Lebenslagen als ideal. Burberry und Trench sind fast synonym geworden. Trench konnte man bei Wind und Wetter tragen und sich darin frei bewegen. Sein klassisches Khaki war im Schlamm der Schützengräben fast eine Tarnfarbe.

Zum Ende des Kriegs wurde die Uniform der siegreichen Krieger von den Frauen angezogen: Bereits 1918 zeigte *Harper's Bazaar* Frauen im Trenchcoat. Besonders coole Männer wie Humphrey Bogart in *Casablanca* oder Detektive trugen ihn: lässig, aber doch gewappnet. Sicher gehört er ins Arsenal der geheimen Waffen einer Frau; sie tragen ihn von der Straße bis ins Bett, in allen Lebenslagen. Von Marlene Dietrich über Ingrid Bergman, Audrey Hepburn, Katharine Hepburn, Sophia Loren und Brigitte Bardot (natürlich im Bett), von Cathérine Deneuve und Jackie Kennedy bis Kate Moss, Victoria Beckham und Kate Middleton (leider verrüscht) trugen und tragen alle Stilikonen Trench.

Auch die Camouflage, das Uniformdesign des nächsten Kriegs, ließe sich zu der bürgerlichen Art, Männlichkeit zu dämpfen, rechnen. Camouflage konnte einen ähnlich spektakulären Erfolg verbuchen wie der Trench. Man hätte vermuten können, dass der Höhepunkt dieser Mode überschritten war, als Claudia Schiffer 1994 von Kopf bis Fuß in Valentino-Camouflage-Print über den Laufsteg schwebte. Weit gefehlt: Seit mehr als einem Jahrzehnt ist Camouflage jenseits aller Funktionalität ein herrschendes Lieblingsmuster und im Mainstream angekommen. Alles, und immer mehr, von zartester, bestickter Crêpe-de-Chine-Unterwäsche bis zu Cocktailkleid und Smoking kommt in Variationen von Camouflage: Hingucken garantiert. Kein Gallery Weekend, wo nicht mindestens einer der Besucher ein Jackett mit diesem Muster trägt. Anders als in Kriegszeiten beabsichtigt und offensichtlich für diese Umgebung nicht gedacht, sticht die Camouflage sofort und fast unangenehm ins Auge.

Was tut der Military Look, der in vielen Kollektionen eine unübersehbare Rolle spielt? Mit dem Dschungel der Großstadt, dem Kampf aller gegen alle hat es wenig zu tun. Die Funktionalität des Military Look ist ein Zitat, denn im zivilen Leben braucht kein Mensch eine Jacke, die etwa extreme Minusgrade aushält. Auch tarnt Camouflage in der Großstadt, Dschungel hin oder her, sicher nicht. Trotz dieser offensichtlichen Dysfunktionalität des Militärischen im Zivilen vermittelt diese Kleidung aber mit der bewährten Rhetorik der Nicht-Rhetorik am „authentischsten" den künstlichsten aller Sprechakte herüber: Hier geht es nicht um Schönheit, sondern um reine Funktion. Die neue Funktionale bringt selbst, geht es um Schutz und Tarnung, das ins Spiel, was der Anzug zivil sublimiert hatte: einen einsatzfähigen Körper. Deshalb sind Militärzitate gerade in der Verleugnung – angeblich nichts als reine Funktionalität zu sein – das neue Sexy.

Friedrich NIETZSCHE ORAKELARIUM

Wissen Sie noch, worum es im Krimkrieg zwischen 1853 und 1856 ging? – Den jungen *FRIEDRICH NIETZSCHE* jedenfalls beeindruckte der Kampf zwischen dem *Osmanischen Reich* und *Russland*, in den später auch *Großbritannien, Frankreich und Sardinien* eintraten und der das Kräftegleichgewicht an den Grenzen *EUROPAS* nachhaltig verschob, so, dass er ihn als 11-Jähriger in mehreren „Orakelspielen" verarbeitete. Wir haben für Sie 7 Fragen ausgewählt: Wenn Sie erfahren wollen, ob der kleine Kriegsstratege mit seinen Voraussagen richtiglag, würfeln Sie selbst oder fragen Sie einen Historiker in ihrer Umgebung!

WERDEN DIE RUSSEN GEWINNEN?

1. Es wird kein entschiedener Sieg.
2. Die Alliierten werden fliehn müssen.
3. Die Russen gewinnen Vorteile.
4. Die Russen gewinnen.
5. Die Russen werden geschlagen.
6. Die Russen erobern die Türkei.

WIRD DIE TÜRKEI NOCH LANGE BESTEHN?

1. Noch zwei Jahre.
2. Sie wird bleiben.
3. Russland wird sie bekommen.
4. Man wird sich darein teilen?
5. Die Alliierten werden sich hineinteilen.
6. Noch 10 Jahre.

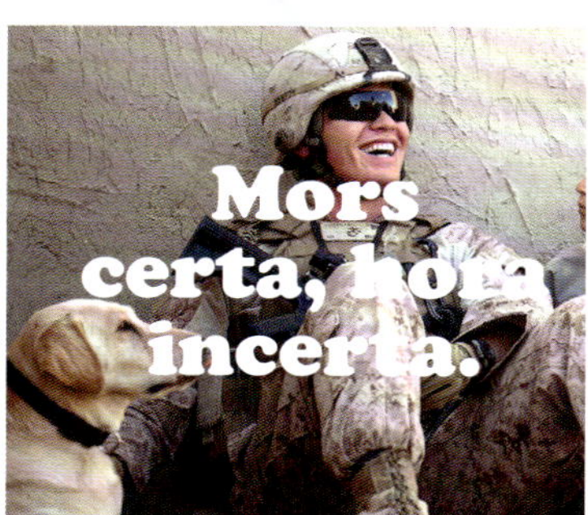

WIRD SEWASTOPOL IM BESITZ DER ALLIIERTEN BLEIBEN?

1. Nächstes Jahr werden es die Russen nehmen.
2. Es wird ein Hafenort der Alliierten werden.
3. Die Alliierten werden es aufgeben müssen.
4. Die Russen werden es, nachdem sie es eingenommen, wieder mit festen Werken umgeben.
5. Die Alliierten werden es übergeben.
6. Die Russen werden nicht versuchen, es wieder einzunehmen.

WIRD DER KRIEG BALD AUFHÖREN?

1. Nach der Einnahme von Nikolajew.
2. Nach der Wiedereinnahmen von Sewastopol.
3. Nächstes Jahr.
4. Nach dem Beitritt Preußens zu Russland.
5. Noch zwei Jahre, aber nicht bei uns.
6. Noch dieses Jahr wird er aufhören.

WIRD DER PRINZ VON PREUSSEN ALS KÖNIG SO FRIEDLIEBEND SEIN ALS DER JETZIGE?

1. Er wird sehr kriegerisch sein.
2. Er wird seine Truppen den Russen zu Hülfe schicken.
3. Er wird neutral bleiben.
4. Er wird den jetzigen ähneln.
5. Er wird zum Alliierten übergehn.
6. Er wird sehr friedliebend sein.

WIRD NAPOLEON NOCH LANGE LEBEN?

1. Bis 1857.
2. Nach der Flucht seiner Armee wird er sterben.
3. Er wird durch Mörder umgebracht.
4. Er stirbt an der Cholera.
5. Er stirbt in einer Schlacht.
6. In 6 Jahren.

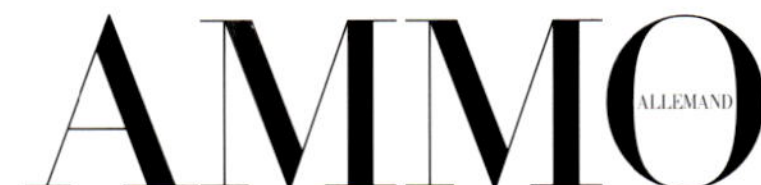

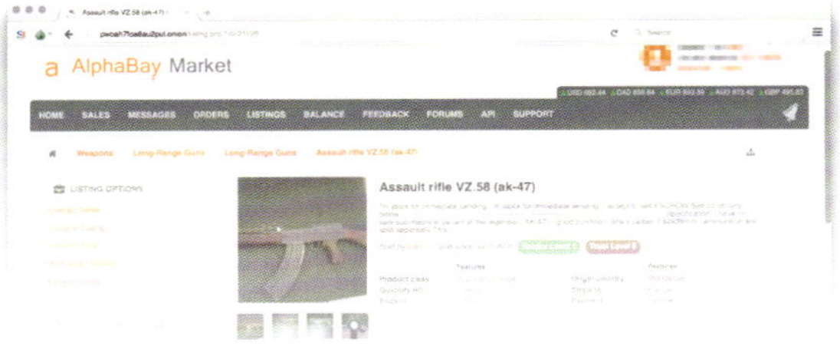

WAFFEN im DARKNET

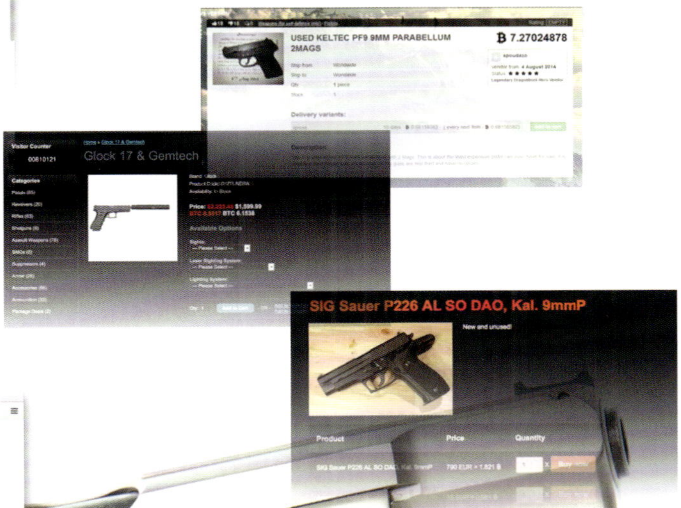

AlphaBay Market

HOME SALES MESSAGES ORDERS LISTINGS BALANCE FEEDBACK FORUMS API SUPPORT

Assault rifle VZ 58 (ak-47)

USED KELTEC PF9 9MM PARABELLUM 2MAGS

B 7.27024878

Delivery variants:

Description:

Visitor Counter

00810121

Glock 17 & Gemtech

Categories

Price: $2,333.45 $1,599.99

BTC 6.5017 BTC 4.1536

Available Options

SIG Sauer P226 AL SO DAO, Kal. 9mmP

New and unused!

Product Price Quantity

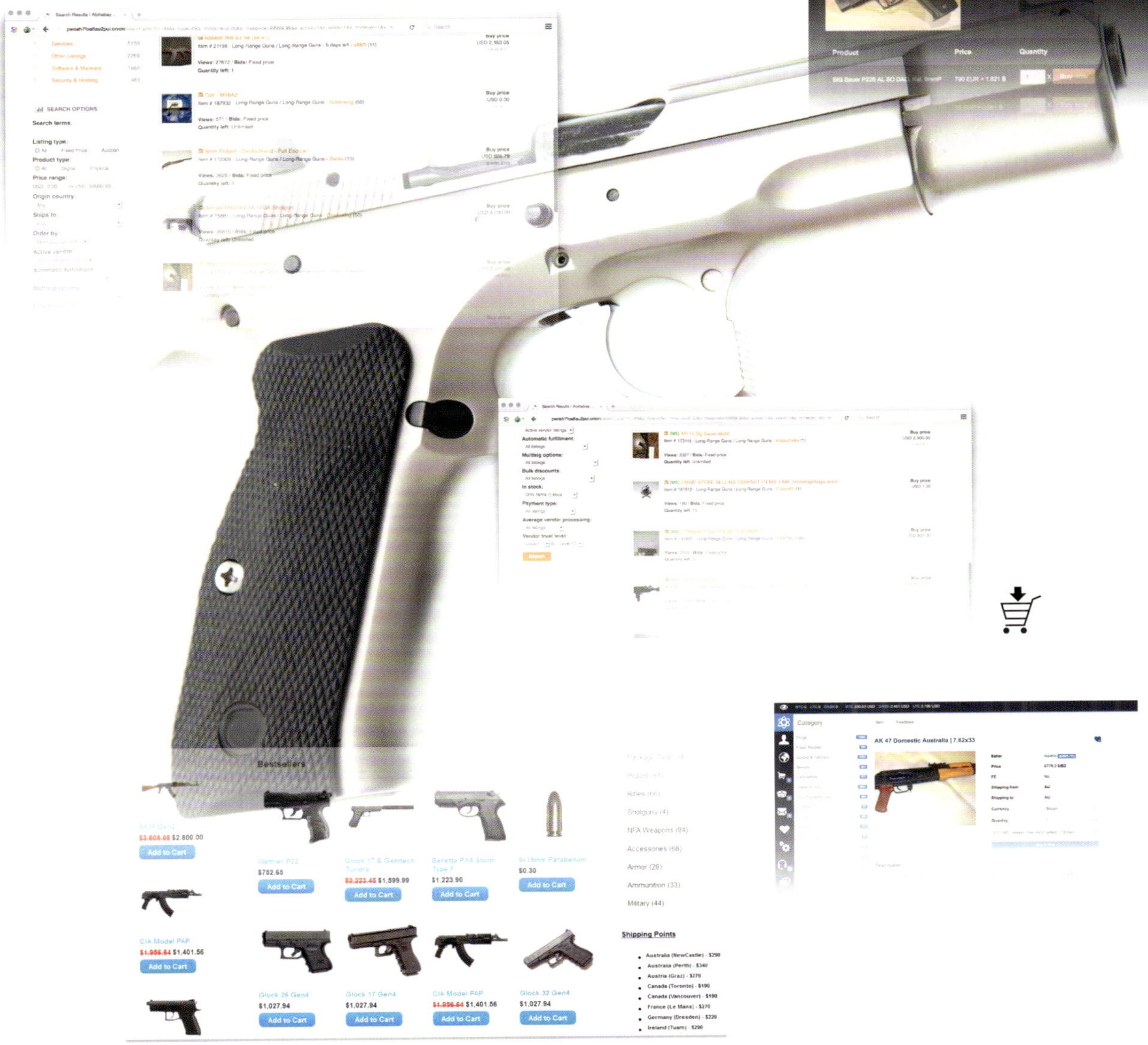

SIG Sauer P226 AL SO DAO, Kal. 9mmP 790 EUR = 1.621 B

SEARCH OPTIONS

Search terms:

Listing type:

Product type:

Price range:

Origin country:

Ships to:

Order by:

Automatic fulfillment:

Multisig options:

Bulk discounts:

In stock:

Payment type:

Average vendor processing:

Vendor trust level:

Bestsellers

$3,605.98 $2,800.00

Add to Cart

Walther P22 $752.65 Add to Cart

Glock 17 & Gemtech Tundra $2,333.45 $1,599.99 Add to Cart

Beretta PX4 Storm Type F $1,223.90 Add to Cart

9x19mm Parabellum $0.30 Add to Cart

CIA Model PAP $1,956.64 $1,401.56 Add to Cart

Glock 26 Gen4 $1,027.94 Add to Cart

Glock 17 Gen4 $1,027.94 Add to Cart

CIA Model PAP $1,956.64 $1,401.56 Add to Cart

Glock 32 Gen4 $1,027.94 Add to Cart

Shotguns (4)

NFA Weapons (84)

Accessories (68)

Armor (28)

Ammunition (33)

Military (44)

Shipping Points

- Australia (NewCastle) - $290
- Australia (Perth) - $340
- Austria (Graz) - $270
- Canada (Toronto) - $190
- Canada (Vancouver) - $190
- France (Le Mans) - $270
- Germany (Dresden) - $220
- Ireland (Tuam) - $290

Category

AK 47 Domestic Australia | 7.62x33

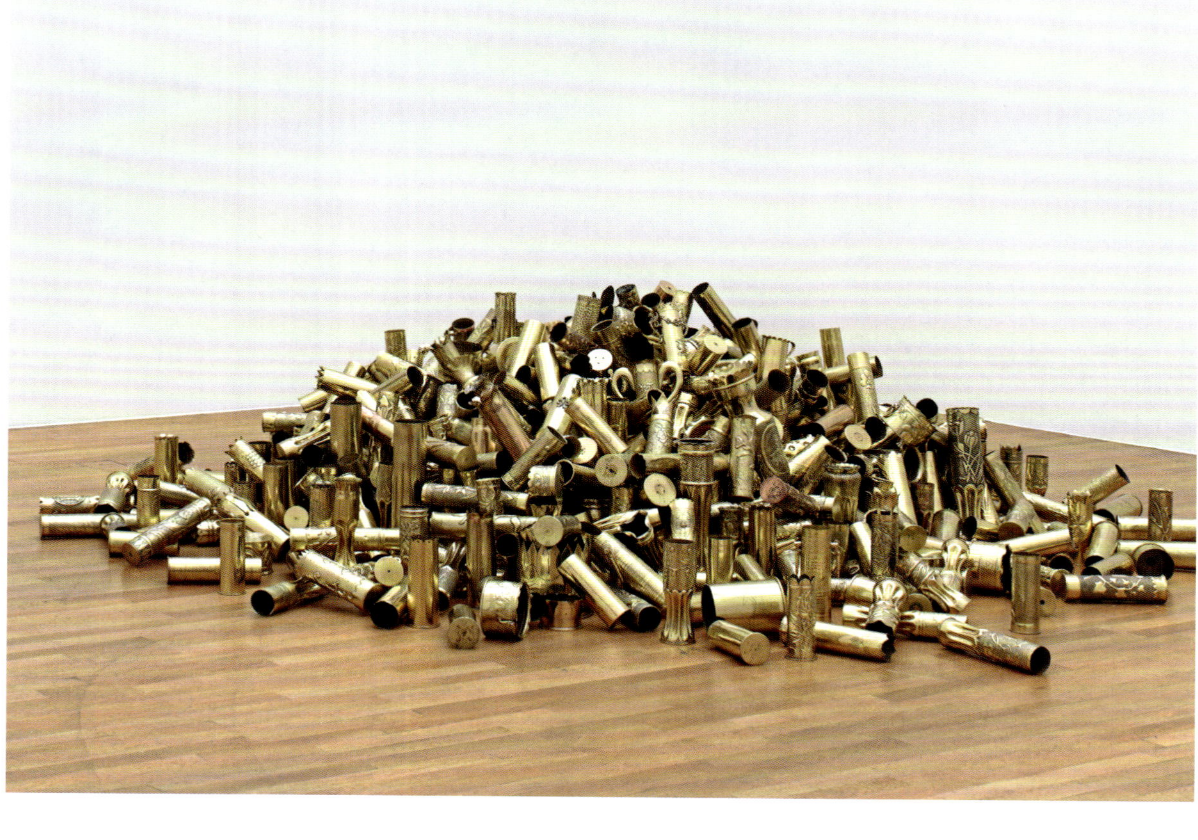

Kris Martin
Untitled, 2010
706 gefundene Granathülsen
Installationsansicht Kunstmuseum Bonn

Courtesy Privatsammlung, Köln

Kleines ABC *der geächteten* WAFFEN

Wann immer neue Waffen entwickelt werden, verändern sie das bestehende Kräfteverhältnis und verlangen nach Waffen, die das Gleichgewicht wiederherstellen; so sieht man sich getrieben von Innovation zu Innovation. Die grenzenlosen Möglichkeiten der Gewaltausübung durch die Entwicklungen in Wissenschaft und Technik dürfen jedoch nicht ungehemmt sein. Die politische Idee, dass nicht alles, was technisch möglich ist, auch wirklich umgesetzt werden sollte, erfuhr 1899 ihre erste juristische Festlegung: Die Haager Landkriegsordnung benannte Waffen, die Menschen „übermäßiges Leid" zufügen und deshalb nicht zum Einsatz kommen dürfen. Seither wurden eine Vielzahl internationaler Verträge geschlossen, die unterschiedlichste Waffen – von der Atombombe bis zu Zyklon B – ächten.

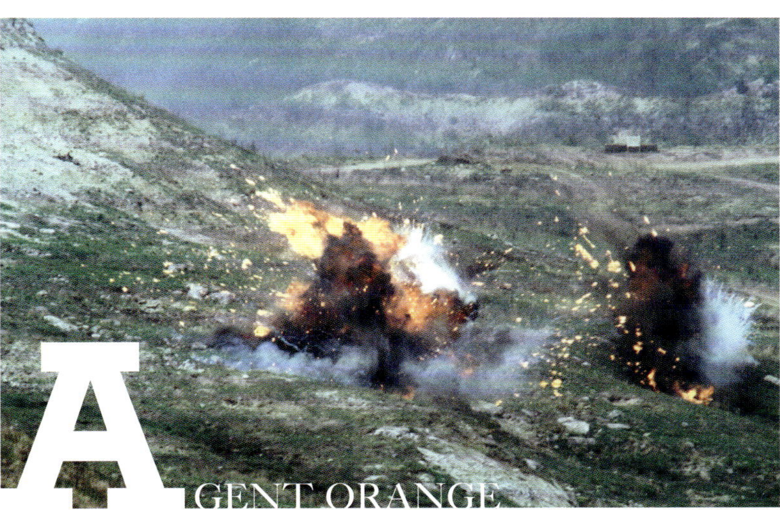

AGENT ORANGE

Chemisches Entlaubungsmittel, das die USA großflächig im Vietnamkrieg einsetzten, um die Tarnung und die Versorgungmittel der kommunistischen Guerilla („Vietcong") zu zerstören. An den Folgen der Chemikalie erkrankten mehrere Hunderttausend Bewohner sowie Soldaten beider Kriegsparteien schwer; bei Neugeborenen traten drastische Fehlbildungen auf.

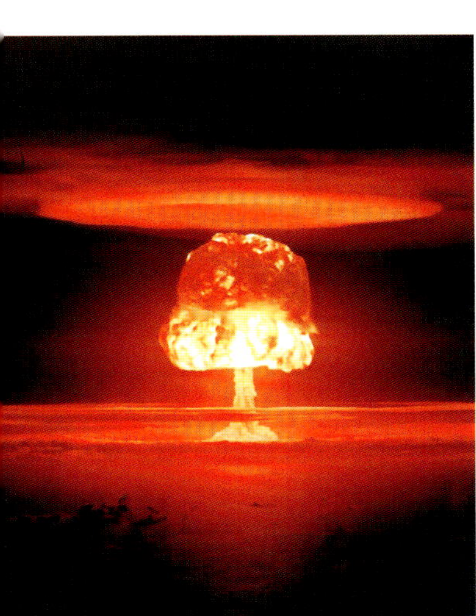

ATOMBOMBE

Die A. folgt eigentlich einem einfachen Mechanismus: Eine überkritische Masse spaltbaren Materials (meist Uran-235 oder Plutonium-239) löst eine Kernspaltungskettenreaktion aus, das Material explodiert – und verdampft *(„Little Boy", Hiroshima)*. Bis auf Indien, Israel, Pakistan und Südsudan sind heute alle Staaten dem Atomwaffensperrvertrag (1970) beigetreten, der allerdings die zivile Nutzung sowie Ausnahmen, etwa im Verteidigungsfall, zulässt. Die von der totalen Auslöschung bedrohte Generation während des Kalten Kriegs wurde vielfach künstlerisch verarbeitet, unter anderem durch Stanley Kubrick in der Satire *Dr. Seltsam oder: Wie ich lernte, die Bombe zu lieben* (1964).

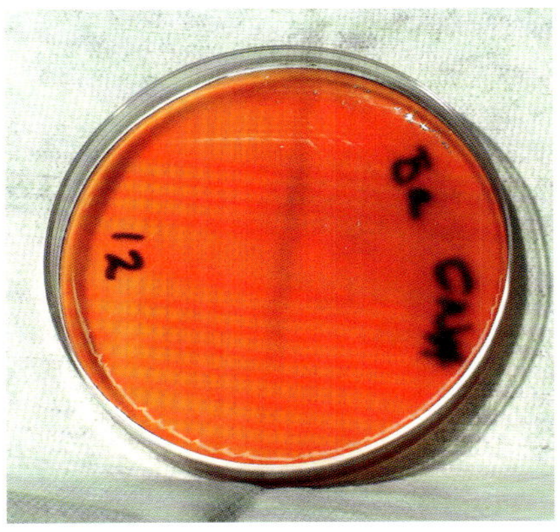

ANTHRAX

(gr. „Kohle", auch Milzbrand)
International bekannt wurde A. 2001 durch kontaminierte Briefsendungen in den USA, die mehreren Menschen das Leben kostete. Es ist ein extrem resistentes, hochgiftiges Bakterium, das Haut, Lunge oder Darm angreift. Benannt nach der braunschwarzen Verfärbung der Milz bei Toten. Erster unter den „Dreckiges Dutzend" genannten zwölf biologischen Giftstoffen, die sich aufgrund ihrer leichten Verbreitung, einfachen Übertragung oder hohen Letalitätsrate besonders als Waffe eignen.

ANTIPERSONENMINE

Sprengfalle, die häufig verdeckt verlegt oder geworfen wird und bei Belastung oder Aufprall explodiert. Häufig „nur" auf Verletzung angelegt, um Versorgungsressourcen zu binden und den Feind zu demoralisieren. Da sich APM nicht eindeutig von Fahrzeugminen, Wasserminen oder Gesteinsminen abgrenzen lassen, sind zahlreiche Ausnahmen sowie diesbezügliche Regeln definiert, die die Zivilbevölkerung (sie stellt 80 % der Opfer) schützen sollen; zum Beispiel sollen fernverlegbare Minen einen Mechanismus zur Selbstdeaktivierung haben, Verlagepläne notiert und nach Kriegsende an den Gegner weitergegeben oder Minenfelder vollständig geräumt werden. Bis heute sind die wichtigsten Minenherstellerländer (USA, Indien, Pakistan, Israel, China, Russland) der APM-Konvention nicht beigetreten.

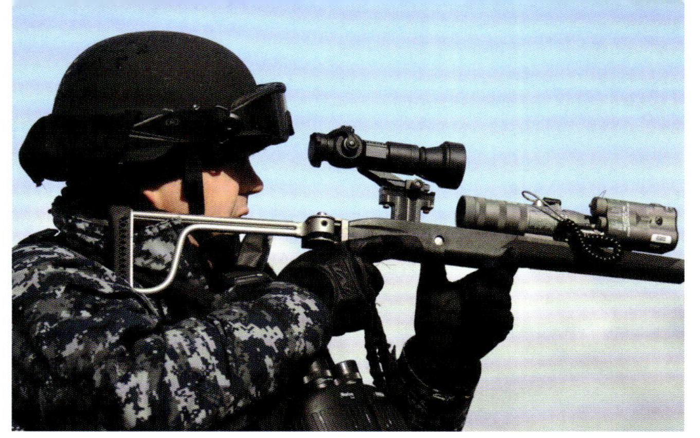

BOTULISMUS
(lat. Botulus, „Wurst", auch Fleischvergiftung)
Lebensbedrohliches bakterielles Nervengift, das unter anderem in verdorbenem Fleisch vorkommt. Nach Krämpfen, Erbrechen und Durchfall treten Lähmungserscheinungen auf. Je kürzer die Inkubationszeit (zwei Stunden bis 14 Tage), desto schwerer die Erkrankung.

BLENDWAFFE *(engl. Dazzler)*
Laserwaffe, die dauerhafte Blindheit des Opfers bewirkt („Blitzgranate", beliebte Waffe im *STAR-WARS-Universum*).

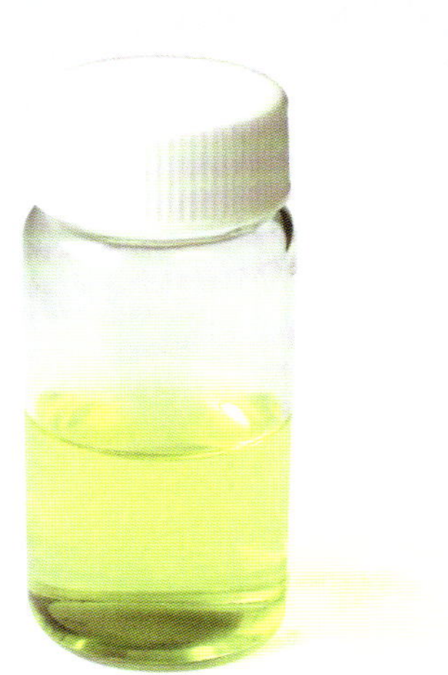

CHLORGAS
Hochreaktives, giftiges Gas. Reagiert beim Atmen mit der Feuchtigkeit der Schleimhäute und führt zu Lungenschäden und Erstickung. Erstmals im Ersten Weltkrieg eingesetzt; im erfolgreichsten Antikriegsroman aller Zeiten IM WESTEN NICHTS NEUES *(1929) von Erich Maria Remarque verarbeitet; 2014 soll die syrische Regierungsarmee Fassbomben mit C. über Rebellen abgeworfen haben.*

ENTEROTOXINE
(gr. enteron, „Darm", toxíne, „giftig")
Von Bakterien abgesonderte giftige Proteine, die den Darm angreifen und Cholera, Diarrhoe oder Ruhr verursachen.

ENZEPHALITIS
(gr. enképhalos, „Gehirn")
Durch Viren ausgelöste **Gehirnentzündung**, die Bewusstseinsstörungen, Verhaltensänderungen und neurologische Ausfälle verursacht; führt unbehandelt häufig zum Tod.

HÄMORRHAGISCHES FIEBER
(alt.gr. haima „Blut" und rhēgnymi „zerreißen")
Lebensbedrohliche und hochansteckende Fiebererkrankung, die mit Blutungen einhergeht. HF war in den 1990er-Jahren ein beliebtes Motiv in Hollywoodfilmen, wie *Outbreak – Lautlose Killer* (Regie: Wolfgang Petersen, 1995).

GELBKREUZGRANATEN
Im Ersten Weltkrieg verwendete, mit chemischem Hautkampfstoff gefüllte Granaten *(z. B. Senfgas, Lewisit/„Tau des Todes")*. Die verschiedenen Kampfstofftypen wurden zur besseren Wiedererkennbarkeit mit unterschiedlichen Farben markiert, so gab es etwa auch Blau-, Grün-, Rot- und Weißkreuzgranaten. Der kombinierte Einsatz mehrerer, unterschiedlich wirkender Kampfstoffe wurde *„Buntschießen"* genannt.

G-REIHE
(G = Germany; u. a. Tabun, Sarin, Soman)
Während des Zweiten Weltkriegs in Deutschland entwickelte Reihe von Nervenkampfstoffen; ursprünglich von der IG-Farben als Insektenvernichtungsmittel synthetisiert. Im Kalten Krieg vor allem von England, den USA und der UdSSR weiterentwickelt. Das Gift blockiert die Reizübertragung der Nerven und tötet durch Atemlähmung. Sarin wurde unter anderem vom chilenischen Diktator Augusto Pinochet *(1973–1990)* gegen Oppositionelle eingesetzt; die Aum-Sekte nutzte den Stoff Mitte der 1990er-Jahre in Tokio ebenfalls für zwei Anschläge.

KOBALTBOMBE

Besonders intensiv und langanhaltend radioaktiv, sehr durchdringungsfähig. Sollte ein Gebiet möglichst so kontaminieren, dass Überleben selbst in Bunkern ausgeschlossen werden kann. Es ist unklar, ob diese Bombe je gebaut wurde.

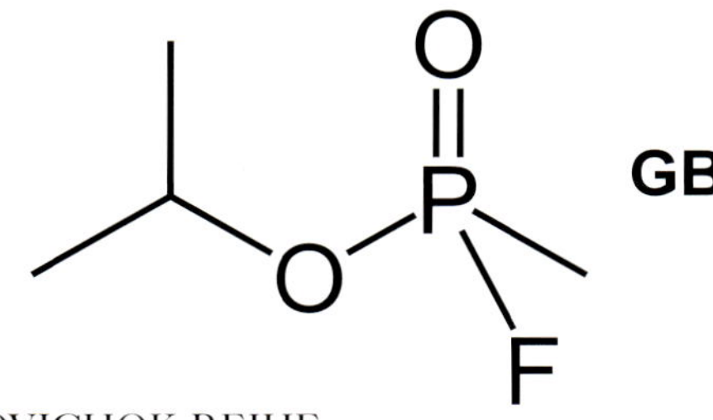

NOVICHOK-REIHE

(russ. „Neuling")
Sowjetische Nervenkampfstoffe, die zwischen 1970 und 1990 entwickelt wurden und zu den tödlichsten je hergestellten chemischen Waffen gehören. Es gibt über 100 Varianten in dieser Serie.

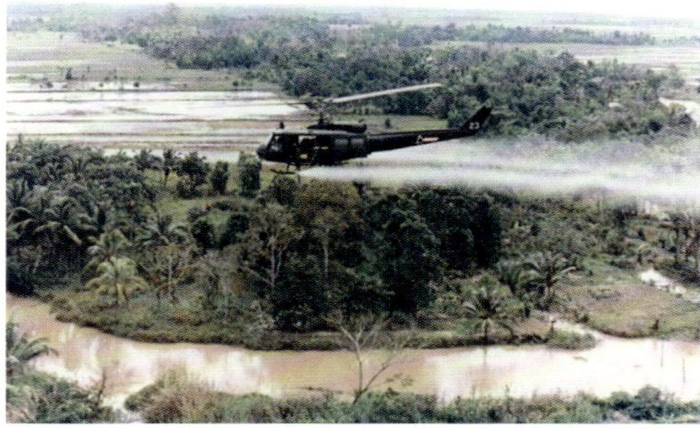

NAPALM

Mit Zusatzstoffen geliertes Benzin, das am Ziel haftet, starke Brandwirkung entwickelt und schlecht gelöscht werden kann. Die Verbrennungstemperatur liegt bei 800 bis 1200 Grad Celsius. Ein frühes künstlerisches Zeugnis der kritischen Auseinandersetzung mit N. ist Harun Farockis erster Film *Nicht löschbares Feuer* (1969).

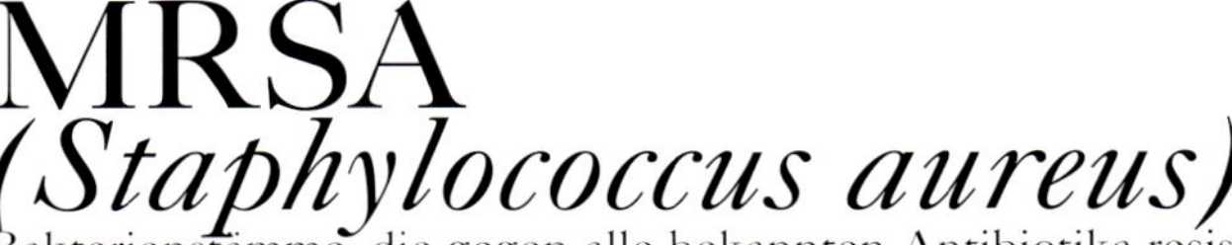

MRSA *(Staphylococcus aureus)*

Bakterienstämme, die gegen alle bekannten Antibiotika resistent sind und chronische Infektionen verursachen. Besonders in Krankenhäusern verbreitet.

POCKEN

(lat. Variola)
Hochansteckende, selten tödliche, aber nicht therapierbare virale Infektion; nur durch Menschen übertragbar. Gilt seit 1980 durch massive globale Impfkampagnen als ausgerottet. Typisches Symptom sind eitrige Pusteln am gesamten Körper, die schwere Narben hinterlassen.

NEUTRONENBOMBE

Spezielle Form der **Kernfusionswaffe**, bei der besonders vielen Neutronen frei werden. Die N. gilt als taktische Waffe, die Menschen und andere Lebewesen durch Strahlung töten, aber Gebäude weitgehend intakt lassen soll. Nach Ende des Kalten Kriegs wurden, soweit bekannt, alle N. demontiert.

Pest

Verläuft unbehandelt fast immer tödlich. Die drei Hauptformen sind Beulenpest, Pestsepsis, Lungenpest; typisch sind meistens schwarz verfärbte Beulen und Lymphknoten sowie schwarzer Auswurf. Im Bemühen, die psychischen Folgen der P. zu verarbeiten, haben Schriftsteller deren Auftreten vielfach in Texten verarbeitet, unter anderem Boccaccio *Das Decameron* (1349–1351) oder Szczypiorski *Eine Messe für die Stadt Arras* (1971).

PHOSGEN

(gr. „durch Licht erzeugt", chem. Kohlenoxiddichlorid)
Farbloses, nach Heu riechendes hochgiftiges Gas, das Augen, Schleimhäute und Lunge verätzt. Im Ersten Weltkrieg in Kombination mit Chlorgas und anderen chemischen Kampfstoffen massenhaft eingesetzt (Gelbkreuzgranaten/Buntschießen). Heute nur noch in der Industrie in geschlossenen Kreisläufen verwendet (Grünkreuzgranaten/Lungenkampfstoffe).

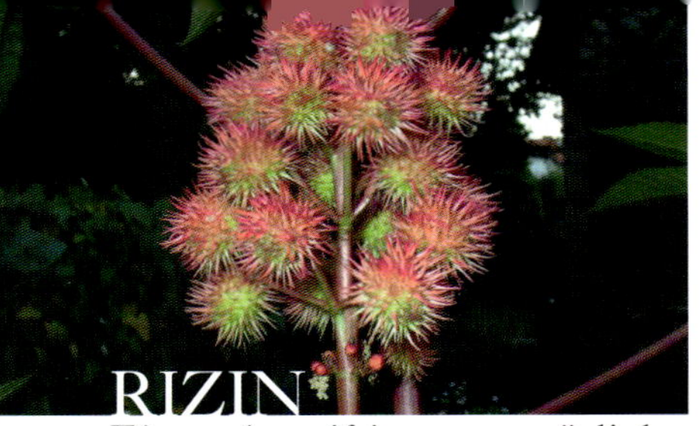

RIZIN

Eines der giftigsten natürlichen Proteine, gewonnen aus den Samenschalen des Wunderbaums *(Ricinus communis)*, tötet kontaminierte Zellen. Der bulgarische Schriftsteller und Dissident GEORGI MARKOW fiel 1978 in London einem Attentat durch eine R.-Injektion zum Opfer; US-Präsident BARACK OBAMA und New Yorks regierender Bürgermeister Michael Bloomberg entgingen *2013* knapp einem Briefanschlag mit der Substanz.

Q-FIEBER

(auch Queensland-Fieber)

Vom Tier (bes. Rind, Schaf, Ziege) auf Menschen übertragenes Bakterium, das in Staub oder Heu nistet und durch Inhalation übertragen wird. Besonders gefährdet sind Schwangere; selten tödlich.

ROTZ

Seit der Antike bekanntes, vom Pferd auf den Menschen durch Körperausscheidungen übertragenes hochansteckendes Bakterium; nach dem typischsten Krankheitssymptom benannt; verläuft unbehandelt oft tödlich. Bis heute schwer heilbar; tritt endemisch in Asien, Südamerika und Afrika auf.

STREU- UND SPLITTERBOMBE

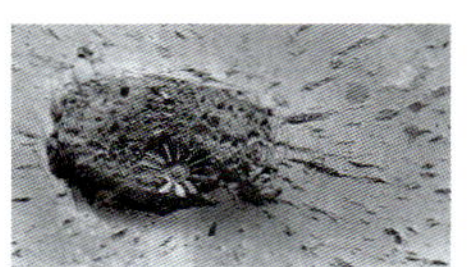

Im Zweiten Weltkrieg entwickelte Munition, die Submunition enthält und diese nach dem Abwurf verstreut. Bis heute trotz der sogenannten Streubomben-Konvention (2010) eine weltweit produzierte und eingesetzte Waffe; wobei die wichtigsten Herstellerländer dem Abkommen nicht beigetreten sind.

TEILMANTELGESCHOSS

(auch „Dum-Dum-Geschoss")

Deformiert sich nach dem Eindringen und gibt deshalb seine Energie effektiver an das Zielmedium ab als Vollmantelgeschosse, bei gleichzeitig geringerer Durchschlagsleistung. T. zerfetzen den getroffenen Körper, töten schneller, treten selten aus und verringern damit die Verletzungsgefahr für Umstehende. Deshalb werden T. inzwischen wieder bei risikoreichen Polizeieinsätzen und zur Terrorbekämpfung eingesetzt.

SCHMUTZIGE BOMBE

(engl. dirty bomb)

Konventioneller Sprengsatz, der bei seiner Explosion radioaktives Material an die Umgebung abgibt.

TULARÄMIE

(nach dem Ort Tulare, Kalifornien; auch „Hasenpest")

Hochansteckende bakterielle Infektion, die vor allem durch blutsaugende Parasiten (Flöhe, Läuse, Wanzen, Zecken) von Säugetieren auf Menschen übertragen wird. Die Symptome ähneln der Pest. Im Zweiten Weltkrieg vermutlich als Waffe an der sogenannten Ostfront verwendet.

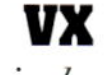

VX

Der in den 1950er-Jahren entwickelte chemische Kampfstoff dringt über Haut, Augen und Atemwege in den Körper ein, lähmt die Atemmuskulatur und führt innerhalb weniger Minuten unter starken Krämpfen und Schmerzen zum Tod. Saddam Hussein soll VX gegen irakische Kurden eingesetzt und dabei mehrere Tausend Zivilisten getötet haben. Medial bekannt ist die Waffe auch durch den Actionfilm The Rock – Fels der Entscheidung *(Regie: Michael Bay, 1996).*

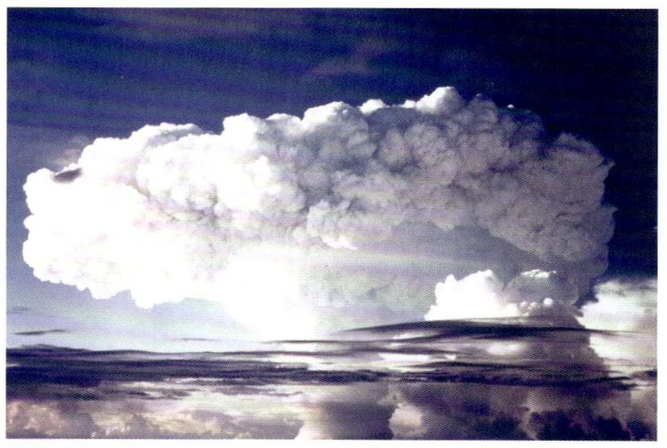

*Wasserstoff*BOMBE

Technisch anspruchsvoller, ist die Sprengkraft der W. gegenüber der Atombombe um ein Vielfaches größer. Die Schreckensfantasien, die ein möglicher Einsatz der W. auslöst, wurden filmisch etwa in AUSSER KONTROLLE (Regie: Andrew Davis, 1996) in Szene gesetzt.

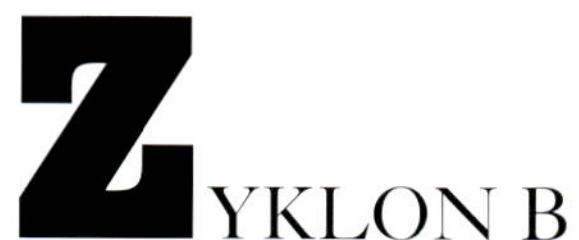

ZYKLON B

1922 entwickeltes und bis heute produziertes hochgiftiges Schädlingsbekämpfungsmittel, dessen Wirkstoff Blausäure als Gas austritt und durch Inhalation und über die Haut in kürzester Zeit die Zellatmung zum Stillstand bringt (innere Erstickung). Wurde in Auschwitz und anderen Vernichtungslagern massenhaft eingesetzt.

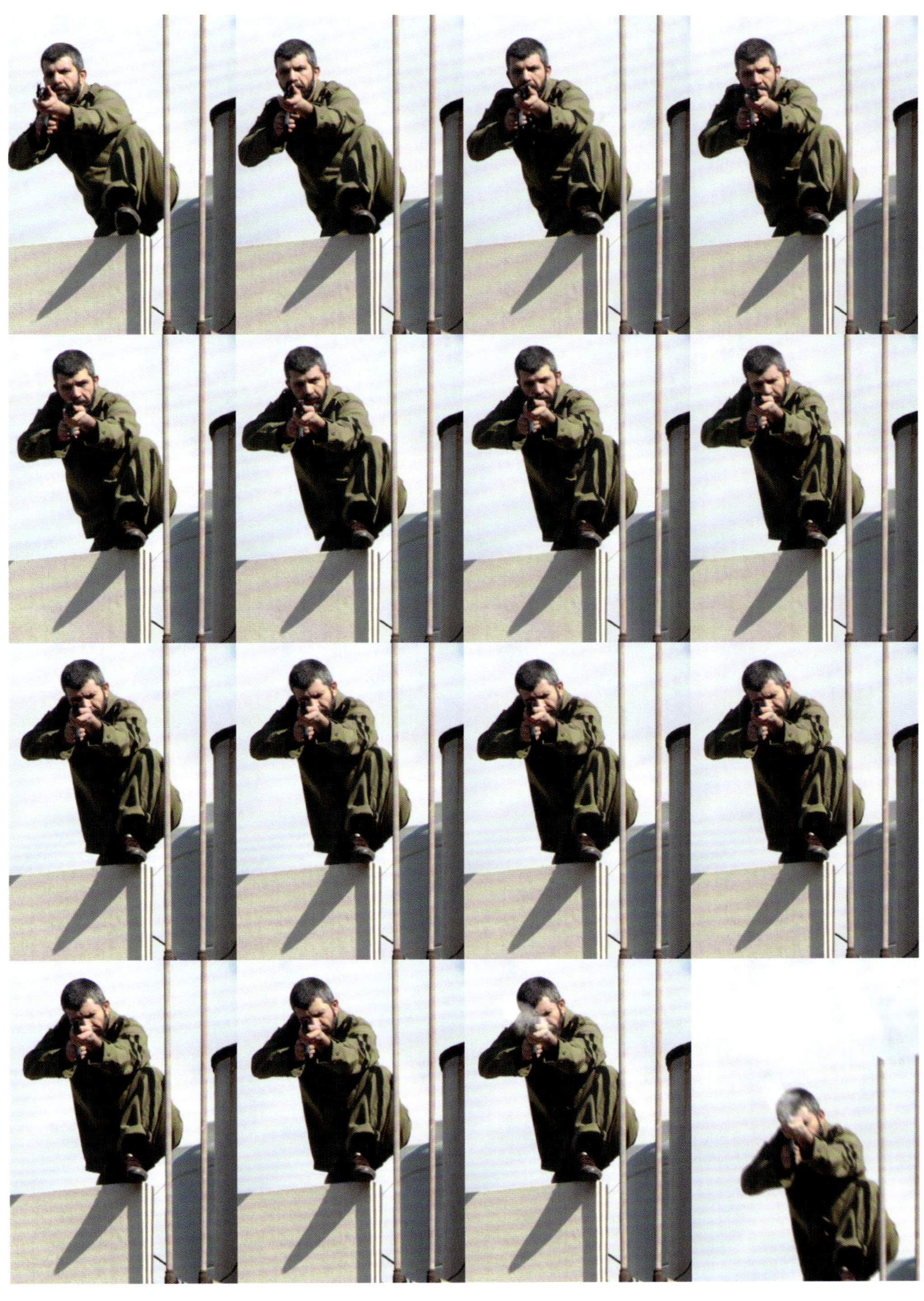

Rabih Mroué
Aus: *Double Shooting*, 2012
Installation einer Reihe
aus 70 Videostills

Der (MILITÄR-) *SCHOKOLADENRIEGEL*

Aus seiner Gefängniszelle schreibt am 16. Mai 1779 Marquis de Sade seiner Frau einen empörten Brief: Das Biskuit, das sie ihm geschickt habe, sei nicht mit Schokolade gefüllt gewesen. Im Inneren nur irgendein mit schwarzem Kraut gefärbtes Zeugs. Das nächste Mal wolle er Kekse, die nach Schokolade riechen und so schmecken, als beiße man in eine Tafel davon. – Das beweist zweierlei: Erstens wurde aufgrund der hohen Kakaopreise Schokolade immer schon mit diversen Ersatzstoffen gestreckt; zweitens gab es in Paris offenbar schon fünfzig Jahre vor Coenraad van Houtens Erfindung der Kakaopresse – die man gemeinhin als Wendepunkt in der Schokoladenherstellung betrachtet – Schokolade in Tafelform. Im edelsten Fall rührte man aus Neuengland importiertes Amber aus Walmägen in seine Trinkschokolade, wie es toskanische Fürsten zu tun pflegten.

Für den Soldaten des 20. Jahrhunderts und seine Notration gelten aber andere Gesetze. Schokolade hebt die Moral und ist, wegen des zugesetzten Fetts und des Zuckers, energiereich – bloß: wie verhindert man, dass der Soldat seine Ration zu früh verspeist? Aus reiner Lust? Und wie macht man Schokolade optimal transportabel und temperaturbeständig? Man ersetzt so gut wie alle Schokoladebestandteile, mengt Sirup, Bitterstoffe (damit nicht unüberlegt genascht wird) und zum Beispiel Kolanussextrakt bei, packt das Ganze in Dosen (wie die berühmte „Fliegerschokolade" *Scho-ka-kola*, auch heute noch an Autobahntankstellen be-liebt als legale Droge und Range Extender des/r Fahrzeuglenkers/in) oder presst es zu möglichst harten Riegeln. Den Rest erledigt psychische Einbildungskraft. Was im Dritten Reich allerdings unter den Namen „Panzerschokolade" und „Marschierpulver" weite Verbreitung fand, hat nun wirklich gar nichts mehr mit Schokolade oder Kakaopulver zu tun. *A.L.H.*

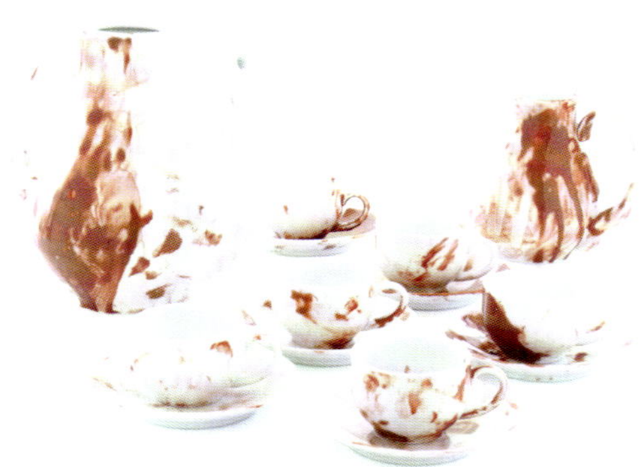

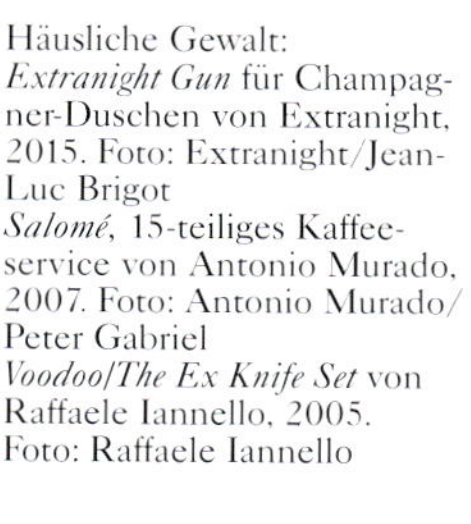

Häusliche Gewalt:
Extranight Gun für Champagner-Duschen von Extranight, 2015. Foto: Extranight/Jean-Luc Brigot
Salomé, 15-teiliges Kaffeeservice von Antonio Murado, 2007. Foto: Antonio Murado/Peter Gabriel
Voodoo/The Ex Knife Set von Raffaele Iannello, 2005. Foto: Raffaele Iannello

Manche sterben für Schokolade, manche trotz Schokolade.

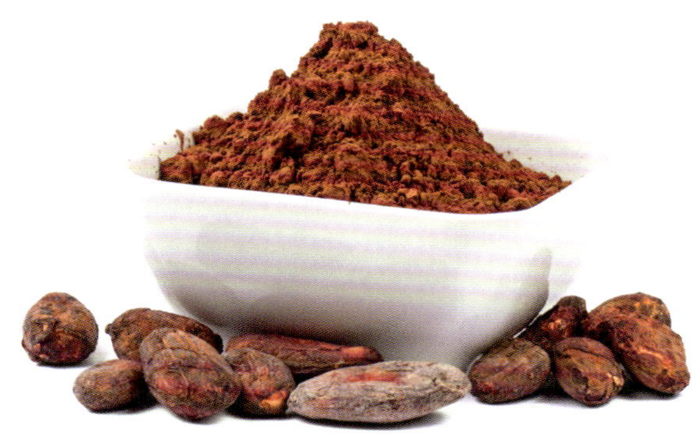

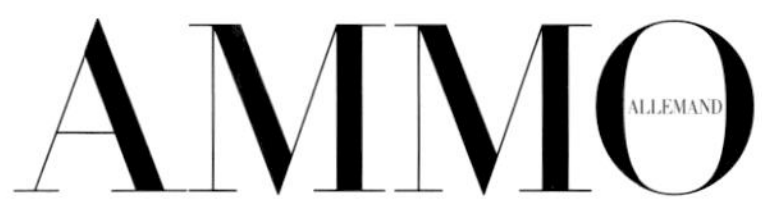

Das WOHL *der Sterblichen* FÖRDERN

WIDRIGE UMSTÄNDE zwingen oft dazu, **VERÄNDERUNGEN** in Gang zu bringen, die sich später als so nützlich erweisen, dass sie der Allgemeinheit zugute kommen. *Weshalb auch ein KRIEG den PREUSSEN eine vorbildliche* **APOTHEKE** *neuesten Zuschnitts bescherte.*

Von LEOPOLD GANTENBRINK

Man mag die Tatsache als traurige beklagen, aber der Krieg ist ein entscheidender Motor des Fortschritts. Gleichsam mit Gewalt treibt er Einzelne und Verwaltungsapparate zu Innovationen an. In einem 1914 erschienenen Taschenbuch für Kriegschirurgen heißt es, dass sich, sobald der Kampf beginnt, auch die ärztliche Wissenschaft in den „Dienst des Kriegs stellt, um die Wehrfähigkeit der Kämpfer zu erhalten oder sie möglichst schnell wieder herzustellen". Ein solches Handeln wird belohnt, denn „der Krieg ist dankbar dafür, indem er den Ärzten reichlich Gelegenheit gibt, ihre Erfahrungen und Kenntnisse zu vermehren". Und es bleibt unbestreitbar, dass Kriege nicht bloß neue Waffen und Techniken, sondern auch Segnungen des Alltags hervorbringen.

Im Siebenjährigen Krieg (1756–1763), den manche Historiker aufgrund seines Umfangs als Weltkrieg bezeichnen, vermehrt auch Christian Andreas Cothenius seine Kenntnisse. 1708 in Anklam in eine Chirurgenfamilie hineingeboren, studiert er Medizin in Halle und Berlin und macht sich rasch einen Namen als Konsiliararzt bei Adel, vornehmen Landständen und Garnisonsoffizieren. Ab 1748 wird er Hof- und Stadtmedicus in Potsdam, 1751 Leibarzt von Friedrich II., dem er nicht zuletzt die Linderung seiner durch einen Gichtzeh verursachten Schmerzen verschafft. Später wird er die Gesundheitsverwaltung Preußens maßgeblich gestalten und nach und nach alle führenden Ämter des Medizinalwesens (das zuvor Juristen unterstand) übernehmen.

Der Staat setzt auf sein außerordentliches Organisationstalent und überträgt ihm die Aufsicht über alle Krankenanstalten. Sein Hauptaugenmerk nach 1763 gilt der Neuorganisation der Berliner Hofapotheke, die infolge der horrenden Kriegsausgaben schwer verschuldet und nicht länger handlungsfähig ist. Die Hofapotheke ist nicht nur der königlichen Familie zu Diensten, sondern versorgt ebenso die Regimenter, die Charité, Armenhäuser usw. Cothenius saniert sie binnen vier Jahren. Hierzu verfasst er Direktiven zur Verwaltung und Herstellung von Heilmitteln und gibt ein Reglement aus, wie diese herzustellen, zu verteilen und verwalten seien. Eine Stelle zur besonderen Aufsicht über die Herstellung pharmazeutischer Präparate wird ebenso eingeführt wie eine Qualitätskontrolle für deren Grundstoffe. Ohne Übertreibung darf man behaupten, dass Cothenius das Apothekenwesen in Preußen im Sinne der modernen Pharmazie erneuert hat. Bis zu seinem Tode betreibt er zusätzlich seine Privatpraxis, die auch Mittellosen offensteht, und selbst nach seiner Erblindung arbeitet er noch sechs Jahre mithilfe junger Hilfsärzte weiter.

Während des Siebenjährigen Kriegs spielt Cothenius als Generalfeldstabsmedikus eine zentrale Rolle für das gesamte Heereswesen Friedrichs II. Damals werden Medizin und Chirurgie noch als voneinander getrennte Gebiete verstanden. Die sogenannten Feldscher wie auch das einfache Sanitätspersonal verfügen über keine oder bestenfalls eine rudimentäre medizinische Ausbildung. Den Ärzten wiederum sind Grundlagen der Anatomie unbekannt, und Operationen müssen in Ermangelung einer Anästhesie hastig innerhalb weniger Sekunden oder Minuten durchgeführt werden. Lachgas, also die betäubende Wirkung von Stickoxiden, wird erst 1799 von Humphry Davy entdeckt werden. Wie also im Feld behandeln?

In dem seit Mitte des 17. Jahrhunderts eingesetzten „Medicin- und Chirurgischen Feldkasten" befinden sich noch Menschenfett, Regenwürmer und Zaubermittel wie „Waffensalbe". Gängig sind sogar „sympathetische" Methoden, etwa das Eintauchen eines Holzstückchens in die Wunde des Verletzten. Dieses Hölzchen wird anschließend in einen Baum (bevorzugt: die Esche) eingesetzt, was qua Analogieschluss zur Wundheilung führen sollte, nachdem das Holz mit dem Baum verwachsen war. Dazu zählen ferner Feldlazarette, die durch Räucherungen desinfiziert werden, Infektionen von Schussverletzungen durch Instrumente und Finger der Chirurgen sowie die Salbenverbände, auf die erst die Kriegschirurgen unter Friedrich II. zu verzichten beginnen. Vom Fehlen wirksamer Behandlungen gegen Fieber, Skorbut, Durchfall, Krätze, Wundreiten oder -marschieren ganz abgesehen.

Cothenius betreibt keine radikalen Veränderungen, doch seine Maßnahmen erweisen sich als richtungsweisend. Er setzt auf Chinarinde und Kampfer als Antiseptikum, peruvianische Rinde und Hirschhornsalz. Die persönliche Feldapotheke des Königs wird von ihm selbst zusammengestellt und enthält große Mengen Opium, Mittel gegen die Ruhr, Moschus, Abführmittel, Brechweinstein. Die Feldlazarette lässt er belüften, ihre Organisation richtet er neu aus. Hier stoßen wir auch auf seine wahre Leistung. Er lässt kurze Anweisungen, Vorschriften und Leitfäden für die nicht ausgebildeten „Wundärzte" und Sanitäter ausfertigen. Er kümmert sich persönlich um deren Verteilung und um eine Unterweisung. Über hygienische Grundlagen wird aufgeklärt, die Herstellung pharmazeutischer Produkte im Felde gelehrt und allgemeine Richtlinien ausgegeben. Hat dies auch teilweise dazu geführt, dass „ganz ohne Verstand und tumb" (so eine zeitgenössische Kritik), nur nach Vorschrift des Leitfadens, vorgegangen wird, so sehen wir hier dennoch klar das Verdienst von Cothenius: Ordnung in einem Chaos zu stiften und anderen ein Reglement verfügbar zu machen, sodass sie selbst zum Wohle aller handeln können.

Seit 1792 bis zum heutigen Tag verleiht die Deutsche Akademie der Naturforscher Leopoldina die Cothenius-Medaille, ein Preis, den der Namenspatron aus eigenem Vermögen und mit letztem Willen gestiftet hat. Träger dieser Medaille sind so prominente Wissenschaftler wie Ernst Haeckel, Otto Hahn, Iwan Pawlow, Ilya Prigogine oder Wolf Singer. In lateinischer Aufschrift ist auf der Medaille zu lesen: „Zur Anerkennung der Tüchtigkeit derer, die das Wohl der Sterblichen fördern".

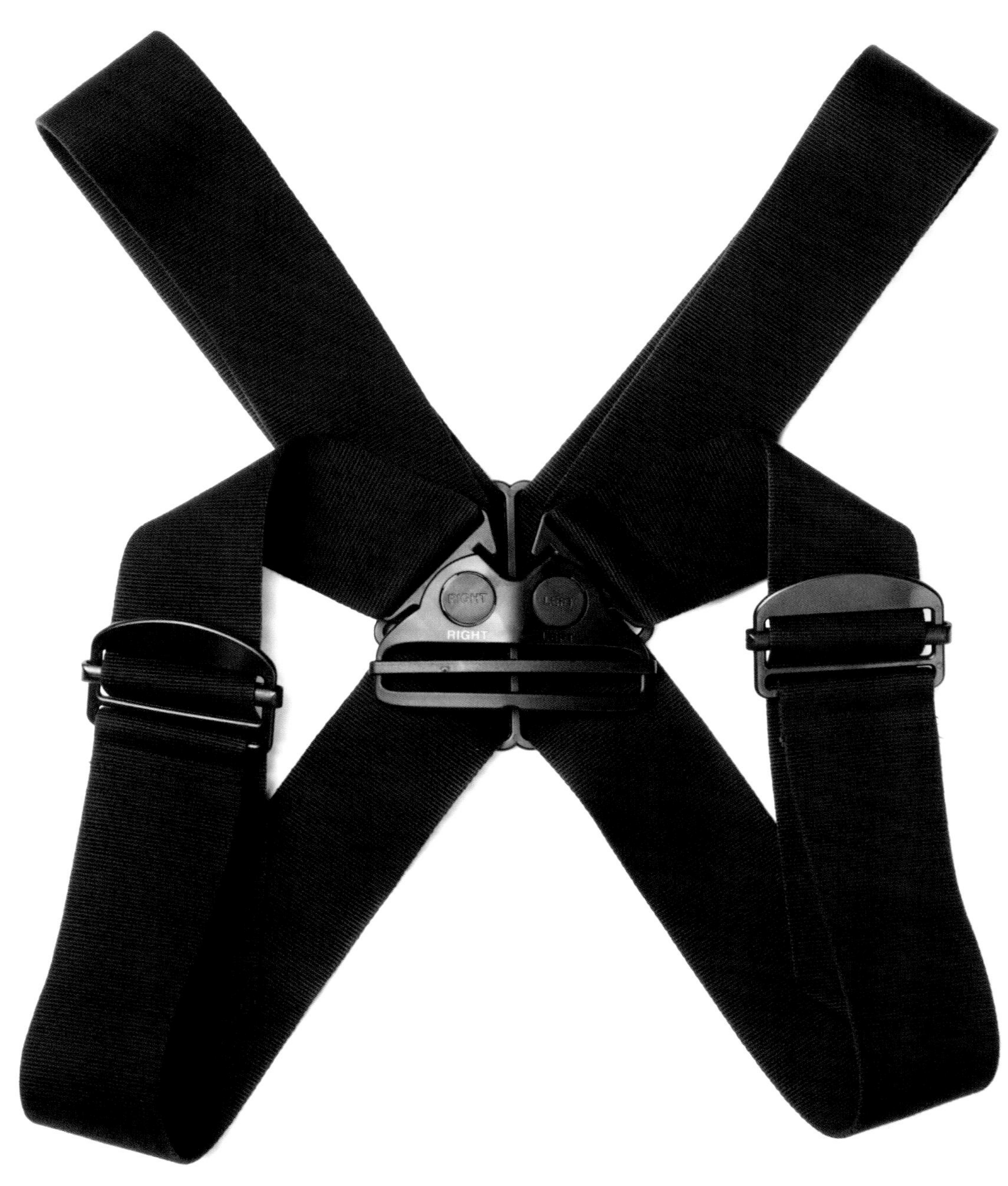

HELMUT LANG *Safety Cage,* **AW 2003/2004**
Courtesy MAK – Österreichisches Museum für angewandte Kunst / Gegenwartskunst
Foto: MAK/Nathan Murrell

Tanzende KRIEGER

Er gilt heute als Godfather der *Gruppentherapie: WILFRED R. BION.* Diese Auszeichnung hat er zweifellos verdient. Bezahlt hat er sie allerdings mit dem Verlust seiner Anstellung als ein **leitender Psychiater** in der britischen Armee, die sich unter **THERAPEUTISCHEM ERFOLG** etwas ganz anderes vorgestellt hatte. *Aber lesen Sie selbst ... Von* DENIS GADID

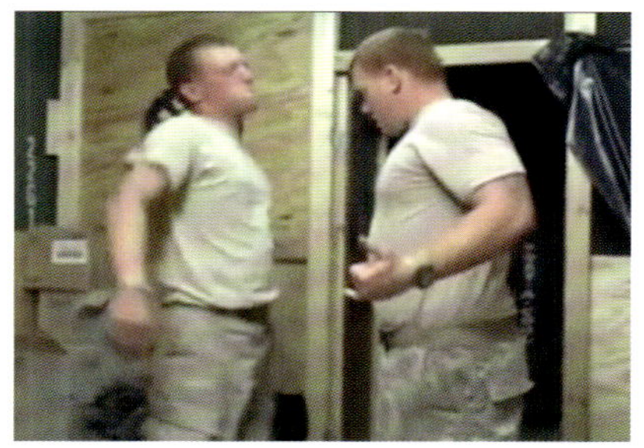

Wie viele Psychologen und Psychiater stand auch Wilfred Ruprecht Bion (1897–1979) im Dienst des Militärs. Sein erster Aufsatz aus dem Jahr 1940 trug den Titel *The War of Nerves* – Nervenkrieg. Im Zweiten Weltkrieg hatte er die Aufgabe, von der Fronterfahrung traumatisierte Offiziere der britischen Armee wieder fit für den Einsatz zu machen. Einzelbehandlungen à la Sigmund Freud schienen unter Kriegsbedingungen ineffizient, weshalb Bion daranging, über Therapieformen für mehrere Patienten gleichzeitig nachzudenken.

Ausgangspunkt seiner Überlegungen war, dass es den Männern in der Rehabilitation vor allem an einem fehlte: Disziplin. Fern vom militärischen Alltag waren die Soldaten nicht in der Lage, ihre freie Zeit eigenverantwortlich zu strukturieren; ein solcher Mangel erschwerte die Einschätzung, ob sie wieder für den Fronteinsatz tauglich waren, für welche Tätigkeit und in welcher Verantwortung.

Bion stellte sich also die Frage – und das ist eine Fragestellung, die uns alle angeht –: Wie autorisiert man sich selbst zu was, wenn es keine vorgegebenen Zwecke gibt? Denn für ihn stand fest: „Ein Psychiater (darf) nicht die widerwärtige Dummheit begehen, die Patienten als Kanonenfutter zu betrachten, das wieder zu den Einheiten zurückzuschicken ist. Er wird seine Aufgabe darin sehen, Menschen mit Selbstachtung heranzubilden, die sozial angepasst und daher bereit sind, Verantwortung gegenüber der Gemeinschaft zu übernehmen, im Kriege wie im Frieden."

Es dauerte nicht lange, bis man begriff, dass die Gruppe ihr eigenes Problem darstellte: Wechselseitig behinderte man sich darin, etwas zu wollen. Was beim einzelnen Menschen oder einem Paar nicht zu existieren scheint, tritt urplötzlich zutage, wenn mehrere Menschen – genaugenommen mehr als sechs Personen – aufeinandertreffen. Dies liegt an der in jedem Menschen existenten „Protomentalität", an der nicht zu rütteln ist. Innerhalb einer Gruppe entstehen dadurch neurotische Blockaden. Bei seinen Versuchen stieß Bion auf einige Charakteristika von Gruppen: (1) Streben nach wechselseitiger Abhängigkeit, (2) Wunsch nach Paarbildung, (3) Kampf/Flucht bezogen auf einen gemeinsamen Gegner. Ihm zufolge sind diese Grundannahmen „instantaneous, inevitable, instinctive" – unmittelbar, unausweichlich und instinktiv. Es gibt keine Gruppe, deren innere Dynamik sich nicht vor der Folie dieser Charakteristika verstehen ließe: sei es der Kegelverein, der Lesezirkel oder der Vorstand eines DAX-Unternehmens. So weit, so großartig – sollte man meinen. Doch für Bion kam es anders. Das von ihm initiierte „Northfield-Experiment" wurde 1943 nach nur sechs Wochen abgebrochen. Was war geschehen?

Er kann's: Tänzender Soldat in dem YouTube-Video *Lady Gaga Telephone – The Afghanistan Re-make*, 2010

Nachdem Bion anfänglich der Gruppe den bewusst sehr vage gehaltenen Befehl gegeben hatte, sich „sinnvoll" zu beschäftigen, hielt binnen Tagen der große Schlendrian Einzug im Hospital. Auf sich allein gestellt und nur mit dem Befehl, „irgendetwas" zu machen, passierte so gut wie gar nichts; vielmehr begannen achtzig Prozent der Teilnehmer „sich zu drücken" und sich gegenseitig Vorwürfe zu machen.

In einer (inszenierten) Krisensitzung darauf angesprochen, beschwerten sich die Männer über die mangelnde Führung durch Bion. Dieser ließ sich nicht verunsichern und verlangte von den Soldaten, dass sie sich gefälligst selbst ein gemeinsames Ziel setzen sollten. Bions Absicht war es, herauszufinden, was die Gruppe eigentlich wollte, so wie der Einzelpatient auf der Couch von Freud herausfinden soll, was er/sie eigentlich möchte.

Man stelle sich vor: Es ist **KRIEG** und *alle wollen nur* TANZEN.

Diskussion. Dann der Vorschlag: Die Soldaten wollten Tanzen lernen. Hintergedanke dabei war, dass Tanzenkönnen wohl ein geeignetes Instrument (oder auch eine Waffe ...) sei, um Frauen kennenzulernen (Grundannahme 2: Paarbildung), und auf diesem Terrain fühlten sich alle unsicher. Ein solcher Wunsch ersetzte den sonst als normal empfundenen Gruppenimpuls zu Kampf oder Flucht (Grundannahme 3). Was die ganze Angelegenheit geschmeidig werden ließ, war die Praxis des Tanzes, dessen Regeln die Autorität im Raum verkörperten und von dem die Tanzenden nun wechselseitig abhingen (Grundannahme 1). Gegner war man sich in dieser Konstellation nur noch selbst im regelgeleiteten Einlassen auf die jeweils anderen: der Sieg der schönen Seele im kollektiven Verbund.

Voilà! Die Gruppe wurde nun derart vom Tanzfieber gepackt, dass es nach knapp einem Monat kaum noch Zeit für andere Tätigkeiten gab und die Ressourcen komplett für die Organisation der Tanzveranstaltungen und Konzerte genutzt wurden. Urlaub von der Gruppe forderte keiner mehr und Freizeit schon gar nicht. Der Generalstab sah das nicht so gern: Man wollte eine T/Gruppe, die durch herausgehobene Autorität und Angriffswillen auf den deutschen Feind zusammengeschweißt werde. Man stelle sich vor: Es ist Krieg und alle wollen nur tanzen! Bion musste gehen. Was Soldaten von heute nicht hindert, die Zeit zwischen den Kampfeinsätzen mit improvisierten Tanzchoreografien nach dem Vorbild des ehemaligen Go-Go-Girls Lady Gaga zu überbrücken.

TANZENDE SOLDATEN: https://www.youtube.com/watch?v=naHXgrU7qNI

Die WAFFEN *der* FRAUEN

Lana Del Reys Musikvideo „High by the Beach“. Von MATTHIAS WAGNER K

Waffen sind nicht allein Männersache. Bewaffnete Frauen durchziehen die Weltliteratur, die Musik- und die Kunstgeschichte. Judith mit dem Schwert, Messer oder Säbel und bisweilen mit dem abgeschnittenen Männerkopf des assyrischen Feldherrn Holofernes dürfte zu den bekanntesten Motiven überhaupt zählen, die sich tief ins kollektive Gedächtnis eingeschrieben haben. Maler wie Donatello, die Cranachs, Botticelli und Caravaggio schufen dazu unterschiedlichste Bildwerke.

Die Ausdeutung dieses Bildmotivs reicht dabei von der Heldenhaftigkeit Judiths als Kämpferin gegen die Tyrannei der Fremdherrschaft bis hin zum Vorbild weiblichen Aufbegehrens gegen die herrschende Geschlechterordnung. Mal wird eine wehrhafte und emanzipierte Weiblichkeit beschworen, dann wieder eine von Rachefantasien getriebene. Letztere ist vielleicht am eindrücklichsten mit Person und Werk der Artemisia Gentileschi verbunden, wurde die Malerin des Barocks doch zu Beginn ihrer Malkarriere selbst Opfer männlicher Gewalt.

Während Judith in erster Linie Jahwes Vollstreckerin ist, bieten die heute zur Waffe greifenden Frauen – Serienfiguren, Filmheldinnen, Sängerinnen und Popikonen – ein breiteres Spektrum an Weiblichkeitsentwürfen und damit Identifikationsfiguren und Rollenmustern. Folgt man Äußerungen aus postfeministischen Kreisen, so liegt die Faszination der smarten Kämpferinnen dabei nicht allein darin, dass sie für Frauen untypische Rollen verkörpern, sondern dass bereits ihr Erscheinungsbild ein politisches Statement ist, dessen Wirkung und Aussagekraft als Dekonstruktion von Geschlecht verstanden werden will. Ikonisch steht hierfür mindestens seit 1992 der rasierte Kopf von Ripley (Sigourney Weaver) in *Alien 3* als vermeintliche Verhässlichung der attraktiven Frau. Wobei die Frage erlaubt sein sollte, warum ein kurzgeschorener Frauenkopf nicht ebenso erotische Fantasien (bei einigen Männern) auslösen kann, wie (bei anderen Männern) lang fallende Haare. Interessant ist hier doch die Vielheit an verschiedenen Seinsmodellen, wovon eines in der „Wiedergeburt“ als Klon mündet und damit weniger die Frage nach einer veränderten Geschlechtlichkeit, als vielmehr und grundsätzlich die Frage nach „der“ Identität aufgeworfen wird.

Anders als Ripley im Science-Fiction-Epos verübt die Sängerin Lana Del Rey mit ihrem Popsong *High by the Beach* aus dem Album *Honeymoon* keinen Anschlag auf die bestehende Geschlechterordnung. Hier geht es um eine junge Frau, die sich mit Waffengewalt eines Paparazzis als Eindringling in das Private entledigt, adäquat dem Eindringen des abgelegten Geliebten in die Gefühlswelt der Filmfigur und Sängerin. Der Griff zur Waffe kommt erst spät im Video. Zuvor wandelt Del Rey spärlich bekleidet durch die ebenso sparsam möblierten Räume eines Strandhauses. Ein Sich-Fallenlassen aufs Bett, Blicke in den Spiegel, das gelangweilte Blättern in einem Boulevardmagazin, ein Räkeln vor dem zum Meer hin geöffneten Fenster sind die wenigen Handlungen, bevor sie mit schnellen Schritten das Haus verlässt und die steinernen Stufen zum Strand hinunterläuft. Dort hastet sie über die Felsen, um aus einem Spalt zunächst Papier und Müll, dann einen schwarzen Gitarrenkoffer zu ziehen. Zurückgekehrt auf die Terrasse des Strandhauses, entnimmt sie dem Koffer eine übergroße, futuristisch anmutende Waffe. Ohne zu zögern schießt sie den die gesamte Dauer des Videos über dem Haus kreisenden schwarzen Helikopter samt Pilot und Paparazzi ab. Ein Flammenball ist zu sehen, dann ein Stück Papier am Strand mit der letzten Strophe des Songtextes, das von der Gischt des Meeres überspült wird: *Everyone can start again / Not through love but through revenge / Through the fire, we're born again / Peace by patience / Brings the end.*

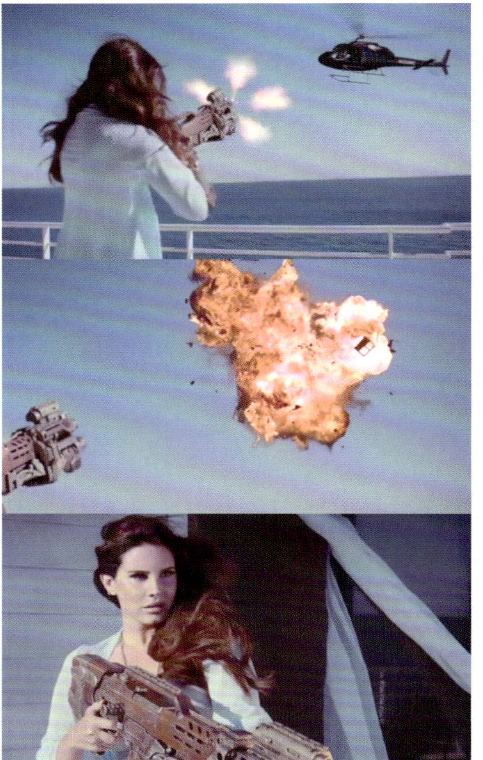

Die Melancholie und ihr Ende. Darsteller sind: ein schwarzer Hubschrauber, ein Haus am Meer, eine krasse Knarre und Lana del Rey in ihrem Musikvideo zu *High by the Beach*, 2015

Jeder Popsong spielt mit Emotionen, Gefühlen, Stimmungen – kurzum Affekten, die Gefallen und Missfallen, Abneigung und Faszination oder Attraktivität und Ablehnung hervorrufen. In der Tat ist auch *High by the Beach* voll von Gefühlsäußerungen, mit der Del Rey einmal mehr auf der Klaviatur jener Affekte spielt, von denen schon Aristoteles überzeugt war, dass sie sich musikalisch ausdrücken ließen und bei den Hörerinnen und Hörern zuverlässig die erwünschten Gemütsbewegungen hervorzurufen in der Lage seien. Während dieser noch elf Affekte – Begierde, Furcht, Zorn, Mut, Neid, Freude, Liebe, Hass, Sehnsucht, Eifersucht und Mitleid als Mischungen aus Lust/Unlust und Leid ableitete, reduzierte rund 2000 Jahre später der Rationalist Descartes diese auf Freude, Hass, Liebe, Trauer, Verlangen und Bewunderung.

Letztere dürften auch jene Affekte sein, die dem Starsein per se anhaften, die im Umgang mit den Medien und der eigenen Positionierung einander nicht nur zu bedingen erscheinen, sondern sich immer auch im Widerstreit befinden und jeweils neu definieren, welche Gefühle ein Bild evoziert und welche Bilder dazu geeignet sind, die Gefühlswelt zu verändern. Es ist nun mal erst eine gelebte Liaison mit den Medien, die eine Künstlerin zum Star macht; Person und Image sind vollkommen unterschiedliche Dinge. Und zum Image Lana Del Reys gehört es, glamourös und todtraurig zu sein. Das „Ende einer Liebe“ in Gleichsetzung mit „dem Ende der

Welt", wie Jürgen Ziemer 2011 in der *Zeit* schrieb, bestimmt das melancholische Hintergrundrauschen ihrer Songtexte; gehört zur Stilisierung als amerikanischer Popstar nicht nur die Retro-Selbstbespiegelung des eigenen Lebens, sondern auch die eines ganzen Landes.

Ihr Schöpfen aus dem Eros-Pool der Psyche mag sie damit zu einem Objekt sexueller Fantasien machen, aber ihr Image ist ganz sicher nicht das eines passiven Sexobjekts. Mit ihrem Image agiert sie als Veränderin tradierter Gefühlsmuster. „Denn", so schrieb Michel Foucault bereits 1971 in seiner Hommage an Jean Hyppolite, „alle Gefühle, selbst die scheinbar edelsten und uneigennützigsten, haben eine Geschichte. Wir glauben an die dumpfe Beständigkeit der Triebe und wir stellen uns vor, sie seien hier und dort, heute wie früher immer noch am Werk. Aber dem historischen Wissen fällt es leicht, sie zu zerlegen, ihre Wandlungen aufzuzeigen, die Zeiten zu benennen, in denen sie stark oder schwach waren, ihre Herrschaft zu verfolgen, ihre langsame Herausbildung und die Entwicklung nachzuzeichnen, in der sie sich schließlich gegen sich selbst wenden und sich zerstören können." Irgendwo in dieser analytischen Tradition, die – wie 400 Jahre zuvor Artemisia Gentileschi – zugleich tut, was sie erkundet, verortet sich Lana Del Rey. Lana Del Rey ist Gangsta Nancy Sinatra, ist Lolita, ist Claudia Cardinale in *Petroleum-Miezen*, ist Lana Del Rey. Alles ist und bleibt inszeniert, auch die mit einer (Nerf Pfeil-)Waffe vollzogene Gewaltausübung. Filmgewalt ist Arbeit am Affekt.

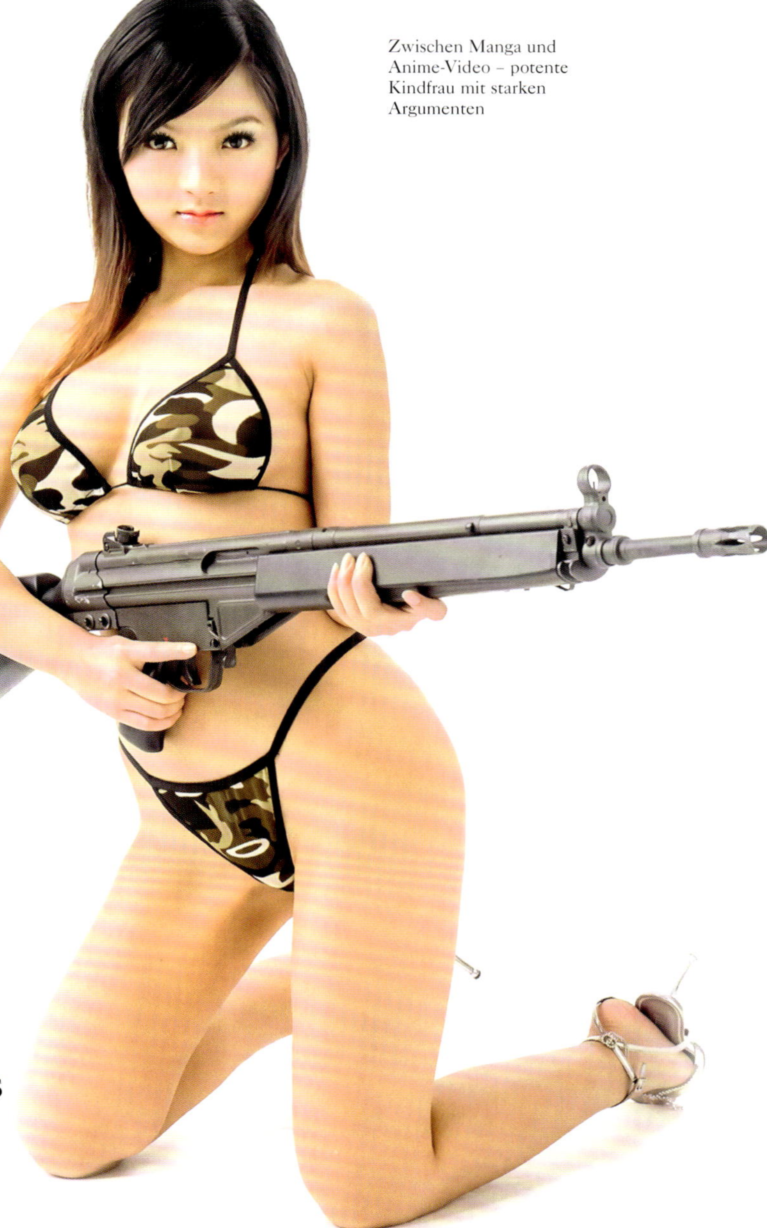

Zwischen Manga und Anime-Video – potente Kindfrau mit starken Argumenten

Ihr Schöpfen aus dem EROS-POOL der Psyche mag sie damit zu einem *OBJEKT SEXUELLER FANTASIEN* machen, *aber ihr Image ist* ganz sicher nicht das eines *passiven* Sexobjekts.

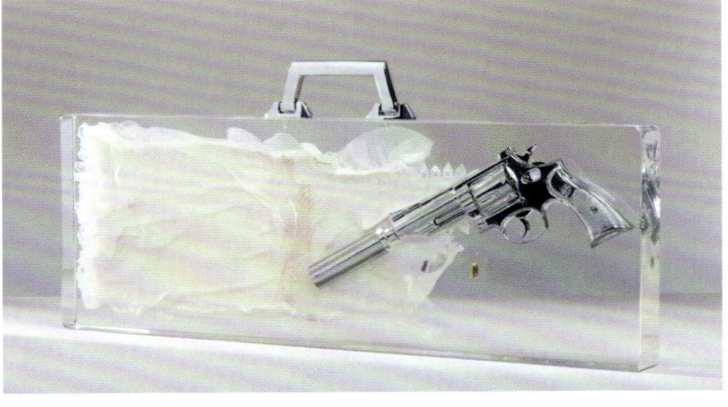

Dramatisches Prêt-à-porter: Designobjekt *Murdered Innocence* von Ted Noten, 2005. Foto: Stedelijk Museum 's Hertogenbosch/Peter Cox

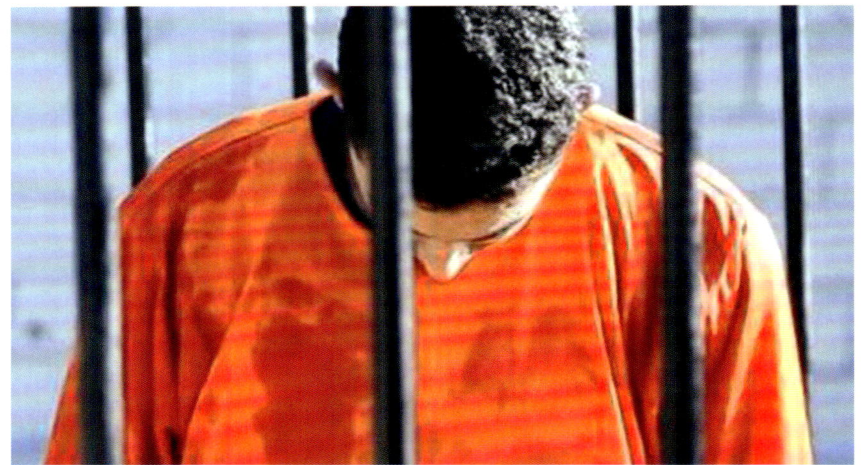

Maas Al-Kassasbeh
(1988–2015)

Am ENDE *des* BILDES

Das Video der *Hinrichtung* des jordanischen Piloten MAAS AL-KASSASBEH

Von DANIEL TYRADELLIS

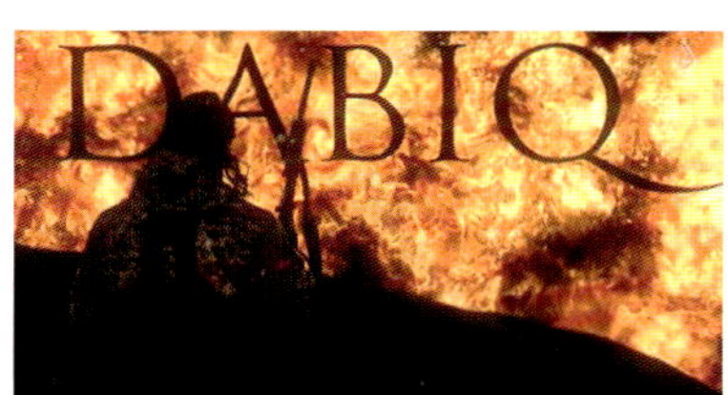

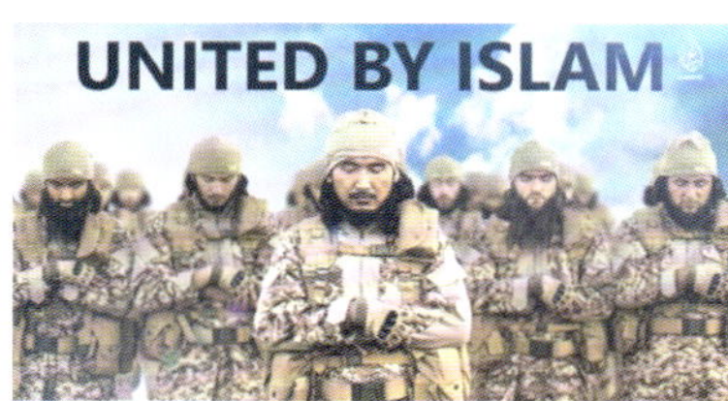

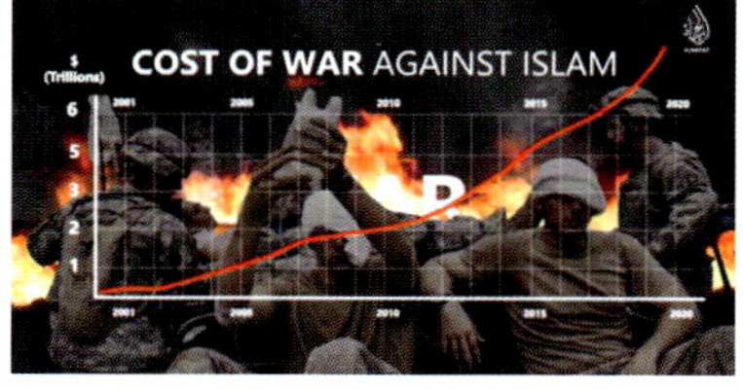

Die Videos von Terrororganisationen sind gleichermaßen dilettantisch wie wirksam. Sie entstellen westliche Bildlogiken bis zur Kenntlichkeit.

So viele Affekte. So viel Wahrheit, so viel Lüge in Milliarden von Bildern. Was wir sehen, löst etwas aus, trifft und berührt, lässt uns urteilen und handeln, mit und gegen jede Rationalität. Bilder markieren Anfangs- und Endpunkte von Kausalität und Evidenz. Darin liegt ihre kaum zu überschätzende Macht; darin sind sie Waffen von enormer Durchschlagskraft. Und ihre Reichweite nimmt ständig zu. Einzige bekannte Abwehrmittel: Abstumpfung, Gewöhnung, Bildung. Die Gegenreaktion darauf lautet: Eskalation.

„Bilder bedeuten alles im Anfang. Sind haltbar. Geräumig. / Aber die Träume gerinnen, werden Gestalt und Enttäuschung. / Schon den Himmel hält kein Bild mehr. Die Wolke, vom Flugzeug / Aus: ein Dampf der die Sicht nimmt. Der Kranich nur noch ein Vogel", schrieb Heiner Müller. Bilder verbrauchen sich. Engel der Geschichte sind nur noch Zitate der Kunst- und Literaturwissenschaften. Zu befürchten war, dass die letzten Bilder nicht besonders qualitätsvoll gewesen sein würden.

Es hieß, das Christentum sei eine ikonolatrische Religion, der Islam hingegen ikonoklastisch. Nicht nur die Darstellung des einen Gottes, auch die Bilder von Menschen und Tieren gelten ihm als Frevel. Sie lenken ab vom eigentlichen und sind zu verbieten. Man darf sich solche Vorgaben nicht bloß als Setzungen gelangweilter oder etwas unterbelichteter Herrscher vorstellen. Vielmehr soll schlicht das Potenzial der Bilder, die fast immer etwas bekunden, was im Hier und Jetzt nicht vorhanden ist, limitiert werden. Es geht darum, die Veränderung von Realität durch die Eigenmacht der Medien und ihrer Bilder zu verhindern, um nicht zu *denaturieren* und dadurch die Vollkommenheit der Schöpfung, die tatsächlich nur vom menschlichen Erfindungsgeist gestört wird, aus dem Blick zu verlieren. Auch der Westen kannte dieses Argument, das noch in der Mathematik im 20. Jahrhundert als Grundlagenstreit ausgetragen worden ist.

Dabei geht es nicht allein um Logik oder technische Innovation, sondern mindestens so sehr um das soziale Gefüge. In einer auf Konsum geeichten Welt kann dies zum Beispiel bedeuten, der Neigung des Menschen Widerstand zu leisten, anstrengungsloses Genießen für ein Synonym von Glück zu halten. Es geht

Bilder *markieren Anfangs- und Endpunkte von* Kausalität *und* Evidenz. *Darin liegt ihre kaum zu überschätzende* **MACHT**; *darin sind sie WAFFEN* von enormer *DURCHSCHLAGSKRAFT.*

darum, das Eingelassensein in die je einzigartige Konstellation eines *Lebens als Glück* zu erkunden. Ob die in Bildern vermittelten Träume dazu gehören, ist Kernfrage des Abendlandes, sofern es der Hunger nach Antwort ist, der die Geschichte vorantreibt.

Foucaults „Gott Sex" zum Beispiel hätte vermutlich nie jene Rolle gespielt, die wir heute für normal halten, gäbe es nicht das Universum erotischer und pornografischer Bilder. Jeder achte Klick im Internet dient ihrer Suche – und es ist davon auszugehen, dass das im Geltungsbereich des Bilderverbots nicht viel anders aussieht, zu groß ist der Sog und zu einfach der Zugriff auf das Verbotene. Wenn man den Gedanken ernst nimmt, dass jeder Entzug eine Gabe ist, dass da „Ja" zu einer Form womöglich mehr Freiheit bedeutet als ihre stete Überschreitung oder Negation, dann bleibt als Frage tatsächlich nur, was der Lust an der Überschreitung Grenzen zu setzen vermag, welche Waffe entwaffnend sein könnte. Bilderverbote und Geoblocking alleine genügen offenkundig nicht. Arab ist eine eigene Pornokategorie.

Ich habe mir das Video der Exekution des jordanischen Piloten Maas al-Kassasbeh durch den IS angesehen, zweimal innerhalb von 24 Stunden. Es berührt und bedrängt mich, nicht allein aufgrund der unerträglichen Darstellung eines brutalen Mordes, sondern wegen seiner Choreografie und Regie, seinem Umgang mit filmischen Techniken, die durch und durch westlich scheinen. Die Bilder sind eine Zumutung.

Der junge Kampfpilot war – ausgerechnet – am 24. Dezember des Jahres 2014 während eines Einsatzes über Syrien vermutlich aufgrund technischer Mängel seiner F-16 abgestürzt. Er „rettete" sich mit seinem Schleudersitz und landete im Euphrat, einem der beiden biblischen Paradiesflüsse, aus dem er von Mitgliedern des IS gefischt und gefangen genommen wurde. Zehn Tage später richtete man ihn hin. Am Tag des Namen-Jesu-Festes, jenes nichtgebotenen Gedenktags, der der Bedeutung der Person Jesu in seiner Gesamtheit gewidmet ist. Damit kein Zweifel aufkommt: Das Video ist dilettantisch und erbärmlich. Durch und durch dumm, aber darin erschreckend intelligent. Gerade aufgrund seiner schlechten Machart („Malfaçon" i.S. Jacques Derridas) ist es die am meisten erhellende mir bekannte Arbeit zur Frage, was ein Bild ist. Jedes Bild, das noch je im Namen eines Kampfs um die Freiheit veröffentlicht werden wird, muss sich vor ihr erklären. Die allermeisten werden dem nicht standhalten. Ende des Bildbegriffs, wie wir ihn kennen. Nicht Bilderverbote sind sein Ende, sondern Aushöhlung oder *Auslöschung*. Sie werden einen neuen produzieren, und die menschliche Existenz radikal infrage stellen – auch wenn die Folgen womöglich erst Jahrzehnte später formulierbar sein werden. Die Wahrheit eines Bildes ist seine soziale Folge. Ihren Zeithorizont vermag man nicht zu ermessen. Das zu wissen haben Islam und Judentum dem Christentum in seiner heutigen Form voraus.

Der 17-minütige Film erzählt die Geschichte einer Hinrichtung und eines Gerichts. In chronologischer Narration mit zahlreichen Rückblenden, die der Rechtfertigung des Folgenden dienen sollen, werden der Ort der Tötung sowie das Zusammenkommen der Kämpfer und Zeugen der Tat gezeigt. Die IS-Kämpfer sind schwarz vermummt, der jordanische Pilot in leuchtorangenem Gewand, wie man es von den Häftlingen in Guantánamo Bay kennt, ein vermutlich in der Türkei oder Bangladesch online bestelltes Kleidungsstück à US $ 10. Gezielt wird hier mit ästhetischen Versatzstücken gearbeitet, und auch das Timing, wann und wie der Film ins Netz gestellt wird, dürfte genau choreografiert gewesen sein, wie es Clemens J. Setz in einem Artikel in der *Zeit* bereits einige Monate zuvor für die Medienstrategie des IS gezeigt hatte.

Maas al-Kassasbehs Gesicht, die noch einmal intensiv wahrnehmen wollenden Blicke auf die letzten Minuten seines Lebens, vielleicht auch die Vorwegnahme des kommenden Schmerzes, werden ebenso eindringlich gezeigt wie die Erläuterungen des Piloten über die Gründe und den Ablauf seiner kriegerischen Missionen im Auftrag der USA, verbunden mit Einblendungen von Landkarten und anderen Versatzstücken, die der technoiden Bildästhetik der zahllosen *Top-Gun*-Varianten des Hollywoodkinos entnommen sind.

Die Videobotschaft ist in Fenster, die permanent Informationen einspielen, zerteilt. Sie sollen die Einbettung des Handelns des Einzelnen in eine höhere Überwachungs- und Kontrollinstanz vermitteln und zugleich dem Protagonisten erlauben, die Bilder in ihren Raum-Zeit-Koordinaten präzise einzuschätzen. Die Bildsprache suggeriert gleichermaßen Abenteuer wie Kontrolle und Überlegenheit, rationales Kalkül und präzises Abwägen von Recht und Unrecht. Links tickern Nachrichten, rechts läuft der Countdown. Gestört wird die Ästhetik nur durch arabischen Sprechgesang, der über allem liegt.

Die Narration selbst folgt einer alttestamentarischen Logik der Rache. Gezeigt werden Bilder von bei US-amerikanischen Bombenangriffen getöteten Säuglingen und Kindern; erschlagen von den eingestürzten Mauern zerstörter Häuser oder eingeklemmt und bei lebendigem Leib verbrannt. Gleiches geschieht dem in einen Käfig eingesperrten Piloten, dessen in Benzin getränkter Overall ihm keine Überlebenschance vor den Flammen lässt. Am Ende des Films wird der in einem Käfig zu einer braun-schwarzen Leiche verbrannte Maas al-Kassasbeh von einem Radlader mit Gestein und Beton verschüttet und entsorgt.

Der Film spiegelt auf tragischste Weise die Heroen des westlichen Unterhaltungsfilms, indem er sie wie diese inszeniert, aber *das eine* zu geben scheint, was dieses Genre nicht zu geben

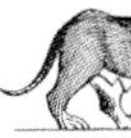

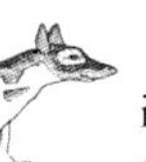

imstande ist: die *Gewissheit des Todes*, jenes Ereignis, das wir ständig umkreisen in seiner ambivalenten Faszination. Wir meinen zu wissen, dass hier *wirklich* ein Mensch stirbt. In unserer Wahrnehmung läuft alles auf diesen Akt der Tötung hinaus, auf das Opfern. Das Tier auf der Schlachtbank, der Pilot auf dem Opferaltar. Er stirbt stellvertretend, aber er stirbt tatsächlich. Jedoch – er stirbt wie die zahllosen Unschuldigen, wie die aus Versehen totgebombten Zivilisten oder Kinder in der „Dritten Welt", die auch an Krankheiten sterben, die leicht zu heilen wären, wenn man ihnen die Medikamente dazu gäbe. Auch sie sterben tatsächlich, und jeder, der es will, kann es wissen und weiß es. Maas al-Kassasbeh spielt Pete „Maverick" Mitchell (so Tom Cruise' Name in *Top Gun*), nur dass das Heldenhafte ins Nichts zerstiebt, zu dem technoide Überlegenheit und bis zur Karikatur vereinfachte Zusammenhänge des sozialen Seins das westliche Subjekt verurteilen. Da bleibt nur der Tod als Sinngeber der Rezeption.

Natürlich kennt der Westen Filme, die der Unsicherheit hinsichtlich der Echtheit eines Bildes und den davon evozierten Gefühlen durch die Unterstellung eines wirklichen Todes vor laufender Kamera beizukommen suchen: „Snuff" („Auslöschung"), benannt nach dem Film *Big Snuff* von 1976. Niemand würde jedoch etwa einen Dokumentarfilm über das billigend in Kauf genommene Kindersterben aufgrund von fehlender Malariaimpfung als „Snuff" bezeichnen, selbst wenn man in ihm das Sterben „live" sieht. Nur insofern ist das IS-Video intelligent: indem es die Kausalketten gerade da verlängert, wo wir sie zu verkürzen uns antrainiert haben, und sie da verkürzt, wo der Westen sonst zu keinem Endpunkt der Evidenz – dem tatsächlichen Tod – kommt.

Wenn Navid Kermani 2015 in seiner Rede zur Verleihung des Friedenspreises des Deutschen Buchhandels auf „Snuffvideos" zu sprechen kommt, die uns aus Libyen und Ägypten erreichen, so verfehlt er wie stets die strukturelle Sachlage, um umso präziser die identifikatorische Gemütslage zu bedienen. Sein „ungläubiges Staunen" ist deshalb so populär, weil es ausspricht, was dem religiösen Niveau des westlichen Agnostikers und Alltagschristen entspricht: Im besten Fall lässt man sich von den Affekten einnehmen, die die christliche Idolatrie perfektioniert hat, um nicht auf den Wackelkandidaten Intellekt setzen zu müssen. Man deutet, was man sieht, ohne sich mit Hintergründen lange aufzuhalten.

Tatsächlich sind die IS-Filme das Gegenteil von Snuff. Diese zelebrieren die Lust an letaler Gewalt an den Opfern allein um ihrer selbst willen. In den IS-Videos geht es dagegen um die Inszenierung und Überinszenierung von als sinnvoll und notwendig behaupteter Gewalt – auch wenn diese wie jede Gewalt am Ende sinnlos und stumpf bleibt und sich darin, so dies denn logisch möglich wäre, sogar noch steigert. Christen sollten es eigentlich wissen, steht doch im Zentrum ihrer Religion die tödliche Folter des von ihnen verehrten Gottes, was ihr bis heute den Spott anderer Religionen beschert. „Snuff" heißt hier eigentlich die Auslöschung des unmittelbaren Mitgefühls angesichts des Leidens – oder ihre maximale Übersteigerung in der Negation.

Die „Snuffvideos" des IS zeigen den strukturellen Sadismus, der von dieser Denkweise ausgeht und umso dringlicher nach echten Bildern verlangt. Der Westen hat darauf eine typisch privatime Antwort parat: sogenannte Reaction Videos, die Menschen zeigen, die sich solche Hinrichtungsvideos zur Unterhaltung zu Hause ansehen. Sie sind Dokumente der Sehnsucht nach Authentizität und zugleich Belege dafür, dass man tatsächlich noch etwas empfinden kann. Dies ist das Paradox: Dass man stets nur Millimeter vom Irrsinn entfernt ist, der zu schockhafter Realität zwingt, während man gleichzeitig mit großem Aufwand Szenarien des Beweises für die Fähigkeit errichtet, sich berühren lassen zu können – als Moment des Lebens schlechthin, jenseits jeder Norm eines richtigen oder falschen.

Schlechte Machart ist eine *Qualität eigener Art. Sie vermag zu berühren*, weil sie vom **RADAR** des qualitativ Erwarteten nicht erfasst wird, *als atavistisch wahrgenommen wird* und insofern eine *archaische* **WAHRHEIT** verspricht.

Selbstverständlich erregen sich Bürger, Politiker und Medienvertreter über die Brutalität der IS-Videos; besonders schlau sich wähnende beklagen die Verrohung des westlichen Bildes, weshalb man sich nicht wundern sollte, wenn der IS entsprechend antwortet. Aber das ist nicht die Frage. Und auch, wenn Verena Lueken im Oktober 2015 in der *FAZ* behauptet: „Die Glorifizierung von Sadismus zum Tode ist ein Marketingmerkmal der westlichen Kulturindustrie", dann klingt das klüger, als es ist. Ein Blick in die Bildwelten vor der Zeit, als Marketingabteilungen das Wort Marketing erfanden und Philosophen das Wort Kulturindustrie, zeigt, dass die Kausalkette womöglich umgekehrt ist. Grausame und grausamste Darstellungen von Gewalt waren und sind im Westen immer üblich gewesen. Die westliche Strategie (und das kann man diagnostizieren, ohne paranoid zu sein) besteht gerade darin, Kausalketten so zu verlängern, dass man von Sachzwang oder bedauerlichen Randerscheinungen und Unfällen spricht, ohne sich dafür zu schämen – die zeitgenössische Version der besten aller kulturindustriellen Welten. Anstatt scheinheilig die westliche Verrohung angesichts drastisch-genüsslicher Bilder in Snuffvideos oder in Unterhaltungsfilmen wie Ridley Scotts *The Counselor* (2013) zu beklagen, wäre viel eher zu fragen, warum man so gelangweilt und desinteressiert ist am tagtäglichen sinnlosen Leid und Tod in der Welt.

Vielleicht braucht es die Unvertrautheit mit westlichen Bilderwelten und Sehgewohnheiten, um diese Wahrheit aus ihnen herauszudestillieren. Man kann sich jedenfalls dem Eindruck nur schwer entziehen, dass es sich bei dem IS-Video des Januars 2015 um eine hilflose, auf mangelnder Abgeklärtheit basierende Bildpolemik handelt, die gerade wegen ihrer mangelnden Professionalität echt wirkt. Schlechte Machart ist eine Qualität eigener Art. Sie vermag zu berühren, weil sie vom Radar des qualitativ Erwarteten nicht erfasst wird, als atavistisch wahrgenommen wird und insofern eine archaische Wahrheit verspricht. Der Umgang damit ist weitaus schwieriger als die Proliferation des gewohnt Provokanten, wie man ihm in der Kunst ständig begegnet – von Ai Weiwei bis zum Zentrum für politische Schönheit. So ist es auch kein Widerspruch, mit Clemens Setz zu sagen, die IS-Videos seien „benutzerfreundlich". Sie zeigen so viel, dass man sie gerade eben noch senden könnte; und sie sind eben so schlecht gemacht, dass man den Tod nicht als Resultat kostenintensiver Simulation wahrnimmt, sondern als authentisches Ereignis.

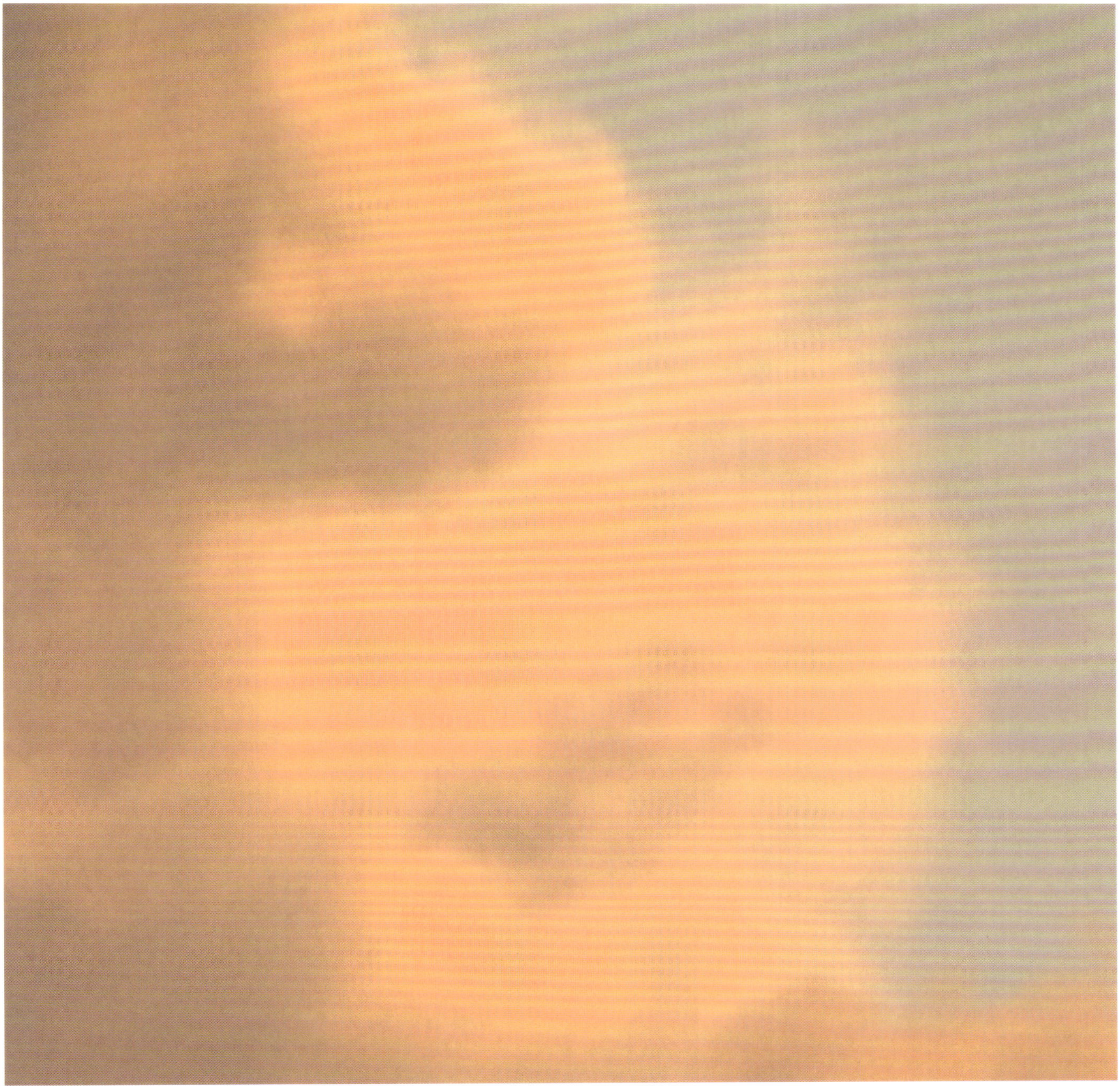

Shinseungback Kimyonghun
Aus: *Cloud Face*, 2012
Pigmentdruck auf Dibond

TOTALE *VERSTÄRKUNG und letzte* RESERVE

Seit dem frühen Mittelalter kauten Krieger in JEMEN oder Äthiopien KATH; die Wachen an der Großen Chinesischen Mauer hielten sich mit einem Kraut wach, das gleich auch den Hunger vertrieb und die Aufmerksamkeit erhöhte: natürlich vorkommendes EPHEDRIN – Anfänge des gesteuerten AMPHETAMINEINSATZES.

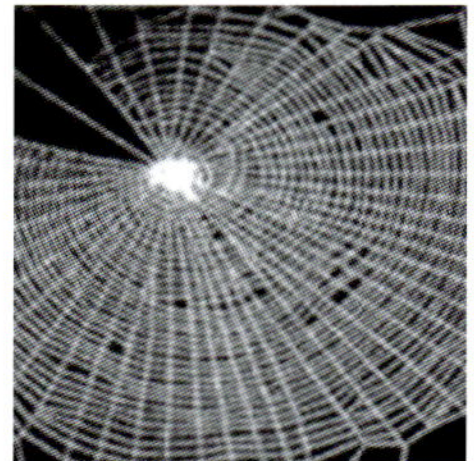
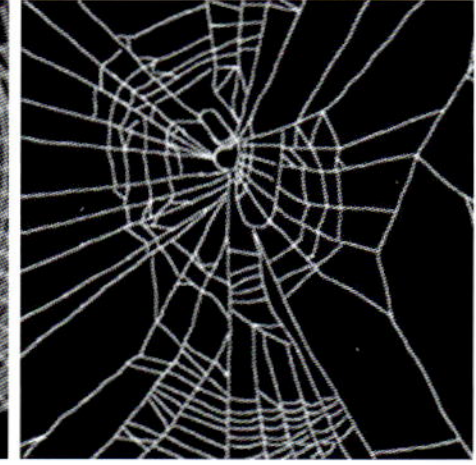

Spinnen auf Droge: links nüchtern, rechts nach Injektion von Ecstasy (Aufnahmen der NASA)

Letzter Schrei: Metabolic Dominance für die PEAK PERFORMANCE des „Warfighters"

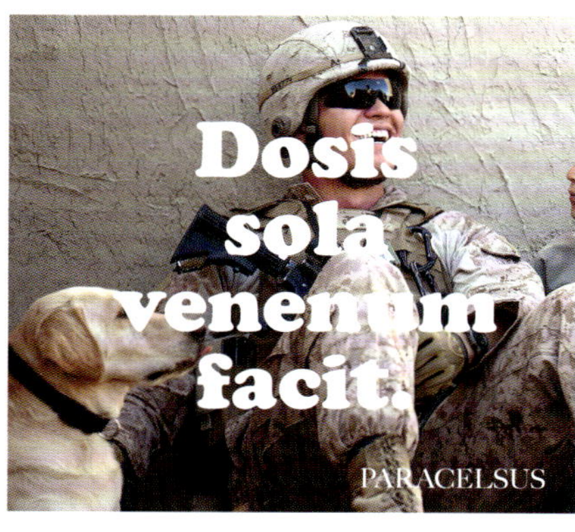

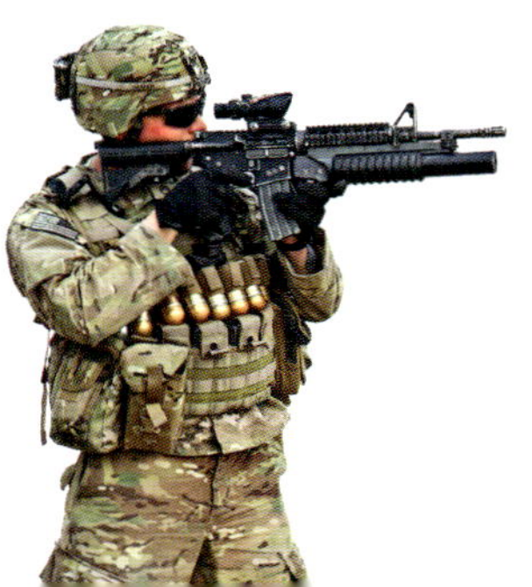

Die gängigen Vorurteile gegenüber dem Drogenkonsum laufen auf Folgendes hinaus: Alle Drogen sind im Grunde gleich, führen zu Abhängigkeit oder körperlichen Folgeschäden, untergraben Selbst und Bewusstsein und sind gesellschaftlich betrachtet verwerflich. Man konnte deshalb vor einiger Zeit noch einen Sturm im Wasserglas auslösen, wenn man mit Pervitin gedopte Wehrmachtsoldaten und Nazigranden als letzten Schrei historischer Forschung präsentierte. Etwas Besseres war vor der Erfindung des *Hipster Hitler* einfach nicht zu haben. In der Tat war der Zweite Weltkrieg ein Wendpunkt für die militärische Nutzung von Amphetaminen und Metamphetaminen, also all dem, was man umgangssprachlich Meth, Crystal oder schlicht Speed zu nennen pflegt. Millionen Benzedrin-, Dexedrin- und Pervitintabletten für Briten, Amerikaner und Deutsche. Doch 1940 spritzt auch Viktor Frankl in Wien hochdosiertes Pervitin der Temmler-Werke Berlin intrazisternal (also direkt in die *Cisterna magna*, die Erweiterung unterhalb des Kleinhirns), vorwiegend um Patienten, die mit Schlafmitteln Suizid begehen wollten, wieder ins Leben zurückzuholen. Und noch in den 1950er-Jahren wird es als Therapeutikum von der Bronchienbehandlung bis zur Geburtshilfe eingesetzt. Heute sprechen wir von Cognitive Enhancers wie Modafinil, Adderall, Aricept, Pitressin. Politiker, Studenten, Wissenschaftler, Manager haben sie weltweit in die Etagen der Entscheidungsträger und Blitzdenker getragen. Derivate, die meilenweit entfernt sind von der alten und beliebten Volksdroge Speed, die sich Lastwagenfahrer, Raver und Schlachtenbummler einwarfen. Konzentration, plastische Vorstellungskraft, Abwehr aller körperlichen Ablenkungsmanöver (Sex, Hunger, Schlaf). Was in den Stahlgewittern der Leistungsgesellschaft beinahe unverzichtbar geworden ist, wird nun auch schon wieder bei der staatlichen Defense Advanced Research Projects Agency (DARPA) in den USA weiter optimiert. Letzter Schrei: *Metabolic Dominance* für die Peak Performance des „Warfighters" (oder Topmanagers oder Fluglotsen). Kontinuierliche kognitive und physische Hochleistung unter höchst belastenden Bedingungen – drei bis fünf Tage, 24 Stunden, ohne Schlaf, Essen oder Ruhepause. Als 1965 Allen Ginsberg zu einem Reporter der *Los Angeles Free Press* „Speed kills!" sagte, muss er sich wohl geirrt haben. *A.L.H.*

„WAFFEN WOLLEN *FREI SEIN*"

3-D-Printer-Waffen, distributed from my cold, dead hard drive?

Von JULIANE DUFT

Waffenbesitz im fancy Design – die ultimative individuelle Freiheit dank 3-D-Print? *The Liberator* von Defense Distributed, 2013

Renderings: JAN-PETER GIESEKING

Sie hielt das Ding zur Begutachtung hoch, ein mattes Stahlrohr mit einem Lederriemchen an einen und einer kleinen, bronzenen Pyramide am anderen Ende. Sie umfasste das Rohr mit einer Hand, nahm die Pyramide zwischen Daumen und Zeigefinger der anderen Hand und zog. Drei geölte, ausziehbare Spiralfedern schossen teleskopartig hervor und schnappten ein.

„KOBRA", sagte sie. Der Himmel über dem Neongeflacker der Ninsei hatte einen hässlichen Grauton. Die Luft war schlechter geworden; an diesem Abend schien sie Zähne zu haben. Die Hälfte der Leute trug Atemschutzmasken. Case hatte zehn Minuten in einem Pissoir herumprobiert, wie er seine Kobra unauffällig bei sich verstauen könnte; schließlich hatte er sich dafür entschieden, den Griff in den Hosenbund seiner Jeans zu stecken, so dass die Röhre quer über seinem Bauch lag. Die pyramidenförmige Schlagspitze befand sich zwischen seinem Brustkorb und dem Futter der Windjacke. Er hatte nun ständig das Gefühl, das Ding würde beim nächsten Schritt klirrend auf den Boden fallen, aber damit ging es ihm schon besser.

WILLIAM GIBSON, *NEUROMANCER*, 1984

Die Welt von morgen ist die gleiche von heute, nur schlechter. Der Mensch ist verdorben, die Gemeinschaft ist verloren, das Individuum Anarchist und die einzige Hoffnung. Totalitäre Regimes, Drogen, Biotech, Darknet, Kriegsspiele. Niemand außer uns selbst wird unser Ende sein. Cyberpunk-Romantik ist 2016 bereits Geschichte. Jeder Mensch mit Zugang zum Internet und zu einem 3-D-Drucker kann jederzeit eine funktionierende Schusswaffe produzieren. Das ist keine Science-Fiction mehr. Seit drei Jahren kursieren die von Cody R. Wilson hochgeladenen Daten im Rahmen des Wiki-Weapon-Projekts im Netz, die es erlauben, die Bauteile der *Liberator* mit jedem üblichen 3-D-Drucker herzustellen. Aus rohen Daten, flüssigem Kunststoff und einem Metallstift wird mit einem Klick harte Realität in Form einer funktionierenden Pistole. Wilson nennt sein Projekt, das sich aus Crowdfunding finanziert, heute Defense Distributed und arbeitet an weiteren Schusswaffentypen. Er ist ein Vertreter und Held der Second-Amendment-Bewegung in den USA. Diese nicht kleine Anzahl an Amerikanern sehnt sich die Verhältnisse des Wilden Westens wieder herbei, in denen jeder selbst um seine Existenz mit frei zugänglichen Schusswaffen kämpft. Sie berufen sich dabei auf den zweiten Zusatzartikel zur Verfassung der USA, in dem 1791 ihre Landsmänner festgelegt haben, dass jeder amerikanische Bürger eine Waffe besitzen dürfe, um sich im Ernstfall zu verteidigen. Im Zuge dieser Forderungen wurde zum Beispiel das Waffenrecht in Texas erst vor Kurzem gelockert. Nun darf in Bars offen eine Schusswaffe mit sich geführt werden.

Wilson ist zwar Texaner, aber er ist mehr als ein wild gewordener Techno-Redneck, der sich mit seiner Glock am Gürtel zeigen und stark fühlen möchte. Der frisch graduierte Jurist gestikuliert wie ein Rapper, spricht aber von politischen Ideen eines „Sozialismus von unten" und streut dabei Zitate von Theoretikern wie Jean Baudrillard und Pierre-Joseph Proudhon ein. Während Wilson sprachlich und theoretisch hohe Ambitionen zeigt, ist die *Liberator* formal alles andere als High End. Belustigend sieht es auf den ersten Blick aus, wenn sein Schöpfer, medienwirksam braungebrannt, durchtrainiert und mit dunkler Ray-Ban-Sonnenbrille, seine Waffe in der texanischen Prärie abfeuert. Die *Liberator* ist keine schöne, sexy Waffe mit kühl-metallenem Sound. Sie ist weiß, kantig und plump, irgendwie zu groß geraten. Sie ähnelt mehr einem Feuerzeug als einem präzisen Tötungsinstrument. Ihre Proportionen lassen sie wie ein asiatisches Fake seiner selbst aussehen. Faktisch ist die Liberator niemals Kopie, niemals Original. Wilsons Schuss klingt wie ein Klacken eines Tackers. Ihm geht es offenbar nicht um Prestige, ihm geht es um technologischen Fortschritt – das zu tun, was möglich ist. „It's more radical for us", sagt er dem Online-Magazin *Motherboard* in der Dokumentation *Click Print Gun*. „There are people all over the world downloading our files and we say ‚good'. We say you should have access to this. You simply should." Für ihn ermöglicht 3-D-Druck „a world where you can have a firearm if you want. This is a world of equality."

Wieder ein Zusammentreffen von Wüste und Künstlichkeit, diesmal in Las Vegas, Nevada. Auf der Def Con, der weltweit wichtigsten Hackerkonferenz, sieht man nicht wenige Pro-Waffen-Bekundungen auf T-Shirts, Rucksäcken und Aufklebern auf Autos. In der Wüste vor der Stadt lädt als Auftakt zur Konferenz die Def Con Shoot ein. „Information wants to be free." Cyberikone Stewart Brands berühmter Ausspruch ist das Mantra der Hackerkultur seit den ersten digitalen Netzwerken in

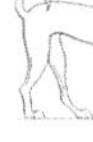

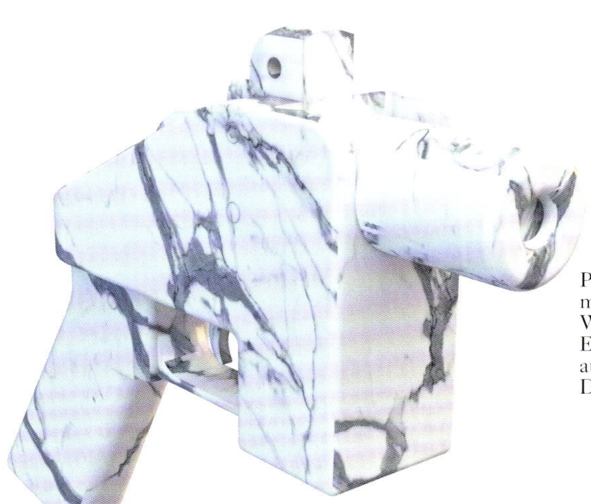

Puzzle für den modernen Waffenliebhaber: Einzelteile aus dem 3-D-Drucker

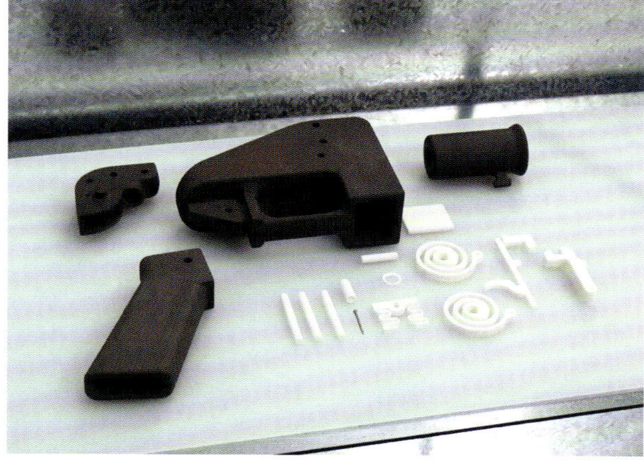

Cypherpunk und *Waffenenthusiasten* ist etwas gemein: Misstrauen gegen die **STAATSMACHT**.

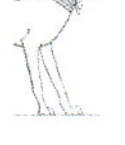

den 1980er-Jahren. Mit dem Ziel, dass Informationen frei, ohne staatliche Kontrolle zwischen den Usern zirkulieren können, kämpfen Cypherpunks für die Möglichkeit der Privatheit im Internet mittels Kryptografie. Ist Cyberpunk eine dunkle literarische Vision, ist Cypherpunk Realität. Sie ragt durch Wilsons Daten für die *Liberator* noch drastischer aus dem Netz in unsere materielle Realität. Wilson bezeichnet sich selbst als Crypto-Anarchist, den Begriff entlehnt er Tim Mays gleichnamigen Manifest von 1988. Es ist das Manifest der Cypherpunk-Bewegung, das ein Zeitalter individueller Freiheit fordert, in dem Daten, gesichert durch eine robuste Verschlüsselungstechnologie, frei fließen.

Cypherpunk und Waffenenthusiasten ist etwas gemein: Misstrauen gegen die Staatsmacht. Kryptografie wie auch die radikale Auslegung des Second Amendment als Recht auf freien Zugang zu Waffen verstehen sich *als Waffe gegen* mögliche Tyrannei. Bis in die 1990er-Jahre wurden beide von der US-Regierung sogar rechtlich als *Waffe* behandelt: Signaturschlüssel mit größerer Länge als 40 Bits wurden staatlich streng reguliert. Wilson macht immer noch keinen Unterschied zwischen Dateninformation und der Waffe als Objekt. Beide *wollen für ihn frei sein*. Er beschreibt die 3-D-Printer-Pistole als Dschinn, der nicht zurück in seine Flasche geschlossen werden kann: „I just don't see how you can stop it effectively. The bits will flow." Damit scheint er recht zu behalten, kaum ein denkbares Verfahren kann die Verbreitung der Daten aufhalten. Aber die Technologie ethisch-moralisch einzuordnen, weigert sich Wilson bewusst: „I don't know where that puts it on a moral spectrum." Ist eine Waffe ein neutrales Objekt, eine Medaille mit zwei Seiten? Auch die Cypherpunk-Bewegung hat eine unheimliche, dunkle Seite. In den späten 1990er-Jahren gab es auf der einen Seite Richard Stallman, den Begründer von GNU General Public License, dessen „Copyleft"-Software eine ethische Alternative darstellen sollte zu lizenzierten Codes. Software mit GNU-Lizenz kann von jedem Benutzer verändert und frei geteilt werden – unter der Auflage, sie wieder frei zur Verfügung zu stellen. Auf der anderen Seite stand Eric Raymond, der entwickelte, was später als Open-Source-Projekt bekannt wurde. Auch wenn Raymonds utopische Rhetorik es verschleierte: Open Source ist eine Marketingstrategie, ein kalkuliertes „Rebranding" der antikorporativen, freien Softwarephilosophie zugunsten von technologischem Fortschritt und wirtschaftlichem Profit. Während der Althippie Stallman mit seinem GNU-Projekt also eine moralisch-politische Vision von transparenter, kontrollierbarer Software hatte, basierte Raymonds Kampagne auf der kalten Logik von Maschinen und randianischem Unternehmergeist. Zweifellos ist auch Cody Wilsons Logik der freien Waffen nicht von Love, Peace und Flowerpower motiviert. Noch einmal einen Schritt zurück: Nach wie vor ist der Mensch an seinen Körper gebunden. Auch wenn sich die Waffe heute mit einem Klick von Daten aus dem Netz in einem 3-D-Drucker materialisieren lässt und der Verschlüsselungscode als Waffe ein so schönes heroisches Bild ist – Daten und Schusswaffen sind nicht das Gleiche. Waffen sind physische Objekte, töten mit einem „Klick". Die Möglichkeit, Informationen zu verschlüsseln, bedeutet Macht in jeglicher Verwendung, auch Raum für kriminelle Aktivitäten, aber sie tötet per se nicht. „Why are some shapes more dangerous than others?", fragt Cody Wilson rhetorisch. Design scheint nicht zu Wilsons Steckenpferden zu gehören. Und auch wenn er fast animistisch ein Eigenleben der Waffen beschwört – bis hin zu Bruno Latours objektzentrierter Theorie führten ihn seine Studien der französischen Philosophen offenbar (noch) nicht. Nicht zufällig ist die Schusswaffe Latours Beispiel der Wahl in seinem Text über die technische Vermittlung, in dem er Objekten eine ebenso zentrale Rolle in einem sozialen Netzwerk aus Aktanten zuschreibt wie dem Menschen. Die Waffe habe eine ihr eingeschriebene Funktion, die in ihrer Gestaltung gründe und sich eindeutig gegen den menschlichen Körper und dessen Existenz richte. Die Waffe ist somit ein Ding, was andere Dinge begehre und fordere: Geld, Blut, Respekt. Ob man nun Latour folgen möchte oder nicht, zweifellos machen Objekte etwas mit Menschen. Ein Mensch mit Waffe in der Hand verhält sich anders als ein Unbewaffneter. Die Waffe *kann* in einem moralischen Gefüge der Verteidigung oder der Aufrechterhaltung von Ordnung in einem Staat dienen. Waffen aus dem 3-D-Drucker ohne registrierte Kennziffer, die in jedermanns Hände gelangen können und kaum an Flughäfen zu detektieren sind, scheinen andere soziale Verwebungen einzugehen. Wilson hat erst vor Kurzem die erste Maschinenpistole für den 3-D-Metallprinter für unter 150 Dollar entwickelt. Die *Ghost Gunner* wirkt formalästhetisch gestalteter und macht sich auch auf Bildern gut. Der nötige Printer ist eine Investition von 21 000 Dollar. Weniger ein heißer Deal für texanische Schießclubs – als für Terrorristen.

AMMO ALLEMAND

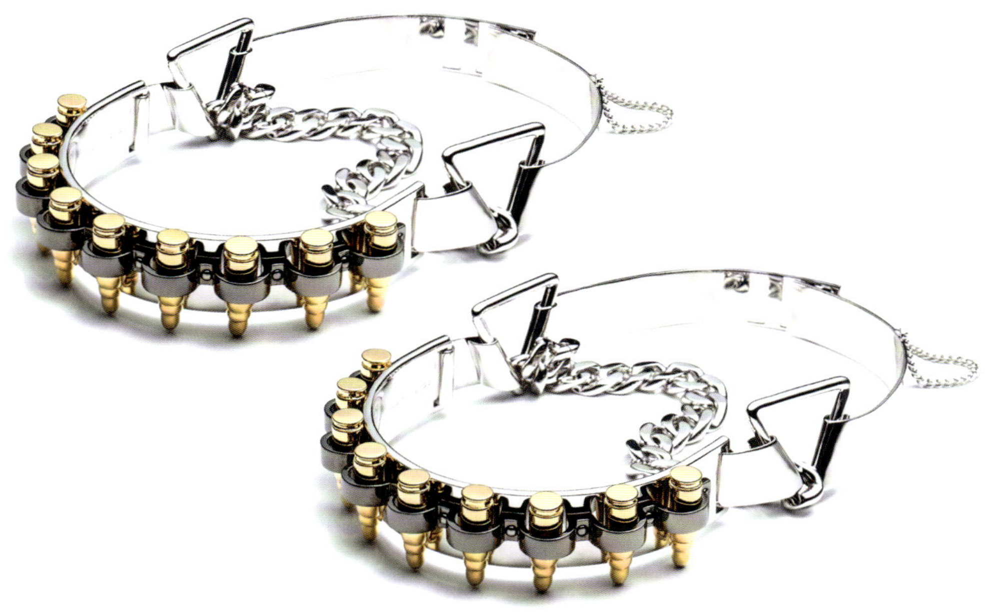

Moda Amazone

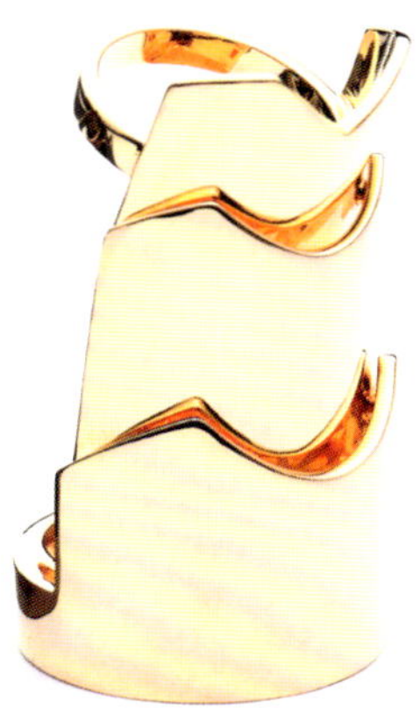

Available all over the world.

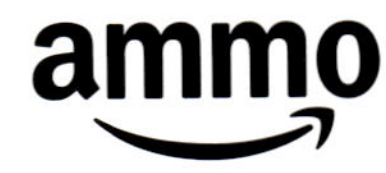

Eddie Borgo, *Hinged Plate Ring*, 2010 & Eddie Borgo x Dr Martens, *Bullet Boot Straps*, 2013, © Courtesy of Eddie Borgo

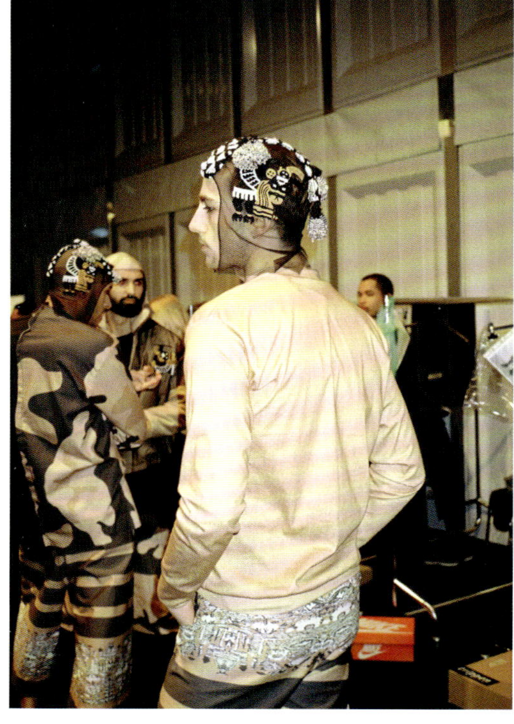

PARADISE Lost

Von STILKRIEGEN zu Kriegsstilen

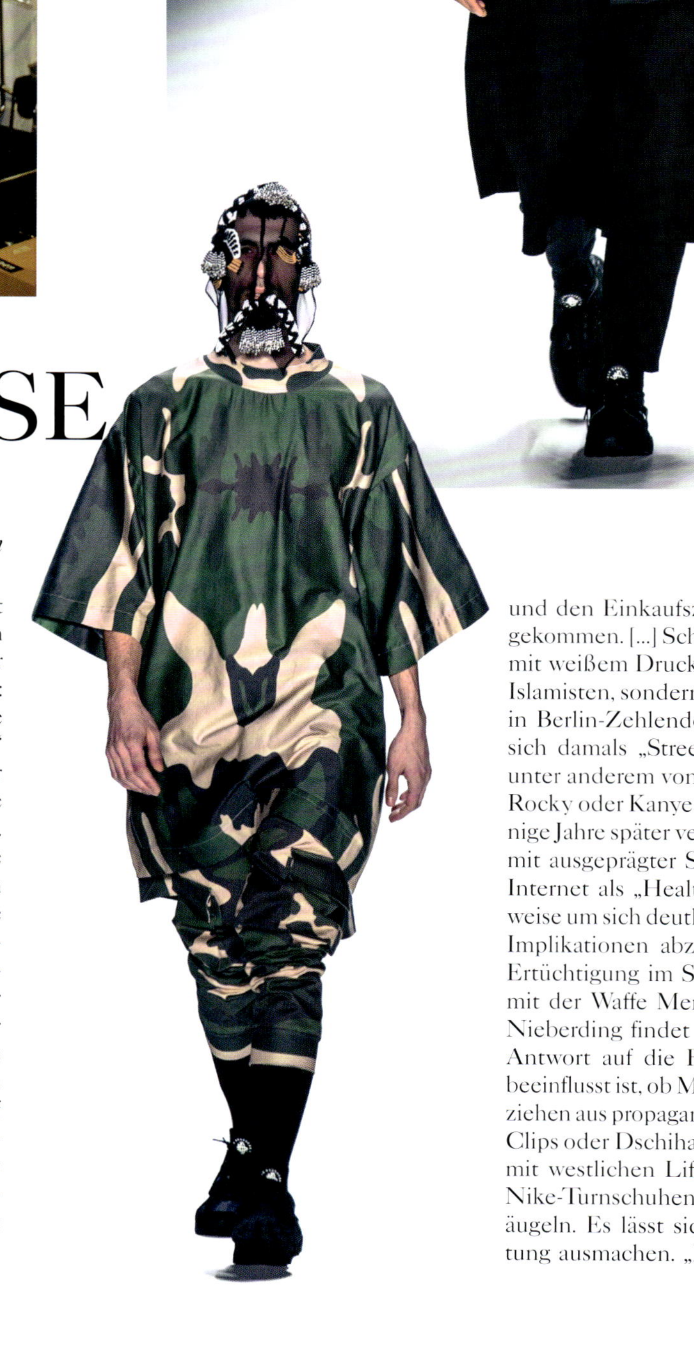

Von MAHRET KUPKA

Anstoß für diesen Text liefert eine Fotografie, die mir ein Freund vor einiger Zeit per E-Mail mit der Frage schickte: „Seit wann kleiden sich die IS-Kämpfer mit Rick Owens Mode ein?" – Ein paar Wochen später erschien in der *FAS* ein Artikel mit dem Titel „Das neue Schwarz. Über die Mode der Finsternis". Darin zitiert Mareike Nieberding die Frage des Tunesiers Bader Lanour aus dessen Blog „SLF", dem „Magazin für moderne Salafisten": „Warum versuchen die Ungläubigen auszusehen wie wir?" Der Artikel, der ebenso wie das Blog nicht mehr online ist, zeigte, so die Autorin, „Bilder von George Clooney und anderen Stars mit Vollbart und Fotos der Modewochen in Paris: Männer in Pluderhosen, die auf den Knöcheln enden, mit überlangen T-Shirts, die fast so voluminös fallen wie eine Tunika, dazu Sandalen oder weiße Turnschuhe". Sie folgert: „Das neue Schwarz ist gleichzeitig im Mainstream des Dschihad und den Einkaufszentren der Welt angekommen. [...] Schwarze Kapuzenpullis mit weißem Druck tragen [...] nicht nur Islamisten, sondern auch Gymnasiasten in Berlin-Zehlendorf." Der Stil nannte sich damals „Street Goth" und wurde unter anderem von Rappern wie A$AP Rocky oder Kanye West propagiert. Wenige Jahre später verbreitete sich der Stil mit ausgeprägter Sportkomponente im Internet als „Health Goth", möglicherweise um sich deutlicher von politischen Implikationen abzuheben: körperliche Ertüchtigung im Sport, statt im Kampf mit der Waffe Mensch gegen Mensch. Nieberding findet in ihrem Text keine Antwort auf die Frage, wer von wem beeinflusst ist, ob Modelabels Inspiration ziehen aus propagandistischen YouTube-Clips oder Dschihadisten im Geheimen mit westlichen Lifestyle-Insignien wie Nike-Turnschuhen und Hoodies liebäugeln. Es lässt sich keine klare Richtung ausmachen. „Moden sind global",

Runway-Fotos: Sadak/Ryan Tandya; Backstage-Fotos: Sadak/Gary Lafargue

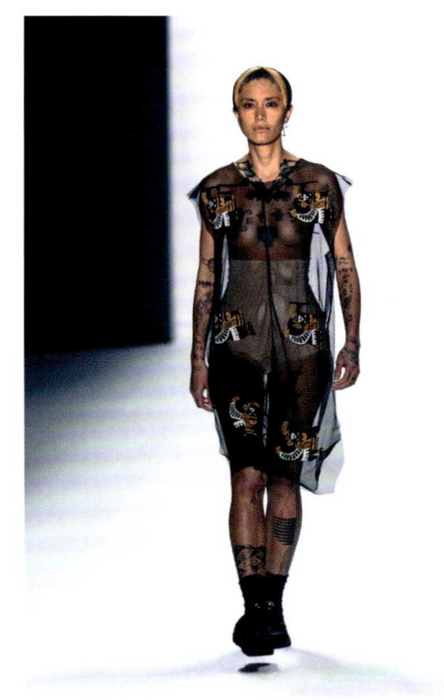

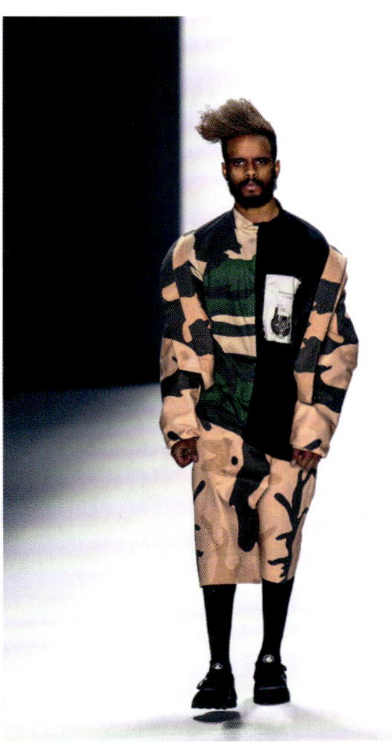

Der Berliner Designer Sasa Kovacevic eröffnete 2016 zum zweiten Mal die Mercedes-Benz Fashion Week in Berlin: Sadak, AW 2016/2017 Kollektion *Borders*

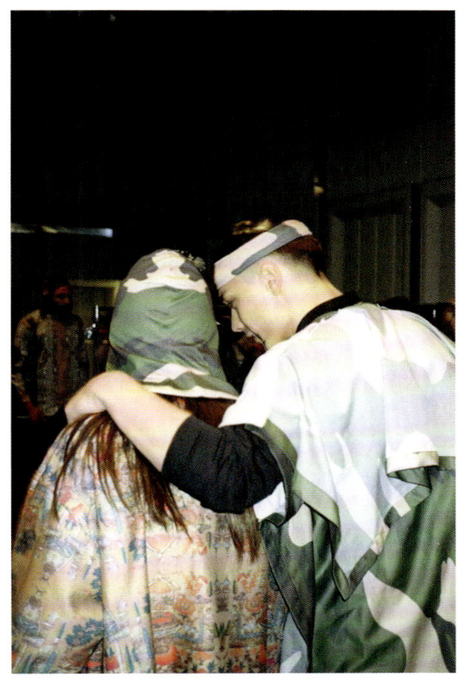

schreibt sie. Das ästhetisch Neue wurzelt im globalen Dorf des Internets.

Ingeborg Harms beschreibt in der aktuellen Modeausgabe der *Texte zur Kunst* die heutige Mode als „Formen einer prekären Bereitschaft, alles stehen und liegen zu lassen". Obgleich diese sich vielfältiger denn je gestalten, liegt ihre Essenz in einem „Klima des Misstrauens", das sich im Speziellen gegen die immer schneller wechselnden Zyklen des Modesystems richten mag, allgemeiner aber eine generelle Sehnsucht nach Ordnung und Übersicht spiegelt, für die es sich zu kämpfen lohnt. In den 1980er-Jahren brachten japanische Modedesigner eine „Mode nach der Mode" auf den Plan, eine Atombombe mitten hinein in die schillernd bunte westliche Modewelt, die wenig übrig ließ außer in schwarze Lumpen gehüllte Vertreter des Hiroshima-Chic. Wenngleich die Mode in den Jahren danach wieder farbiger und verspielter wurde, löste sie sich nicht mehr vom Stigma des Untergangs einer „Fashion at the Edge", hochpolitisiert wie in den Entwürfen eines Alexander McQueen, der in Kollektionen wie *Highland-Rape* für Herbst/Winter 1995/96 neben seiner eigenen schottischen Herkunft vor allem die Ausbeutung Schottlands durch England thematisierte.

„*Seit wann* kleiden sich die **IS-KÄMPFER** mit *RICK OWENS* Mode ein?"

„Neu" ist das Schwarz, welches Nieberding in der *FAS* beschreibt, nicht, so ließe sich argumentieren. In seiner Schlichtheit bewahrt es Yohji Yamamoto nach eigenen Angaben vor Zerstreuung, ermöglichte Coco Chanel den Fokus auf das Wesentliche, sei es eine spezifische Schnittführung oder eine klar zu vermittelnde Botschaft. „In einer Zeit, in der alles immer schriller, bunter, lauter, pinker wird, ist schwarz auch eine Provokation", heißt es in der *FAS*. Und das ist universal und zeitlos. Es heißt auch, die Kämpfer des IS haben sich für Schwarz entschieden, „weil die Heere der Kalifen-Dynastie der Abbasiden im 8. Jahrhundert ein ganzes Weltreich in Schwarz erobert hatten". Westliche Großstadtkämpfer orientieren sich heute an heimischen militärischen Farbcodes, kombiniert mit Elementen des Sports. Alles höchst funktional: Die schlichte hautenge Yogapants aus atmungsaktiven Materialien, perfekt fürs Studio und den sich daran anschließenden Büroalltag. Einfach Bomberjacke überwerfen und „you are ready to go", wer mag, kombiniert dazu das Nike-Air-Max-Modell der *Camo*-Linie in der Flecktarnmusterung der Armee der jeweiligen Lieblingsnation. Was vor wenigen Jahren noch Mütter höchst argwöhnisch als übersexualisierten Alltagsstyle an ihren jugendlichen Töchtern beobachteten, tragen sie nun selbst. Das idealerweise schlanke, muskulöse Bein, perfekt inszeniert durch hautengen elastischen Stoff, trägt den durchtrainierten Oberkörper, der durch den plustrigen Stoff der Bomberjacke subtil betont wird. Der Look ist ein sexuelles Angebot bei gleichzeitiger Kampfansage: „Look. But don't even think about it." Bodychallenges in sozialen Netzwerken drehen sich längst nicht mehr um den dünnsten Körper, sondern um das perfekte Maß an Muskelmasse. Die Glieder sind nicht mehr nur schlank, sondern wohlgeformt, die Großstädterin ist fit, agil und flitzt in der schwarzen Joggingkombination unerkannt durch nächtliche Straßen.

Die „prekäre Bereitschaft", von der Harms spricht, ist nicht zwingend monetärer Natur, sondern bezieht sich vor allem auf den Mangel an Sinn und Werten. Der Held ist ein Einzelkämpfer auf der Yogamatte oder im Iron-Man-Wettkampf. „Seine mentale Konstitution", so Harms, „ist von den Ideen der in den Dschihad ziehenden Jugend westlicher Metropolen nicht all zu weit entfernt". Die einen wappnen sich für

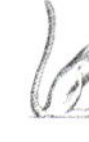

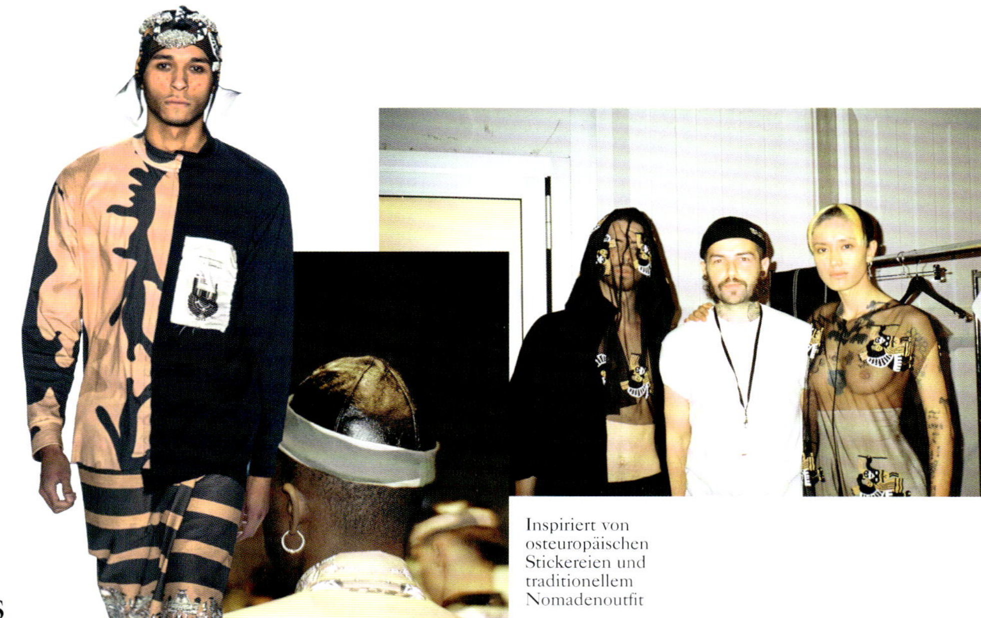

Inspiriert von osteuropäischen Stickereien und traditionellem Nomadenoutfit

Wir befinden uns im **KRIEG,** und das vor allem *mit uns selbst.* Der *STOFF auf unserer HAUT* wird zur multifunktionalen RÜSTUNG.

den Märtyrertod und den Einzug ins Paradies, während die anderen – im Paradies Lebenden – ihre Körper für ihren ganz persönlichen Krieg stählen. Eine Antwort auf die Frage, wer von wem beeinflusst ist, erübrigt sich, weil die jeweiligen Stilausprägungen auf der gleichen Basis gründen. Sie sind Zeichen eines Kampfes, ausgefochten von Kämpfern, die im Schatten operieren, nicht in den Parlamenten der Staaten oder in den Führungsetagen von Weltunternehmen. In diesem Schatten begegnen sich Angst, Gewalt und Zorn, die nicht selten in grausamem Terror sichtbar werden, einer Gewalt, die in Form von Attentaten kurz an die Oberfläche schießt, die aber auch dauernd im Alltag in der Zurichtung des Selbst auftritt.

2011 analysiert der Philosoph Byung-Chul Han in *Topologie der Gewalt*, dass in der Moderne die Gewalt im Gegensatz zu archaischen Kulturen nicht öffentlich inszeniert wird. Ihr fehle ohne ritualisierte Schauplätze eine eigene Sprache und Symbolik. Statt zu verschwinden, verlagere sie sich ins Innere, trete „in psychisierter, psychologisierter, internalisierter Form auf. [...] Die destruktiven Energien werden nicht unmittelbar affektiv entladen, sondern psychisch ver-*arbeitet*", oftmals mithilfe eines Therapeuten. Das mag erklären, warum uns der Terror, den wir zu gern als islamistisch – und damit anders und nicht zu uns gehörend – bezeichnen, so fremd erscheint. Der Dschihadist wirkt auf uns unreflektiert, archaisch unbeherrscht . Der „zivilisierte" Mensch trägt die Verantwortung für seine Emotionen. Er durchlebt Gewalt in innerseelischen Konflikten, die sich entweder in Burn-out und Depression entladen oder durch gesellschaftskonforme Verarbeitungs- und Entspannungsstrategien entschärft werden. Doch wie sehr unterscheidet sich das wirklich? Im September 2014 beschreibt der Philosoph Slavoj Žižek in einem nicht unumstrittenen Artikel der *New York Times* ISIS als Schande für den wahrhaftigen Fundamentalismus („Disgrace to True Fundamentalism"). Wahrer Fundamentalismus basiere, so Žižek, auf einer Abwesenheit von Neid und Missgunst. Zudem zeichne er sich aus durch eine entschiedene Gleichgültigkeit dem Leben Nicht-Gläubiger gegenüber. Für Žižek besteht ein Widerspruch im Glauben religiöser, fundamentalistischer Vereinigungen wie dem IS, im Besitz der einen Wahrheit aller Dinge zu sein und dem Bedürfnis, diesen gewaltsam vor Nicht-Gläubigen zu verteidigen. Den Grund für die Gewalt sieht er im Neid. Der Terrorist begehre im Grunde zutiefst das, was er ablehnt: „One can feel that, in fighting the sinful other, they are fighting their own temptation." Der Kampf richtet sich also nicht gegen die anderen, sondern eigentlich gegen sich selbst – genauer, gegen das eigene Verlangen, sich dem als sündhaft Empfundenen hinzugeben. Das Problem potenziere sich dadurch, dass sich fundamentalistische Gruppierungen wie der IS der westlichen Kultur nicht überlegen fühlten, sondern sich selbst tief im Inneren tatsächlich als minderwertig empfinden. Das Problem, so Žižek weiter, liege nicht in der kulturellen Differenz, die grundsätzlich kaum noch existiert. Vielmehr bestehe es paradoxerweise darin, dass Gruppierungen wie der IS im Grunde bereits westlich geprägt sind, dass sie bereits sämtliche westliche Standards internalisiert haben und ihr Leben auch an diesen messen. Tatsächlich problematisch sei das Fehlen eines Gefühls der eigenen Überlegenheit innerhalb dieser Gruppierungen. Žižek liefert eine radikale Psychoanalyse des IS, die Raum für Gedanken schafft: *Us vs. Them? But who are they actually? And who am I?*

Es liegt eine Tragik in der gewaltsamen Ablehnung des Eigenen im Fremden, ebenso wie der des Fremden im Eigenen. Die Mode findet di eser Tage zu einer verstörend, versöhnenden Verbindung. Wir befinden uns im Krieg, und das vor allem mit uns selbst. Der Stoff auf unserer Haut wird zur multifunktionalen Rüstung.

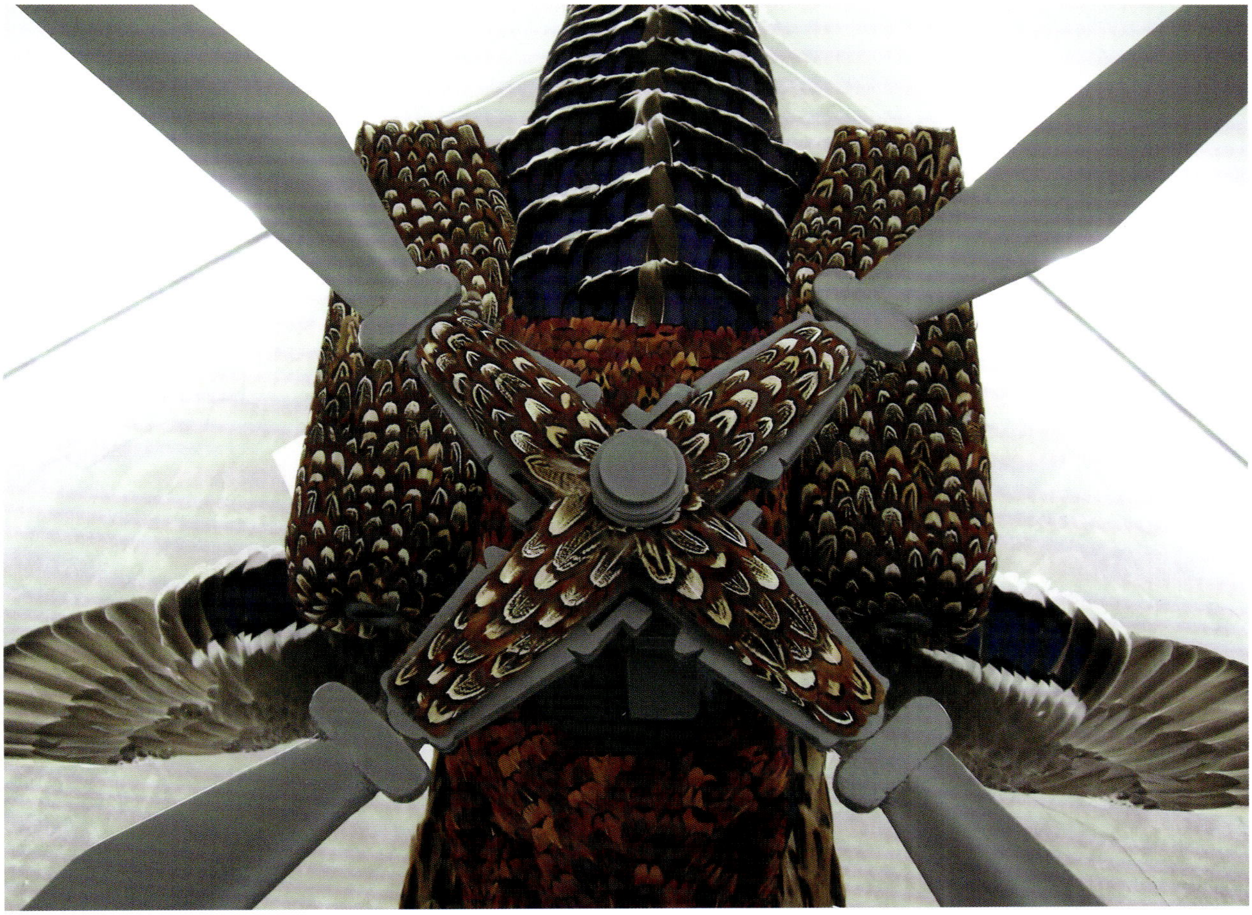

Courtesy der Künstler

Timo Nasseri
Apache, 2006
Mixed Media

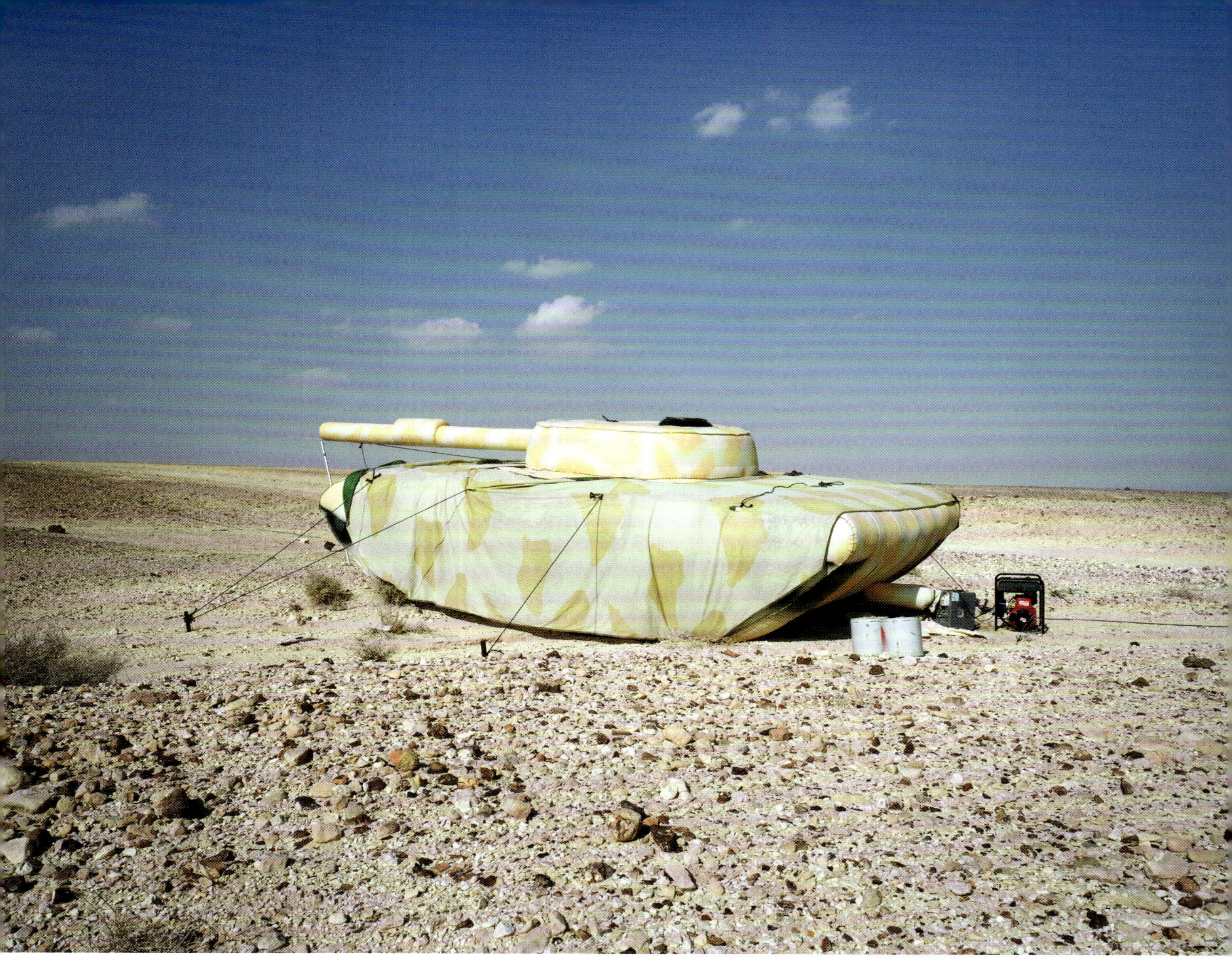

Die KUNST *der TÄUSCHUNG*

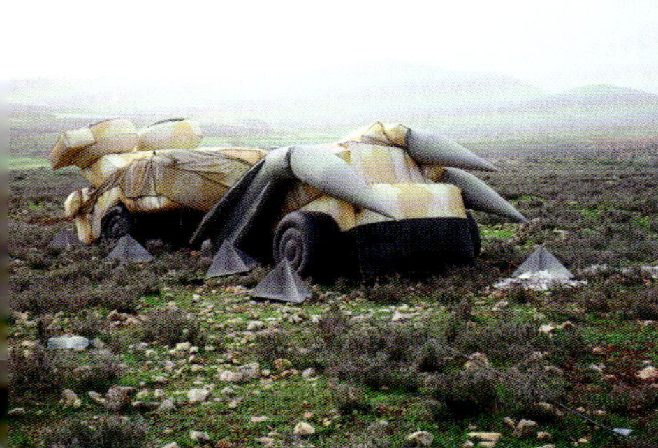

Der Künstler Amir Yatziv hat sich die aufblasbaren Waffenattrappen einmal aus der Nähe angeschaut (aus: *The Inflatables*, 2009/Sieben-Kanal-Videoinstallation, Serie von 4 C-Prints/ Courtesy der Künstler).

Kennen Sie den Begriff *„KANONENFUTTER"?* – So wurden vor allem im *Ersten Weltkrieg* jene Soldaten genannt, die die eigene Führung aus strategischen Interessen *in den Tod schickte.* Zehntausende starben allein an der Westfront in Frankreich und BELGIEN, die jahrelang vor allem deshalb gehalten wurde, um den Gegner zu zermürben. Weniger barbarisch erscheint da eine andere TAKTIK, die im *Zweiten Weltkrieg* perfektioniert wurde: Waffenattrappen täuschten Truppenverbände vor, wo es gar keine gab, und schützten so nicht nur die eigenen Soldaten, sondern verhinderten auch, dass überhaupt geschossen wurde. Wir haben das risikoreiche Spiel mit *„echten" falschen Waffen* für Sie unter die Lupe genommen.

Von ELLEN BLUMENSTEIN

Die Einheit *rettete* mit ihren *gezielten TÄUSCHUNGS-MANÖVERN* bis zu 40 000 Kameraden *das Leben.*

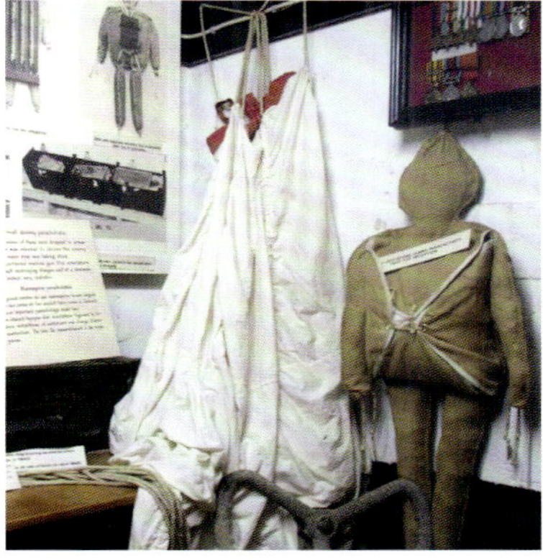

Troja wurde mit einer hohlen Pferdeskulptur eingenommen, Fallschirmspringer-Puppen ersparten Soldaten im Zweiten Weltkrieg den realen Einsatz.

„Alle Kriegsführung beruht auf Täuschung", behauptete schon der berühmte chinesische Militärstratege Sun Tzu 500 Jahre v. Chr. Um ihre Wirkung zu entfalten, musste diese Kunst mehrere Komponenten ineinander verschränken: Auf dem Schlachtfeld sollte der Feind durch unerwartete Manöver überrascht werden, während auf politischer Ebene strategische Bündnisse, Intrigen und verdeckte Operationen der Geheimdienste die eigenen Interessen durchzusetzen helfen sollten.

Solche Tricks kannten auch die (alten) Griechen, von denen die vielleicht bekannteste Kriegslist überhaupt überliefert ist: Versteckt im Rumpf eines als Geschenk getarnten, riesigen hölzernen Pferdes, drangen ihre Soldaten in Troja ein, öffneten die Tore der als uneinnehmbar geltenden Stadt und besiegten daraufhin die Trojaner spielend. En passant bewahrte das berühmte Trojanische Pferd damit unzählige griechische Soldaten vor dem Tod an den Mauern der belagerten Festung.

Diese Kunst der Täuschung hat sich stetig weiterentwickelt: Im Zweiten Weltkrieg gründeten Briten wie US-Amerikaner sogar geheime Sondereinheiten, deren einzige Aufgabe darin bestand, den Kampf gänzlich zu vermeiden. England setzte dabei auf den neuerdings auch von Hollywood entdeckten Bühnenmagier Jasper Maskelyne, der mit ein bisschen Pyrotechnik, starken Scheinwerfern und nur 14 Mitarbeitern als „War Magician" den gefürchteten deutschen Generalfeldmarschall Rommel im nordafrikanischen El Alamein in die Flucht geschlagen haben soll.

Im Verhältnis dazu war die sogenannte Geisterarmee der USA gut aufgestellt: mehr als 1000 Tontechniker, Illustratoren, Fotografen, Schauspieler und Künstler entwarfen bis ins Detail ausgeklügelte Fake-Streitkräfte, die im Einsatz befindliche Waffensysteme und ganze Verbände simulierten, während die echten in der Zwischenzeit unbemerkt an einem anderen Ort Stellung bezogen. Mithilfe von insgesamt 600 aufblasbaren Plastikpanzern, Flugzeugen und Artilleriegeschützen zauberten die 23rd Special Troops, selbst nahezu unbewaffnet, bis ins Detail durchchoreografierte Aufmärsche von bis zu 30 000 Soldaten in einen de facto unbesetzten Landstrich – und traten zuweilen sogar als Schauspieler auf, die in Uniformen der zu simulierenden Einheiten in umliegenden Ortschaften Gerüchte über deren Aktivitäten streuten.

Die Bilanz der Unternehmung kann sich sehen lassen: Während nur zwei ihrer Soldaten im Krieg getötet wurden, schätzt der US-Journalist Jack Kneece, dass die Einheit mit ihren gezielten Täuschungsmanövern bis zu 40 000 Kameraden das Leben rettete.

Abseits der Front entdeckten auch die Mitarbeiter diverser Hollywoodstudios die Kunst der Täuschung für sich: Aus Angst vor japanischen Luftangriffen werkelten Hunderte von Bühnenbildnern, Zimmerleuten, Malern, Beleuchtern, Animateuren und Art-Direktoren freiwillig monatelang an der Tarnung kriegswichtiger Flugzeugfabriken als amerikanische Vorstadtsiedlungen.

In der Schlacht selbst liegen, sofern die Täuschung funktioniert, die Vorteile einer aufblasbaren Nachbildung im Vergleich zu einem 30 000 Kilogramm schweren, knapp 6 x 2,50 Meter großen echten Sherman Panzer auf der Hand: zusammengefaltet findet sie in einem Rucksack Platz, kann innerhalb weniger Minuten mittels eines Kompressors (oder langsamer auch mit einer Luftpumpe) aufgeblasen und mit ihren gerade einmal 40 Kilo Gewicht leicht händisch versetzt werden. Im Verbund mit gefälschten Radiosendungen, erfundenen Funksprüchen und über Lautsprecher verstärkten Kampfgeräuschen scheint es keineswegs abwegig, sich vorzustellen, dass sich der Aufwand auch heute noch lohnen könnte. Vor diesem Hintergrund wirkt auch die Entscheidung der Militärpressestelle, die Existenz der Gummiarmee erst 1996, also vier Jahrzehnte nach Kriegsende offiziell zu bestätigen, gar nicht so skurril.

Tatsächlich wird man auf der Suche nach dem strategischen Einsatz von Waffenattrappen auch in der jüngsten Kriegsgeschichte schnell fündig, allerdings mit umgekehrten Vorzeichen und ambivalentem Ergebnis. Anfang der 1990er-Jahre nämlich versuchte der irakische Diktator Saddam Hussein, die westlichen Streitmächte von Reaktionen auf seinen Einmarsch im kleinen Nachbarstaat Kuwait abzuhalten, indem er als Drohkulisse angebliche Giftgasanlagen gegen die Zivilbevölkerung in Stellung brachte. Die Amerikaner hatten längst herausgefunden, dass diese Fabriken gefaked waren und Saddam nur bluffte. Doch anstatt das Täuschungsmanöver aufzudecken, drehten sie den Spieß um: Die vermeintliche Gefahr lieferte ihnen den idealen Vorwand für einen völkerrechtlich legitimen „Verteidungsangriff" auf das Land und damit Zugriff auf die dortigen Ölvorkommen.

Nur noch einen Schritt weiter, und man käme zur positiv-reziproken Täuschung: Alle simulieren, keiner stirbt – gekämpft wird nur zur Schau und wie beim Sport.

WAFFENATTRAPPEN IM INTERNET

Heute kann sich theoretisch jeder via Internet Dubletten aktuellster Kriegstechnologie bestellen. Für die meisten Anbieter ist der Handel mit Waffenattrappen nur eine Sparte im breiten Angebot aufblasbarer Objekte, zu denen auch Hüpfburgen, Heißluftballons oder Werbemittel für Firmenkunden gehören. Sogar Staaten decken so ihren militärischen Bedarf: Die Firma Rusbal etwa liefert federleichte Kettenfahrzeuge, Kampfflugzeuge und ganze Missile-Bataillone an das Militär weltweit und versorgt internationale Armeen mit Kriegsgerät, das sowohl die Land-, Luft- als auch die Weltraumaufklärung effektiv täuschen kann. Einen russischen T-80-Panzer, der im Original knapp 30 Millionen Euro kostet, bietet der Konzern inklusive Infrarotsensoren und Geräuschaggregaten für wenige Tausend Dollar an. Wie wär's?

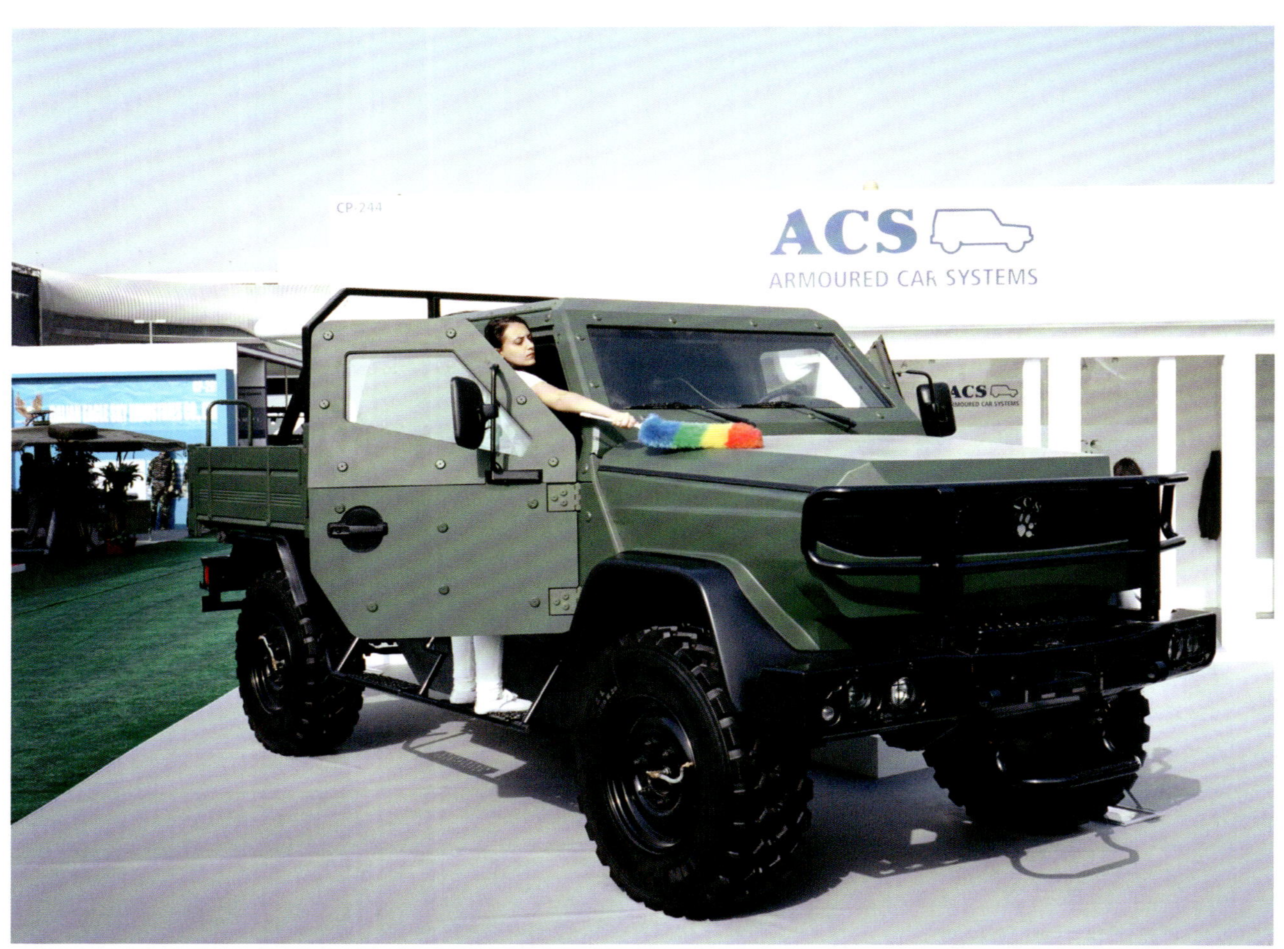

Julian Röder
World of Warfare, 2011

Courtesy der Künstler und die Sammlung Peters-Messer, Viersen

BLOW ME UP, BABY

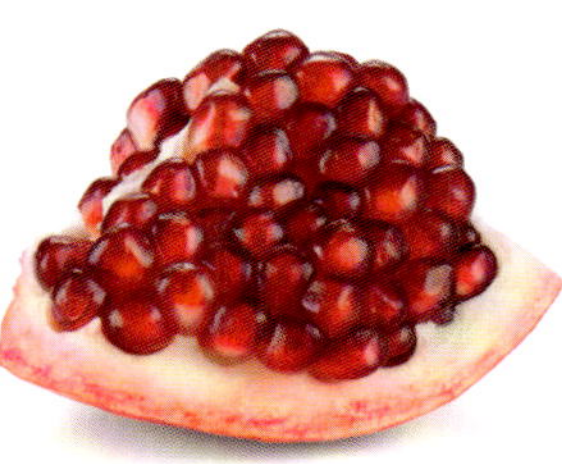

It's loaded! Der Legende nach stecken genau 613 Kerne geballte Samenkraft in einem Granatapfel, dem Namensgeber der zerstörerischen Wurfgeschosse.

So wilde **Freude** *nimmt ein wildes* **Ende...** *Explosives und leidenschaftliches Potenzial steckt in zahlreichen Objekten des täglichen Gebrauchs, seien es die Glasgranaten der Sammlung ESTERHÁZY oder das Sextoy „MASTEREXPLOSION".*

Mundgeblasenes erfreut sich traditionell großer Beliebtheit – auch da, wo man es vielleicht nicht erwartet. So liegt tief in den Kellergewölben der seit dem 17. Jahrhundert im Besitz der Familie Esterházy befindlichen Burg Forchtenstein im österreichischen Burgenland ein eigenartiger Schatz: einer der größten Bestände gläserner, mundgeblasener Handgranaten ungarischer Grenadiere. Bedrohlich und zerbrechlich zugleich, liegen die jetzt unbefüllten und zünderlosen Hohlkörper in den Vitrinen des Zeughauses, formvollendet und aufgetürmt zu schillernden Haufen. Erahnen lässt sich ihre Sprengkraft nur mithilfe der erklärenden Bilddokumente über ihren Einsatz im Kampf. Das Schöne und das Böse liegen manchmal nah beieinander.

Auch auf „Charming Babe" Jills zwischen Lust und Schmerz entrücktem Gesicht scheint diese Schönheit noch durch, wenn das reibungsfrei rasierte Gegenüber ihr eine formschöne honigmelonengroße Version dieser Glasgranaten am zur Seite geschobenen, pinkfarbenen Slip vorbei vaginal einführt. „Massive Destruction" ist den überschwänglichen Kommentaren unter dem Video zufolge in den kommenden 17 Minuten zu erwarten. Dabei ist das Pornofilmchen mit dem Titel *Blow me up, Baby* nur eines von vielen, die mit dem Kick des Explosiven spielen. Erscheint diese zeitgenössische Umnutzung der Sprengkörper zunächst vielleicht abwegig, lässt ein kurzer Rückblick auf die begriffsgeschichtlichen Wurzeln der feuergefährlichen Wurfgeschosse schnell andere Schlüsse zu: Der Granatapfel *(Punica granatum)*, die Frucht, die aus dem Blut des berauschten und lüsternen Dionysos wuchs, erstmals gepflanzt von den zarten Fingern Aphrodites in den Gärten der Menschheit und die seither in zahlreichen Kulturen für Fruchtbarkeit und Fülle steht, ist tatsächlich der Namensgeber der vielseitig einsetzbaren Waffe. Nähert man sich ihr unachtsam, verteilt sie ihre in 613 Kerne geballte Samenkraft explosionsartig.

Wen wundert's also, dass die Granate auch ihren Eingang in die farbenfrohe Welt des erotischen Kurzfilms und der Sexspielzeuge gefunden hat. Zu dem Stichwort „Explosion" findet man auf Dildodave.de oder anderen Websites eine breite Auswahl brandheißer Toys. „All Black AB33 Andreas" etwa, ein Analplug in Handgranatenform mit einer Länge von 15 Zentimetern und einem Durchmesser von 65 Millimetern an der dicksten Stelle ist durchaus geeignet, Widerstände zu brechen und Muskeln zu sprengen; via „Diskretpackstation" findet er in 16 Stunden und 59 Minuten seinen Weg ins heimische Schlafzimmer, für verspieltere Gemüter auch in Rot oder Blau. „Gut gepanzert" sollte man auf jeden Fall sein, will man sich den Freuden dieses „tödlich heißen" Geräts aussetzen. Vermag die kleine Version mit der liebevoll originalgetreu gestalteten, griffigen, paillettenartigen Oberfläche den Erwartungen nicht zu genügen, verspricht die 53 Zentimeter lange Plugkette „Masterexplosion" oder der Taschenvibrator „Colt" noch schärfere Intermezzi. Die laut EU-Verordnung in phthalatfreiem TPR (Thermoplastic Rubber) geschmolzenen kleinen Tode katapultieren in den Hyperraum des Bewusstseins: totale Zerstörung und absolute Verzückung. Grenzerfahrung der potenziellen Auslöschung, komprimiert in 4,5 x 7 cm Hartplastik.

Im Zentrum der Herstellerversprechen steht hierbei jedoch nicht Transzendenz, sondern nahezu militärische Funktionalität. Der Taschenvibrator „High Effectivity Grenade", der auch auf unverfänglicheren Plattformen wie Amazon als „Vibrationswecker" angeboten wurde, erscheint auf den ersten Blick harmlos, fast schon nüchtern. In seinem sachlichen, schwarz-gelben Look erinnert er an Ortungsgeräte und Wasserwagen aus dem Sortiment von Baumärkten.

Aber das nur nebenbei, zurück zum Kern der Sache: Nach 14 erfüllten Minuten „Deep Penetration" erreicht Jill in den Armen ihres potenten Grenadiers die Plateauphasen und ergeht sich zuverlässig in multiplen Orgasmen. Die Effektivität der zerstörerischen Performance wird so evident. Falls die Lust an delegiertem Explosiven damit noch nicht befriedigt werden konnte, gibt es über 12 000 weitere Videos zum Thema auf Porn Hub. So *hardcore*, man muss es einfach lieben.

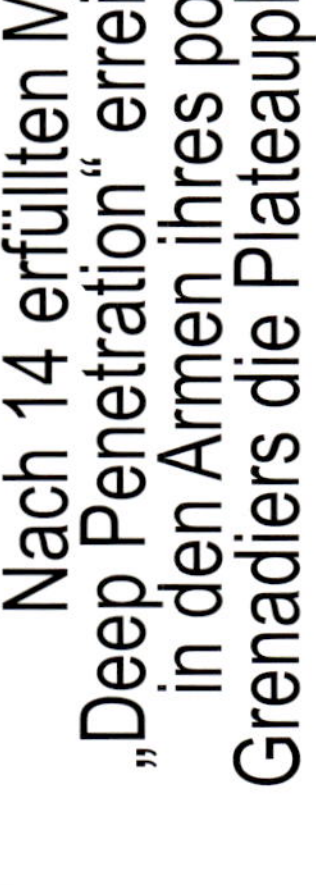

TIPP: Für die sanftmütigeren Explosionsfans unter uns gibt es übrigens originalgetreue Reproduktionen der historischen Esterházy'schen Glasgranaten in Vasenform von Grenadedec als Wohnzimmeredition. Klarer Fall des Missbrauchs von Heeresgerät. A.G.

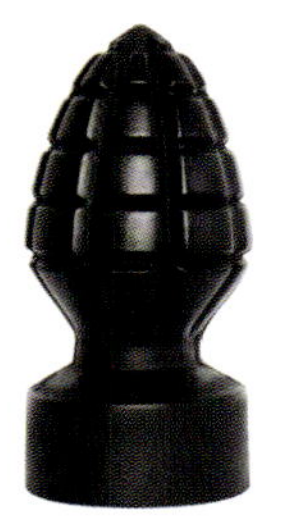

Belgo Prism, *All Black AB33 Andreas*, 2013, Analplug in Form einer Granate. Foto: T.H.

EXPLODE: https://www.youtube.com/watch?v=emP5D9Kissg

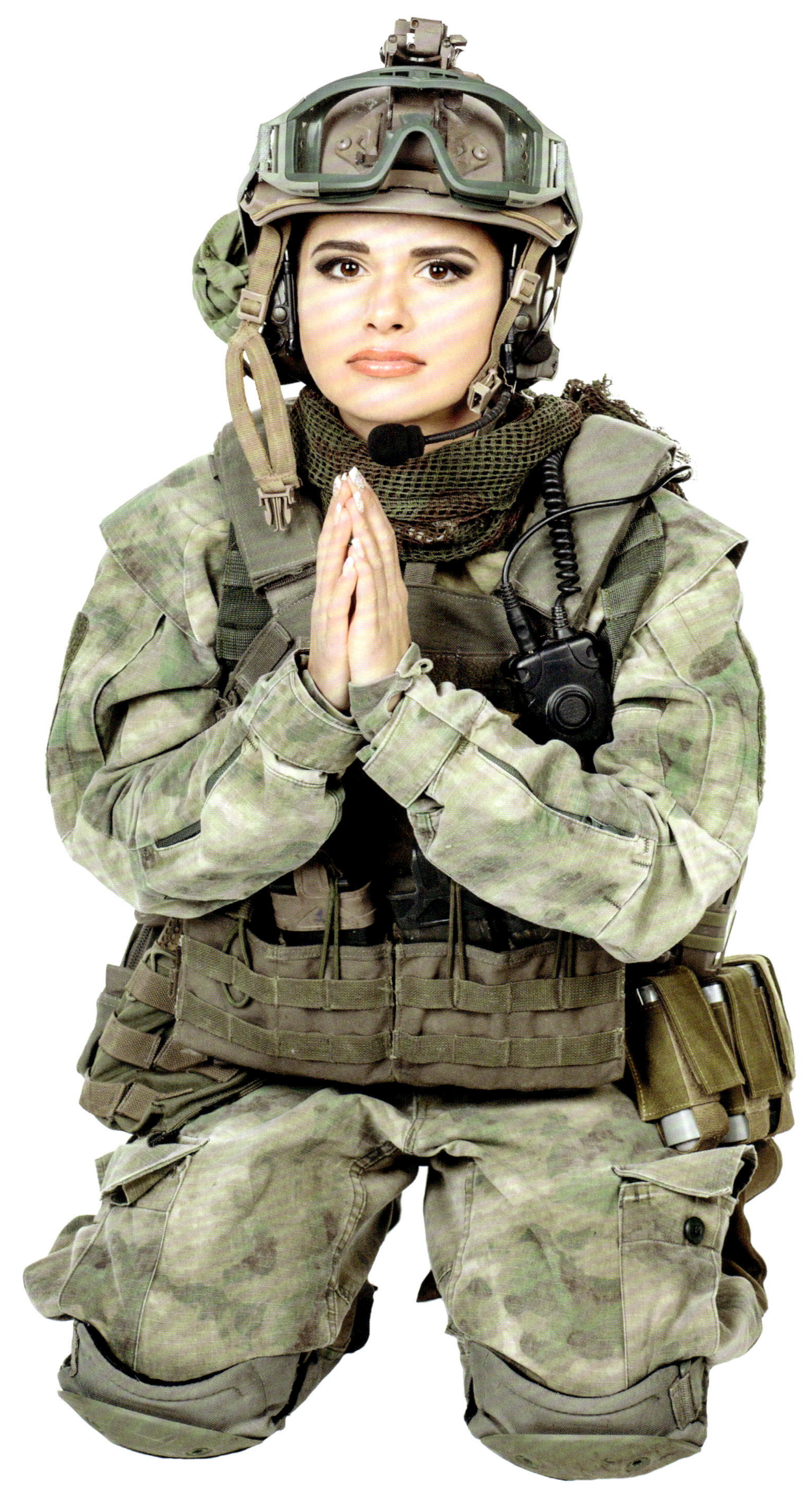

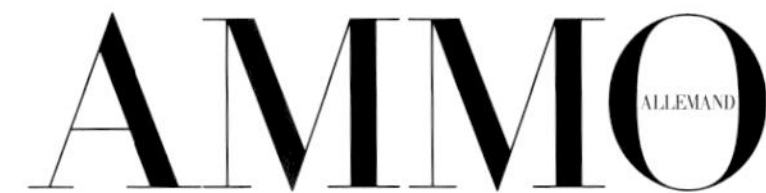

Mit **WAFFEN** WEHRT SICH *der MANN*

Über das Rechtfertigungsnarrativ der SELBSTVERTEIDIGUNG

Von KLAUS GÜNTHER

In Richard Wagners *Walküre*, dem zweiten Teil seiner Tetralogie *Der Ring des Nibelungen*, fordert Hunding den von ihm wegen Wilderei verfolgten und in seinem Haus Zuflucht suchenden Wehwalt zum Zweikampf. Die Nacht will er dem Verfolgten noch Ruhe und Schutz in seinem Hause gewähren, erst am Morgen soll das Duell stattfinden. Während er seine Waffen mitnimmt – „Mit Waffen wehrt sich der Mann" –, weiß Wehwalt nicht, woher er eine Waffe nehmen soll. Sein Vater (Wotan) versprach ihm einst, wenn er in höchster Not sei, werde er ihm eine beschaffen. Im Hause begegnet er Sieglinde, Hundings unglückliche Ehefrau. Während des immer vertrauter werdenden Gesprächs sieht er den Griff eines Schwertes im Baumstumpf einer Esche blinken, die zugleich das Haus trägt. Sieglinde klärt ihn darüber auf, dass ihr Vater auf der erzwungenen Hochzeit mit Hunding dieses Schwert in die Esche gerammt habe und niemand es seither herauszuziehen vermochte. In den folgenden Szenen packt Wagner eine Vielzahl höchst dramatischer Entdeckungs-, Befreiungs- und Selbsterkenntnisprozesse zusammen, die auch musikalisch sich steigern bis zu dem Augenblick, in dem Wehwalt es gelingt, das Not-Schwert, Notung, aus dem Baum zu ziehen: Wehwalt wird durch die Erzählungen Sieglindes klar, die beide bereits ineinander verliebt sind, dass sie seine Schwester und er in Wahrheit Siegmund ist. Er wird seiner selbst inne und zieht das Schwert aus dem Baum, sie bekennen einander ihre Liebe und, als sei dies noch nicht genug, die Musik stürzt aus einem Rausch in die sanfte Melodie eines Frühlingslieds, denn zeitgleich endet der Winter und der Frühling beginnt.

Männliche Identitätsfindung, die Liebe zu der Schwester, die Verwandlung der Welt von Winter in Frühling – alles ist zentriert um das Finden und Sich-Aneignen einer Waffe für die Selbstverteidigung. Aber wenn auch genau so von Wotan insgeheim beabsichtigt, kann und darf sein Plan auf diese Weise nicht aufgehen. Die Waffe, mit der die Welt befreit werden soll von den Verstrickungen – einer von Wotan selbst durch betrügerische Verträge in bester Absicht geschaffenen, inzwischen jedoch ihm selbst zum Fluch gewordenen, erstarrten normativen Ordnung –, zerbricht durch seine eigene Intervention im Zweikampf. Siegmund fällt. Inzest und Ehebruch, wenn auch in reinster Liebe begangen, dürfen nicht der Keim einer neuen Ordnung werden. Dennoch lässt Wotan nicht ganz von seinen Plänen ab. Seine Tochter Brünnhilde, die ihren Vater gegen dessen eigenen Willen bei der Verwirklichung seines Wunsches unterstützt, die zerrüttete Ordnung der Verträge durch reine, unschuldige, weder durch List noch durch Tücke verdorbene Helden zu erlösen, bringt heimlich die schwangere Sieglinde in Sicherheit und sammelt die Trümmer des Schwertes auf. Siegfried, Sieglindes und Siegmunds Sohn, wird diese Trümmer viele Jahre später einschmelzen und sich daraus ein neues Schwert schmieden.

Die Waffe zur Selbstverteidigung als Medium der Selbstfindung und zugleich als dramaturgisches Element in einem Prozess der liebenden Selbstentäußerung gegenüber dem anderen – auch wenn es genügend Beispiele für die Erotisierung und Sexualisierung der Waffe gibt (so inszeniert Theodor Körner 1813 in seinem *Schwertlied* eine Vermählung zwischen Schwert und Soldat), ist die Amalgamierung einer solchen Fülle von Motiven wie bei Wagner einzigartig. Die Konnotationen lassen sich zu einer Geschichte der Wehrhaftigkeit des sich selbst helfenden, sich selbst verteidigenden Mannes verdichten. Der Mann hat wehrhaft zu sein nicht nur gegenüber Angriffen auf Leib und Leben, sondern, vor allem, auf die Ehre, auf den sozialen Geltungsanspruch, auf die Anerkennungswürdigkeit seiner Person. Wer seine Ehre nicht verteidigt, zieht Schande und Schmach auf sich, wer sich demütigen lässt ohne Vergeltung, wer sich keine Genugtuung verschafft, verliert mit der Wertschätzung die Anerkennung durch die Gemeinschaft. Der Kampf um Anerkennung ist, wie Hegel gezeigt hat, einer auf Leben und Tod. Wer sein Leben nicht für die Ehre aufs Spiel setzt, verliert vielleicht nicht sein leibliches Leben, aber findet gleichwohl den sozialen Tod. Erst in der Selbstverteidigung gegen Beleidigungen und Verletzungen, in der Vergeltung von Demütigungen findet der Mann zu sich selbst. Seine Wehrhaftigkeit bezeugt er durch nichts deutlicher und öffentlicher als durch eine Waffe.

Tief hat sich dieses Selbstbild vor allem in das Selbstverständnis des Mannes im Verlauf der sozialen Evolution eingeprägt. Es dominierte alle patriarchalischen Gesellschaften über Jahrtausende. Das mag erklären, warum es so mühevoll, konflikthaft und, vor allem, blutig und mörderisch zuging im langen Prozess der staatlichen Monopolisierung der Gewalt. Patriarchalisch strukturierte Familienverbände, Warlords, Ritter und Fürsten verausgabten sich (und mehr noch ihre Untertanen) in endlosen Fehden und, von einer Generation zur nächsten weitergeführten Vergeltungszyklen, um zuweilen geringfügiges Unrecht, dessen gewalttätige, exzessive Kompensation aber neues Unrecht erzeugte. Unter diesen Bedingungen wird das Leben zur Last, in den Worten von Thomas Hobbes, *nasty, brutish, and short*. Die Entwaffnung dieser Männer, in oftmals brutal geführten Kriegen durchgesetzt, bei denen sich der Sieger in seiner Brutalität kaum von dem Besiegten unterschied, war zusätzlich auf neue und aufwändige Rechtfertigungsnarrative angewiesen. Die wehrhaften und zur Selbsthilfe gegen Unrecht bereiten Familienpatriarchen mussten davon überzeugt werden, dass es besser für sie sei, ihre Schwerter abzugeben, um sie zu einem ideellen ebenso wie furchteinflößend realen Gesamtschwert zu formen, das allein und ausschließlich von der Hand des souveränen Staates geführt wird. Hobbes, einer der großen Erzähler vom notwendigen Ausgang aus dem durch den Krieg eines jeden gegen jeden gekennzeichneten Naturzustand in die rechtsstaatliche bürgerliche Gesellschaft, hat dies im Titelkupfer seines Hauptwerks *Leviathan* verdeutlicht. Der aus den vertragschließenden, waffenlosen Untertanen bestehende Leviathan hält in der einen Hand ein mächtiges Schwert, mit dem er die nunmehr wehrlos gewordenen Untertanen vor Rechtsverletzungen schützt. Aber sobald die souveränen Staaten sich, wiederum zumeist in blutigen Kriegen, zu Nationalstaaten formten und die künstliche Einheit einer Nation ersetzt wurde durch die wirkmächtige Idee eines vermeintlich homogenen und monolithischen Nationalvolkes auf der Suche nach ethnischer Reinheit, konnte auch die Nation als gemeinschaftliches Ich aller wehrfähigen und dann auch rasch wehrpflichtigen Männer auftreten. Nun war es die Nation, die für sich das Recht auf Selbstverteidigung gegen feindliche Nationen einforderte und in verheerenden Kriegen auch praktizierte. Ungeheure Energie wird seitdem in die Produktion und technologische Verbesserung von Waffen weltweit gesteckt.

Gleichwohl bleibt auch das individuelle Selbstverständnis des sich selbst verteidigenden, wehrhaften Mannes in der Neuzeit souveräner Staaten noch latent. Das Duell als Form des Zweikampfes mit Waffen wegen einer Beleidigung wurde lange noch unter männlichen Adligen sowie unter Offizieren praktiziert, vom gewaltmonopolisierenden Staat offiziell verboten, aber oftmals stillschweigend geduldet. Arthur Schnitzlers Novelle *Leutnant Gustl* führt die Absurdität dieses Rituals vor. Aber auch die Verteidigung der Familienehre, sei es gegen ein diese kränkendes, zumeist weibliches Familienmitglied, sei es gegen einen Dritten, blieb und bleibt vereinzelt immer noch ein wirksames Gebot, auch wenn man in Gabriel García Márquez' *Chronik eines angekündigten Todes* nachlesen kann, wie es die Ausführenden überfordert und zu welchen grauenhaften Untaten seine Verwirklichung führt. Vor allem in den USA ist trotz aller Kritik nach wie vor das Recht anerkannt, Waffen zu tragen.

> *Der Kampf um Anerkennung ist, wie HEGEL gezeigt hat,* einer auf LEBEN und **TOD**.

Es gilt als fundamentales, durch die Verfassung geschütztes und nur wenig einschränkungsfähiges Grundrecht. Auch sonst blitzt es immer mal wieder auf, vor allem dann, wenn die Befürchtung um sich greift, der Staat könne seine ihm durch die Übergabe aller Schwerter zugewachsene Aufgabe, die Rechte seiner Bürgerinnen und Bürger zu schützen, nicht mehr effektiv erfüllen. Der vereinzelt zu vernehmende Ruf nach männlichem Schutz gegen diejenigen Männer, die auf der Kölner Domplatte während der Silvesternacht 2015/16 sich aufhaltende Frauen bedrängt, bestohlen und sexuell belästigt haben, ist nur ein Beispiel. Eine Reihe autoritärer Staaten und Teile ihrer Gesellschaften rekultivieren das Bild vom sich selbst gegen Gewalt verteidigenden und die vermeintlich schwachen Frauen beschützenden Mann. Unübersehbar ist die Tatsache, dass in Konstellationen zerfallender Staaten sogleich Warlords und mafiöse Organisationen mit ihren Patronen auftreten, die sowohl ihre Familien als auch ihre zur Loyalität verpflichtete Klienten notfalls durch Waffengewalt gegen Dritte zu schützen beanspruchen.

Gleichzeitig beginnt jedoch mit der allgemeinen Entwaffnung auch der Aufstieg des Rechts auf Leben, das sich zu einem Grundrecht innerhalb von souveränen Verfassungsstaaten und zu einem Menschenrecht entwickelt, das in verschiedenen Menschenrechtskonventionen und Verfassungen auf der ganzen Welt geschützt wird. Die Europäische Menschenrechtskonvention aus den 1950er-Jahren deklariert in Artikel 2, Absatz 1, dass das Recht jedes Menschen auf Leben gesetzlich zu schützen sei. Auch Artikel 2, Absatz 1 des Deut-

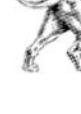

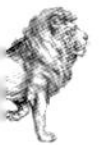

schen Grundgesetzes von 1949 statuiert: „Jeder hat das Recht auf Leben und körperliche Unversehrtheit." In diese Rechte darf nur aufgrund eines Gesetzes, also vor allem nicht willkürlich, eingegriffen werden. Auch wenn die primäre Funktion und Bedeutung dieses Rechts in der Abwehr staatlicher Eingriffe besteht – der übermächtige Leviathan mit seinem Gewaltmonopol neigt von Natur aus dazu, zum eigenen Machterhalt in das Leben seiner waffenlosen Untertanen einzugreifen –, begründet es auch eine Schutzpflicht des Staates, die insofern wehrlosen Bürgerinnen und Bürger vor lebensbedrohlichen Angriffen Dritter zu schützen. Der Tausch des Selbstverteidigungs- und Selbsthilferechts gegen die Schutzpflicht des Staates war ja der vornehmste Grund für den Verzicht auf Selbstbewaffnung und Selbstverteidigung; sie ist die *raison d'être* staatlicher Souveränität. Der Kampf um Anerkennung wird auf andere soziale Felder verschoben, wo er zuweilen nicht weniger aggressiv, aber unter weitgehendem (und staatlich erzwungenem) Verzicht auf Gewalt mit oder ohne Waffen ausgetragen wird.

Gleichwohl gibt es rechtliche Ausnahmen, die es erlauben, dass ein anderer Mensch getötet werden darf, und zwar auch mit Waffen sowie absichtlich und gegen seinen Willen. Die Rechte der Notwehr und Nothilfe sind der Rest, der von dem ursprünglichen Recht auf Selbsthilfe und Selbstverteidigung sowie von dem Recht, dem wehrlos Angegriffenen beizuspringen, übrig geblieben ist. Die Ausübung dieser Rechte bleibt beschränkt auf den Fall, dass jemand akut angegriffen wird, der Angreifer kein Recht auf seiner Seite hat und kein milderes, gleichermaßen wirksames Mittel für eine erfolgreiche Abwehr zur Verfügung steht. Ist der Angriff lebensbedrohlich, darf der Angegriffene sich auch mit tödlichen Mitteln verteidigen. Die Einschränkung gilt vor allem für den Zeitraum zulässiger Selbstverteidigung. Der Angriff muss gegenwärtig und staatliche Hilfe durch die Polizei nicht unmittelbar verfügbar sein. Notwehr nach einem soeben beendeten Angriff oder auch eine präventive Verteidigung im Vorfeld sind nicht mehr erlaubt. Einer der Hauptgründe für diese Limitierung des Notwehrrechts liegt in seinem prekären Charakter. Es erlaubt einer Person innerhalb des über das Gewaltmonopol verfügenden Staates das, was zu verhindern dessen Daseinsgrund ist. Es handelt sich also um eine gravierende Ausnahme, die, wenn man sie zu weit fassen würde, sogleich wieder umschlagen könnte in Selbsthilfe und Selbstjustiz. Schließlich ist eine Selbstverteidigung in Notwehr, auch und gerade eine tödliche, rechtlich erlaubt nur als Reaktion auf einen Angriff, der seinerseits rechtswidrig ist. Die Befugnis ist also auf die Abwehr eines Unrechts beschränkt. Deswegen ist es auch umgekehrt nicht erlaubt, sich gegen einen in Notwehr handelnden Verteidiger zu verteidigen. Auf Notwehr gegen Notwehr kann sich niemand berufen.

Der historische Aufstieg des Menschenrechts auf Leben hat nicht verhindern können, dass das Töten von Menschen mit Waffengewalt in den Kriegen zwischen souveränen Staaten zugenommen hat. Auch hier steht das Recht auf Selbstverteidigung im Zentrum, nachdem der Angriffskrieg nach und nach verpönt und schließlich auch jüngst im Völkerstrafrecht kriminalisiert wurde. Die Charta der Vereinten Nationen statuiert in Artikel 2 Nr. 4 ein allgemeines Gewaltverbot, im VII. Kapitel räumt sie gleichzeitig ein, dass dadurch jedoch das „naturgegebene Recht auf individuelle und kollektive Selbstverteidigung" eines Mitglieds der Vereinten Nationen gegen einen bewaffneten Angriff nicht ausgeschlossen werde. Mit der Berufung auf die Natur als Quelle dieses Rechts wird anerkannt, dass es sich um ein durch keine völkerrechtliche Autorität verliehenes oder zu bestreitendes Recht souveräner Staaten handelt. Immerhin gilt dies nur solange, wie der Weltsicherheitsrat der Vereinten Nationen noch keine Maßnahmen zur Friedenswahrung ergriffen hat. Freilich findet sich nirgendwo im Kriegsvölkerrecht eine ausdrückliche Erlaubnis, dass Soldaten in Kriegssituationen Soldaten töten dürfen. Es ist ein Faktum, für das es über das allgemeine Recht auf Selbstverteidigung hinaus keinen besonderen rechtlichen Erlaubnisgrund gibt. Allerdings bemüht man sich seit dem ersten modernen, verlustreichen Stellungskrieg, dem Krimkrieg in der Mitte des 19. Jahrhunderts, das unvermeidliche Töten im Krieg völkerrechtlich wenigstens zu zähmen, ein Recht im Kriege (*ius in bello*) zu schaffen. Dazu zählen die Genfer

Der übermächtige LEVIATHAN mit seinem *GEWALTMONOPOL* neigt *von Natur aus dazu*, zum eigenen **MACHTERHALT** *in das Leben seiner waffenlosen Untertanen einzugreifen*

Konvention, die Haager Abkommen und weitere Vorschriften, jüngst auch das Völkerstrafrecht mit einem eigenen Internationalen Strafgerichtshof, der allerdings nur für diejenigen Staaten zuständig ist, die dem entsprechenden völkerrechtlichen Vertrag beigetreten sind. Danach ist unter anderem die Tötung von Nichtkombattanten in der Regel nicht erlaubt. Auch werden sowohl die Ziele als auch die Mittel sowie die Art und Weise des tödlichen Einsatzes von Waffen rechtlich qualifiziert. So ist die Verwendung von Giftgas und anderer besondere Qualen und vermeidbares Leid verursachenden Waffen in Kriegssituationen nicht zulässig. Jüngst hat das Völkerstrafrecht die schwersten Verbrechen im Zuge bewaffneter Auseinandersetzungen wie Völkermord, Kriegsverbrechen und Verbrechen gegen die Menschlichkeit kriminalisiert. Die Befehlshaber solcher Verbrechen sind nicht länger durch die Staatenimmunität vor Strafverfolgung geschützt. Nicht zu bestreiten ist, dass die Kriegspraxis vielfach gegen diese Regeln verstößt. Auch verschwimmen in der gegenwärtigen weltpolitischen Lage in einigen Fällen die Grenzen zwischen Kombattanten und Nichtkombattanten, zum Beispiel bei von Terroristen geführten Anschlägen.

Siegmund geht mit seinem Schwert Notung nicht nur deswegen in den Zweikampf, um sein eigenes Leben zu verteidigen, sondern er will zugleich damit Sieglinde aus den Zwängen ihrer unglücklichen Ehe befreien und sie als Frau gewinnen. Theseus und Ariadne, Perseus und Andromeda sind weitere mythologische Beispiele dafür. Schutz und Hilfe für die Angegriffenen, Geknechteten und Unterdrückten ist ein Rechtfertigungsnarrativ, das mit dem der Selbstverteidigung stets Hand in Hand geht. Waffengewalt in Revolutionen wird überwiegend damit gerechtfertigt, dass anders nicht Willkür und Unrecht beseitigt, die Kerkermauern der Unterdrücker gesprengt, die Ausgebeuteten und Geknechteten befreit, die Lebensverhältnisse der Hungernden verbessert werden könnten. Erst recht, wenn die Konterrevolution ihrerseits zu den Waffen greift oder sich Hilfe von fremden Staaten holt, greift das Rechtfertigungsnarrativ der Selbstverteidigung, noch dadurch gesteigert, dass es um die Verteidigung und Bewahrung der Errungenschaften der Revolution ginge.

Individuelle Nothilfe bleibt nicht anders denn die Selbstverteidigung als ein bedingtes und eingeschränktes Recht auch innerhalb des souveränen Verfassungsstaates erhalten. Die einschränkenden Voraussetzungen der Notwehr gelten auch für die Nothilfe. Rechtspolitisch umstrittener ist bereits die in Deutschland in den meisten Polizeigesetzen der Länder geregelte Erlaubnis, dass Polizeibeamte über die Nothilfe hinaus unter bestimmten Voraussetzungen einen tödlichen Gebrauch von der Schusswaffe zur Abwendung einer Lebensgefahr machen dürfen. Paradigmatisch sind die Fälle eines erpresserischen Banküberfalls mit Geiselnahme, in denen der Täter die Geisel zur Durchsetzung seiner Forderung gegenüber der Bank und der Polizei unmittelbar mit dem Tode bedroht. Wenn anders das Leben der Geisel in dieser Situation nicht zu retten ist, darf der Geiselnehmer von der Polizei gezielt getötet werden.

Auch im Verhältnis zwischen den Staaten beginnt sich eine völkerrechtliche Entwicklung abzuzeichnen, die eine militärische, sogenannte humanitäre Intervention der Staatengemeinschaft in einen Staat erlaubt, der die elementarsten Menschenrechte seiner Bürgerinnen und Bürger, namentlich das Recht auf Leben und körperliche Unversehrtheit, nicht vor massiven und massenhaften Verletzungen schützt. Wenn er dazu entweder nicht willens oder in der Lage ist oder die Verletzungen gar selbst befiehlt und in Auftrag gibt, verliert der Staat seinen Anspruch auf Achtung seiner Souveränität. Der Staatengemeinschaft wächst damit eine Schutzverantwortung *(responsibility to protect)* zu, die dann, wenn weniger gravierende Maßnahmen zur Verhinderung weiterer Verletzungen nicht mehr ausreichen, auch den militärischen Angriff erlaubt. Dass die Schutzverantwortung eines Staates aber auch in schwer lösbare moralische Dilemmata führen kann, zeigt die Kontroverse um das vom Bundesverfassungsgericht für verfassungswidrig erklärte Luftsicherheitsgesetz, das den Abschuss eines von Terroristen zur Waffe umgewandelten, voll besetzen Passagierflugzeugs zur Abwendung einer Gefahr für eine noch größeren Anzahl von Menschenleben erlaubt hätte.

Die Rechtfertigungsnarrative der Selbstverteidigung und Schutzverantwortung bleiben auch in der Moderne latent und werden in Phasen politischer und gesellschaftlicher Krisen immer wieder virulent. Pluralistische, demokratische, multikulturelle, postheroische Gesellschaften sind dann oftmals nicht gefeit vor der Renaissance nationalistischer, identitärer Bewegungen, die ihre Aggressivität rechtfertigen mit Selbstverteidigung gegen Bedrohungen aller Art und der Schutzverantwortung für vermeintlich Unterdrückte und Diskriminierte. Orchestriert wird dies mit Bildern von heroischen Männern, die ihre Ehre (und ihr jeweiliges Verständnis von der Ehre der Frauen) notfalls mit Gewalt und der Bereitschaft zur Selbstaufopferung verteidigen. Das Recht auf Selbstverteidigung und die Schutzverantwortung werden sich in dieser Welt auf absehbare Zeit nicht abschaffen lassen – aber man sollte ihren jeweiligen Rechtfertigungsnarrativen aufmerksam und kritisch zuhören. Wir wissen nicht, wie die Welt ausgesehen hätte, wenn Siegmunds Schwert nicht durch Wotans Intervention geborsten wäre. Vielleicht wäre es eine Welt souveräner Individuen, in der die Selbstverteidigung wenigstens nicht mehr der (männlichen) Selbstfindung dienen muss.

@Frankfurt Streetstyle
file under: Military

Der Military-Look ist längst im Alltag angekommen. Lässig, cool und sportlich ist er zum spannenden Muster, zur gut kombinierbaren Farbe, zur Form geworden. Tarnung, Uniform der Straße oder noch rebellisches Statement im Großstadtdschungel?

Fotos: ANJA JAHN
Editors: JULIANE DUFT, JULIA QUEDZUWEIT

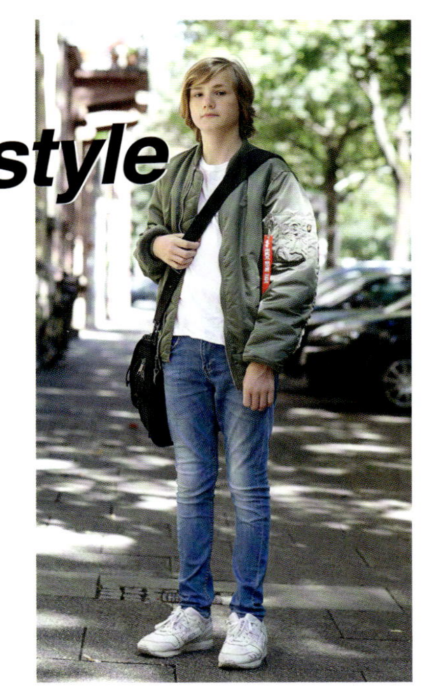

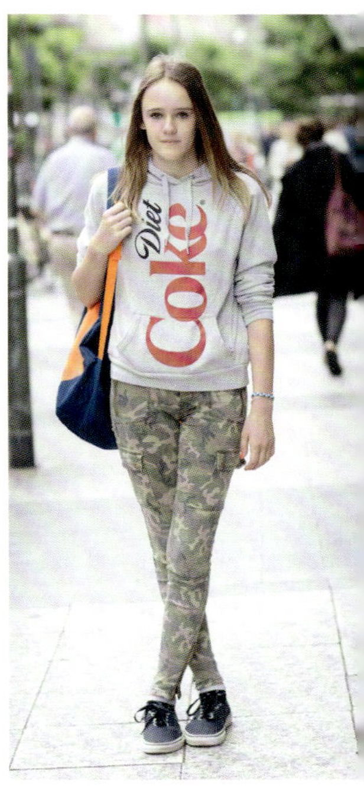

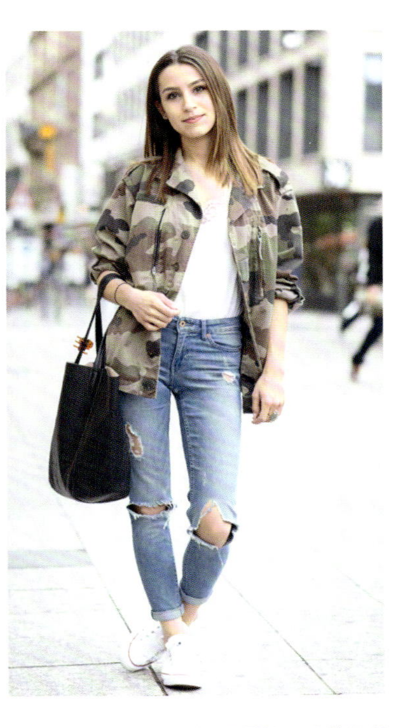

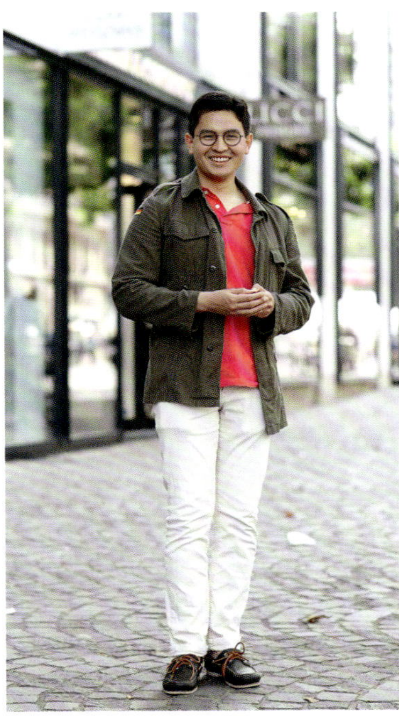

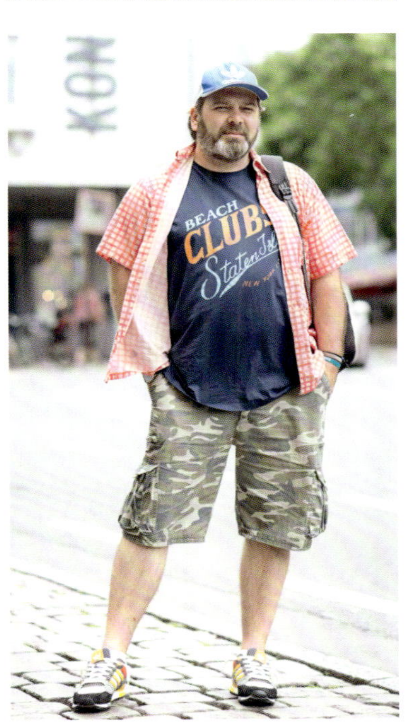

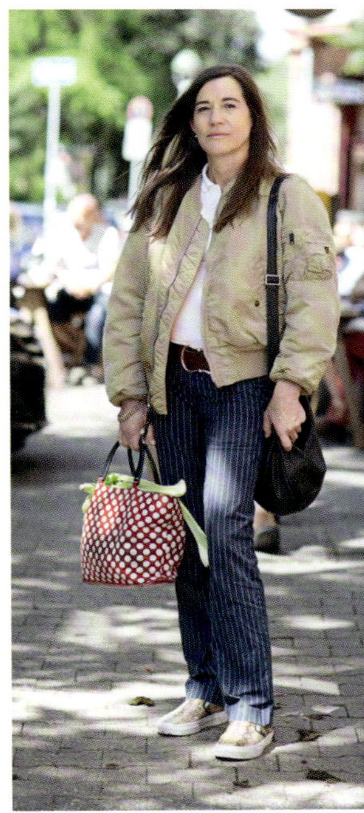

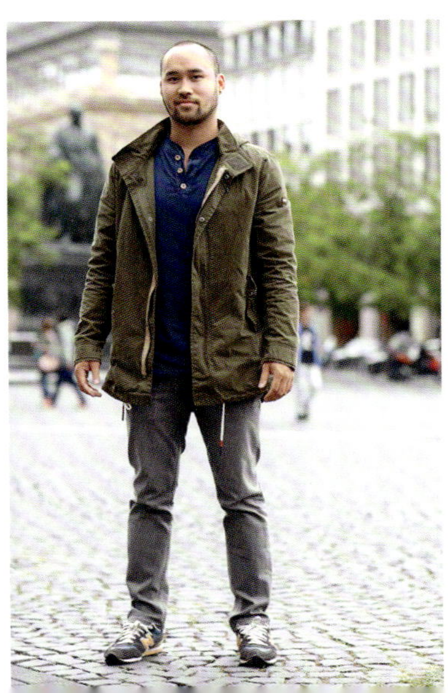

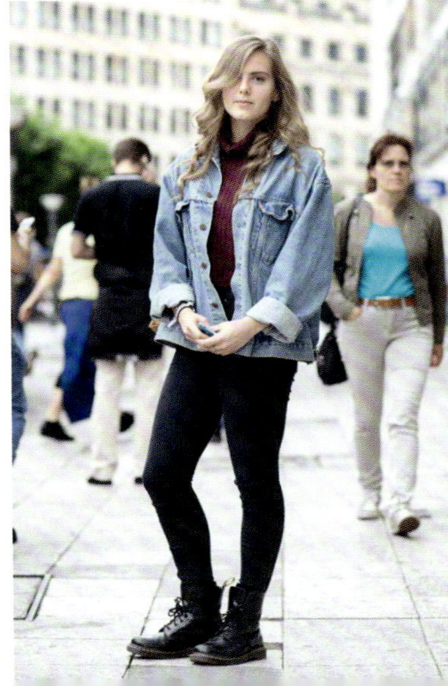

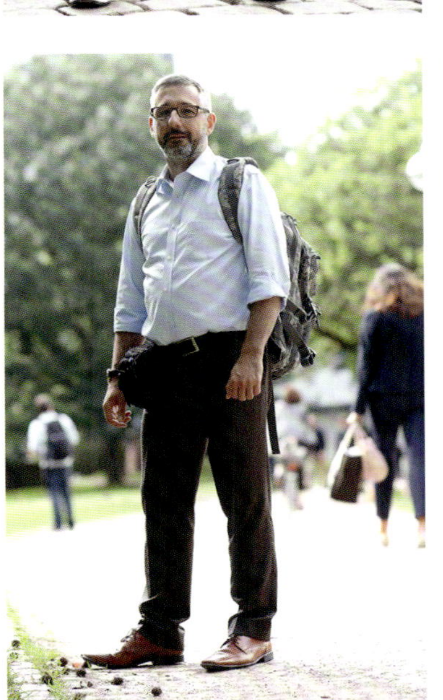

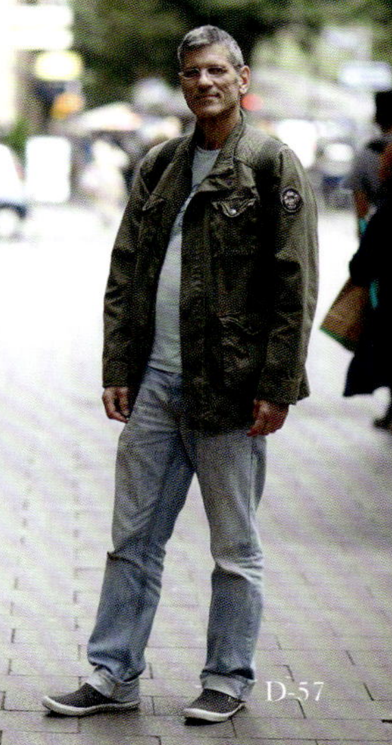

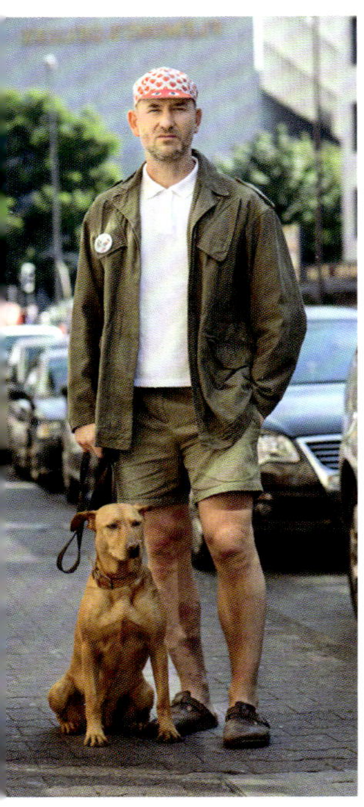
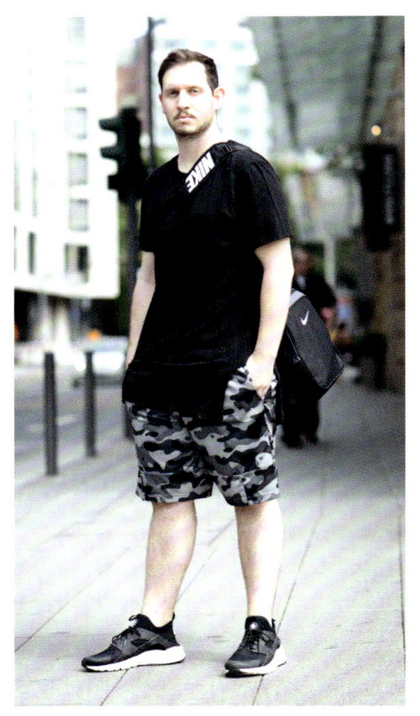
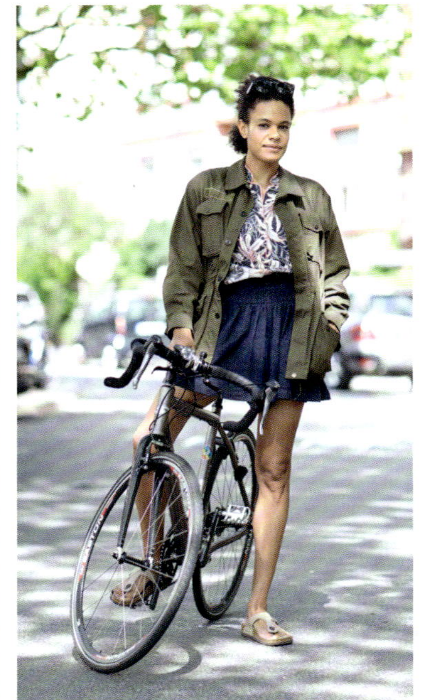
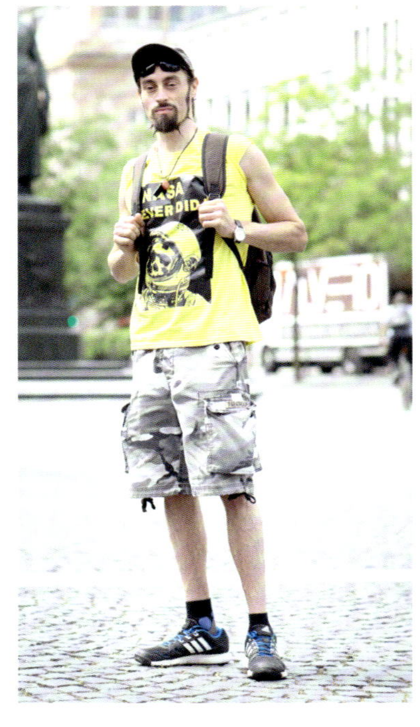
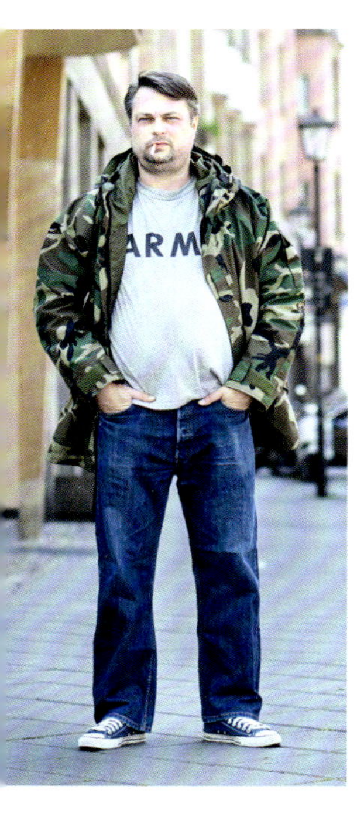
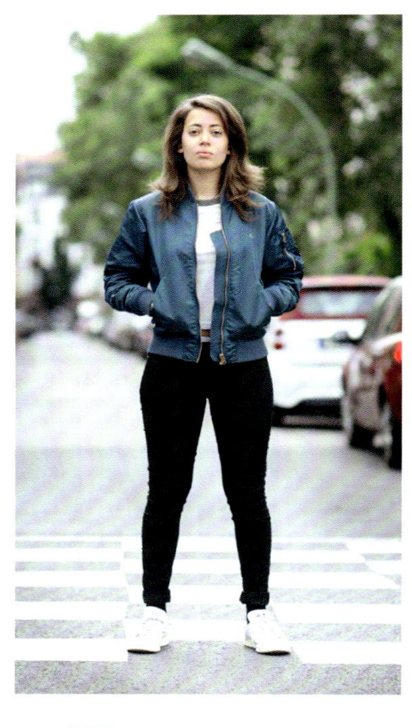
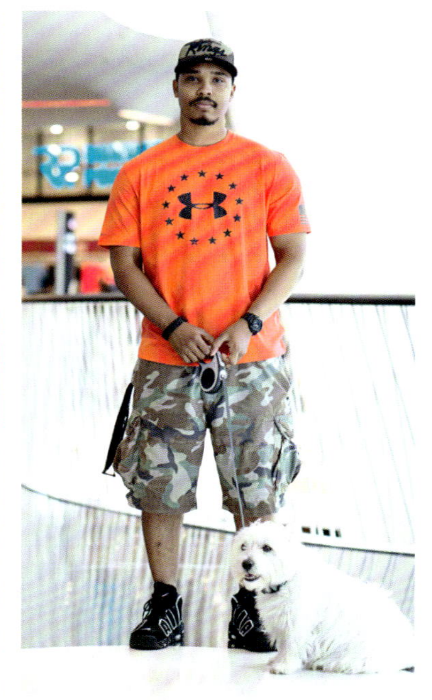
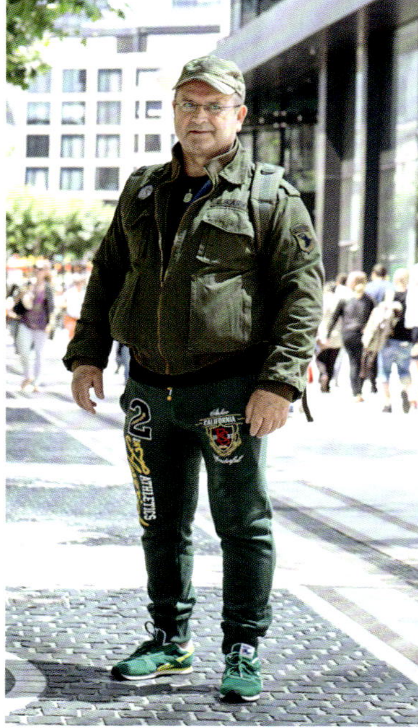
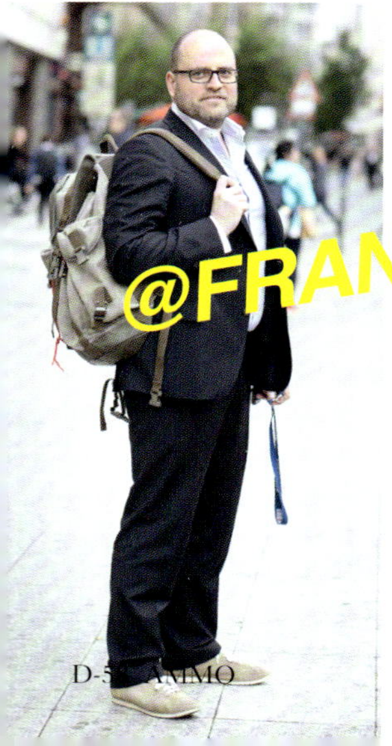
@FRANKFURT
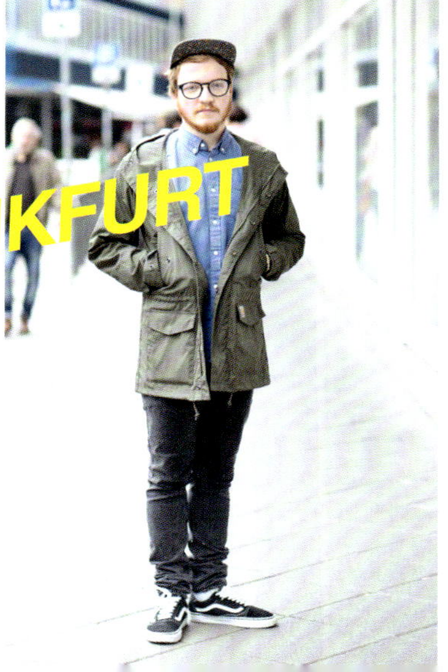
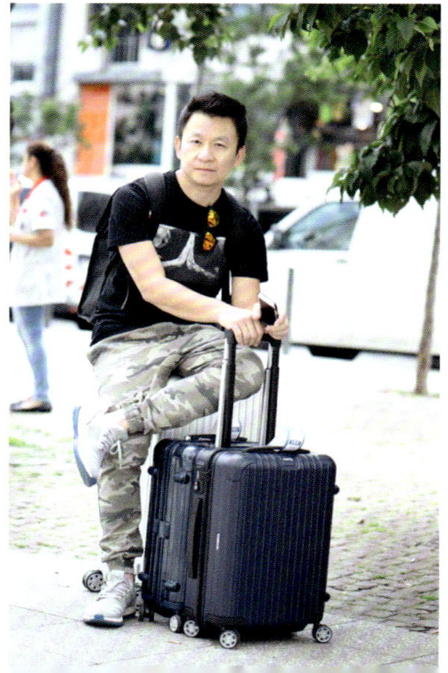
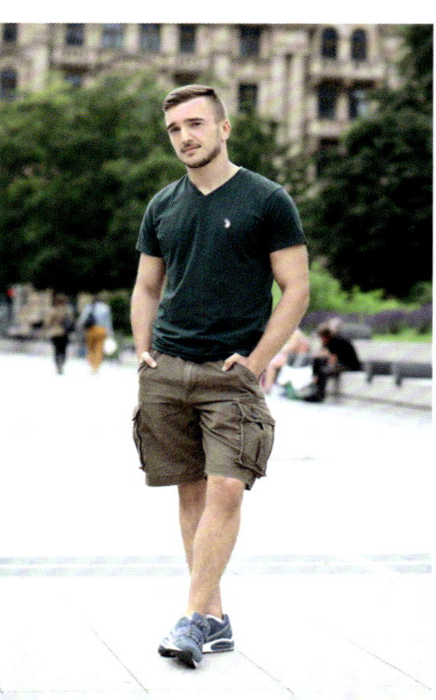

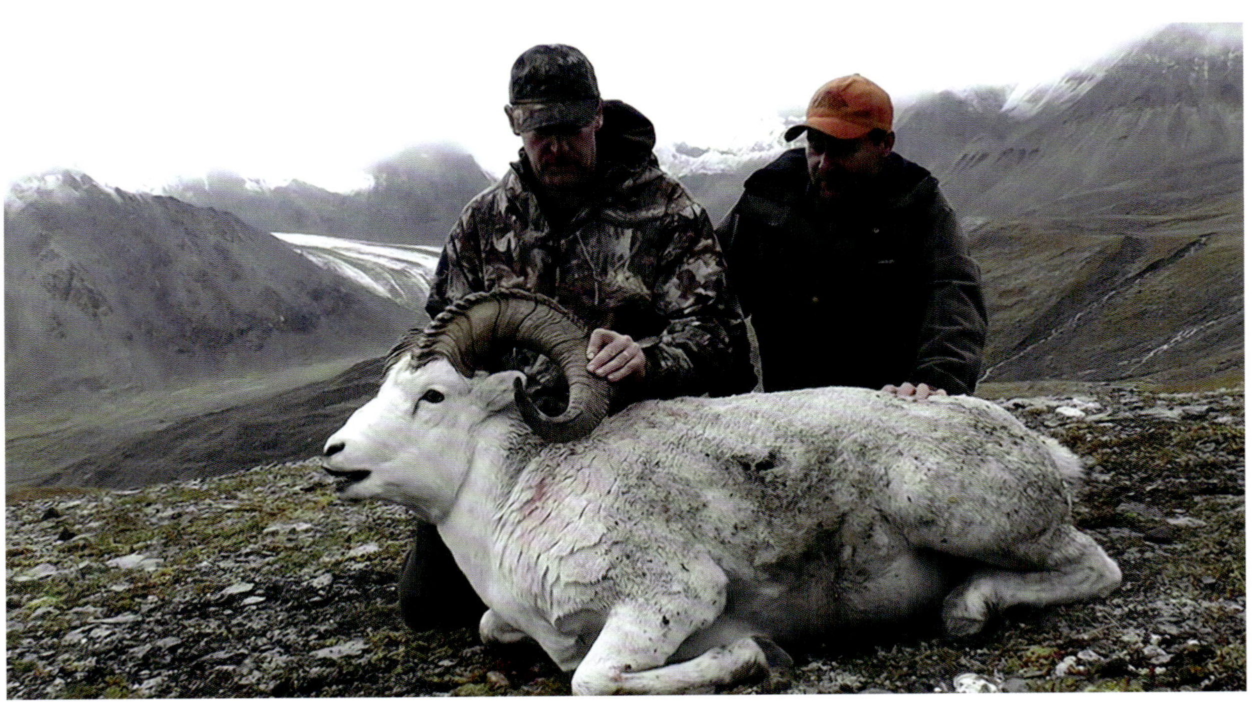

Courtesy die KünstlerInnen

Neozoon
Videostill aus: *Buck Fever*, 2012
Video, Farbe, Ton

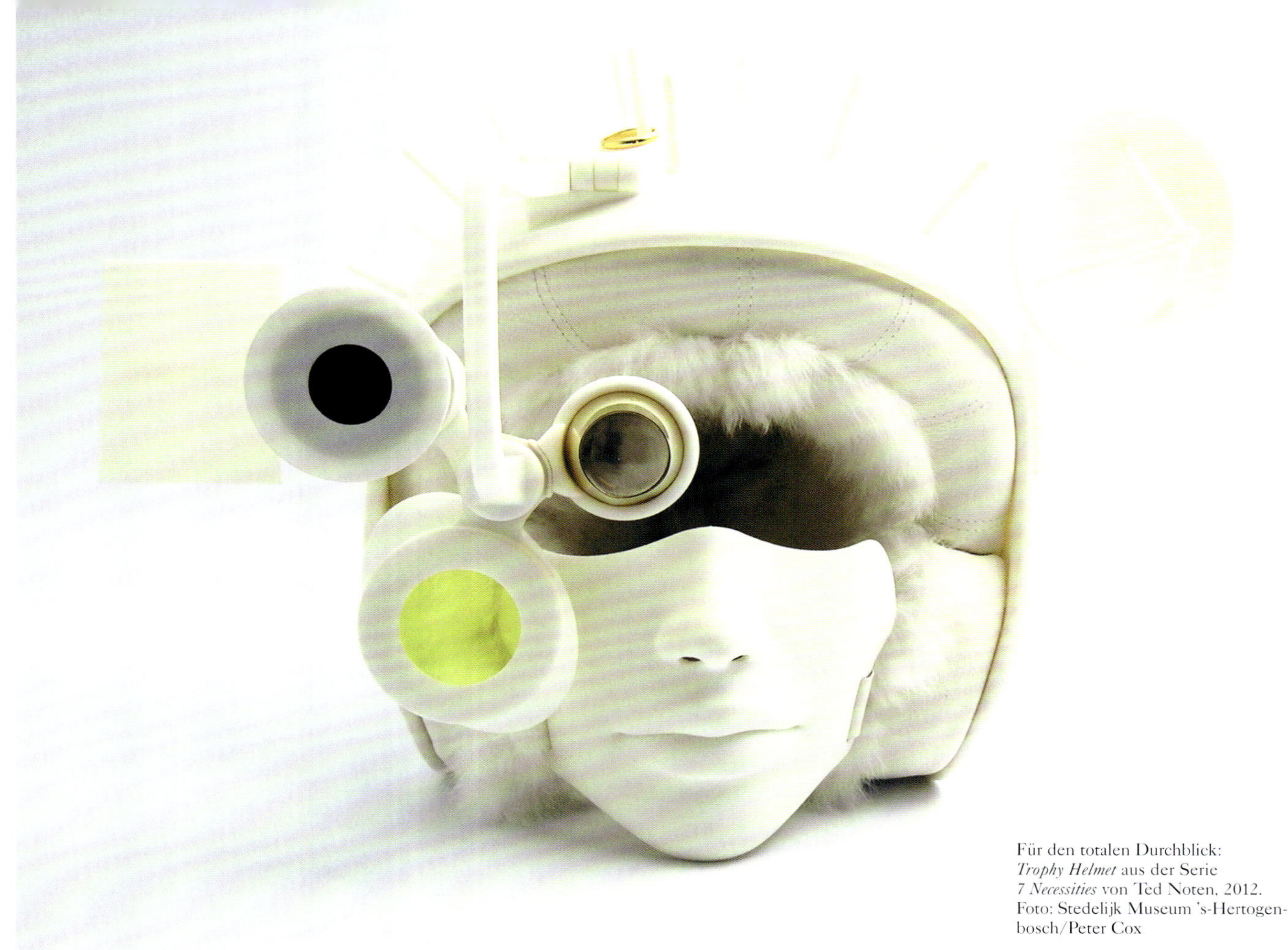

Für den totalen Durchblick: *Trophy Helmet* aus der Serie *7 Necessities* von Ted Noten, 2012. Foto: Stedelijk Museum 's-Hertogenbosch/Peter Cox

ENTER *the* VOID

Willkommen in der Realität. Oculus Rift ist anders als alles, was du je erlebt hast. Tauche ein in fantastische WELTEN, die du dir nicht in deinen kühnsten **TRÄUMEN** ausgemalt hast. *Oculus Rift* ist totale *IMMERSION. Traue deinen Augen.* Überschreite die Grenze.

(AUS DEM TEASER FÜR DEN LAUNCH VON OCULUS RIFT @ OCULUS VR)

Von ANNA GIEN

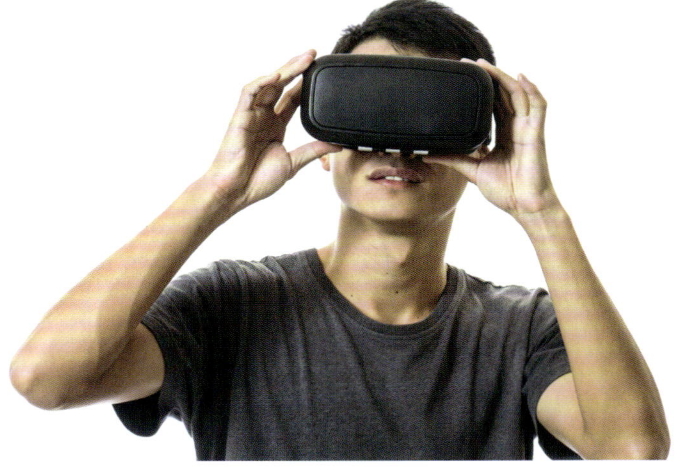

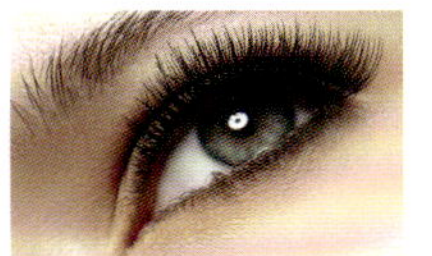

Das Schöne ist eine Maske des Begehrens, wusste schon Jacques Lacan. Na dann kann's ja losgehen.

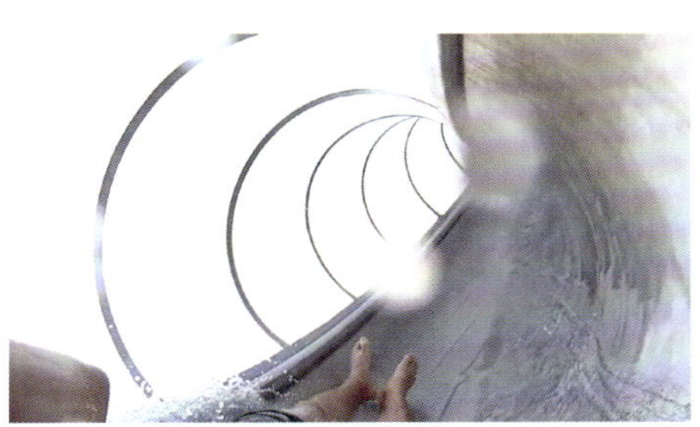

Als Mark Zuckerberg zum ersten Mal das backsteingroße Headset aufsetzte, wusste er sofort: *Das ist die Zukunft*. Palmer Luckey, Erfinder von Oculus Rift, war ein gerade 17-Jähriger Sci-Fi-Geek, als er begann, den Prototyp in der Garage seiner Eltern in Long Beach, Kalifornien, zu bauen. Über die Crowdfunding-Plattform Kickstarter schaffte er es innerhalb kürzester Zeit, 2,4 Millionen US-$ für sein Projekt einzusammeln und es nach Silicon Valley zu bringen. Vier Jahre später sitzt das Gerät, das auf den ersten Blick wie eine zu groß geratene, mattschwarze Skibrille wirkt, auf dem Gesicht des mächtigsten Mannes des Internets. „Wow, this was pretty awesome." Das große Display erzeugt ein Sichtfeld von 110°, die Bildränder werden nicht mehr bewusst wahrgenommen, und ermöglicht so ein völliges Eintauchen in die Szenerie.

„You have really never seen reality until you've just come out of virtual reality." JARON LANIER (VR-Pioneer)

POV ist das neue Sehen. Oculus Rift tritt mit seinen subjektivierten Wahrnehmungswelten in die Fußstapfen des sogenannten Point-of-View-Shot, der filmgeschichtlich eine lange Tradition hat. *Die Dame im See* aus dem Jahr 1947 war der erste Film, der den POV-Shot den ganzen Film hindurch nutzte: Die Handlung wurde ausschließlich aus der Sicht der Hauptfigur Philip Marlowe gezeigt, den man nur sah, wenn er vor einen Spiegel oder reflektierende Oberflächen trat. Der Regisseur Robert Montgomery begann die Arbeit an dem Film noir, nachdem er während des Zweiten Weltkriegs für die US Navy im Südpazifik und in Europa gedient hatte. In einem Interview mit einem britischen Journalisten aus dem Jahr 1956 nennt Montgomery die von ihm genutzte Kameraeinstellung „die heroische Perspektive". Ein Sehen, das zugleich immer schon ein Anvisieren ist: militärische Sehmaschine, Nachtsichtgerät, Bildwandler, Feldstecher und Fernrohr. Montgomerys Umsetzung dieser Perspektive galt jedoch als cineastischer Flop, zu eingeschränkt seien die Bilder, zu gezwungen die Blickachsen des Protagonisten.

Was in Hollywood zu Anfang nicht reüssierte, setzte sich auf Umwegen über Japan in der Unterhaltungsindustrie durch. Anfang der 1980er-Jahre wurde Hamedori (ハメ撮り), die japanische Variante des Point of View, zu einer gefragten Sparte der Pornografie. Hier führt der (zumeist männliche) Hauptdarsteller während der Interaktion die Kamera und filmt das Geschehen dabei aus seiner Perspektive. Der Regisseur Company Matsuo gilt in der Riege des POV Porn als Vorreiter, der „die Grenzen zwischen dem eigenen Körper, dem des Gegenüber (hier meistens Amateurdarsteller_innen) und

Daraus lässt sich nicht nur schließen: *Size Matters*, sondern auch: *SEHEN IST MACHT*.

dem der Betrachter_innen vollständig aufzulösen vermag", wie ihm bei der Preisverleihung durch die Xrated Critics Organisation versichert wurde.

Die Intensivierung des Blicks, mit der Matsuo spielt, gehört zu den technischen Grundbedingungen von Sehgeräten. Bei Benutzung eines Fernrohrs wird das Bild einerseits merklich eingeschränkt, andererseits deutlicher dargeboten. Die Größe des *scheinbaren Gesichtsfelds* sowie die Ergonomie der Beobachtung werden vor allem vom Okular bestimmt. Moderne Varianten zeigen ein Gesichtsfeld von etwa 45°, Weitwinkelokulare bringen es auf bis zu 75°. Die Perspektive durch das Objektiv, mit der der japanische Regisseur Nähe und Distanz erzeugt, scheint sich in seinem ursprünglich militärischen Kontext genau umgekehrt zu verhalten. Besonders teure und aufwändige Prismenferngläser werden zur Grenzsicherung und bei der Marine benutzt. Je weiter das Blickfeld, desto sicherer die Grenze. Um ein möglichst großes Blickfeld zu garantieren, arbeitet man hier mit riesenhaften Prismenferngläsern, die auf wuchtige Stative montiert werden müssen, um einsatzfähig zu sein.

Daraus lässt sich nicht nur schließen: *Size Matters*, sondern auch: *Sehen ist Macht*. Das hat auch Visionär Zuckerberg verstanden, der für die Übernahme von Oculus VR einen Kaufpreis von 400 Millionen US-Dollar in bar und 1,6 Milliarden US-$ in Facebook-Aktien zahlte. Zuckerberg hat Großes vor mit dem etwas albern anmutenden Headset. In der Geschichte der Sehmaschinen ist es die erste, die ihr eigenes Ding-Sein eliminiert. Der Facebook-Gründer sieht Oculus Rift als Bindeglied zwischen unseren individuellen Erlebniswelten, wie er in einem Interview mit der *Vanity Fair* vom Oktober 2015 beschreibt: „Irgendwann werden diese Headsets in der Lage sein, unsere Gehirne zu scannen, unsere Gedanken an Freunde zu übertragen, so wie wir heute Babyfotos auf Facebook teilen. Wir werden die Technologie entwickeln, die es uns ermöglicht, örtliche Grenzen zu überwinden, und unsere gesamte sinnliche Erfahrung nur über unsere Gedanken kommunizieren." Oculus Rift verbindet. *Willkommen in der Realität.*

Erinnern Sie sich noch an Major General Albert „Bert“ Stubblebine III und das First Earth Batallion in Jon Ronsons Channel-4-Dokumentation CRAZY RULERS OF THE WORLD? Der General, der durch Wände gehen und den Psychic Warfare durchsetzen wollte? Oder an Jeff Bridges in MÄNNER, DIE AUF ZIEGEN STARREN und seine durch Drogen befeuerten revolutionären Ideen zur Reform der Spezialeinheiten? Kennen Sie Michael Aquino, den Hohepriester des Temple of Seth, der für die US-Armee die Operation „Stargate“ koordinierte, die ebenso erfolgreich wie die daran anknüpfende Fernsehserie gewesen sein soll? ... Wirrköpfe, Durchgeknallte oder fiktive Filmgestalten, werden Sie sagen. Weit gefehlt: Da gab es noch ganz andere Kaliber!

„Here to keep the inner peace“, *Yoga Joes* von Brogamats, 2015. yogajoes.com, Foto: Brogamats/ Mark Wickens Photography

EISENHÄNDLER, YOGA und der BLITZ

Von ANDREAS L. HOFBAUER

1917 sah es auf den Schlachtfeldern von Flandern nicht so aus, als hätte H. G. Wells wieder einmal prophetische Weitsicht bewiesen. Vierzehn Jahre zuvor hatte er dreißig Meter lange eiserne Kolosse beschrieben, die sich auf Rädern fortbewegen, gewaltige Feuerkraft besitzen und jedes Hindernis überwinden, das sich ihnen in den Weg stellt. Zwar arbeitete die britische Armee unter Hochdruck und strengster Geheimhaltung an der Verwirklichung dieser Vision, doch die ersten Einsätze der schwer gepanzerten, mit Kanone und Maschinengewehren bewaffneten Kettenfahrzeuge, die unter diversen Decknamen wie Container, Reservoir und später als Tank firmierten, verhießen nichts Gutes. Die Ungetüme waren mit jeweils einem Offizier und einer siebenköpfigen Mannschaft besetzt. Im von Glühbirnen erleuchteten Inneren befanden sich Vickers-MGs und eine Kanone; der Lärm darin war so laut, dass mit Signalflaggen operiert werden musste. Durch schmale Sichtschlitze und ein Periskop sah man nur wenige Meter weit nach draußen. Brieftauben benachrichtigten die Gefechtsstände, Kommunikation zu anderen Tanks wurde durch Telefone aufrechterhalten, deren Kabel von Infanteristen außerhalb der Tanks auf- und abgerollt werden mussten. Im Einsatz blieben die Tanks in den Schützengräben oder im Schlamm stecken und wurden von der feindlichen Artillerie zu Schrott geschossen. Im Sommer 1917 hatten die britischen Truppen in nur drei Monaten 400 000 Soldaten verloren. Das Gemetzel des Stellungskriegs ging weiter.

Doch auf dem Trainingsgelände in Bernicourt wird gerade der neue Mark IV getestet. Ein Mann schreibt dort unermüdlich taktische Anweisungen und überwacht das Zusammenspiel des aus Freiwilligen, Fahrern, Ingenieuren und Offizieren bunt zusammengewürfelten Tank Corps. Sein Credo: Die Panzerwaffe muss taktisch beweglich und wendig sein und in Gruppen operieren. Keine darf den Kontakt zur Infanterie verlieren. Das Überraschungsmoment ist ebenso entscheidend wie die Bodenbeschaffenheit. Stundenlanger vorbereitender Artilleriebeschuss ist Selbstmord,weil dann das Gelände zum Hemmschuh wird. „Je mehr die Waffen, mit denen wir fechten, mechanisiert werden, desto weniger mechanisch darf der Geist sein, der sie führt.“ – Autor dieses Satzes: John Frederick Charles Fuller. Wer war dieser Mann?

Seine Autobiografie trägt den Titel *Erinnerungen eines unkonventionellen Soldaten*, und das ist keine eitle Pose. Der Sohn eines anglikanischen Priesters beginnt seine militärische Ausbildung in Sandhurst. Mit zwanzig kämpft er 1898 im Zweiten Burenkrieg in Südafrika; 1903 wird er nach Indien versetzt. Tief beeindruckt versenkt er sich in das mystische Weltbild des Hinduismus, trifft heilige Männer und praktiziert Yoga. Er tritt mit dem berüchtigten Magier Aleister Crowley in Kontakt, der gerade dabei ist, von Darjeeling aus seine Expedition auf den Kangchendzönga vorzubereiten. Es entwickelt sich eine Freundschaft, in deren Verlauf Fuller nicht nur Crowleys erster Biograf werden sollte, sondern auch Herausgeber der okkulten Zeitschrift *Equinox*, für die er Beiträge verfasst und die Ausgaben illustriert, wofür ihm unter anderem seine eigenen Ölgemälde als Vorlage dienen. Zurück in England, tritt er

Gewiss ist, dass J. F. C. FULLER ein herausragender Magier des KRIEGS war.

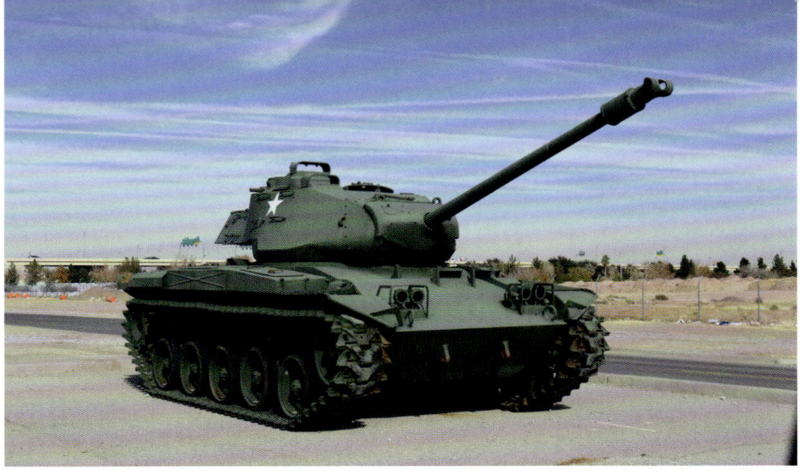

Ein Panzer allein macht noch keinen Krieg. Dafür braucht's Strategen.

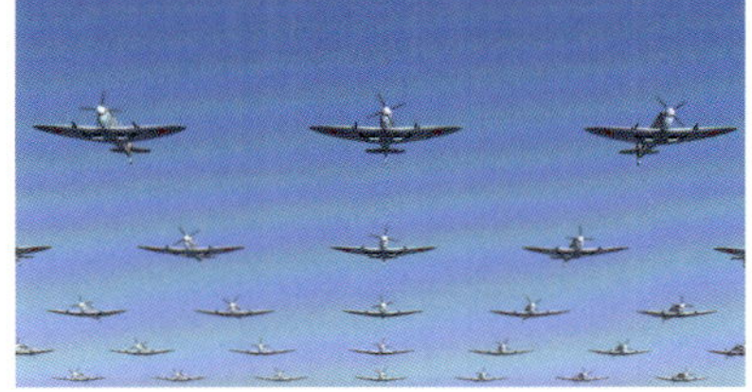

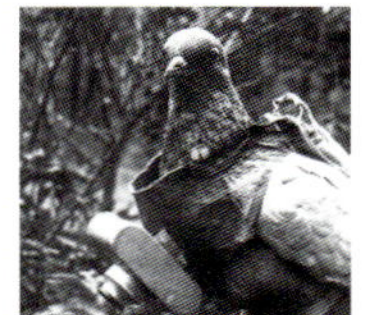

Kaum vorstellbar: Im Ersten Weltkrieg kommunizierten die Divisionen untereinander noch mithilfe von Brieftauben.

in Crowleys geheimen Reformorden Astrum Argenteum ein und wählt sich den Logennamen Frater *Non Sine Fulmine* [nicht(s) ohne den Blitz].

Wenn es um die tiefe Abneigung gegen Christentum, Sozialismus, Vermassung und die Verfallsformen der Demokratie geht, verstehen sich die beiden ausgezeichnet, doch als Crowley aufgrund von Gerüchten um Satanismus, homosexuelle Orgien und finanzielle Betrügereien in ein noch schieferes Licht gerät, beginnt sich Fuller Sorgen um die eigene Militärkarriere zu machen und bricht den Kontakt ab.

Und in der Tat macht er Karriere. Seine Vorgesetzten nervt Fuller regelmäßig mit dem Satz: „Man unterrichte mich über Waffenstärke und Reichweite und in einer halben Stunde präsentiere ich ihnen eine vernünftige taktische Lösung!" So auch im Ersten Weltkrieg. Als man eine Stelle mit optimalen Bodenbedingungen gefunden hatte, von der aus es möglich sein sollte, die Hindenburglinie der Deutschen zu durchbrechen, werden 476 Tanks zusammengezogen – die gewaltigste Kriegsmaschine der bisherigen Weltgeschichte. Frühmorgens am 20. November 1917 bricht sie los. Nach Fullers Plänen rückt sie in Dreiergruppen vor, wobei der erste Tank durch die Stacheldrahtverhaue bricht, ohne zu versuchen, über den Schützengraben hinwegzufahren, vielmehr nur beidreht und diesen unter Beschuss hält. Die beiden anderen folgen, legen einfache „Landungsbrücken" aus und sind so in der Lage, auch breitere Gräben zu überwinden. Eine nachfolgende Gruppe ebnet den Stacheldraht ein, was der Infanterie das Vorrücken erlaubt. Der Erfolg ist buchstäblich durchschlagend, binnen weniger Stunden ist die Hindenburglinie in diesem Abschnitt aufgerollt, die Deutschen flüchten in Panik. Am Ende hat das Tank Corps die Hälfte der eingesetzten Panzer verloren, 188 Offiziere und etwa 1000 Mann sind tot, schwer verletzt oder vermisst. Trotzdem leitet die Offensive die Wende an der Westfront ein. Nach ihr werden Schlachten anders geschlagen werden als zuvor. Während mancher Generalstäbler hoch zu Ross noch von Kavallerieattacken träumt, haben nun die kettenbewehrten Streitwagen des 20. Jahrhunderts die Weichen für eine gänzlich neue Kriegsführung gestellt.

Fuller leitet nach 1918 die Experimental Brigade in Aldershot und entwickelt die bewegliche Panzerwaffe strategisch weiter. Wohlmeinende Experten führen seinen Spitznamen „Boney" auf Napoleon und dessen taktisches Geschick zurück, beglaubigt ist aber auch, dass er ein sturer Knochen mit aufbrausendem Wesen und wenig ausgeprägten diplomatischen Fähigkeiten ist. Tiraden gegen Churchill, antisemitische Ausfälle, fanatisches Gehabe als *Commie Stomper* und sein Engagement für die britischen Faschisten unter Mosley führen dazu, dass er 1933 zwar zum Major General befördert – und trotzdem mit halben Bezügen in Rente geschickt wird. Nun wird er die Mehrzahl seiner 43 Bücher und unzähligen Aufsätze schreiben und veröffentlichen – über die Geheime Weisheit der Kabbala, Propaganda, Gandhi, wie man Russland besiegt, *Machine Warfare*, die *Black Arts* oder Julius Caesar ... Und er hat eifrige Schüler. Sowohl im kommunistischen Russland wie auch im nationalsozialistischen Deutschland. Schon bald werden sein Brieffreund Heinz Guderian und die Propaganda den auf Panzer gestützten Blitzkrieg Wirklichkeit werden lassen. Kurz vor Ausbruch des Zweiten Weltkriegs sind Fuller und Ronald Nall-Cain, Baron Brocket II., die einzigen Briten, die Hitler persönlich zu seinem 50. Geburtstag am 20. April 1939 als Ehrengäste nach Berlin einlädt. Nachdem drei Stunden lang Tankkolonnen und motorisierte Einheiten an der Ehrentribüne vorbeidefiliert sind, wendet sich der Führer direkt an Fuller und bemerkt: „Ich hoffe, Sie sind mit Ihren Kindern zufrieden." Fuller entgegnet: „Sie sind so schnell gewachsen, Eure Exzellenz, dass ich sie nicht wiedererkenne."

> FULLER und Ronald Nall-Cain, die einzigen Briten, die HITLER persönlich zu seinem 50. Geburtstag am 20. April 1939 als Ehrengäste nach Berlin einlädt

Manche halten Fuller heute für eine zwielichtige Figur, deren Engstirnigkeit ein Paradebeispiel für Machtdurchsetzung mit militärischen Mitteln gewesen ist. Andere meinen, in ihm *den* innovativen Strategen und Theoretiker der Kriegswissenschaft, einen Clausewitz des 20. Jahrhunderts, zu erkennen. Gewiss ist, dass J. F. C. Fuller ein herausragender Magier des Kriegs war.

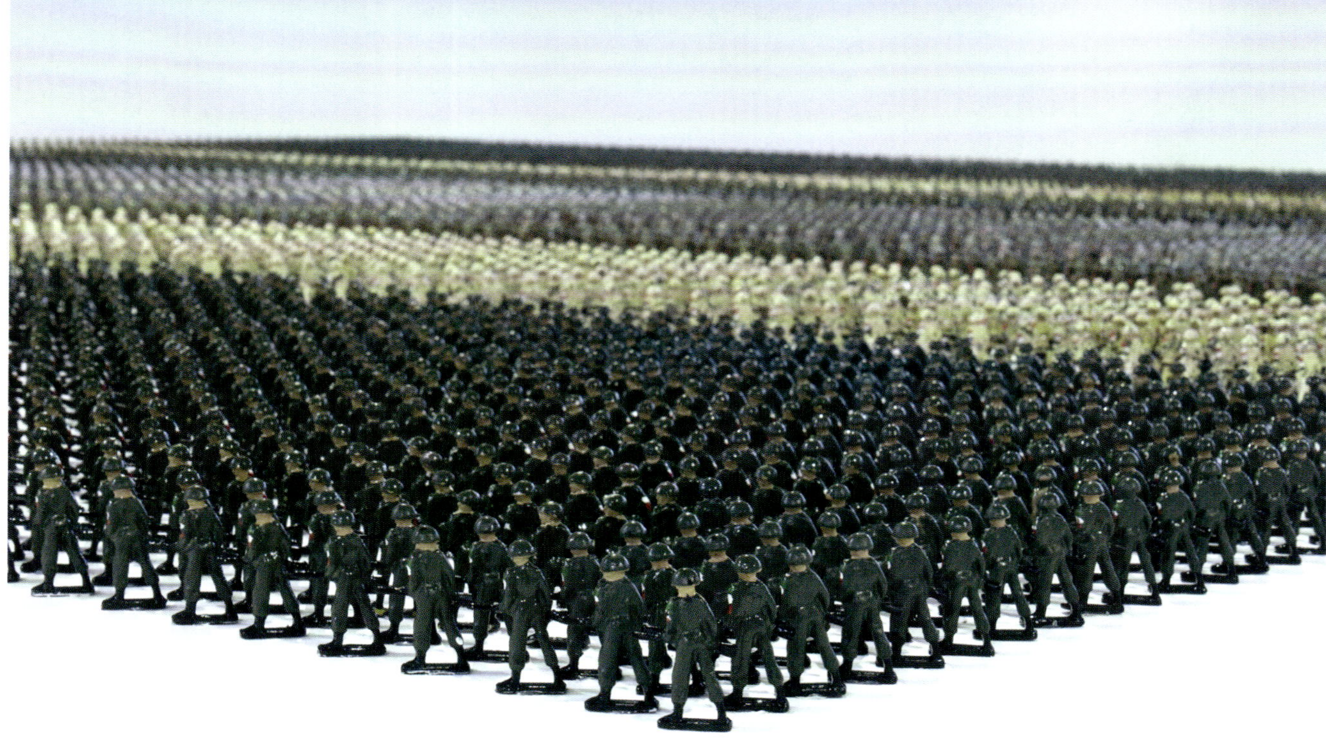

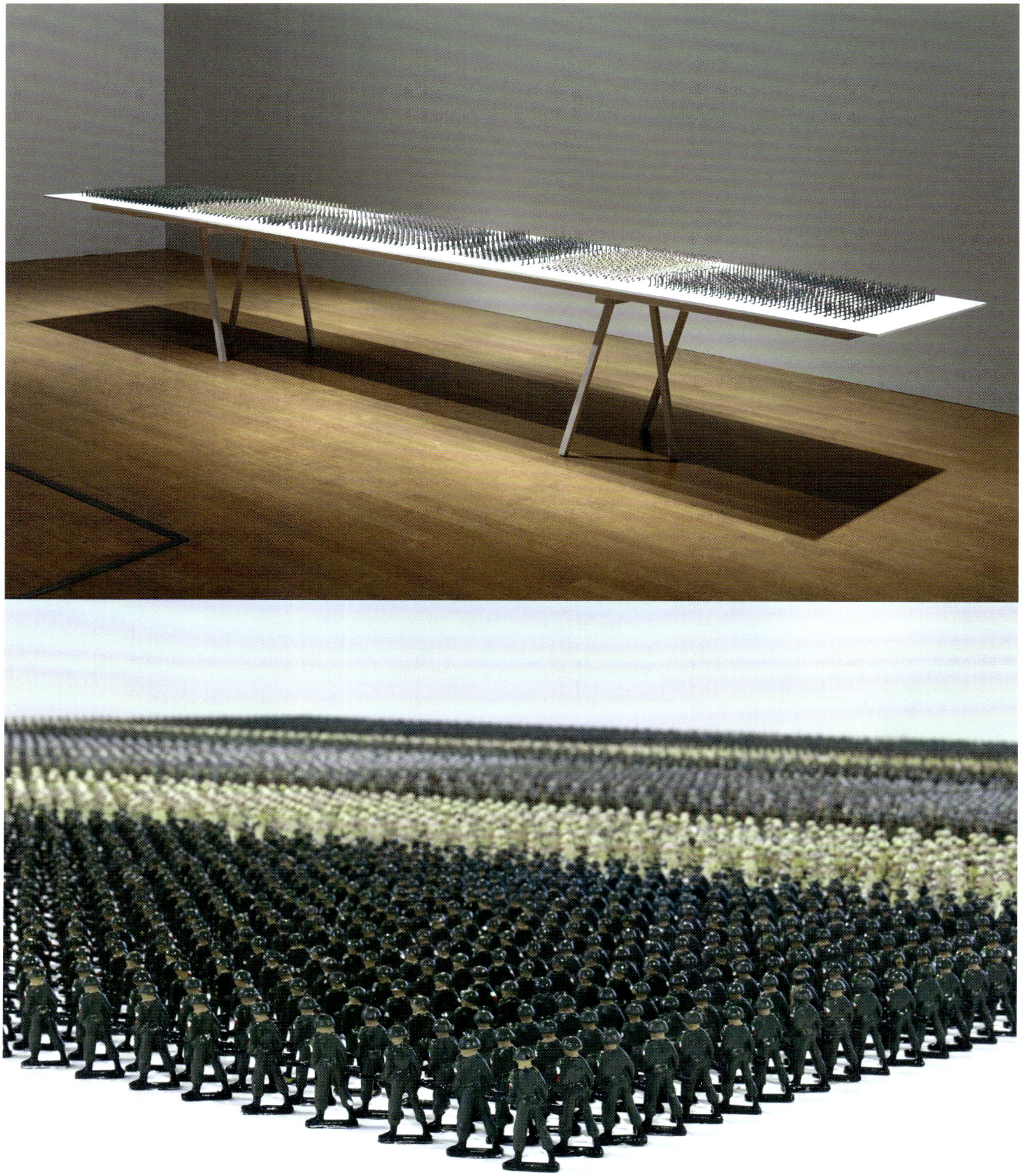

Ala Younis
Tin Soldiers, 2010 (Oben)/2011 (Unten)
Installation von 2 448/12 235
handbemalten Spielzeugsoldaten

Kriegs- SPIELZEUG

Waffen im Kinderzimmer – unverantwortlich oder therapeutisch sinnvoll? AMMO im Gespräch mit der Kinderpsychologin DR. DÖRTE FLOWERSTONE

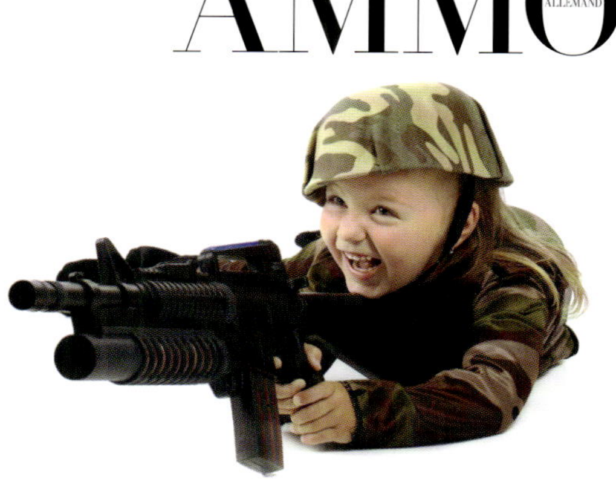

AMMO: Dr. Flowerstone, halten Sie es für falsch, Kindern den Umgang mit Spielzeugwaffen zu verbieten, beziehungsweise Sie denken nicht, dass Waffen und Gewalt zusammenhängen?

FLOWERSTONE: Das Thema ist kompliziert, und bei vielen vorschnellen Urteilen auch aus sogenannten Fachkreisen scheinen Wunschdenken, Halbwissen und falsche Intuition durch – und nicht sorgfältige Analyse. Häufig werden Zusammenhänge suggeriert, wo nicht notwendig welche bestehen. Aggression ist zum Beispiel nicht gleich Gewalt; mit Waffen zu spielen bedeutet nicht automatisch, gewalttätig zu sein oder zu Gewalt zu neigen. Waffen produzieren nicht notwendig Gewalt, sondern sie können auch eine Auseinandersetzung mit der eigenen Angstlust gegenüber Macht und Ohnmacht, gegenüber Gewaltfantasien sein.

AMMO: Was heißt das konkret? Warum spielen Kinder gern mit Waffen?

FLOWERSTONE: Jedes Spiel stellt einen Schutzraum dar, in dem Gefühle wie Angst, Hass und Rache erprobt werden können, ohne sich vor Bestrafung fürchten zu müssen. Waffen zum Beispiel vermitteln Macht. Sei es, dass ein Kind waffentragende Respektspersonen wie Polizisten oder Soldaten im realen Leben beobachtet hat oder dass es sich mit Fernsehhelden oder mythologischen Figuren identifiziert – der gesellschaftliche Kodex, der durch solche Vorbilder verkörpert wird, weist Waffen in der Regel den „Guten" zu. Wenn Kinder sich also schwach oder unterlegen fühlen und Sicherheit suchen, dann können Spielzeugwaffen ein Mittel sein, um diesen für eine Identitätsbildung wichtigen Fragen Ausdruck zu verleihen. Natürlich muss den Kindern der fundamentale Unterschied zwischen einem Spielzeug und einer echten Waffe immer unzweifelhaft klargemacht werden.

AMMO: Die Waffe – real oder gespielt –ist also zunächst neutral, das heißt es kommt darauf an, wie und wozu sie eingesetzt wird?

FLOWERSTONE: Das ist ein entscheidender Punkt. Waffen sind Teil der menschlichen Entwicklungsgeschichte, denn die „Erfindung" von Werkzeugen zur Nahrungsbeschaffung und zum Schutz markiert die Differenz zwischen Mensch und Primat. Die Grenze zwischen Werkzeug und Waffe ist von Anfang an fließend – denn ein „notwendiger" Gebrauch lässt sich beispielsweise von der Lust am Töten nicht immer trennen. Keinesfalls aber sind Waffen zwangsläufig böse.

AMMO: Es gibt auch die These, dass beispielsweise Videospiele eine kathartische Funktion haben und Aggression abzubauen in der Lage sind.

FLOWERSTONE: Diese Vorstellung ist genauso wenig haltbar. Nur, wenn Kinder mit ihren Affekten nicht aktiv umgehen lernen, sondern ihnen – also sich selbst – ausgeliefert bleiben, wendet sich diese Energie fast immer ins Negative. Für die menschliche Psyche kann ein Ballerspiel genauso dabei helfen, Spannungen abzubauen wie ein Spaziergang im Wald. Aber es kann diese eben auch verstärken.

AMMO: Wenn ein jugendlicher Amokläufer also die Schwelle überschreitet, die „normale" Menschen daran hindert, einander zu töten, liegt das nicht am Ego-Shooter ...

FLOWERSTONE: Ein solches Spiel kann erst im Verbund mit prägenden realen Gewalterfahrungen enthemmend wirken. Aber selbst in kleinerem Maßstab ist Gewalt in der Schule sicher nicht die Folge von Spielen – egal in welchem Medium. Dahinter stehen immer persönliche und gesellschaftliche Missstände, häufig auch eine Vereinsamung und Isolation der Kinder und Jugendlichen. Diese Probleme müssen auf politischer, sozialer und kultureller Ebene angegangen werden und nicht einfach durch pauschale Verbote.

AMMO: Unterscheidet sich das Verhältnis zu Waffen bei Mädchen und bei Jungen?

FLOWERSTONE: Mädchen fühlen sich wenig zu Waffen hingezogen, für sie besteht ein unausgesprochenes Aggressionstabu. Dennoch reagieren auch

Mädchen ihre Wut über Spielzeug ab, allerdings eher, indem sie ihrer Puppe den Arm herumdrehen oder mit einer Schere auf sie einstechen. Dafür besitzen oder spielen über 90 Prozent der Jungen mit Kriegsspielzeug. In der Regel stellen sie jedoch nicht – wie früher üblich – historische Schlachten nach, sondern inszenieren den Archetyp des Spiels Gut gegen Böse. Die Bandbreite der Affekte, die darin ausprobiert werden können, übt offenbar eine große Faszination aus. Bei älteren Kindern spielen dann auch Taktik und Teamgeist eine große Rolle.

AMMO: Wie sollen sich Erwachsene Kindern gegenüber verhalten, wenn diese „Krieg" spielen wollen?

FLOWERSTONE: Es ist sinnlos, das Spiel mit Waffen zu verbieten. Eltern und Pädagogen sollten sich durch Beobachtung vergewissern, ob Realitätsdistanz beim Spiel gewahrt bleibt, ob direkte Aggressivität und brutalisierte Vorstellungen nicht spielbestimmend werden, ob bestimmte Grenzen im Hinblick auf die Härte des Kriegsspielzeugs, dessen Aktualität und Direktheit, die mit den Kindern jeweils zu diskutieren sind, gewahrt bleiben.

DÖRTE FLOWERSTONE spezialisierte sich nach ihrem Studium der Kunstwissenschaft und Psychologie (Dr. phil., Dr. rer. nat.) sowie einer Lehranalyse bei Jacques-Alain Miller in Paris auf die Psychoanalyse von traumatisierten Kindern durch Kriegsspielzeug. Als Initiatorin und Leiterin der 2003 gegründeten Forschungsgruppe Kinder Spielen Krieg (KSK) ist sie beteiligt an mehreren interdisziplinären Forschungsprojekten zur experimentellen Behandlung posttraumatischer Belastungsstörungen bei Kindern mit und ohne Migrationshintergrund und gefragte Referentin auf Fachtagungen sowie offizielle Beraterin verschiedener politischer Kommissionen. Ihr bei MIT Press erschienenes Buch *Play it Right – the Creative Potential of War Games* (Cambridge, MA, 2014) ist ein internationaler Bestseller und wurde bislang in 24 Sprachen übersetzt.

TASER TOTAL

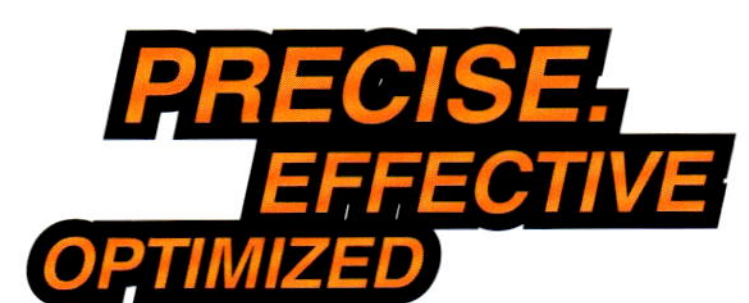

Wir schreiben das Jahr 12014, die Menschen sind ausgestorben. Sechs intelligente Maschinen versuchen die Ereignisse zu rekonstruieren, die zur Katastrophe geführt haben – im Zentrum der Untersuchung steht FRONTEX, die „Europäische Agentur für die operative Zusammenarbeit an den Außengrenzen" in Warschau. Von dort wurden die Flüchtlingsströme aus aller Welt überwacht, kontrolliert und mit allen Mitteln am Eindringen in die EU gehindert. Unser Korrespondent OLAF ARNDT von der Künstlergruppe BBM ist durch die Zeit gereist und berichtet exklusiv für AMMO.

GRUPPE 2
SCHAUSPIELER
Also, sind jetzt alle Blauhelme, die mit mir gehen, startklar? Gut.
Dann los, folgen Sie mir. Ich führ Sie hier ein bisschen über das Gelände und wir nutzen die Zeit und sprechen miteinander.
(schweigt und geht)
Ach so, wollte mich noch kurz vorstellen. Ich bin Stefan Bäcker und arbeite hier im Erlebnispark Leinhausen jeden Abend von Donnerstag bis Sonntag als Fremdenführer. Spannend, aber nicht ganz ohne.
(schweigt und geht)
Auch für Sie als Besucher ist es eine Herausforderung: laufen statt sitzen und beim Laufen aufpassen, dass man den Text versteht.
(schweigt und geht)
Hier auf Level 1 unseres Abendprogramms, kleine Ortsbegehung, machen wir uns erstmal mit dem Spielgelände vertraut.
In einer aufgelassenen Fabrikanlage gibt es nur schlanke Infrastruktur.
Heizung, Toiletten, Garderobe, alles, was die Besucher so erwarten, muss irgendwie improvisiert werden. Und das geht eigentlich ganz gut, wenn man mal kurz seine Bedürfnisse runterschraubt.
Man kriegt ja was dafür im Gegenzug.
Wie gesagt, Level 1, kleine Ortsbegehung.
(geht zum Schornsteinstumpen und öffnet die Tür)
Ein Kreuz, diese Tauben. Kacken alles voll.
Kiloweise Vogelkacke, randvoll mit Viren.
Die reinsten Virenbomber.
Fliegende Biowaffen.
Die ganze Luft ist voll davon: Tauben und über den Tauben Habichte, die die Tauben belauern und an ihre Habichtskinder verfüttern wollen. Darüber Hubschrauber, die die Leute ins Krankenhaus fliegen, die mit der Taubenkacke in Berührung gekommen sind.
(geht weiter in den Durchfahrttunnel hinein, bleibt stehen und guckt hoch)
Und darüber, in 18 000 Metern Höhe, noch so andere metallische Artefakte.
Könnten Satelliten sein.
Die meine ich aber nicht.
Schaun Sie!
Ach nee, geht ja nicht, kommen Sie mit raus.
(geht raus)
So.
Da sieht man sie.
Da!

STATIST
Ich seh nichts.

SCHAUSPIELER
Aber sie sehen dich: Silberfischchen mit Adleraugen.
Drohnen!
Ich erzähl Ihnen mal das Neuste. Zur Ehhh-Uhhh-Sicherheitsstrategie. Kommen Sie mal mit.
(geht links an der Böschung lang und bleibt kurz vor Ende der Wiese stehen, sammelt Besucher um sich und setzt neu an:)
Hannover ist ja bekanntermaßen nach einer Studie von 2014 statistisch betrachtet im deutschlandweiten Vergleich die Stadt mit den am schlechtesten informierten Bürgern.
Dem wollte ich im Schnellverfahren heute mal abhelfen. Also zurück zur EU-Sicherheitsstrategie.
EU-Sicherheitsstrategie: das bedeutet: Funkstrahlen verbinden die Drohnen in der Luft mit unbemannten Objekten am Boden, Robotern.
(wartet Reaktionen ab, dann weiter)
Vollautomatische Roboter, die von Drohnen gelenkt durch die Büsche huschen.

STATIST
Das istn Witz jetzt, oder?

SCHAUSPIELER
Nein ernsthaft: Ich habe auf der Hannover Industrie-Messe einen kennengelernt, Deutsches Luft- und Raumfahrtzentrum Braunschweig, der programmiert für die Bundeswehr das Angriffsverhalten für die Dinger,
die jagen in Meuten,
wie die Hunde,
die hetzen ihre Beute,
und stellen sie mit Tasern.
(schaut den Statist an:)
TASER kennst du nicht, was? Obwohl jeder Verkehrspolizist in Niedersachsen jetzt schon einen TASER am Mann hat.
Ist doch auch klar: Warum sollte denn einer, der heimlich über die Grenze gehen will, der schon 5000 Kilometer zu Fuß und zwei Jahre im Arbeitslager in Libyen hinter sich hat, alles Geld, das er von der ganzen Familie zusammenleihen konnte, für die †berfahrt bezahlt hat, am Ende, das Ziel schon zum Greifen nah, vor einem unbewaffneten Roboter haltmachen? Warum sollte er seinen Fluchtplan aufgeben und stehen bleiben, nur weil ihn ein Roboter umkreist.
Tut er nicht.
Er wird weiterlaufen.
Es sei denn, der Roboter zwingt ihn anzuhalten.
Und wie macht er das?
Mit einem TASER, einer handlichen Harpune, die zwei Drähte abschießt und den Flüchtling lähmt, immer wieder lähmt, sobald er zuckt und abhauen will.
(er geht los, als wolle er weitergehen, bleibt aber gleich wieder stehen und zeigt aus der Distanz auf den Trafoblock)
Schaun Sie, da steht es dran:
50 000 Volt Energie, die direkt ins Nervensystem eingreift. Positive Energie: Erhöht spontan die Einsicht des Delinquenten in sein fehlerhaftes Verhalten.
Ist dabei total unschädlich.
(Statist spielt mit Audioplayer als Endlosloop einen Schmerzensschrei eines vom Taser Getroffenen ab)
Ist gewissermaßen eine ernsthafte Erfrischung für den ganzen Körper.
Ist christlich-liberal: wie ein Nagel, der einem durch die Fußsohle bis ins Rückenmark geschlagen wird.
Ist super für die Psyche, denn es wird einer, der mal getasert wurde, kein zweites Mal riskieren. Es wird einer, der einen sieht, der getasert wurde, sich nicht trauen, auch zu riskieren. Wird also keiner mehr flüchten, wenn bekannt wird, dass die Grenzroboter Taser haben und automatisch damit schießen.
Das ist genau das, was man eine „intelligente Grenze" nennt.
Das ist, was man „die Humanisierung der Grenzkontrolle" nennt.
Eine vernünftige Lösung.
Ja. Genau.
Wir handeln rational.
Wir kriegen sie alle.
Keiner kommt durch.
(geht weiter vor den Trafoblock, zeigt auf das Typenschild)
50 000 Volt.
Wissen Sie, ich erzähl Ihnen mal die Geschichte von Hans. Hans Marrero. Hans arbeitet beim US Marine Corps als Nahkampfausbilder.
Hans gilt als der härteste lebende Mann. Ein Super Rambo. Nierenhaken sind für ihn Streicheleinheiten. Als ihm in Thailand eine Granate die Kniescheibe wegriss, beendete er trotzdem seine Mission, so als habe er sich nur an einem Brombeerstrauch ein bisschen die Haut aufgeschlitzt.
Schmerz ist für ihn eine Schwäche, die seinen Körper verlassen hat. Hans hat eine Wette gegen den TASER angenommen: Nur fünf Fuß entfernt steht ein Kasten Bier, der Hans gehört, wenn er ihn erreichen kann. Hans steht auf einer dicken blauen Trainingsmatte. Die Elektroden des TASER kleben an seinem nackten Oberkörper.
Hans sagt: Ich bin bereit. Der TASER knistert. Hans wird steif wie der Eiffelturm. Sofortige neuromuskuläre Versteifung. Hans schreit. Hans winselt um Gnade. Hans sagt: Alright, alright, schalt ab. Der TASER knistert weitert, nur fünf Sekunden lang. Hans sagt, es sind fünf Sekunden, die er nie wieder vergessen wird. Und das Bier hat er natürlich trotzdem gekriegt, zur Beruhigung.
Das ist der TASER.
Fragen?

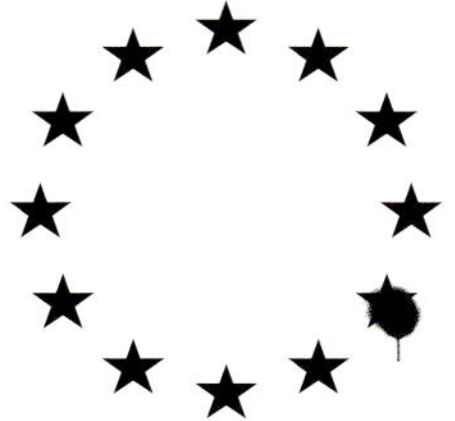

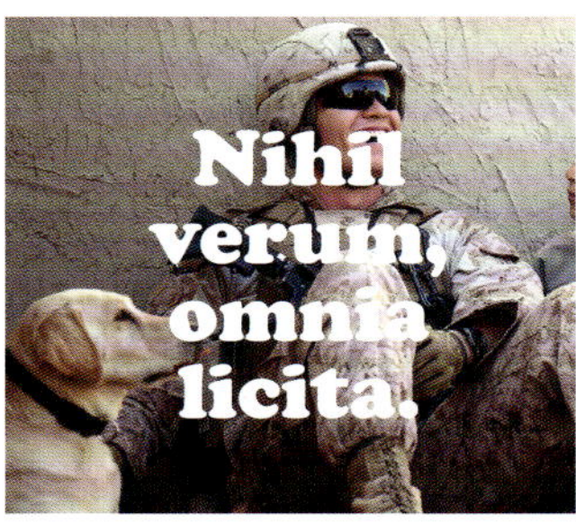

Ach ja, eins noch: Ich habe eben gesagt: Hans gilt als der härteste lebende Mann. Das war ganz genau richtig. Denn alle Frauen sind härter. Woher ich das weiß? Nun, die Wissenschaft hat sich lange den Kopf zerbrochen, wie sie Schmerz messen kann. Dann hat man etwas gefunden: den Geburtsschmerz. Den hat man absolut gesetzt. Ein Kind zur Welt bringen, das heißt, zehn Dol aushalten. Dol kommt von dem lateinischen Wort *dolor* für Schmerz. Männer können überhaupt nur sieben Dol fühlen. Danach schalten sie ab. Klick.
Der TASER schießt deutlich über das Oberende der Skala hinaus. Wenn es fühlbar wäre, entspräche das fünfzig Dol. Zum Glück unvorstellbar, nicht mehr zu spüren. Auf jeden Fall reichlich genug, um die Schmerzskala bis obenhin auszukosten.
Und jetzt lassen Sie Ihrer Fantasie mal freien Lauf: Sie stehen an der Grenze eines Ihnen unbekannten Landes. Sie müssen rein, weil es kein Zurück für Sie gibt. Dann kommt so eine Meute Roboter, über der so ein silberner Adler kreist. Und dann macht es paff, trrrrrrrrrrrt paff, trrrrrrrrrrrt paff, trrrrrrrrrrrt und Sie und alle aus Ihrer Gruppe um Sie rum liegen flach, neuromuskulär gelähmt von einem der zwölf Drahtpaare, mit denen der Rundum-TASER, der nagelneue Grenz-TASER, in alle Richtungen zugleich schießt.
Und jedes Mal, wenn Sie zucken, abhauen wollen, wieder trrrrrrrrrrrt. trrrrrrrrrrrt. trrrrrrrrrrrt.

Sagen wir: sechs, acht Stunden lang. Weil zufällig gerade viel los ist in Ihrem Grenzabschnitt, kommt Group F_x mit leichter Verspätung. Der Elektriker hatte noch woanders zu tun. Nicht nur Sie wollen abgeklemmt werden.
Währenddessen macht der gesundheitsneutrale TASER weiter. Immer weiter. Ist ja eine Maschine, die auf einer Maschine sitzt, eine mechanische Maschine, die an eine autonome Maschine angeschraubt wurde, von einer fliegenden Maschine gesteuert.
trrrrrrrrrrrt. paff. trrrrrrrrrrrt.
(geht los zum Treppenhaus)
trrrrrrrrrrrt. paff. trrrrrrrrrrrt.
trrrrrrrrrrrt. paff. trrrrrrrrrrrt.
trrrrrrrrrrrt. paff. trrrrrrrrrrrt.
Was für ein schöner Empfang
(ruft in den Treppenhausschacht hinein)
in Euroooopa!
(geht hoch)
paff. trrrrrrrrrrrt. paff. trrrrrrrrrrrt.
(geht vorweg und bleibt auf dem zweiten Treppenabsatz stehen und spricht runter zu den ihm folgenden Besuchern)
Und gelb ist er, der neue TASER, knallgelb wie ein Pirol.
Schick sieht er aus. Gutes Aussehen erhöht die Akzeptanz. Wenn das einer im Fernsehen sieht, kann er sich freuen, statt Angst zu kriegen.
Es fließt kein Blut. Eine saubere Sache.
(zeigt auf die Besucher) Ihre Kollegen, die unten um den TASER rum gekommenen sind, kleben hundert Meter weiter *(zeigt nach oben)* in so einem aufblasbaren Gebirge.
Eine mobile Barriere, die sich automatisch aufbläst, wenn einer durch den Laserstrahl läuft, der heute den Grenzzaun ersetzt. Das ist intelligent, wahnsinnig intelligent. Mit intelligentem Klebstoff dran, dass jeder, der drüberklettern will, dran kleben bleibt. Und warum ist der Klebstoff intelligent? Weil er weiß, wo Ihr Mund ist, denn der darf ja nicht zukleben bei der Aktion. Sie müssen ja noch atmen, viel atmen sogar nach all dem Laufen, Spurten, Hetzen, mit der Robotermeute auf den Hacken. Ist ganz praktisch, so ein Aufblasgebirge, lässt sich leicht transportieren, ist schnell aufgebaut. Und dann kommen Group F_x, die schwarzen Engel der EU, mit Trennspray in der Hand und lösen die angeklebten Eindringlinge einfach ab.
Zu denen, die immer noch mit Strom an den TASER angeklebt sind, kommt das Po.W.E.R-Team mit dem Seitenschneider und den langen Kabelbindern. Die knien nieder neben den Gelähmten, straffen kurz das Gewebe neben den Einschussstellen, so, einmal hier rund um die Widerhaken mit zwei Fingern das Gewebe straffen, ganz genau, ja, so, schön stramm ziehen, und die Pfeile rausreißen.
Zack.
Alles vorbei.

Aus: „Die Welt ohne uns (IX): Po.W.E.R", in: *Kleine Einführung in die Segnungen des Poseidon Welfare Enhancement and Rescue Service*, BBM, Staatstheater Hannover, 2014.

EUROPA: https://www.youtube.com/watch?v=

AMMO ALLEMAND

DUAL PRECISION SHOCKSSYSTEM
Präziser Knockout ohne sichtbare Spuren

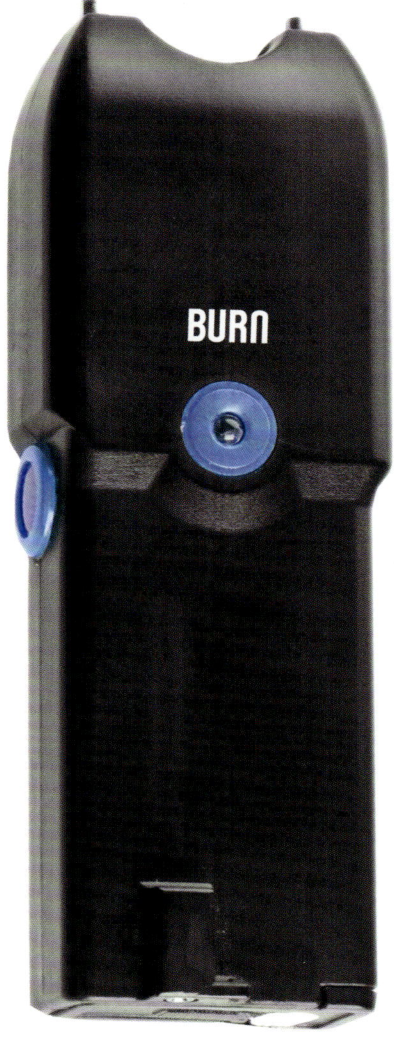

Tasing was never that easy.

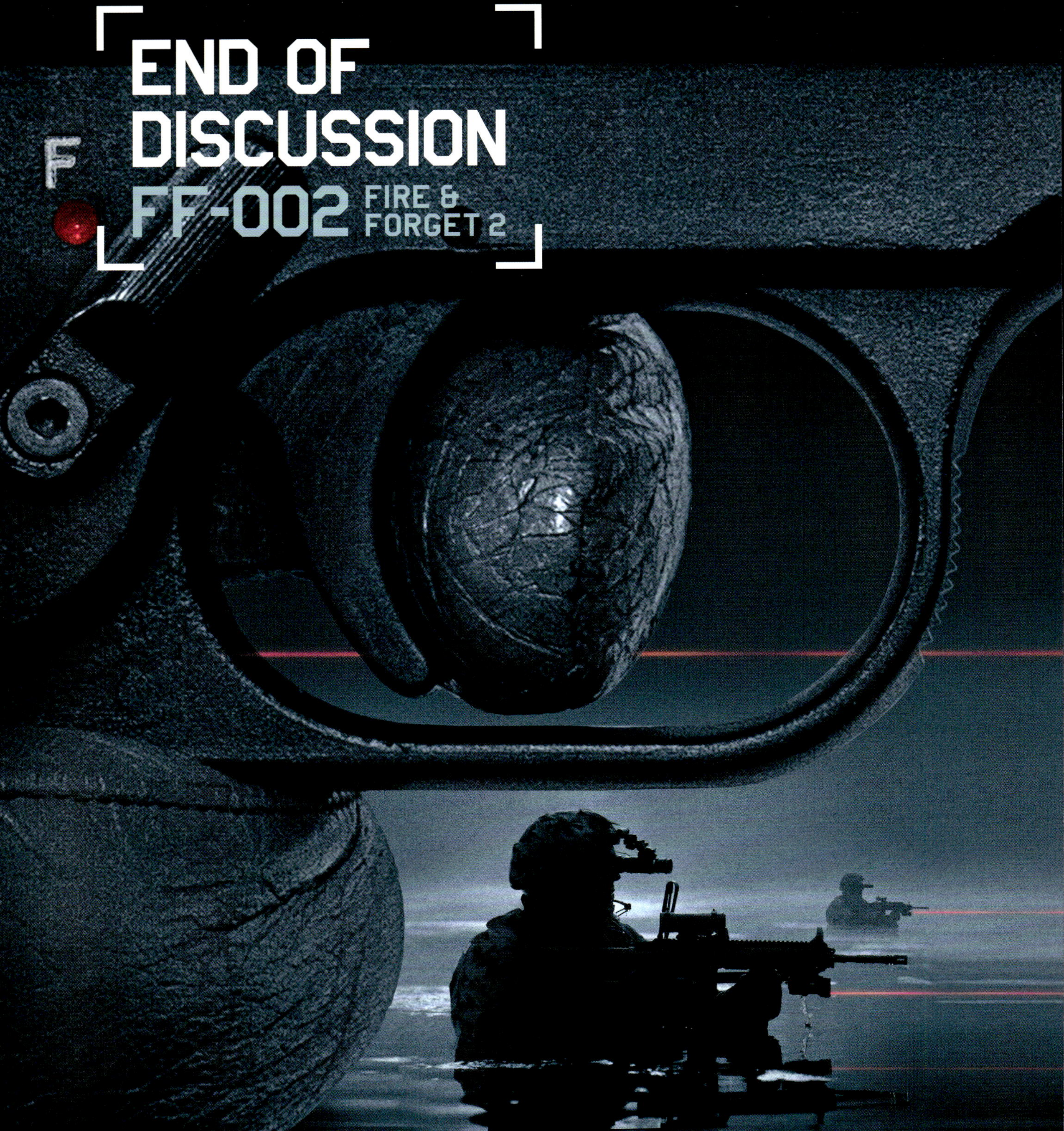
END OF DISCUSSION
F
FF-002 FIRE & FORGET 2

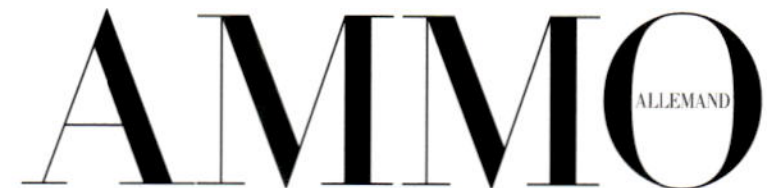

MEINE LEUTE SIND BESSER ALS IHRE LEUTE. WIR SIND MÄCHTIGER, INTELLIGENTER, SCHÖNER, MORALISCHER, KULTIVIERTER UND SAUBERER. WIR SIND GUT, UND IHR SEID BÖSE. GOTT IST AUF UNSERER SEITE. UNSERE SCHEISSE STINKT NICHT, UND WIR HABEN ALLES ERFUNDEN.

Barbara Kruger
Ohne Titel, 2015 (1994)
Vinyldruck (ursprünglich für das Treppenhaus der Kunsthalle Basel)

ANWERBUNG
(engl. „Recruiting")
„Stell Dir vor, es ist Krieg und keiner geht hin", lautet ein pazifistischer Slogan. In der Tat: Um engagierte Soldaten zu akquirieren, muss heute in aufwendige PR-Kampagnen investiert werden. Geworben wird mit guter Ausbildung und hohem Gehalt, der Einbindung in eine Gemeinschaft, Abenteuer und Ruhm.

AVANTGARDE
Aus dem Französischen stammender Begriff, der jene Truppenteile bezeichnet, die an der Spitze eines Heeres stehen („Vorreiterrolle"). Ihr riskantes und Neuland erkundendes Tun hat sich wortprägend auch für kreative, insbesondere künstlerische Bewegungen etabliert.

BAZOOKA
Tragbare Panzerabwehrwaffe, benannt nach ihrer Ähnlichkeit mit einer handgefertigten Posaune des US-amerikanischen Radiokomikers Bob Burns (1890–1956). Aufgrund ihrer imposanten Größe ist die B. ein beliebtes Requisit in Actionfilmen, um keinen Zweifel an Überlegenheit und Machtwille aufkommen zu lassen (Til Schweiger).

BERGAUF HALT DRAUF, BERGRUNTER HALT DRUNTER
Alte Regel, die oft falsch verstanden wird. Gilt nur für Schrotschuss. Bei weitem Kugelschuss gilt: Bergauf und bergrunter, halt immer drunter.

BIRTH TO DEATH TRACKING
Das Verfolgen gefährlicher Sprengkörper/Objekte vom Moment ihres Abschusses bis zur finalen Detonation; heute dank Smartphone-Ortung und zahlloser digitaler Spuren praktisch für jedes Subjekt realisierbar (Latours Actor Network Theory).

COUNTER-STRIKE
Erfolgreiches und als gewaltverherrlichend kritisiertes Ego-Shooter-Netzwerkspiel aus dem Jahr 1999. Als Mitglied einer (Anti-)Terror-Einheit müssen die Spieler strategische Aufgaben erfüllen (Bomben legen, Geiseln befreien, wichtige Personen schützen) und/oder ihre Gegner töten. Hierzu können sie sich aus einem gut bestückten Waffenarsenal bedienen.

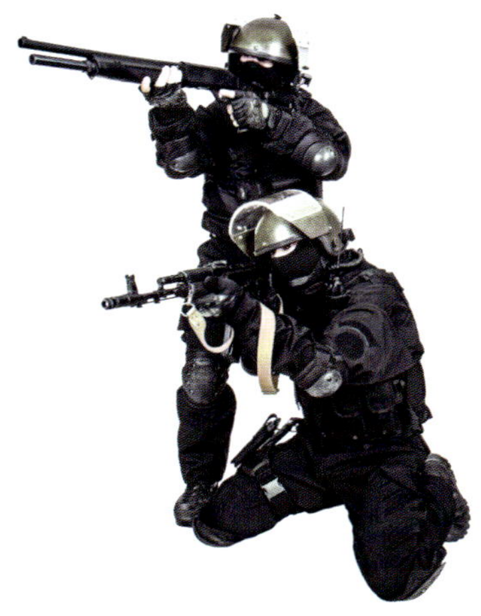

DEEP PENETRATION
(dt. tiefes Eindringen)
Zu Boden oder aus der Luft hinter die Linien des Feindes und in dessen Territorium vordringen, um dort beachtliche Wirkungen zu erzielen (petite mort).

DEUTSCHER STECHER
Vorrichtung zum Feineinstellen des Abzugs von einläufigen Büchsen. In Österreich wird die Konstruktion Doppelzüngelschneller genannt. Das Spannen des Stechers erfolgt durch den hinteren, das Auslösen des Schusses durch den vorderen Abzug (engl. „Trigger").

EIGENBESCHUSS
(engl. „Friendly Fire" oder „Blue on Blue")
Irrtümlicher Beschuss eigener oder verbündeter Streitkräfte in einer kriegerischen Auseinandersetzung (Ausst.-Kat. *Fire and Forget. On Violence*, KW Institute for Contemporary Art, Berlin 2015).

EMPATHIE
(gr., Einfühlungsvermögen)
Seit 2003 Stichwort im *Lexikon Innere Führung* der Bundeswehr (Walhalla Verlag). Hinweis darauf, dass gegenwärtig weniger die bloße Verteidigung oder der Kampf auf Leben und Tod zu den Kernaufgaben der höheren Ränge gezählt werden, als vielmehr auch der Versuch der Vermittlung (Interkulturelle Kompetenz).

ERMATTUNGSSTRATEGIE
Die Käsereibe der Kriegsstrategie (anonym).

FOG OF WAR
(dt. Nebel des Kriegs)
Beschreibt unklare Zustände, die während einer Schlacht eintreten und für die Entscheidungsfindung notwendige Informationen „vernebeln". Ob buchstäblich aufgewirbelter Staub auf dem Schlachtfeld, unterbrochene Meldewege, Bodenbeschaffenheit aufgrund der Wetterlage oder Störversuche durch Strategic Information Warfare. FoW kann (durch taktische Aufklärung) reduziert, niemals jedoch völlig eliminiert werden.

FÜNFTE KOLONNE
(engl. „Fifth Column")
Im Spanischen Bürgerkrieg (1936–1939) verwendete Bezeichnung für Guerillataktiken. Allgemeiner bezeichnet F. K. jede vom Militär organisierte reale oder imaginierte Form der Subversion der Kriegsordnung, die auf Demoralisierung und Verunsicherung des Gegners zielt.

GHOST TAPE 10
Auch bekannt unter dem Namen Operation Wandering Soul, war eine Psychological Operation (PsyOp) der US-Armee während des Vietnamkriegs. Die „Geisterstimmen" ruheloser Seelen gefallener und nicht bestatteter vietnamesischer Kämpfer wurden gemeinsam mit Kakophonien und bizarren Musiken sowie Klängen aus buddhistischen Begräbnisritualen von (an Militärhubschraubern angebrachten) Lautsprecheranlagen über dem Dschungel und in der Nähe vermuteter Vietcongstellungen mit hoher Lautstärke übertragen (*Apocalypse Now*).

GUERILLA
Diminutiv des span. *guerra* (dt. „Krieg"). Politisch begründete, irreguläre und asymmetrisch geführte Befreiungskämpfe gegen militärisch überlegene Besatzer oder die eigene Regierung. G.-Kriege gelten als nichtgehegte militärische Auseinandersetzungen, da sie aufgrund der offenkundigen Unterlegenheit der einen Kriegspartei von dieser in der Regel aus dem Verborgenen heraus geführt werden (Partisan und Terrorist).

HONIGFALLE
(engl. „Honey Trap")
Strategischer Einsatz sexueller Gefälligkeiten, um ein anderes Individuum zu kontrollieren. Gehört zum Arsenal geheimdienstlicher Tätigkeiten (Deep Penetration).

HURRA-PATRIOTISMUS
Pejorativer Ausdruck für eine Form

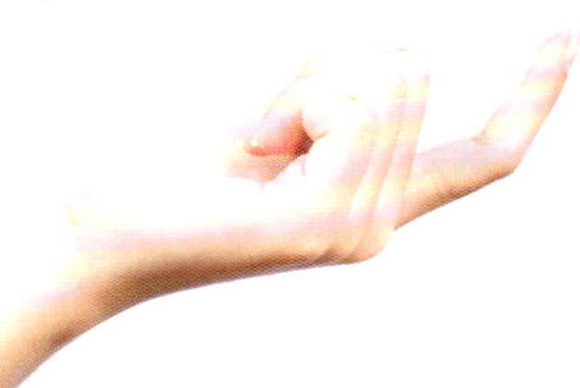

des unreflektierten Patriotismus, die mit Kriegseuphorie einhergeht (Jürgen Habermas und Verfassungspatriotismus).

„ICH BIN ZWEI ÖLTANKS"
Ein in den 1970er-Jahren von Hans Scheibner erfundener Werbeslogan für private Öllager im heimischen Garten. Der Legende nach handelte es sich dabei gelegentlich auch um private Atomschutzbunker, deren Montage man mit dem aufgedruckten Titel vor den Nachbarn verbergen wollte – als Prävention vor ungebetenem Besuch im Ernstfall.

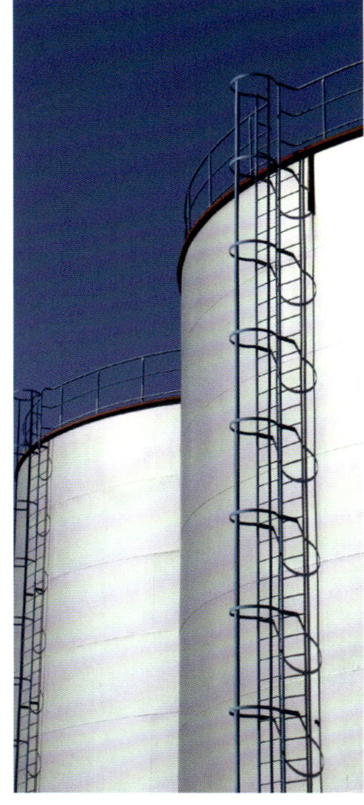

INFRASCHALLKANONE
Akustische Waffe, deren Existenz sich nicht beweisen lässt, in verschwörungstheoretischen Zusammenhängen aber immer wieder auftaucht. Infraschall ist niederfrequenter Schall (16–20 Hz) unterhalb der menschlichen Hörschwelle, der Stress, Angst, Beklemmung auslöst und Ehrfurcht einflößt. Nachweislich existieren Schallkanonen (*Long Range Acoustic Devices*, LRAD), die im Sonic Warfare und zur Auflösung von Demonstrationen (G-20-Gipfel in Pittsburgh, 2009) eingesetzt werden. Diese nutzen jedoch den hörbaren Frequenzbereich der Schallwellen.

KADAVERGEHORSAM
Ursprünglich aus dem 1534 eingeführten Regelwerk des Jesuitenordens stammende Bezeichnung für blinden Gehorsam gegenüber einer Autorität, selbst wenn die Befehle sinnlos, menschenverachtend oder lebensgefährlich erscheinen (Milgram-Experiment).

KÄMPFEN UND REDEN
„Im Grunde war Kämpfen und Reden eine Strategie, die gegen einen übermächtigen Feind eingesetzt wurde, sobald dieser erste Anzeichen von Erschöpfung und Stress zeigte – ab diesem Moment war die Zeit auf unserer Seite. Hier wird Reden wünschenswert, nicht jedoch, um einen Kompromiss zu finden (das amerikanische Verhandlungskonzept), sondern um den Feind mit Hoffnung zu füttern und währenddessen kontinuierlich die Einheiten im feindlichen Lager zu erhöhen." (Bùi Diễm)

KILL BOX
Bereich, den man nicht betreten kann, ohne mit an Sicherheit grenzender Wahrscheinlichkeit zu sterben.

KRIEGSGRUND
Kein Krieg ist ohne Grund, auch wenn es selten der ist, der offiziell als solcher gehandelt wird. Historiker verwenden viel Energie darauf, in diesem Krieg mit der Wahrheit nachträglich Land zu gewinnen. Doch niemand hat mehr zu bieten als die Wahrheit eines Sieges, der den Kampf noch nicht beendet (HRK).

KRÜPPELSCHAFT
Schaft für Schützen, die rechts anschlagen und mit dem linken Auge zielen. Solche Schäfte sind gekröpft, stark geschränkt oder mit muschelartigen Ausnehmungen versehen.

LEOPARD, PANTHER, WIESEL, MARDER, PUMA, GEPARD, SKORPION, BÜFFEL
Species animalium aus der Fauna des Kettenfahrzeugparks der Bundeswehr.

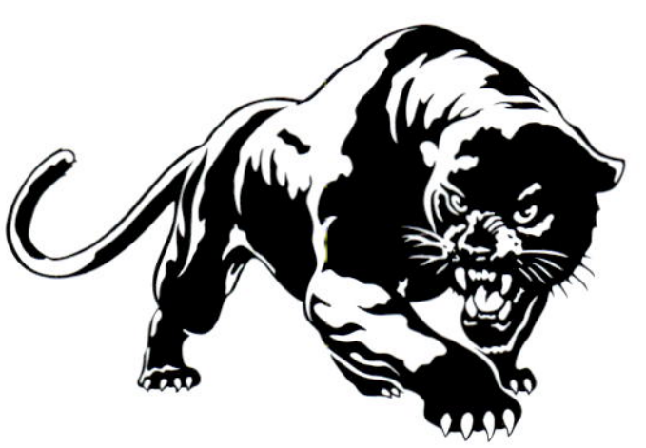

MAUSER
Deutscher Waffenhersteller. Die Armeepistolen C96 und das vom Tiroler Waffentechniker Luger entwickelte Nachfolgemodell, die P08 (Parabellum), werden in großen Stückzahlen seit 1896 bis lange nach Ende des Zweiten Weltkriegs weltweit abgesetzt. Aufgrund ihrer markanten Form sind beide aus populärkulturellen Darstellungen deutscher Offiziere und Soldaten nicht wegzudenken. Doch die C96 war nicht allein die Lieblingswaffe von Winston Churchill, sondern wurde auch von den Bolschewiki geschätzt. Wladimir Majakowski widmet ihr eine Gedichtzeile: „Still da, ihr Redner! Du hast das Wort, rede, Genosse Mauser."

MILITÄRKLEIDUNG
(engl. „Military Clothing")
Zeichen für militärischen Status und Rang, dient aber auch zur Erkennbarkeit von Freund und Feind. Erst nach dem Zweiten Weltkrieg erfährt die Kleidung bewusste Effizienzsteigerung durch kontextspezifisch designte Materialien und Formteile, die unter anderem Gewicht, Wetterbeständigkeit, Sichtbarkeit und Schutz einzelner Körperteile berücksichtigen.

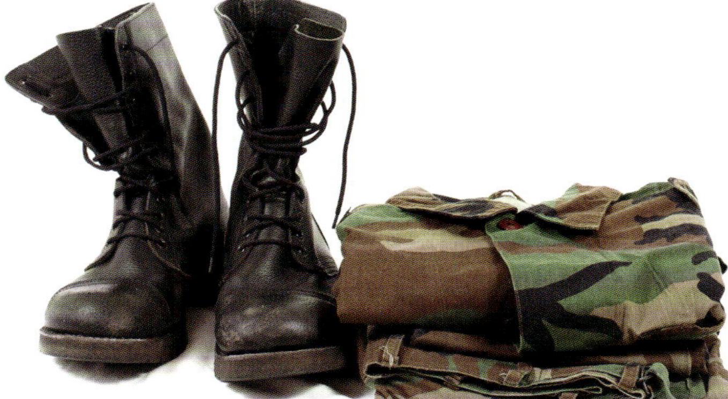

MILITÄRMUSEEN
(engl. „Military Museums")
MM gibt es seit dem 17./18. Jahrhundert. Sie zeigen Sammlungen von historischen Waffen, Ausrüstungen, Dokumenten und Illustrationen und dienen zum einen der Information über technologische Entwicklungen und Formen der Kriegsführung, zum anderen waren sie immer Gegenstand der Faszination und Unterhaltung.

OSTWÄRTS
Gegenteil von westlich. Im preußischen Militärwesen eingeführter verbindlicher Wortgebrauch zur Minimierung von Missverständnissen bei der Übermittlung von Ortsinformationen im Befehlsfluss aufgrund von Homophonien.

PISTOLE
(engl. „Pistol")
Kleine tragbare, selbstladende Schusswaffe; abgeleitet von tschech. *píšťala*, dt. „Rohr"; davor dt. „Fäustling". Erste P. sind im späten 14. Jahrhundert in Schweden nachweisbar, moderne P. mit auswechselbarem Patronenmagazin seit dem späten 19. Jahrhundert. Im Gegensatz zu den meisten P. verfügen Revolver über keine Sicherungsvorrichtungen, die Patronen befinden sich hier in einer rotierenden Trommel.

PKW LEICHT *(Golf)*
Meistverbreiteter Pkw in Deutschland, in der Tradition des VW-Kübelwagens („Käfer") stehend zur Wehrertüchtigung und räumlichen Flexibilität der Bevölkerung im militärischen Ernstfall. Laut *Handbuch Ausrüstung Bundeswehr* (1997) Teil der Kategorie „ungepanzerte Radfahrzeuge".

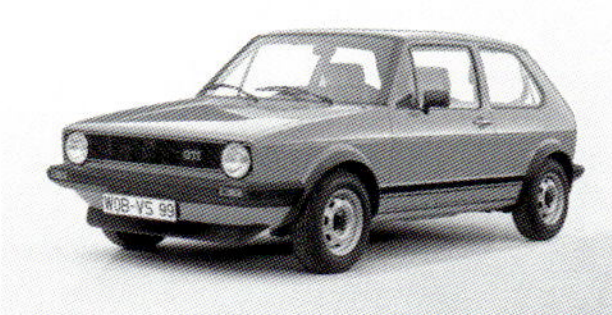

RIOT CONTROL
(dt. Eindämmung von Krawallen)
Fällt seit Mitte des 19. Jahrhunderts grundsätzlich in das Aufgabenfeld der Polizei (und nicht des Militärs). Zunächst unbewaffnet, werden seit den 1980er-Jahren von der deutschen Polizei vor allem nichttödliche Waffen wie Tränengas, Pfefferspray, Gummigeschosse und elektrische Taser zur Deeskalation von Gewalt eingesetzt. Im Spannungs- und Verteidigungsfall kann die Bundespolizei Amtshilfe leisten; im Ausnahmefall auch die Bundeswehr.

SALAMITAKTIK
Das kontinuierliche Aussprechen einer Angriffsdrohung, die durch wiederholte kleine Handlungen unterlaufen wird und so die Glaubwürdigkeit oder Position des Angreifers zermürben.

SNAFU
Akronym für „Situation Normal, All Fucked Up". Unsicheren Quellen zufolge geht dies auf Telegramme zwischen dem deutschen Heereshauptquartier mit dem K.u.K.-Generalstab im Ersten Weltkrieg zurück. Die Deutschen: „Unsere Lage ist ernst, aber nicht hoffnungslos." Die Österreicher: „Unsere Lage ist hoffnungslos, aber nicht ernst."

SPIELTHEORIE
Ein in den Wirtschaftswissenschaften breite Anwendung findendes Denkmodell, das davon ausgeht, dass Menschen jeweils nach dem für sie ökonomisch sinnvollsten Ziel streben und dabei vom analogen Handeln anderer ausgehen. Entwickelt im Zweiten Weltkrieg und ausdifferenziert im Kalten Krieg, tendiert die S. bis heute zu Binärmodellen (Freund/Feind) und begünstigt so unterkomplexe Denkweisen (Hans-Werner Sinn).

STACHELDRAHT
(engl. „Barbed Wire")
Wurde Mitte des 19. Jahrhunderts in den USA von Rinderzüchtern in Kleinkriegen um Weideland entwickelt. In Kombination mit dem Maschinengewehr wurde der S. erstmals strategisch entscheidend in den Grabenkriegen des Ersten Weltkriegs eingesetzt. Erst die Erfindung des Panzers trug zur wirksamen Überwindung durch den Menschen bei.

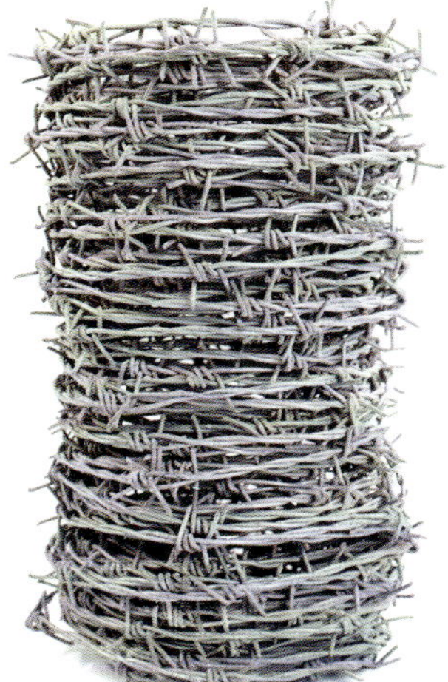

STEREO
Audiotechnik, die im Zweiten Weltkrieg als Ziel- und Ortungsverfahren perfektioniert wurde: Deutsche Bomberpiloten bekamen Kopfhörer, in der linken Muschel das Peilsignal von Calais, in der rechten das von Antwerpen. Wenn beide Signale als ein einziger, räumlicher Klang wahrgenommen wurden (Stereo), war das Ziel (London) erreicht und die Bomben konnten abgeworfen werden.

SURGICAL STRIKE
(dt. Chirurgischer Schlag)
„Krieg ist ein Vorschlaghammer, kein Skalpell" (anonym).

V1/V2
Von der NS-Propaganda 1944 eingeführte Bezeichnung (V = Vergeltung) für zwei Waffen, deren Innovativität den deutschen Sieg doch noch herbeiführen sollte. Während die V1 als Marschflugkörper bedingt fernsteuerbar und insofern ein Vorläufer der Lenkwaffenraketen war (Fire and Forget), war die bekanntere V2 eine ballistische Rakete, die sich nach Abschuss nicht mehr von außen steuern ließ. Sie gilt als unmittelbarer Vorläufer der Raumfahrttechnologie.

WELTVERNICHTUNGSMASCHINE
(engl. „Doomsday Machine")
Vorrichtung der USA für eine effiziente Lösung im Falle eines Atomkriegs. Verfügt über das Potenzial, die gesamte Erdbevölkerung auszulöschen, falls Sensoren Detonationen nuklearer Sprengköpfe auf dem Territorium der Vereinigten Staaten von Amerika registrieren.

BIBLIOGRAFIE

Julius Castner (Hg.), *Militär-Lexikon: Heerwesen und Marine aller Länder mit besonderer Berücksichtigung des Deutschen Reichs, Waffen und Festungswesen, Taktik und Verwaltung*, Leipzig 1882.
Vladimír Dolínek (Hg.), *Illustriertes Lexikon der Waffen im 1. und 2. Weltkrieg*, Utting 2000.
Richard Holmes (Hg.), *The Oxford Companion to Military History*, Oxford u. a. 2001.
Walter Lampel/Richard Mahrhold (Hg.), *Waffenlexikon*, München u. a. 1994.
Timothy J. Lynch (Hg.), *The Oxford Encyclopedia of American Military and Diplomatic History, Bd. 1–2*, Oxford u. a. 2013.
Hans-Joachim Rieb/Peter Többicke (Hg.), *Lexikon Innere Führung*, Regensburg 2003.
Jan Šach (Hg.), *Illustriertes Lexikon der Hieb- & Stichwaffen : [der Ratgeber für alle Liebhaber historischer Waffen]*, Erlangen 1999.
Achim Th. Schäfer (Hg.), *Lexikon biologischer und chemischer Kampfstoffe und der Erreger von Tier- und Pflanzenkrankheiten, die als Kampfstoff nutzbar sind*, Berlin 2003.
Harry Waldman (Hg.), *The Dictionary of SDI, Wilmington* (DE) 1988.

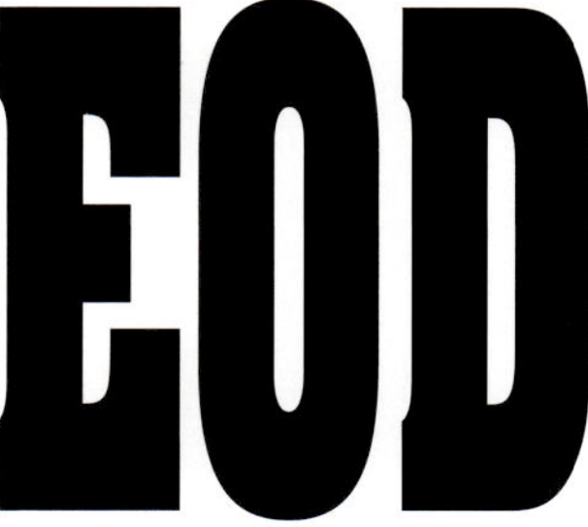

End of Discussion.

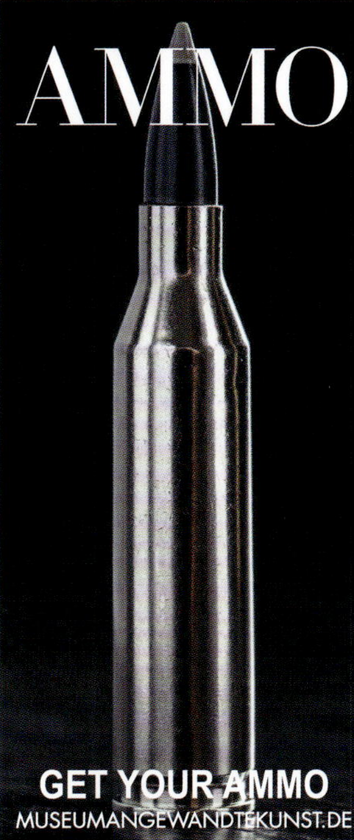

AMMO **IMPRINT/IMPRESSUM**

UNDER ARMS/ UNTER WAFFEN FIRE & FORGET 2

EXHIBITION/AUSSTELLUNG

DIRECTOR/DIREKTOR
Matthias Wagner K

VICE DIRECTOR/STELLVERTRETENDE DIREKTORIN
Grit Weber

IDEA, CONCEPT AND CURATORIAL DIRECTION/IDEE, KONZEPT UND KURATORISCHE GESAMTLEITUNG
Ellen Blumenstein, Daniel Tyradellis, Matthias Wagner K

CURATORIAL ASSISTANCE/KURATORISCHE ASSISTENZ
Juliane Duft, Anna Gien

SCENOGRAPHY/SZENOGRAFIE
Andreas Pinkow, Focus+Echo

ART DIRECTION, GRAPHIC DESIGN EXHIBITION/ARTDIREKTION, GRAFISCHE GESTALTUNG AUSSTELLUNG
Axel Pinkow, Dina Fluck

LENDERS/LEIHGEBER
Adidas, Herzogenaurach
Ala Younis, Amman
Alpha Industries, Chantilly, VA
Arratia Beer, Berlin
Assad Mounser, New York
Jack Bell Gallery, London
Eddie Borgo, New York
Hezi Cohen Gallery, Tel Aviv
Galleria Continua, San Gimignano
Dorothy, Manchester
Extranight, Gland
Raffaele Iannello, Milan/Mailand
Jeff Judd, Palm Springs, CA
Bernard Khoury, Beirut
Galerie Russi Klenner, Berlin
Alexander Levy, Berlin
MAK – Österreichisches Museum für angewandte Kunst/Gegenwartskunst, Vienna/Wien
MCM Worldwide, Seoul
Ives Maes, Antwerp/Antwerpen
The Majudia Collection, Montreal
Mawi, London
Rami Maymon, Tel Aviv
Galerie Meyer Riegger, Berlin
Antonio Murado, New York
Museum für Kunst und Gewerbe, Hamburg
Galerie Nagel Draxler, Berlin
Timo Nasseri, Berlin
Neozoon, Berlin
James Piatt, Los Angeles
Recon Company, Bad Salzgitter
Robbert&Frank Frank&Robbert, Ghent/Gent
Sadak, Berlin
Sammlung Peters-Messer, Viersen
Fannie Schiavoni, London
Seventeen Gallery, London
Sies + Höke, Düsseldorf
Galerie Sfeir-Semler, Hamburg/Beirut
Shin Seung Back and/und Kim Yong Hun, Seoul
Societé, Berlin
Sprüth Magers, Berlin/London
Stedelijk Museum 's-Hertogenbosch
Stiftelsen 3, 14, Bergen
Claudia and/und Kurt von Storch, Cologne/Köln
Andrea Succo, Milan/Mailand
Galeria Vermelho, São Paulo
Galerie Thomas Wild, Berlin
Peter Zizka, Frankfurt/Main/Berlin

EXHIBITION MANAGEMENT/AUSSTELLUNGSLEITUNG
David Beikirch

PROJECT COORDINATION/PROJEKTKOORDINATION
Sabine Huth

CREATE
Simone Bahr, Julia Baumgarten, Matthias Gegner

ATTENDANT PROGRAM/RAHMENPROGRAMM
Cluster of Excellence "The Formation of Normative Orders" at Goethe University Frankfurt/Main
Exzellenzcluster „Die Herausbildung normativer Ordnungen" an der Goethe-Universität Frankfurt am Main

COMMUNICATION/PRESSE- UND ÖFFENTLICHKEITS-ARBEIT
Dorothee Maas, Julia Ditsch, Julia Quedzuweit

COMMUNICATION DESIGN/KOMMUNIKATIONSDESIGN
Martin Hegel, Julia Ditsch

RESEARCH TRAINEE/WISSENSCHAFTLICHE VOLONTÄRIN
Leonie Wiegand

STUDENT EMPLOYEES/STUDENTISCHE MITARBEITER·INNEN
Antonia Goetz, Carina Bukuts

EXHIBITION INSTALLATION/AUSSTELLUNGSAUFBAU
Drechsler Medien, Moch Figuren, Nadine Auth, Stefan Beuttler, Marcel Bode, Tobias Cunz, Burkhard Dämmer, Jesko Haschke, Markus Herbert, Dirk Jacobs, Peter Otterbein, Saka Tunde Prince, Sarah Spichal, Kathrin Trost, Costa Tsobanidis, Markus Winkler

IMAGE, SOUND AND PROJECTION TECHNOLOGY/BILD-, TON- UND PROJEKTIONSTECHNIK
Eidotech, Satis&Fy

CONSERVATORS/RESTAURATION
Christian Dressen, Isabelle Kollig, Sabine Maurischat

ARCHIVE/ARCHIV
Ute Kunze, Sybille Münchenberg

REGISTRAR/REGISTRARIN
Isabelle Kollig

TRANSPORT
Hasenkamp Internationale Transporte Kunstpacker
Schenker Deutschland

DIRECTORATE ASSISTANT/DIREKTIONSASSISTENZ
Sandra Schwarz

ASSISTANCE/ASSISTENZ
Monika Wagener

ADMINISTRATION/VERWALTUNG
Natalie Graf-Schwab

TICKET OFFICE, INFORMATION/KASSE, INFORMATION
Adriana-Carmen Nemtanu

CARETAKER/HAUSMEISTER
Stanislav Yakushev

SECURITY AND SERVICE/SCHLIESSDIENST
Vojislav Nujkic, Iraj Hafiz

Stiftung Museum Angewandte Kunst gemeinnützige UG (a limited-liability company/haftungsbeschränkt)

PRESIDENT/PRÄSIDENTIN
Dr. Paula Macedo Weiß

ADVISORY BOARD/KURATORIUM
Gregor Ade, Dr. Andreas Dietzel, Heike Eichhorn, Prof. Dr. Rainer Forst, Prof. Dr. Klaus Günther, Peter Gatzemeier, Wilfried Kuehn, Ute Kunze, Bascha Mika, Klaus Mössle, Alex Oppermann, Dr. Claudia Orben, Sandra Paul, Till Schneider, Karin Thoma, Robert Volhard, Dr. Alexander von Boch, Elena von Metzler, Walther von Wietzlow

CHAIR/VORSITZENDER
Peter Zizka

VICE-CHAIR/STELLVERTRETENDE VORSITZENDE
Ulrike Berendson

FÖRDERNDE FIRMENMITGLIEDER/BUSINESS SPONSORS
B. Metzler seel. Sohn & Co. KGaA
Bögner Hensel & Partner Rechtsanwälte Notare Steuerberater
Clifford Chance Deutschland LLP
Dr. Marschner Stiftung
Ernst & Young GmbH Wirtschaftsprüfungsgesellschaft
Exitecture Architekten
Formfellows Kommunikations Design
IQ Steuerberatungsgesellschaft mbH

FÖRDERMITGLIEDER/SPONSORING MEMBERS
Sandra Doeller und Gabi Schirrmacher, Dr. Heiko Jäkel, Rebecca Schmidt, Dr. Daniel Weiß

ACKNOWLEDGMENTS/DANK

The curatorial team would like to thank all of the artists, designers, lenders and organizers for their participation in—and commitment to—this exhibition. We'd also like to thank the project teams in Frankfurt and Berlin, together with all of the involved at Museum Angewandte Kunst. Finally, we thank the people of Frankfurt who participated in our „streetstyle" project, and all of the people and institutions without whom this exhibition would not have been possible.

We are grateful as well to the German Cultural Foundation, specifically Hortensia Völckers and Alexander Farenholtz, and, representing all of the decision-makers at the City of Frankfurt/Main, Deputy Mayor in Charge of Cultural Affairs Dr. Ina Hartwig and Carolina Romahn as Head of the Department for Culture, for the substantial support provided. Thanks also to our cooperation partner, Cluster of Excellence "The Formation of Normative Orders" at Goethe University Frankfurt/Main, for the conceptual design of the attendant academic program.

Das kuratorische Team dankt allen KünstlerInnen, DesignerInnen, LeihgeberInnen und GestalterInnen für die Teilnahme und für ihr Engagement. Wir möchten uns außerdem bei den Projektteams in Frankfurt am Main und Berlin sowie auch bei allen beteiligten MitarbeiterInnen des Museum Angewandte Kunst bedanken. Nicht zuletzt gilt unser Dank auch den FrankfurterInnen, die bei unserer Streetstyle-Aktion mitgemacht haben, und allen Personen und Institutionen, ohne die diese Ausstellung nicht möglich gewesen wäre.

Darüber hinaus gilt unser Dank der Kulturstiftung des Bundes, namentlich Hortensia Völckers und Alexander Farenholtz, sowie stellvertretend für alle Entscheidungsträger der Stadt Frankfurt am Main der Kulturdezernentin Dr. Ina Hartwig und der Leiterin des Kulturamtes Carolina Romahn für die substanzielle Unterstützung. Unserem Kooperationspartner, dem Exzellenzcluster „Die Herausbildung normativer Ordnungen" an der Goethe-Universität Frankfurt am Main, danken wir für die Konzeption des wissenschaftlichen Begleitprogramms.

We especially thank: / Wir danken besonders:
Matthias Böttger, Julija Polchovskaja at/bei Blackbird Berlin, James Bridle, Brogamats, Jennifer Chaput, Maurin Dietrich, Sophie Drewett, Veronique Franzen, Benjamin Franzki, Jean Freyeisen, Marcos Gallon, Philipp Gegner, Florian Gemmrich and/und Joséphine Paetsch at/bei Häberlein & Mauerer, Marina Hoermanseder, Miki Gov, Monika Grzymislawska, Laura Holzberg, Mario Hombeuel, Gabriele Horn, Dave Hoyland, Russi Klenner, Tom Król, Anja Jahn, Jeff Judd, Julia Köhler, Ludmilla Lencsés, Alexander Levy, Danielle Makhoul, Eva Marx, Thomas Matyk, Nina Mende, Renaud Michelon, Dr. Josef Moch, Timo Nasseri, Andrea Panconesi, Florian Peters-Messer, Sira Pizà, Recon Company, Jan Sauerwald, Andreas Schleicher-Lange, Anke Schleper, Holger Siegel, Ana Siler, Henriette Sölter, Claudia von Storch, Pierre und Anne-Marie Trahan, Anja Trudel, Daniel Wichelhaus, Marius Wilms, Amir Yatziv, Adela Yawitz, Constanza Zähringer and/und Peter Zizka

A Museum of the City of/Ein Museum der Stadt Frankfurt am Main

museum**angewandtekunst**

FUNDED BY THE/GEFÖRDERT DURCH DIE
German Federal Cultural Foundation/

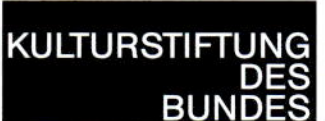

COOPERATION PARTNER/KOOPERATIONSPARTNER
Cluster of Excellence "The Formation of Normative Orders" at Goethe University Frankfurt/Main

NORMATIVE ORDERS
Exzellenzcluster an der Goethe-Universität Frankfurt am Main

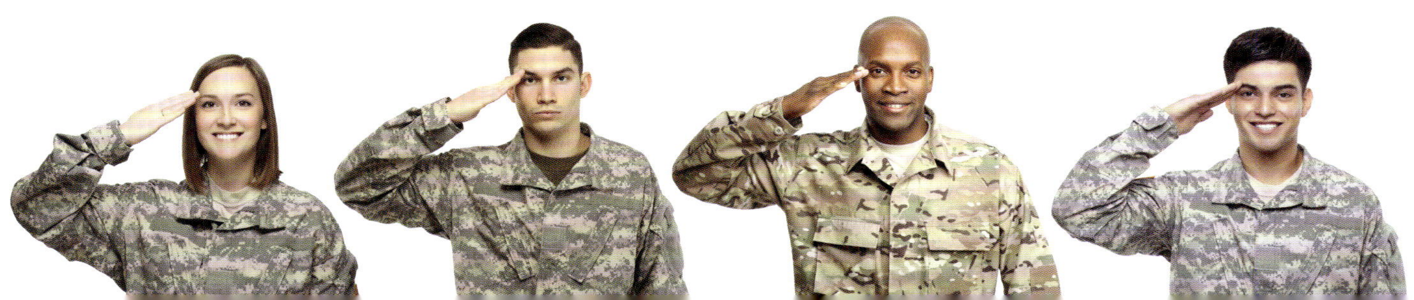

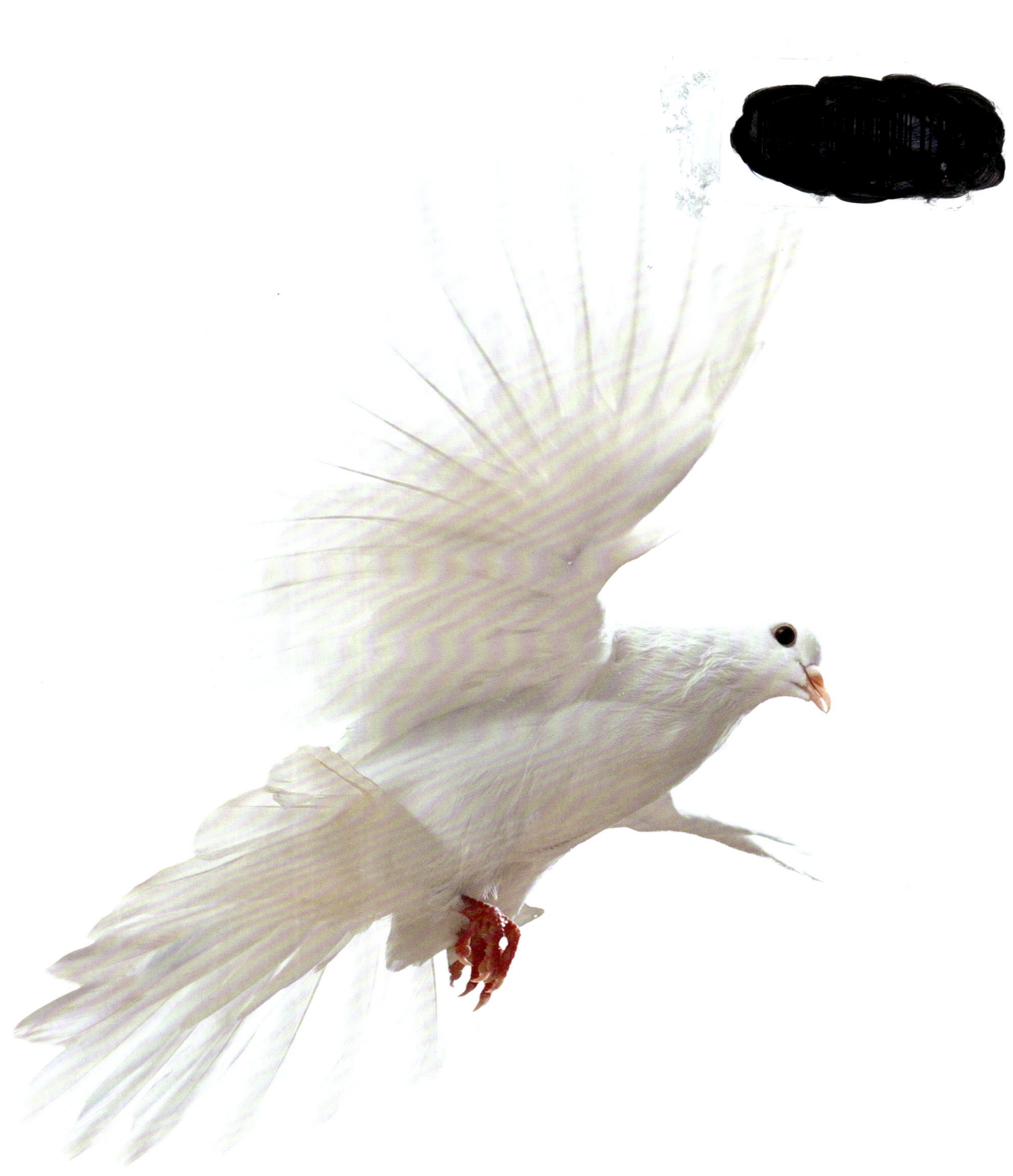

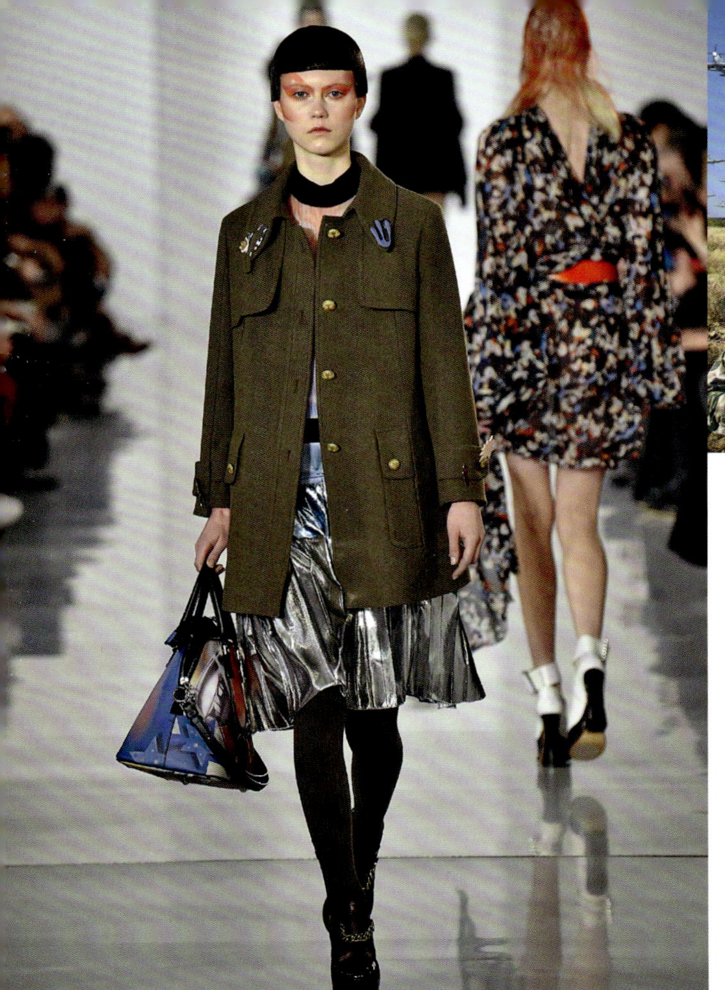

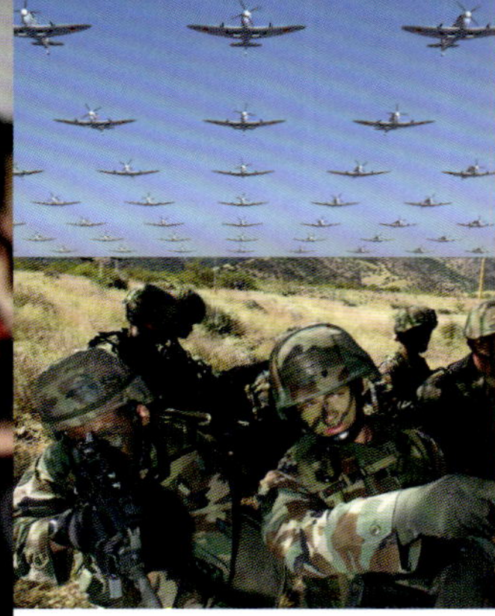

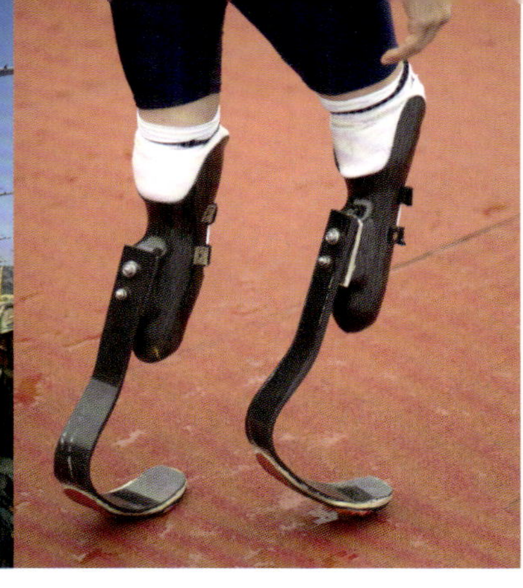

EDITORIAL

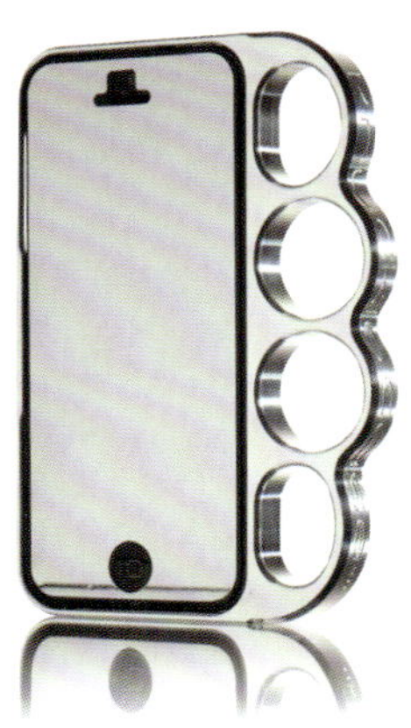

Powerful communication: *Knucklecase* (for iPhone 5) by Pancho Soekoro & David Rosenberg NYC (2013). Photo by Soeberg LLC.

DEAR READERS:

Art and arms—do the two go together? That was the question posed in 2015 by the exhibition, *Fire and Forget. On Violence* at KW Institute for Contemporary Art, in Berlin. The project *Under Arms. Fire & Forget 2* at the Museum Angewandte Kunst in Frankfurt/Main puts the question in even more pointed form by delving into the ambivalent fascination with weapons and the aesthetics of military force, not only in contemporary art but in our daily lives as well. Spread over 1,200 square meters, the exhibition follows the traces that these leave behind, in fashion, design, and everyday culture.

In an architecture that oscillates between an art fair and a gun fair, weapons are visualized as objects in which the hidden fears and desires of a society are condensed. They convey power, violence, and superiority while at the same time reminding of pain and death. Their insignias and attributes belong to the affective formal vocabulary of martial propaganda but also to the vocabulary of artists, fashion designers, and jewellery manufacturers. Their provocations are always calculated and play with the ambivalence of human emotions—between lust and malice.

The magazine you are now holding broaches the same question from a journalistic point of view: What correlations exists between weaponry, violence, and culture, and how do the various areas of society contribute towards a nurturing of the violence that exists? Borrowing the English abbreviation for "ammunition," we have entitled this publication *AMMO*. We want to outfit you and fire you up, both emotionally and intellectually; in equal measure, we would like to "hit" and equip you with background material for future discussions.

In this issue of *AMMO*, you will be presented with art, advertising, design, and fashion in a very wide array of forms. In texts by our renowned guest authors, Olaf Arndt, Richard Brem, Klaus Günther, Andreas Hofbauer, and Barbara Vinken, you will learn new things about non-lethal weapons, camouflage, the justification of self-defence—and what makes military references so popular in fashion.

We want to thank the German Federal Cultural Foundation, which has generously supported this project; the Cluster of Excellence, "The Formation of Normative Orders," at Goethe University in Frankfurt/Main, where humanities and social sciences researchers provided important input for the exhibition, attendant program, and publication; as well as all of the artists and lenders represented in the exhibition. The exhibition and this magazine would not have been possible without them.

We wish you much enjoyment—and strong nerves!
Your Editorial Team

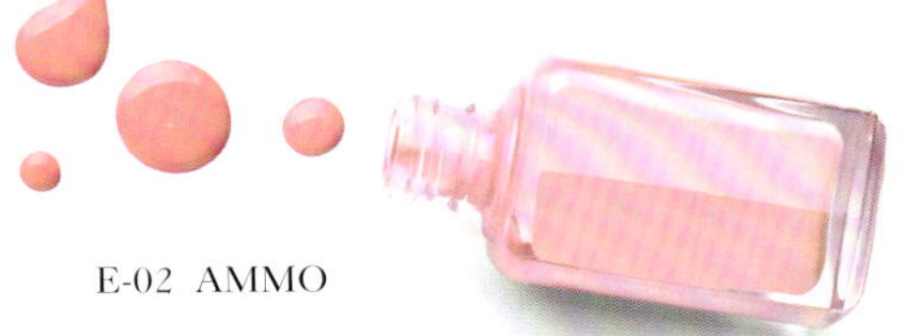

AMMO ANGLAIS

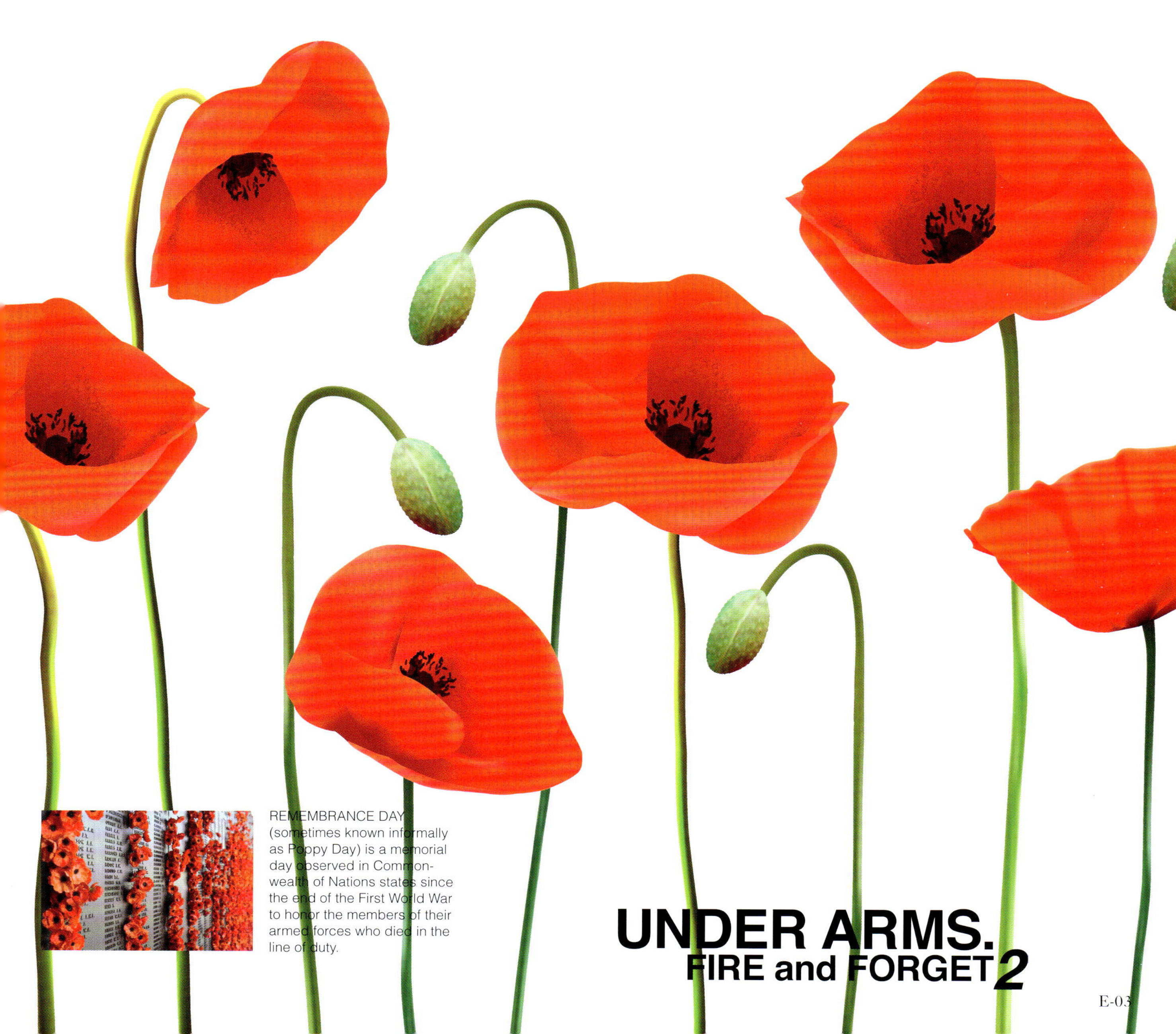

AMMO

PREFACE

"I know not with what weapons World War III will be fought, but World War IV will be fought with sticks and stones," Albert Einstein is quoted as saying. What does it mean if we occupy ourselves with weapons, their fascination, and their horrors—today, in a museum, specifically the Museum Angewandte Kunst in Frankfurt/Main? No one will deny that the wars fought now and in the future are and will be fought with the aid of high-tech tools. Compared to these tools, physical objects such as rifles and pistols seem almost antiquated, if not nostalgic. Retro. Vintage. If design and fashion can turn them into objects of aesthetic desire, does this mean they have lost their ability to horrify? On the other hand, one could say the term "weapon" has become a metaphor; in a high-tech war, all sorts of things can become weapons. The weapon, once an object, is now a system. Then again, murderous conflicts seem to be growing more archaic in areas in which acts of warfare assimilate to acts of terrorism. The machete, the sword, the human being (as suicide bomber). These, too, are homicidal trappings of the modern world.

Compared to an exhibition in a military museum, the exhibition *Under Arms. Fire & Forget 2* has the major advantage of offering a terrifying revelation of the ways in which the military and the everyday permeate one another. How much habituation and deadening, how much preparation or mental adjustment exist in the day-to-day (war)game in the media, in advertising, on the internet, in desire; what role do art and aesthetics play in this? Fifty years on, and faced with omnipresent images of killings and the killed, "L'uomo dell'armonica," the eerie music from *Once Upon a Time in the West*, comes across as soothing classical music taken from a bygone era and now released for a transfiguration. The threat of arms has long since taken on another quality. Not least because weapons have become everyday objects or collector's items, objects of the easily fulfilled desires of one and all.

The exhibition *Under Arms. Fire & Forget 2* sees itself as a sequel to the Berlin exhibition *Fire and Forget. On Violence*, curated by Ellen Blumenstein and Daniel Tyradellis; both exhibitions are supported by the German Federal Cultural Foundation. We want to thank Matthias Wagner K for his enthusiasm for this controversial subject, and for hosting this sequel exhibition in his museum. We are convinced that presenting it in this place and with this curatorial approach will reach new audiences.

HORTENSIA VÖLCKERS, ALEXANDER FARENHOLTZ
Executive Board, Federal Cultural Foundation

People around the world are hooked: Camouflage is a top trend.

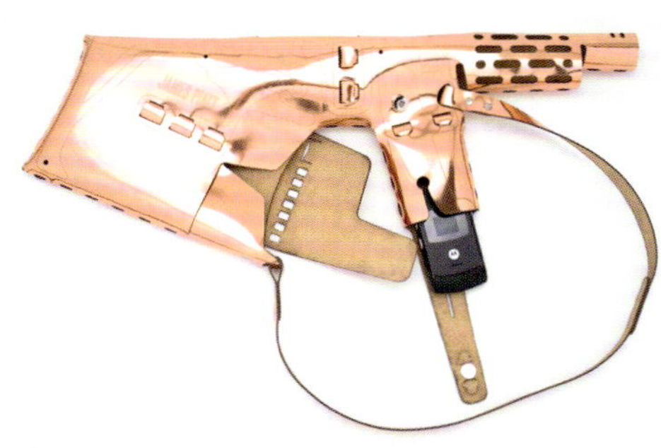

PURSUADER BY JAMES PIATT (2007). PHOTO BY JAMES PIATT.

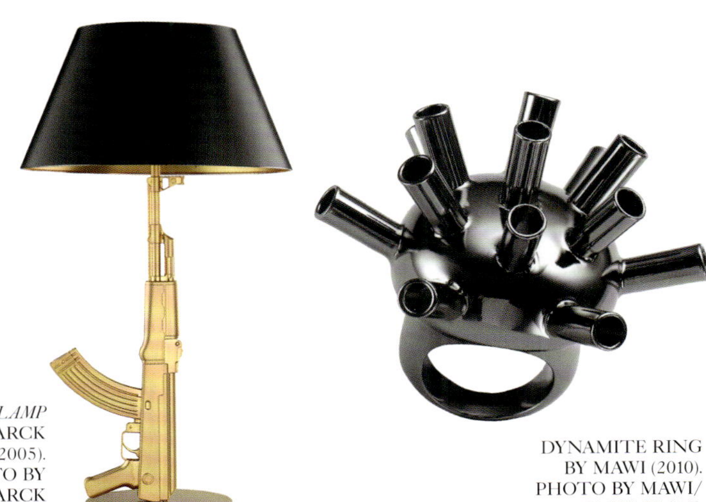

MEDIUM GUN LAMP BY PHILIPPE STARCK FOR FLOS (2005). PHOTO BY PHILIPPE STARCK NETWORK/FLOS.

DYNAMITE RING BY MAWI (2010). PHOTO BY MAWI/ OMER KNAZ.

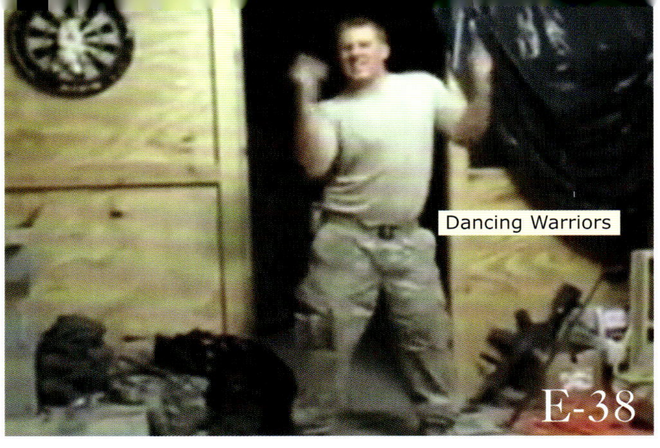

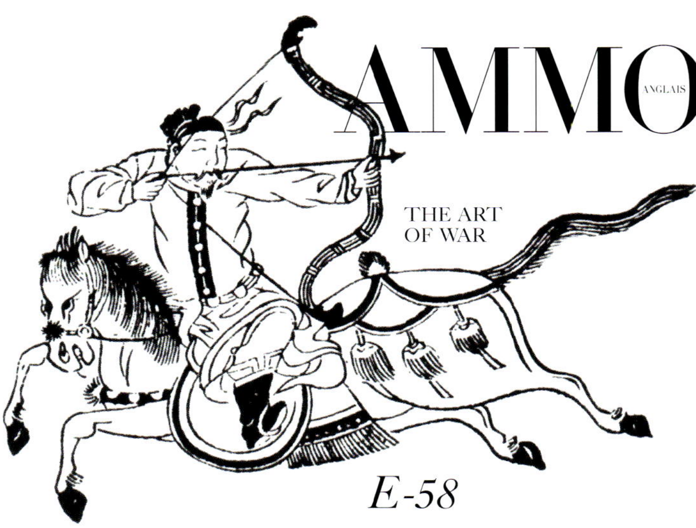

E-58

CONTENT

E-45
WEAPONS WANT TO BE FREE

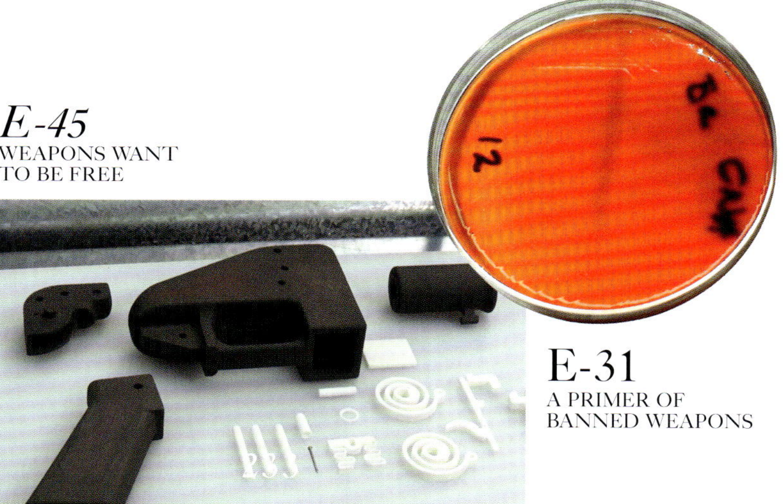

E-31
A PRIMER OF BANNED WEAPONS

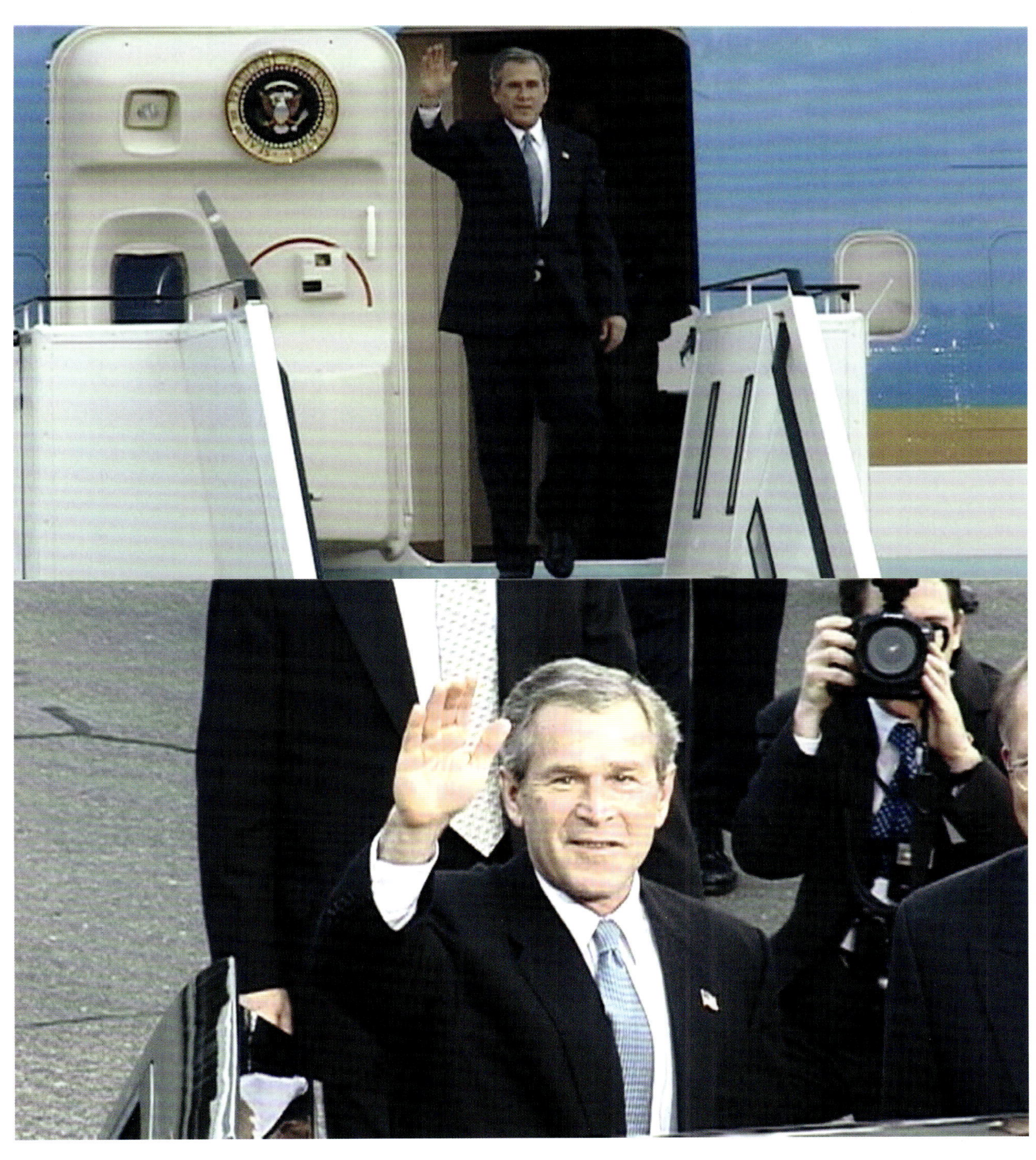

Korpys Löffler
The Nuclear Football (2004)
video, color, sound (video stills).

AMMO

IMPRINT
AMMO is published on the occasion of the exhibition *Unter Waffen. Fire & Forget 2*
Museum Angewandte Kunst, Frankfurt/Main, 10.09.2016 – 26.03.2017

Editors ELLEN BLUMENSTEIN,
DANIEL TYRADELLIS, MATTHIAS WAGNER K

Creative Director & Design
TIMM HÄNEKE

Managing Editor ANNA GIEN

Authors
OLAF ARNDT
ELLEN BLUMENSTEIN
RICHARD BREM
JULIANE DUFT
ANNA GIEN
KLAUS GÜNTHER
ANDREAS L. HOFBAUER
MAHRET KUPKA
DANIEL TYRADELLIS
MATTHIAS WAGNER K
BARBARA VINKEN

Copy-Editing LUTZ STIRL (DE),
ANNA-SOPHIE SPRINGER (EN)

Translation STEVE BRITT

The editorial staff has made every effort to research the copyright holders and obtain image rights. For sources not noted, you are kindly requested to contact the Museum Angewandte Kunst, Frankfurt/Main.

Production Management
DISTANZ Verlag, Sonja Bahr

Production
optimal media GmbH,
Röbel/Müritz

Distribution
Gestalten, Berlin
www.gestalten.com
sales@gestalten.com

ISBN 978-3-95476-173-9
Printed in Germany

Published by
DISTANZ Verlag
www.distanz.de

Bibliographic information of the German National Library:
The German National Library lists this publication in the German National Bibliography;
detailed bibliographic data are available online at http://dnb.d-nb.de.

IMAGE REGISTER

E-01: Dove: Irina Tischenko/Shutterstock.com. E-02: Model: Victor Virgile/Gamma-Rapho via Getty images.;Plane formation: Eugene Sergeev/Shutterstock.com; Oscar Pistorius: Nick Webb/Flickr.com; Soldiers: US Air Force/Wikimedia Commons; nailpolish: Picsfive/Shutterstock.com. E-03: Red poppies: ecco/Shutterstock.com; memorial: Pixabay.com. E-04: Chiaochu/ig: chiao_chiao1414 E-05: Dancing soldier: Jason Cooper/Dailymotion.com; archer drawing: Unknown/Wikimedia Commons; anthrax: Pete Seidel, Amanda Moore, MT, Todd Parker, Ph.D., Audra Marsh, USCDCP; Liberator gun: Justin Pickard/Flickr.com. E-07: Explosion: PrismTheDragon/Wikimedia Commons. E-08: Man with gun: weerapon/Shutterstock.com. E-10: Woman with headset/Pixabay.com; Hedy Lamarr: Employee(s) of Lion-Eagle Films/Wikimedia Commons. E-11: Fighters: bibiphoto/Shutterstock.com. E-12: Nine/dappei.com/user/devil66683; Soldiers: US Air Force/Wikimedia Commons; camo top: Picksell/Shutterstock.com; camo bottom:Thimbleweed/Wikimedia Commons; patrol Boat: Matt/Flickr.com. E-13/15/16: Camel/Pixabay.com. E-14: B2 Bomber: Onetwo/Wikimedia Commons. E-20: Tank: Alex C. Sauceda, U.S. Marine Corps/navy.mil; Oscar Pistorius: Nick Webb/Flickr.com; joints: Wapcaplet, Kneiphof/Wikimedia Commons; soldier: Straight 8 Photography/Shutterstock.com. E-25/27: dog/Pixabay.com. E-28: Delphi: Santi Rodriguez/Shutterstock.com; dice: Martial Red/Shutterstock.com. E-29: Gun: Ch.Olena/Shutterstock.com. E-31: Napalm explosion: Air Force, Camera Operator: SSGT CARL S. MCGILL/Wikimedia Commons; napalm boat: US Navy/Wikimedia Commons; nagasaki bomb: Charles Levy/archives.gov, Wikimedia Commons; chlorine solution: Iridos/Wikimedia Commons; anthrax: Pete Seidel, Amanda Moore, MT, Todd Parker, Ph.D., Audra Marsh, USCDCP. E-32: Dazzler: KATERINE NOLL/US Navy/Wikimedia Commons; agent orange: Originally from US Army Operations in Vietnam R.W. Trewyn, Ph.D. , (11) Huey Defoliation National Archives: 111-CC-59948, originally found in Box 1 Folder 9 of Admiral Elmo R. Zumwalt, Jr. Collection: Agent Orange Subject Files. E-33: US nuclear weapon's test Ivy Mike, the first test of a thermonuclear weapon (hydrogen bomb): US Goverment/Wikimedia Commons; turbine of a small caliber cluster bomb: Richard Peter/Deutsche Fotothek/Wikimedia Commons. E-37: Girl: DK samco/Shutterstock.com. E-38: Video stills: Eduardo Torres Cuevas/Call me maybe; US soldiers in Afghanistan: YouTube.com. E-39: Soldier: Program Executive Office Soldier/Flickr.com. E-40/43: Video stills of IS Propaganda Material. E-41/42: Tesem Couple/Wikimedia Commons. E-44: Spiderweb: Nasa. E-45/46 Dog: Pixabay. E-45: Liberator gun: Justin Pickard/Flickr.com. E-50: Trojan Horse/Pixabay; paratrooper dummy: Pajx/Wikimedia Commons. E-53: Explosion test: US Department of Energy/Wikimedia Commons; soldier: Igor Kireev/Shutterstock.com. E-55/56: Lion/freestockphotos.biz. E-59: Sun Tzu: Wikimedia Commons; writings: Sun Tzu/Wikimedia Commons; Lieutenant Colonel Thomas Edward Lawrence/Lowell Thomas. "With Lawrence in Arabia"/Wikimedia Commons; woman: wizdata1/Shutterstock.com. E-60: Woman: aslysun/Shutterstock.com; soldier: US Federal Government/Wikimedia Commons. E-61: Twister tower water slide at Sonnentherme (video still): AmusementForce/YouTube.com. E-62: Chia seeds: Diana Taliun/Shutterstock.com; passion fruit: matin/Shutterstock.com; chocolate curls: M. Unal Ozmen/Shutterstock.com; eighth parts of chocolate: fimpelman/Wikimedia Commons. E-63: Texas fort tank/Publicdomainpictures.net; yoga: doodko/Shutterstock.com; dove: Bundesarchiv Bild/Wikimedia Commons. E-64: Nerf gun: JKDesigns/Wikimedia Commons; boy: S-F/Shutterstock.com. E-67: Taser: ChameleonsEye/Shutterstock.com; advanced M26 TASER Stun Pistol: US Military/Wikimedia Commons. E-69: Advert: Master Sgt. Lance Cheung/US Federal Government/ Wikimedia Commons. E-70: Bullet Cuff by Eddie Borgo (2011). Photo by Eddie Borgo; tank: Gary Blakeley/Shutterstock.com. E-71: Uniform: GeniusKP/Shutterstock.com; riot patrol: markiss/Shutterstock.com; V-2 Chron-Paul/Wikimedia Commons; holster: ARTYuSTUDIO/Shutterstock.com. E-72: Ammunition: Vadim Georgiev/Shutterstock.com.

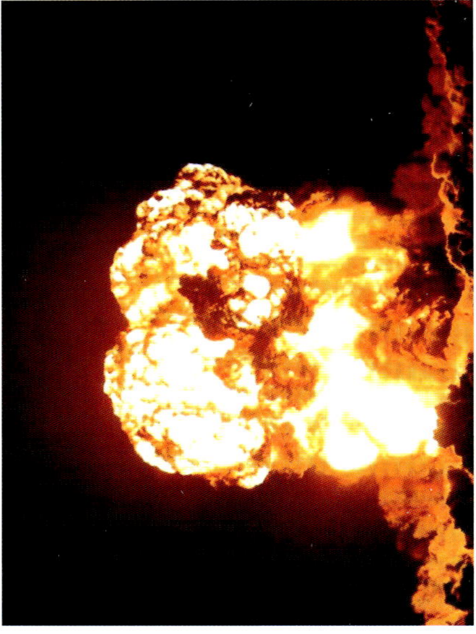

FIRESTARTER *KICKSTART into* AMMO.

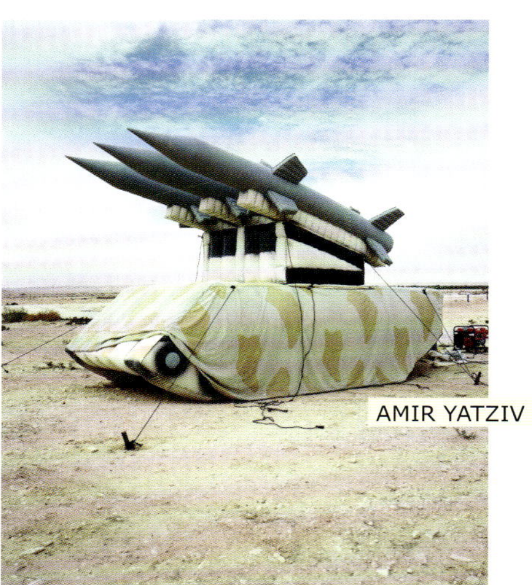
AMIR YATZIV

THE ART OF DECEPTION

Are you familiar with the term "cannon fodder"?—That's the word used most notably in the *First World War* to describe soldiers whose own commanders sent them into battle to die in the service of strategic interests. Tens of thousands died on the *Western Front* in France and Belgium alone, a battle theater that for years was maintained for the sole purpose of wearing down the opponent. Another tactic, one perfected in the *Second World War*, seems less barbaric: Dummy weapons were used to simulate units of troops...

Read the entire piece on E-50

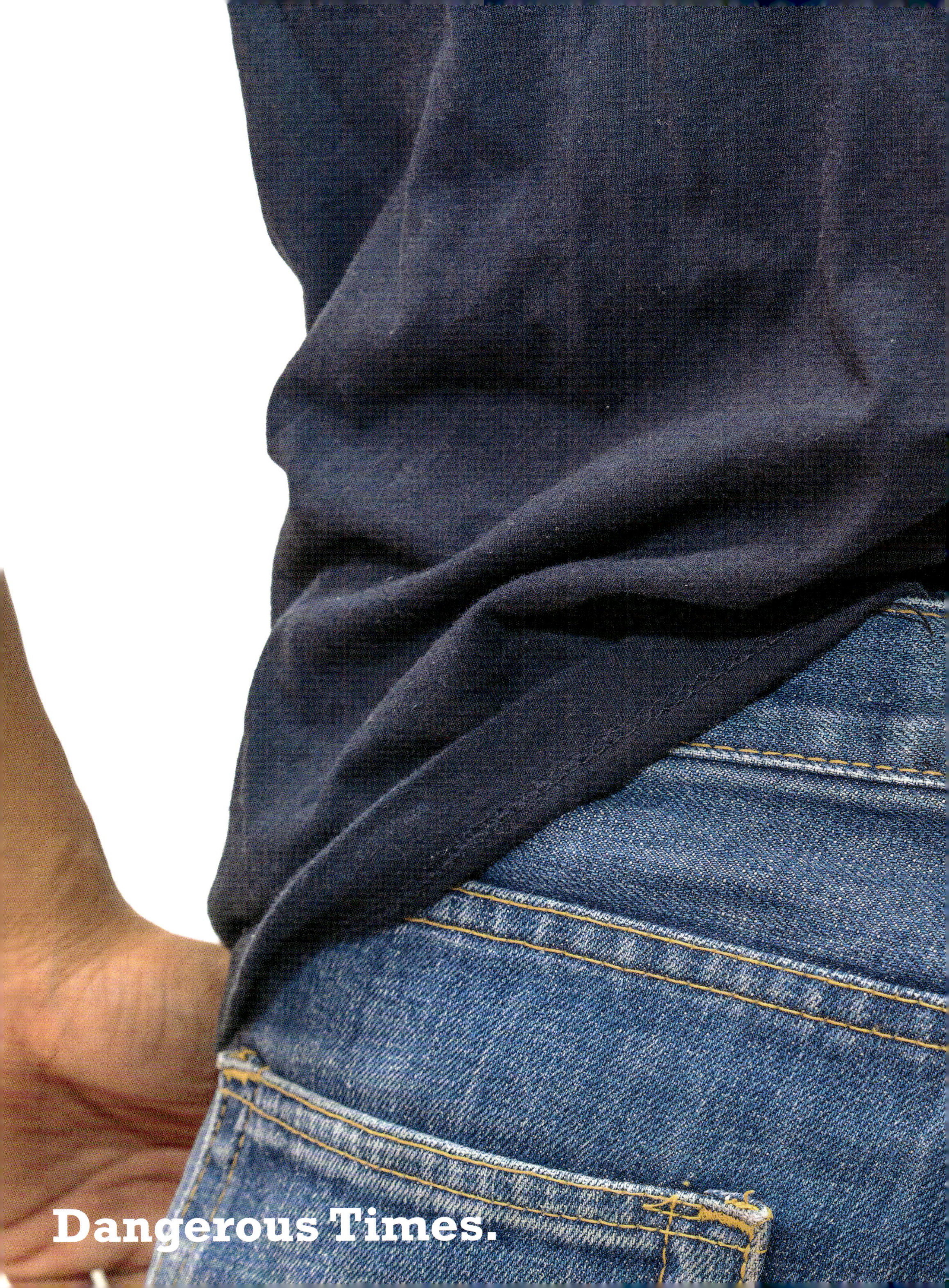
Dangerous Times.

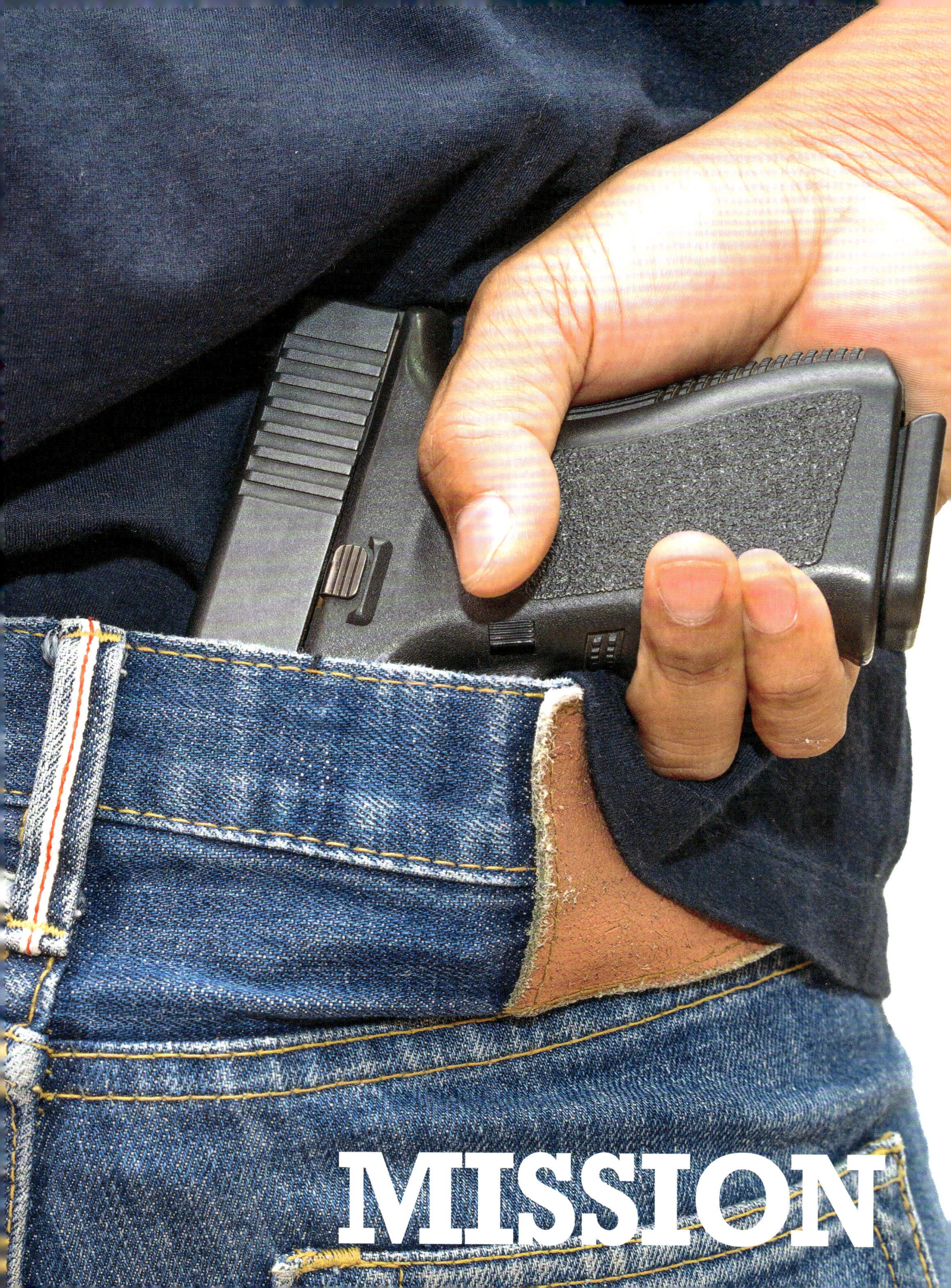
MISSION

THE FEMALE ANIMAL

By ANDREAS L. HOFBAUER

Hedwig Eva Maria Kiesler—never heard of her? Then how about a few keywords: First silver-screen orgasm for cinema-goers. Ecstasy and me—an alleged autobiography full of erotic escapades that no lawsuit can eliminate. Box-office dynamite, Hollywood diva, most beautiful woman in the world, Viennese native, zodiac sign: Scorpio. Hailed, dropped, forgotten. Posthumously, though, to mark her 101st birthday, a doodle from Google for: HEDY LAMARR (1914–2000)

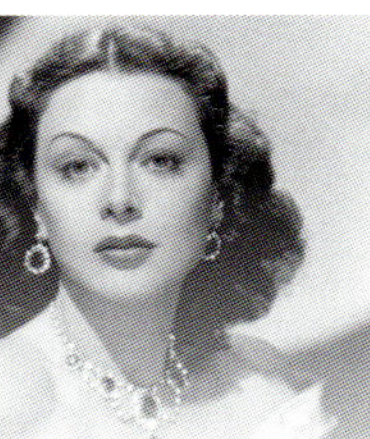

Film diva and inventress: Hedy Lamarr's radio guidance system for Allied torpedoes from WW II is the basis for modern Wi-Fi, CDMA, and Bluetooth technology.

In her 85th year, in 1999, film diva Hedy Lamarr, who for decades had lived a very reclusive life, offered a brief Q&A to *Vanity Fair* magazine. Journalistic interest revolved not around her former fame in film, but around the international press echo for the honors bestowed upon her just a short time before for her US patent no. 2,292,387, which had been confirmed in 1942. Asked about the kind of being as which she would like to return after her death, she responded: as an owl.

When the very young Hedwig Kiesler left Austria and her first husband, Fritz Mandl–the wealthy and influential chairman of arms manufacturer Hirtenberger Patronen-Fabrik, a man with close ties to Mussolini and the big names in Austro-fascism–headed towards London in cloak-and-dagger style, she took all of her jewellery along with her as a war chest. And probably a few memories of intercepted conversations between her husband and the buyers of his merchandise. From there she quickly sailed to California, where the dark-haired beauty immediately exuded the exotic charm of a Babylonian princess. As the fascists prepared Europe for a major war, Lamarr began to grow more and more concerned for her relatives in the distant homeland. Originally from a secular Jewish family, she was not just personally abhorred by what was going on there but had always been a staunch anti-fascist. Once Roosevelt no longer blocked the United States' entry to the war following the attack by the Japanese, she, too, sought a way to become active. Before long, she sought more than the tireless promotion of war bonds and dancing in the *Hollywood Canteen*, where G.I. Joe can drink for free and flirt with the stars who give him autographs and kisses to encourage him on his way to the battlefields.

HEDY LAMARRS Invention disappears for 50 Years in the safe of the **US-ARMY**

Ultra-short wave, short FM, controls the mobile weapons systems of the Second World War: tanks, airplanes, submarines and, from 1944, some of the guided missiles from Peenemünde. The unprecedented efficiency of attack rests in this technology that connects transmitters and receivers on various frequencies. Decryption, interception, and jamming become crucial strategic conditions. The American vessels constantly shipping reinforcements to Europe are easy prey for the German U-boats; they are easy to locate.

That's when Lamarr met George Antheil, an avant-garde composer who since 1927 had been unsuccessfully trying to synchronize sixteen player pianos in the effort to elevate his "Ballet Mécanique" to a new level. The two joined forces and developed an encrypted system for torpedo guidance. A guidance system such as this that runs on just a single frequency is easy to disrupt. This called for "leaps" between frequencies, something which was made possible through paper punch cards synchronizing sender and receiver using identically patterned punch cards. This marked the invention of *frequency hopping* or the *spread spectrum*; with Antheil and Lamarr, it spanned 88 frequencies, the same number of keys on a piano. This is a condensed form of the history of fascination with transmission as remote control: moving something here to make something happen there. Not only could U-boats now be sunk *en masse*, but in retrospect, as music theorist and philosopher Hans Georg Nicklaus notes, the invention made it clear how piano, typewriter, and computer interrelate in the context of the history of war.

Antheil went to Washington seeking to offer the invention to those who were considered to know how to put it to meaningful use. But although Antheil and Lamarr presented their patented invention to the US Army for free, the officials in charge there were not ready to place their trust in a ragtag composer and an Austrian-born actress.

Thus, their patent squirreled away in the vault of secrecy and would be deployed only in later wars. And when new, civilian patents on mobile-phone technology were filed in the 1990s, they referred back to the previous patent from 1942. The rest is history: CDMA, Wi-Fi, Bluetooth, everyone on their smartphones at the same time on the crowded subway. All of this owes to the stroke of genius by these two inventors. Georges Antheil was already dead, and Hedy Lamarr acknowledged the awards for technical innovation to the telephone with a dry "It was about time," but she no longer left her apartment for the various celebrations. She looked back on a strange fate, one she likely shared with many other women who are not only very beautiful but very intelligent as well. And the part about security from eavesdropping... well, that's another chapter.

A well-informed book published in 2011 and worth reading, by Edoardo Segantini and Giovanni Pau, is entitled *Hedy Lamarr, la donna gatto*. But that is incorrect. Even if the comic book character created by Bob Kane, *Catwoman*, unmistakably bears the traits of Hedy Lamarr, the true *donna gatto* was Marlene Dietrich as Austrian spy, composer, and cryptographer X 27 in Josef von Sternberg's *Dishonored* (1931). Lamarr is an owl whose flight begins, as everyone knows, once twilight falls.

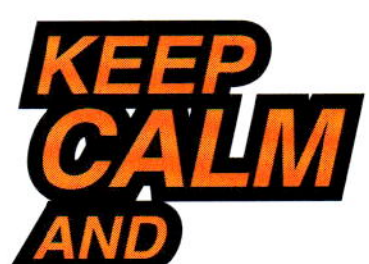

KRAV MAGA

"NO COMPROMISES!" ERIK'S steel-blue eyes sternly scanned me and the other course participants. Barefoot, we were standing rank and file on the mat-covered floor of the KRAV MAGA DEPARTMENT in Berlin-Kreuzberg. "In the harsh reality out there, you yourself have to become a weapon."

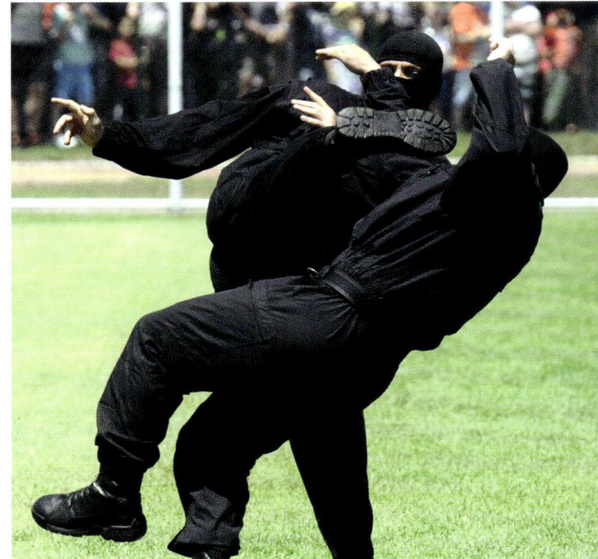

KRAV MAGA: The "threat neutralization" technique of Mossad and IDF can be learned today in fitness studios around the globe.

BE SMART. DON'T BE A VICTIM

Krav Maga (Heb. עגמ ברק "contact fighting") is a system of self-defence developed for the Israel Defense Forces. It is based on instinctive reactions and characterized by simple techniques. What sets Krav Maga apart from other combatant sports such as the martial arts or Taekwondo, is its self-conception. Krav Maga does not consider itself a sport. It does not involve a competition but rather effective self-defence in the event of an emergency on the street. Not everything is allowed, but a lot is. The aim is to identify dangers at an early stage "in our everyday lives, which are always marked by violence," and to sharpen reactions overall. That can never hurt.

Given my somewhat pitiful experience with karate as a teenager, which lasted just five months, a gentler introduction to the art of Krav Maga seemed sensible to me. That's why I registered for a self-defence course especially for women. In the "real" seminars, High Impact or Take Down and Take Control, there are no floor mats, for instance, and bruises are inevitable. But you get the point: the rougher and more strenuous the training, the more effective the result. That probably also explains why outdoor training in "realistic" settings are very popular: abandoned bunkers or even airplanes are used to rehearse wartime situations and to learn to disarm terrorists in natural surroundings.

TRAIN HARD FIGHT EASY

The trend for this Israeli fighting technique came to Germany around ten years ago. Like so many things it arrived by way of the US, where it is offered for police and military training and as a fitness program for private individuals. The market leaders, Krav Maga Global and Krav Maga System, with branches in Berlin, Hamburg, Munich, and Frankfurt, are constantly expanding. Their motto: "We make everyone a fighter." The seminar I had booked, began with a simple exercise: screaming at the top of our lungs. An instinct we have lost in the course of modern socialization, Erik pointed out. We alternated in the role of the "perpetrator," shouting at one another and force each other, with quickly reddening, sweaty faces—from one end of the hall to the other, over and over again, until a primeval roar permeated the entire space.

BE PREPARED FOR EVERY SITUATION

After barely catching our breath the next exercise was the kind of situation that might befall us at any moment in everyday life, as Erik explained to us. He grabbed Mareike, who was standing next to me. Although a beginner, she is less delicate, and with brass knuckles tattooed on the back of her hand. She was certainly combat-hungrier than I. Together, they staged a danger scene: Mareike was to grab Erik by the throat. Determined, she stormed forward and grabbed him. What followed was an amazing succession of targeted lever movements by the instructor's sinewy limbs, breaking her grip faster than she could apply it, and then tossing her to the floor like a rubber doll. He routinely showed us the pressure points, the spots on the human body that work like buttons rendering the opponent powerless. Then it was our turn. In teams of two, we tried to execute the sequence of moves that, it turned out, weren't so intuitive after all. We repeated them for what felt like a thousand times until the moves became almost automatic. That's good, because: "Under stress, there's no time to think!" Makes sense. So proper training also includes so-called stress drills, situations that put fighters under added pressure and make the adrenaline skyrocket to maximum levels. Erik turned on the CD player. Deafeningly loud techno music shot at us from the speakers. He gave me an encouraging nod. My turn.

TRAIN AS LONG AS YOU CAN. NEVER GIVE UP

While the others simulated a noisy, restless crowd, my assignment was to fight off my assailant, who was standing behind me and holding a black rubber knife to my throat. The group whirred around me. Erik instructed them to crowd in closer, louder, more aggressively. Trying to resist my flight instinct I waited for Mareike to jump on my neck. She suddenly really had me in her clutches, blowing her hot breath into my ear and pressing the rubber knife hard against my throat. And the automatic response actually kicked in. With four targeted elbow blows, a kick between the legs and a feint punch to the face, I had thrown her on the ground in just a matter of moments. My pulse was racing, the endorphins shooting through my bloodstream, as my opponent looked around, puzzled. The others applauded, and even Erik clapped approvingly. Got it!

The trend for this Israeli fighting technique came to Germany around ten years ago. Like so many things it arrived by way of the **US.**

Walking along Kottbusser Damm the next morning, I still felt brand new. All it would take is a few moves to knock over any potential attacker crossing my path on the way from my flat to the subway. My Body Is a Weapon. Now I understand what Imi Lichtenfeld, the founder of Krav Maga, meant when he said: "So that one may walk in peace." *A.G.*

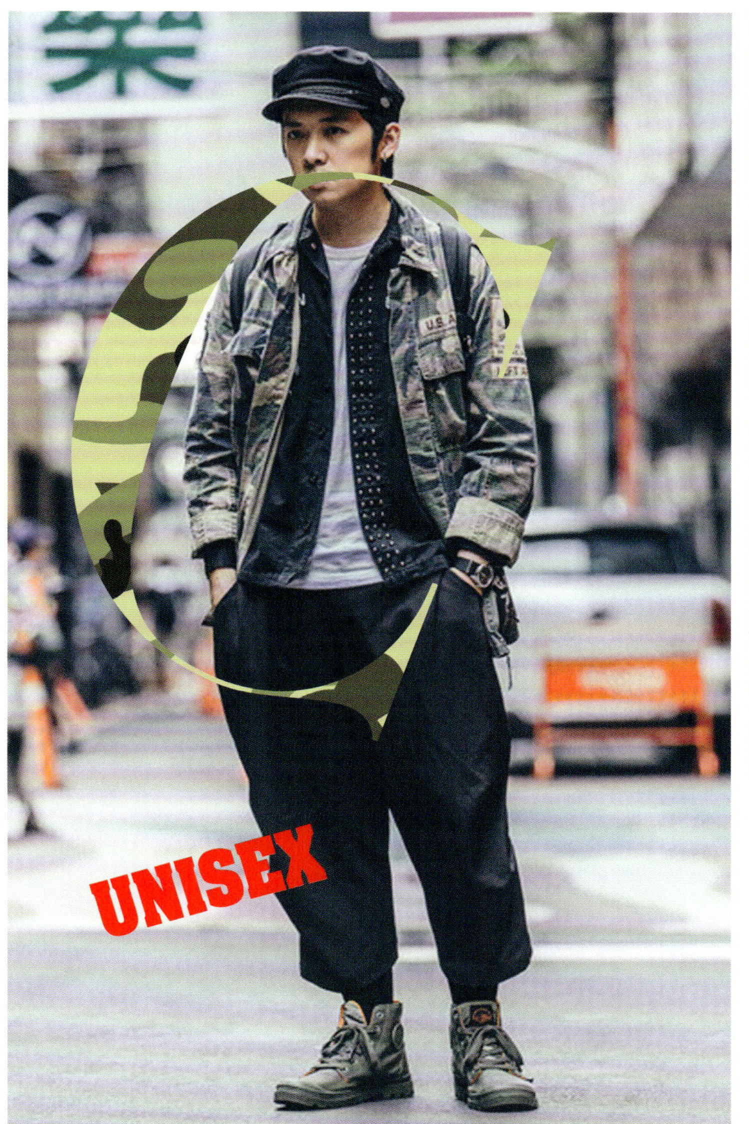

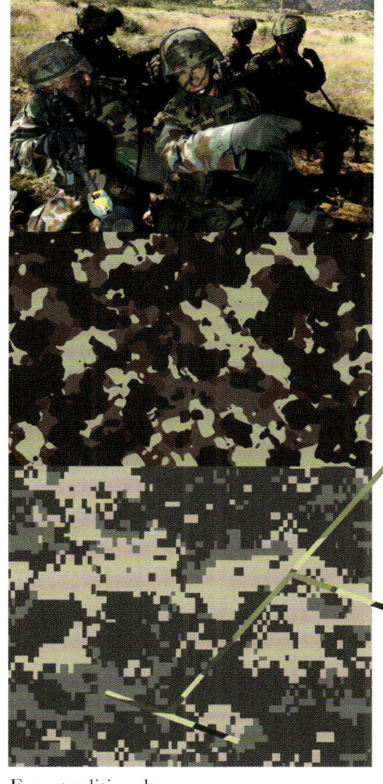

From traditional green, brown, and sand patterns to contemporary pixel camouflage: military techniques of disguise are versatile.

In STORMS of COLOR

By RICHARD BREM

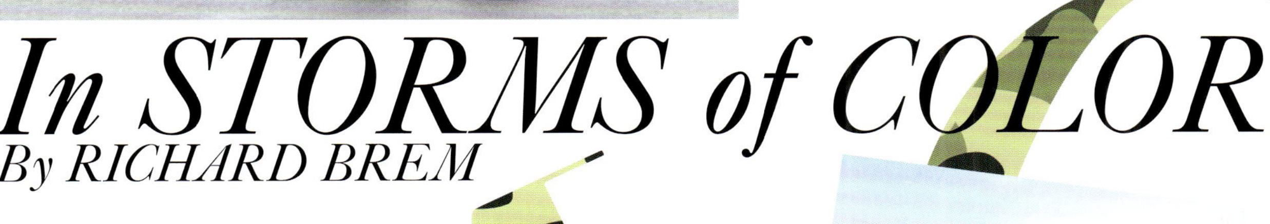

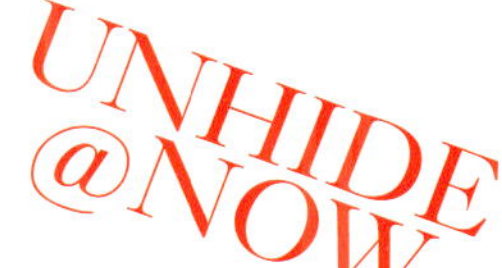

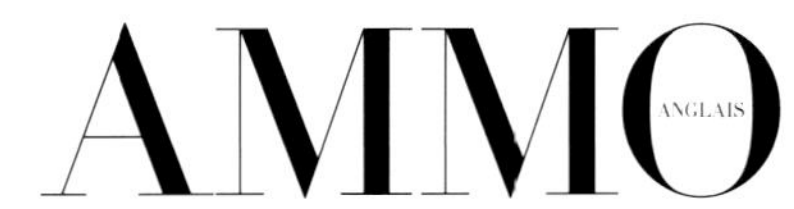

Masking and the art of deceiving have always been an element of warcraft. But what we now refer to as "camouflage" is a very special chapter. These camouflage patterns are modeled after the forests of Germany, the sands of India, and the jungles of Vietnam. Today, they are in the process of dissolving into a world of pixels and polygons. The last great victory seems possible in the future as well: The liberation of the multi-colored patterns from the clutches of the military.

Perhaps the most beautiful definition of camouflage comes from Georges Braque, who declared himself its inventor and in 1943 referred to it in a conversation with Ernst Jünger as "the destruction of forms by color." Even before Braque, however, Pablo Picasso had already applied for a copyright on camouflage. Gertrude Stein recounted that she was with Picasso on Boulevard Raspail in Paris, not long after the outbreak of the First World War, "when the first camouflaged truck passed. It was at night, we had heard of camouflage, but we had not seen it and Picasso, amazed, looked at it and then cried out, yes it is we who made it, that is cubism." It is indeed true that there were professional painters behind these masking patterns, some of whom had been influenced by the cubist forms of Picasso and Braque. At the time, the painters whom the French army had recruited included many members of the avant-garde-oriented Salon d'Automne, among them acknowledged cubists such as André Mare and Fernand Léger.

THE NEW VIEW FROM ABOVE

Up until the First World War, painters had only appeared on behalf of the military in an official capacity as painters of battle, and military equipment or positions were masked naturally, without their involvement—through concealment behind bushes or earthen walls or covering beneath twigs, branches, grass, and reeds collected for the purpose. During the First World War, this traditional form of concealment offered inadequate protection, as the enemy now peered not only from the distance, but also, for the first time, using reconnaissance aircrafts circling above the battle fields. And the observation was no longer performed by the human eye alone, but also using on-board cameras with ever-higher resolution and definition. It was particularly in order to protect artillery positions from this view from above that the guns were either directly painted over or covered with large panels of fabric painted in colors and patterns that matched their surroundings as closely as possible.

The idea stemmed from Parisian portraitist Lucien-Victor Guirand de Scévola, who had served as a gunner at the outset of the war and was subsequently commissioned by the military to recruit painters and decorators. From 1915 these were pooled together in a unit of their own—the *Section de Camouflage*—tasked with traveling up and down the front lines.

To give concealment such importance within an army was a new development in military history. Even the term "camouflage" still had no military shade up to this point in general French usage. The verb "camoufler" had its origins in the language of the theater and rogues, essentially meaning: to dress up, to lead someone to believe something, and originally actually: to play a prank on someone. This range of meanings was also found in the camouflage of the First and, later on, the Second World War, where concealment also comprised trickery in the sense of leading someone to believe something that

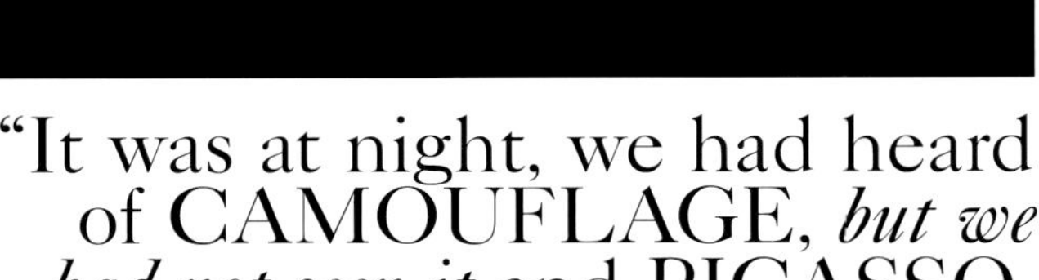

> "It was at night, we had heard of CAMOUFLAGE, *but we had not seen it* and PICASSO, amazed, looked at it and then cried out, yes it is we who made it, that is *CUBISM*."

was not the case: the use of artfully produced dummy weapons, military equipment, and means of transport was designed to trick the opposing army into wasting time, ammunition, and attention on unimportant targets.

POLYGONS AND LOZENGE

Camouflage played a no less meaningful role on the German side during the First World War; here, too, the ranks of the "camoufleurs" included the names of well-known painters. Above all those of Paul Klee and Franz Marc. In contrast to Klee, Marc was only able to spend a portion of his military service applying camouflage patterns, during breaks in his deployment to the front. In exchange, he brought even greater enthusiasm to the task. This can be seen in one of his "Letters From the Field," where in February 1916 he reported to his wife Maria how he had painted nine panels of tent material tracks differently, in the style of great painters, "from Manet to Kandinsky."

While Marc used his panels of tent material to try to camouflage artillery placements from enemy reconnaissance aircraft, his friend Klee pursued a similar yet different task with the Königlich Bayerische Fliegertruppen in Oberschleißheim: rather than produce covers to conceal things from aircraft, he camouflaged the reconnaissance and fighter aircrafts themselves. The wings of the aircrafts received particular attention, as appropriately painted patterns helped to visually merge them with the landscape below when viewed by enemy aircraft flying overhead. This was accomplished by painting the wings with rectangular, pentagonal, or hexagonal polygons in four or five different colors—a technique that became known as "lozenge" camouflage.

Paul Klee found no joy in the stencil-like application of such patterns—after the loss of his friends Franz Marc and August Macke, he became too consumed by the entire war. Still, the time he spent with the airplanes must have made a lasting impression on him. Not a few art historians have noticed the similarity between some of his postwar works and the polygon patterns dating to his time with the military.

CONFUSING PATTERNS

The First World War brought forth new forms of warfare, not only on the ground and in the air, but on the water as well, which brought about entirely new forms of camouflage. At sea, it was the submarines that threatened warships and merchant ships with their torpedoes. Once a submarine used its periscope to locate one, a ship on the open sea no longer had the option of becoming invisible through camouflage or other optical tricks. But the possibility of deception remained.

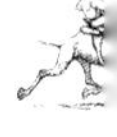

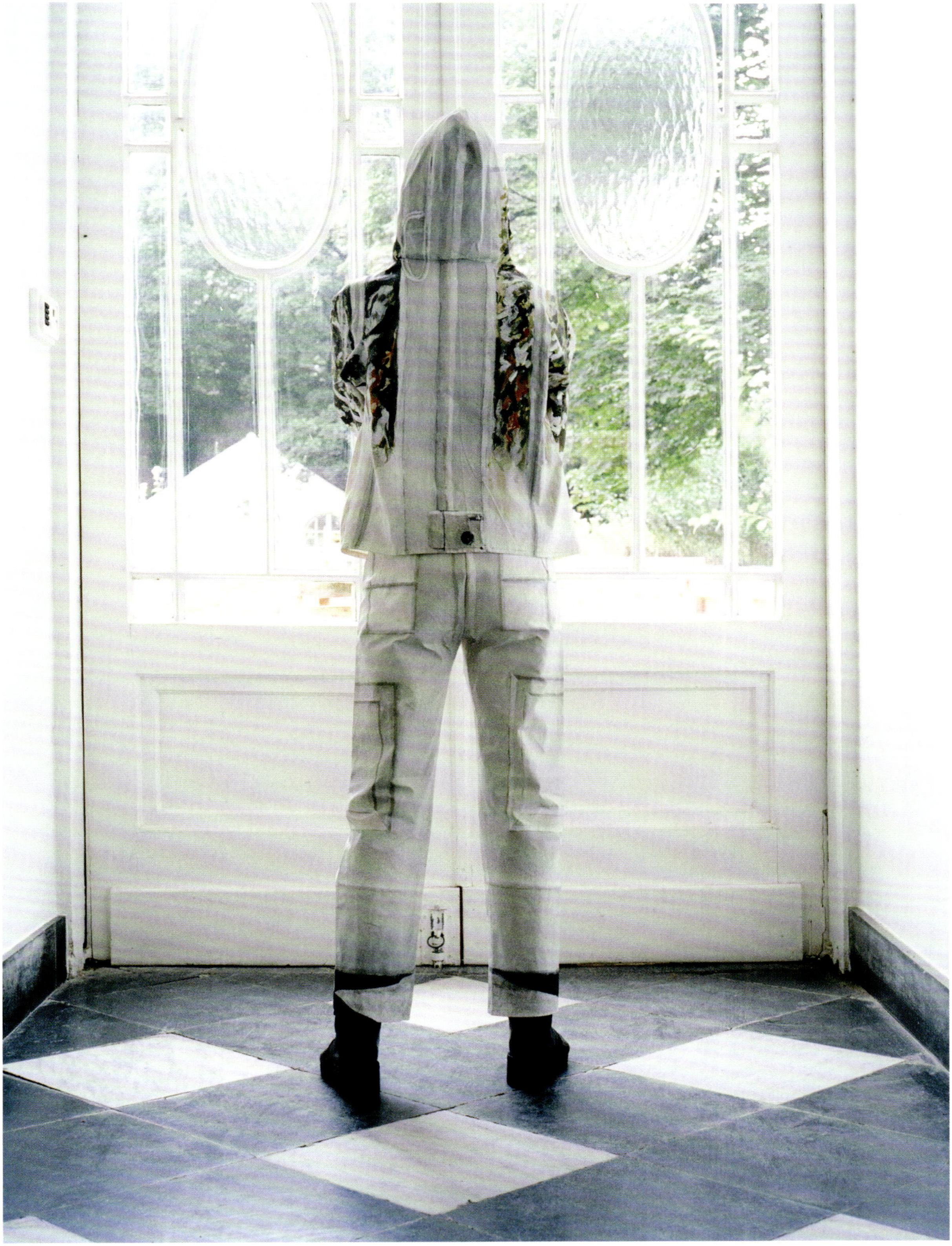

© DESIREE PALMEN
Interior Camouflage/Door (1999), analog color photograph, 180 x 200 cm.

STEALTH WAS YESTERDAY: STRIKE IS THE NEW COMBAT STRATEGY!

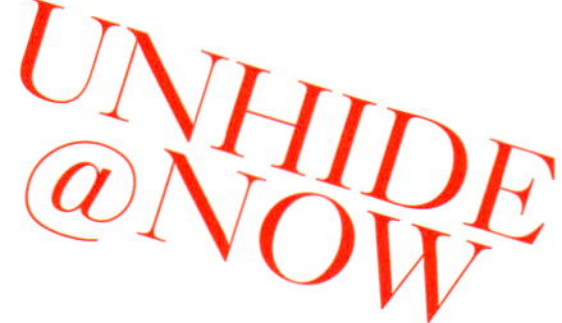

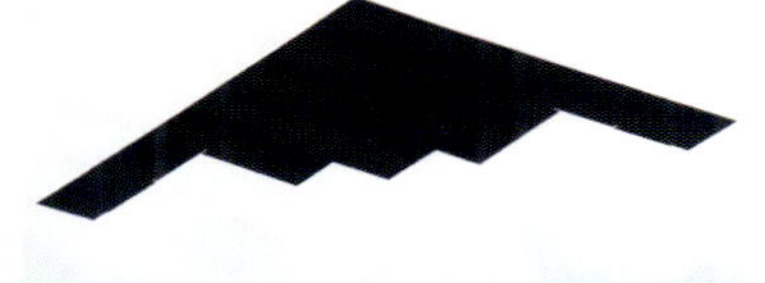

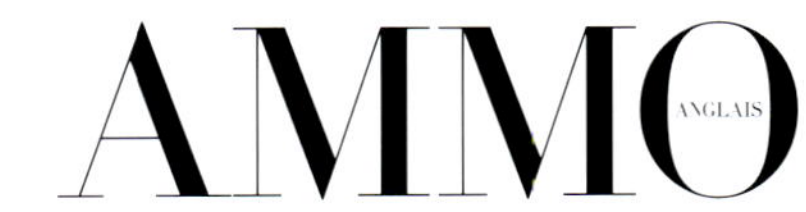

It was once again an artist, this time the British naval officer and marine painter Norman Wilkinson, who came up with the idea: broad stripes and rhombuses in black, white, and maritime hues of grey and blue painted on the body of the vessel were designed to confuse the enemy with regard to the size of the ship, its distance, speed, and precise direction. The wild, geometric, modernist-style patterns were thus also known as "dazzle" camouflage.

CAMOUFLAGE IN THE ANIMAL KINGDOM

It was not completely by accident that the camouflage of the dazzle ships resembled zebra stripes. Here, a basic principle of camouflage in the animal kingdom had been transposed to naval warfare. Specifically, this is the principle of camouflage in motion, whose appearance differs starkly from that of the much more static camouflage through adaptation to the surroundings.

Already in 1909, the American painter Abbott H. Thayer—whose real areas of specialization where both landscape portraits and the depiction of angel figures—had published a book entitled *Concealing Coloration in the Animal Kingdom*. First and foremost among these principles was the white underside of many animals' bodies and, associated with this, a certain countershading to refract the plastic effect of physical bodies, also known for its discoverer as Thayer's Law: "Animals tend to be colored darkest on those parts of their bodies that tend to be the most exposed to the sun's light, and colored lightest on the parts of their bodies that are mostly in shadow... Such a phenomenon ... often renders the animal invisible."

At the outbreak of the First World War, Thayer tried to draw the attention of the British military to his reflections on the topic of camouflage. But it was only when the United States entered the war in 1917 that Thayer was given a hearing. Not only the American military, but also American painters, eagerly studied his book *Concealing Coloration in the Animal Kingdom*—even if they did so primarily in order to serve as camoufleurs and thus evade deployment at the front.

Norman Wilkinson claimed to have developed his dazzle camouflage independently of Thayer. The French and German camoufleurs are also likely to have done their camouflage work during the First World War without any knowledge of Thayer's book or Thayer's Law. That Nature herself was a major model for them, and the leading teacher, can be seen not least in an insignia that the soldiers of the *Section de Camouflage* wore on their uniforms. It depicted a chameleon.

FROM TENT PANEL TO CAMOUFLAGE UNIFORM

The camouflaging of soldiers began only late in the development of camouflage, long after the camouflage of weapons, observation posts, tanks, and transport vehicles. Acting on their own, though, even in the First World War some soldiers had already begun painting their steel helmets with multi-colored polygon patterns derived from the camouflage patterns also used by aircraft at the time. Especially in the trenches, a soldier's head was particularly exposed, and the glint of a helmet in the light of the sun or the moon was an often fatal, tell-tale sign.

The first camouflage uniforms came into use during the First World War, but they were still very few in number and used only by scouts and snipers operating in close proximity to the enemy. On the British side, soldiers resorted to the traditional knowledge of hunters from the Scottish Highlands, who had already for centuries stalked their game dressed in elaborate full body coverings made of jute, earth, and grass known as "ghillie suits." Generally, hunters in

Painter LOUIS GUINGOT proposed providing ***uniform jackets*** with ***POINTILLIST PATTERNS***. Today, Guingot's prototype of such a CAMOUFLAGE jacket seems surprisingly ***modern***, but it was much too far ahead of its time.

the greenery of the countryside dress in an archetype of the modern camouflage uniform; this practice can be seen in the Alps of Austria and Germany. Khaki, which the British first donned as a uniform in the mid-nineteenth century in the sand and mud-colored landscape of the Punjab, is another precursor in the history of camouflage.

Even at the outset of the First World War, however, many troops were sent into the field with colorful uniforms that made them visible at great distances—among them the French in their bright red pants. It was only in the course of the war that these were replaced with colors that were duller and thus easier to conceal. Even then, painter Louis Guingot proposed providing uniform jackets with pointillist patterns. Today, Guingot's prototype of such a camouflage jacket seems surprisingly modern, but it was much too far ahead of its time. It was only in 1931 that the first uniform was produced with camouflage patterns, or better: a type of uniform, as the main function of *Zeltbahn 31* used by the German Reichswehr was to serve as a one-man tent that the soldier could also wear, based on the poncho principle.

Germany remained the worldwide leader in the development of camouflage patterns in the 1930s and 40s. A key role in this development was played by the Karlsruhe-born painter and book artist Johann Georg Otto Schick, who from 1935, commissioned by the *SS-Verfügungstruppe* that would later become the *Waffen-SS*, conducted relevant studies and experiments. Schick proceeded very methodically, enlisting the combined assistance of painters, scientists, chemists as well as manufacturers of dyes and fabrics. In collaboration with the IG Farben company, he even had special colors developed for use in fabric printing that would prevent detection using infrared devices.

In elaborate studies in fields and forests, Schick and his staff also analyzed the reflective properties of trees and foliage under a variety of conditions of light and shade, and in different seasons of the year. The result of these studies was an abandonment of the geometric camouflage patterns that were typical up until that time. These were replaced with patterns strongly derived from nature, which collectors of militaria later came to refer to with names such as *Sumpftarnmuster* [swamp camouflage pattern], *Platanentarnmuster* [sycamore camouflage pattern], *Beringtes Eichenlaubtarnmuster* [ringed oak leaf

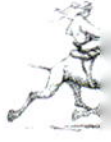

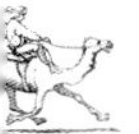

camouflage pattern], or *Erbsentarnmuster* [pea camouflage pattern]. Not documented, but certainly conceivable, is that the selection of these patterns was influenced by the notion of the forest as a mystical origin of the Germanic world, a notion that was widespread in National Socialist and SS circles and which would then take on material contours in the camouflage uniforms of the *Waffen-SS*.

Like the soldiers who wore them, only a few of these camouflage uniforms survived the war. Schick vanished as well. At the end of the war, his trail went cold in the rubble of the Third Reich.

THE NATION AS VISUAL CONCENTRATE

After the Second World War, uniforms with camouflage patterns became prevalent almost everywhere. Most armies had their own special patterns created, patterns reflective of the national character of their respective countries—not their populations, but their landscapes. This gave rise to a wealth of visual concentrates of countries and their predominant vegetation—and thus, at the same time, to new forms of national colors. Some armies fell back on older traditions of war attire. Zaire, for instance, selected an animistic-looking leopard-skin motif for its camouflage pattern.

Face camouflage also seems a form of recourse to archaic forms of warfare. Regular troops painted their faces with camouflage for the first time in the Vietnam War; during the Second World War, the use of face camouflage was still reserved exclusively for special units. The US Army had even specifically commissioned the make-up manufacturer Max Factor with the development and production of battlefield-grade make-up. To this day, among the civilian population, the term "camouflage" as used in American English has strong connotations of "covering with make-up."

POP WEARS CAMO

In the 1970s, larger numbers of surplus uniform items featuring the United States Army tiger stripe camouflage pattern worn in Vietnam found their way into surplus stores, where they were bought up by the civilian population and worn by young people in particular. Often associated with a subversive intention of the kind also seen among music groups in the late 1970s, with band members sporting "camo," as it was known for short, at performances and photo shoots. This is how bands such as The Clash or Throbbing Gristle underscored their musical militancy and their martial image.

In 1983, the Dazzle Ships of the First World War found their way into pop music as well—in the title and on the cover of an album by Orchestral Manoeuvres in the Dark (OMD). In the late 1980s and early 90s, Public Enemy and the Berlin techno DJ Tanith popularized the wearing of camo.

By the same token, even the military likes to reference youth and pop(ular) culture in its recruitment efforts. It often resorts to camouflage patterns to accomplish this, as these patterns feature a cool connotation in the public imagination and an immediately recognizable corporate design. Particularly clever: a current recruitment campaign of the German Bundeswehr depicts the troops' well-known "flecktarn" camouflage pattern in the 3D-polygon aesthetics of computer games. The clear intended target group: the gamer generation.

PIXELLED OUT

Even the increasingly common pixel-look camouflage could be understood as a reference to youth and digital culture. Indeed, digitally designed camouflage patterns such as the US MARPAT or the CADPAT (where "CAD" stands for "Canadian Disruptive Pattern" but could just as well stand for "computer-aided design") do not serve to "blur" photographs taken by the enemy. Instead, their purpose is to solve an age-old problem with camouflage patterns: the problem of concealing contours equally effectively from close and great distances. Pixel camouflage patterns that repeat themselves in essentially fractal ways are proving very effective, and are thus increasingly prevalent in a very wide range of variations worldwide.

There is a sign of *increasing decline* in *conventional camouflage patterns* printed on fabric in the military practice, accompanied at the same time by *growing appropriation* of CAMOUFLAGE *by civilians.*

CAMOUFLAGE PATTERNS AS PICTURE PUZZLES

But even camouflage patterns with the best forms, color combinations, and contrasts are no longer sufficient today when there are thermal-imaging cameras to capture the heat signature of a human body. This is a sign of increasing decline in conventional camouflage patterns printed on fabric in the military practice, accompanied at the same time by growing appropriation of camouflage by civilians. The dawn of a playful approach to camouflage patterns and their separation from the military context can perhaps be dated to the year 1967, when conceptual artist Alighiero Boetti artistically addressed the classic *Telo mimetico* motif of the Italian armed forces. Andy Warhol did something similar in 1986 with his cheerful and bright color remixes of the US Army's Woodland camouflage pattern. The sustained success of camouflage patterns in fashion, art, and pop culture may owe to the fact that they are picture puzzles that combine contrasts and paradoxes. Today, civilians wear camouflage patterns not as a way of merging with their surroundings or fusing with some uniform-wearing collective, but rather to stand out, and to signal the wearer's own individuality.

Hardy Blechman, one of the world's most obsessive collectors on the topic of camouflage patterns and the publisher a nearly thousand-page Encyclopedia of Camouflage, sees the popularity of camo mainly as a subconscious yearning for nature. According to this view, camo is a cipher for a criticism of civilization that calls upon the wild nature that surrounds and resides within us. Like a totemic symbol matter carried with and worn by the individual, camo summons forth the pristine and the untamed—as a counterforce to forms planned and created by humankind. Or in the words of Ernst Jünger, who saw the development of camouflage on the front lines of the First World War: "Today, then, where the effort is to conceal the traces of human activity, the aim is to destroy an impression of angular dimension and sequence; that is the purpose of camouflage."

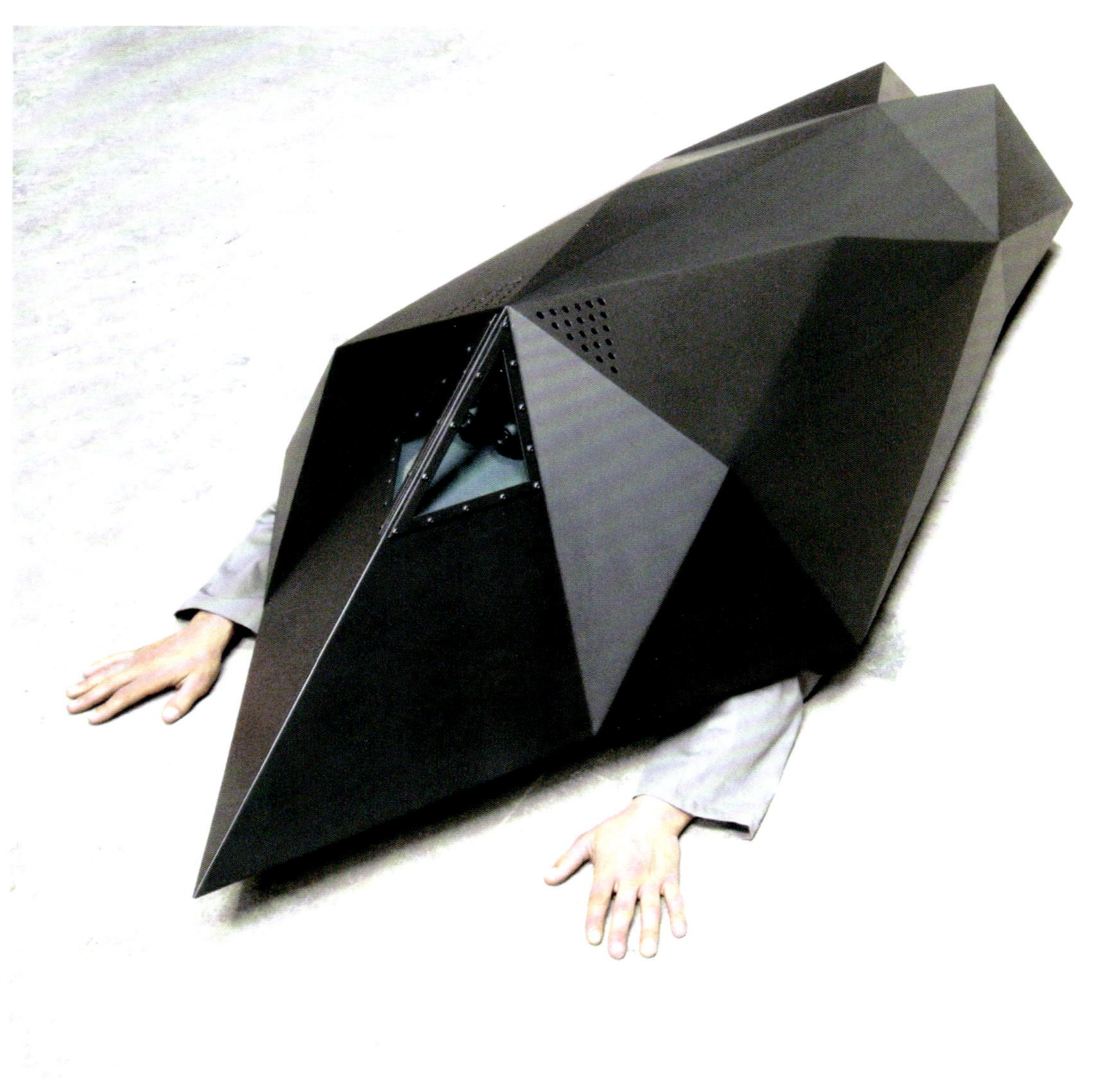

Bernard Khoury,
POW 08 CONOPS [Concept(s) of Operations] (2008),
object, video.

MERKEL

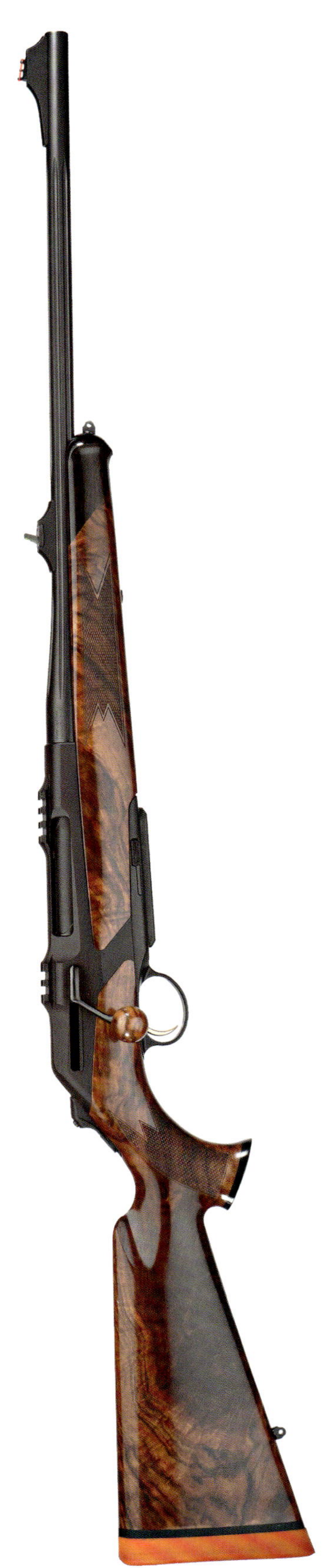

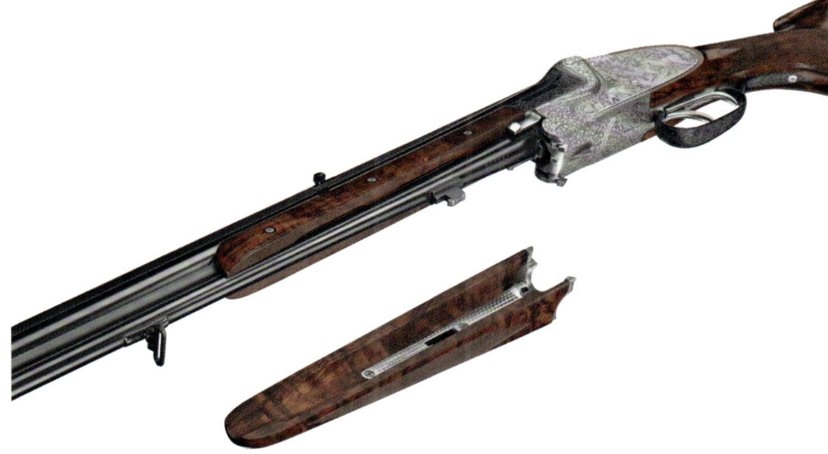

Pure sophistication: Over and Under Shotgun 303E, Repeating Rifle RX Helix in the edition "Noblesse."

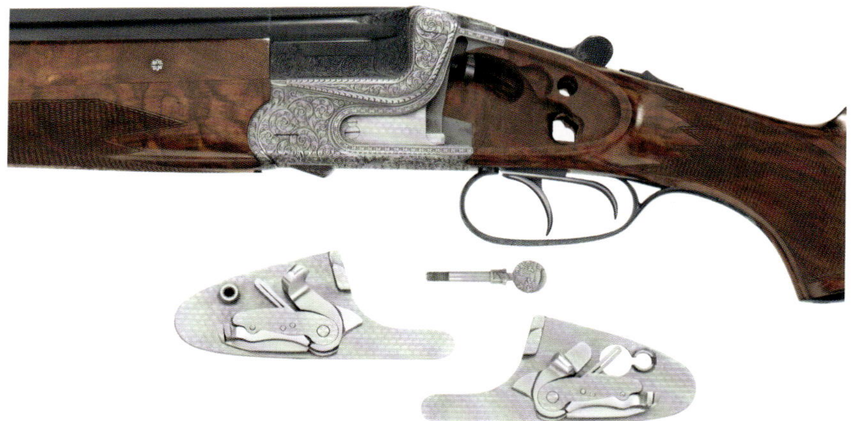

WORK OF ART or TOOL TO KILL?
Gun Design by MERKEL in Suhl, Germany

Max Schmeling, Dwight D. Eisenhower, and Nikita Khrushchev had one thing in common: all three owned a hunting rifle made by the German traditional manufacturer Merkel. Founded as a family business at the end of the nineteenth century, under the East German government the brand became a source of hard currency and a leading exporter of high-quality hunting rifles. This is still true today, although the hunting trade is extremely demanding, economically speaking: hunting licenses limit the clientele, and international business is subject to strict conditions. Merkel still produces modern and traditional hunting rifles in Thuringia according to time-honored tradition, yet using state-of-the-art manufacturing methods. Merkel's Jean Freyeisen provides *AMMO* with an exclusive report on the balancing act between traditional craftsmanship and the very latest technology.

AMMO: How did you get into the field of gun design?
JEAN FREYEISEN: When it comes to guns, the term "design" is rather unusual. Guns are more constructed than designed. The term "construction" pays tribute to the functional aspects more than the term "design" does. Guns and Rifles are dangerous and must function as intended under all circumstances.

The Merkel company comes from Suhl and is the last major brand left in this old Thuringian gun-making town. Suhl was already producing 30,000 gun barrels a year during the Thirty Years' War. Merkel was founded in 1898 and always emphasized the so-called "fine arms"—the hunting rifles.
How do the crafts, design, and technical innovation interact in your work?
At Merkel, we distinguish between two types of hunting guns and rifles: first, we have our "masterpieces," the production of which involves a high amount of craftsmanship. These are traditional hunting rifles, such as our 303 shotgun, a weapon we have produced nearly identically since 1924 and which is still regarded as one of the best and most beautiful shotguns around. Secondly, we have our innovative hunting weapons, such as our Helix, issued in 2010. We call this class of rifle "MEM"—the term references the cultural gene of the "meme." Here, old Suhl design principles are recombined or substantially improved. So we are drawing an innovation from the region's experience and weapons expertise.
Does a weapon's lethal power play a role in its design? Should the gun be "beautiful," and/or should the design itself convey a sense of power?
A weapon's "lethal force" always plays a key role in its design. The weapon must be safe, because it can be life-threatening. Some types of guns are complicated without constant training—a Drilling, a typical, traditional hunting rifle with three barrels, for instance, can pose a challenge for the inexperienced. The designer's task is to design this weapon ergonomically, to make it safe to handle—even in stress situations. Hunting rifles are typically designed and constructed to convey not just functionality but values and aesthetic qualities as well—they're not designed to convey a sense of power. The situation may be different with some military or paramilitary rifles. And yes: hunting rifles should be beautiful, too. The decorative elements, such as engravings of hunting scenes on the receiver are art—they're closely related to prehistoric cave paintings. At the time, it was the mammoth and the deer painted on the cave wall that conjured up hunting success.
Are there aesthetic role models from other areas of design or everyday culture that go into the design of weapons?
Hunting rifles mainly consist of two materials: wood and metal. The transitions between materials pose the kind of aesthetic challenge that other areas of design need to confront as well. The metal and wood finishes also call for refinements, a specific corrosion-proofing and protection against aggressive gun smoke, for instance. This is a specific requirements profile that is already rather typical for weapons.
What role do the feel and weight of the rifles play in its design?
Suitability for use is a very important element of design. Even exquisite hunting rifles have to be functional—or, as a hunter would say, "obedient." This also includes a weight that makes the gun suitable for everyday use. Whether it's stalking, at the firing range or in a raised hide, the weapon has to measure up to ergonomic and practical demands. This naturally plays a role in its appearance as well.
Is gun design subject to the dictates of fashion or business cycles?
Hunting itself is very bound by traditions, and the fashions that it observes are far more conservative than in other areas. Changes have become more apparent over the past ten or twenty years, because even the hunt evolves. It used to be that a bespoke personal hunting rifle was a dream of the hunter in his hunting grounds, the gun's design defined by the needs of the territory. Today, there are lots of hunters in search of hunting rifles that are designed on the basis of a component system—rifles that can be optimally tailored to different types of hunting. As the radius of action extends beyond the hunter's own hunting grounds, the hunter's expectations of his weapon change as well.
How do sports and hunting rifles differ from military weapons?
In the hunter's view, there should be a clear distinction between hunting guns and military weapons. To this day, it is unusual, and at times even downright frowned upon, to show up for hunting parties with a plastic stock rather than a wooden stock. Even though, in the hard practice of hunting, the plastic stock does offer certain advantages.

A weapon's "LETHAL FORCE" always plays the key role in its design. The WEAPON must be safe, because it can be life-threatening.

But its appearance situates the plastic stock closer to the military rifle. The classic hunting rifle for hunting parties is the exquisite rifle or shotgun, with fine walnut and engraving on the receiver depicting a hunting scene or arabesques. Rainy, nighttime hunting for game hit by vehicles is usually conducted with a plastic stock.

To the German mind, hunting has a craftsman-like tradition.The hunting license requires extensive training, quite like an apprenticeship very rich in content: there are the laws of hunting, the laws of weaponry, study of flora and fauna, and the hygienic treatment of game meat, to name just a few of the topics involved. There is a jargon and a pronounced hunting ethics to which the hunting community subscribes. The craft of the hunt commissions the firearm, as a tool, with a precisely defined mission: with a single (and ideally only) shot, to reliably kill the game on the spot, without causing it to suffer, and not to needlessly destroy game: the source of meat. Death must not be torture or in vain—that is the ideal of ethical hunting.
Do you also view your guns as collectibles/works of art?
Naturally, a rifle costing 25,000 Euros is more than an article of daily use. And of course there are many people who treat our rifles like works of art—quite similarly to fine watches. There is a great deal of merit to this view. But such a rifle must also function properly under all circumstances—and that makes things more complicated. So the work of art/collector's item also needs to be highly functional and safe, because it is subject to extreme forces.

The explosion of a hunting cartridge must be safe and occur under controlled conditions: traveling in the right direction, without endangering the shooter or his surroundings, without disruption or failure, particularly when hunting dangerous game. Even a "work of art" or "collector's item" does not tolerate improvisation or shenanigans—it is a matter of life and death. That's something we as a manufacturer are aware of, and it's what every hunter needs to know every second he carries a gun.

IN THE COMFORT ZONE:
Gimbal and Gyroscope

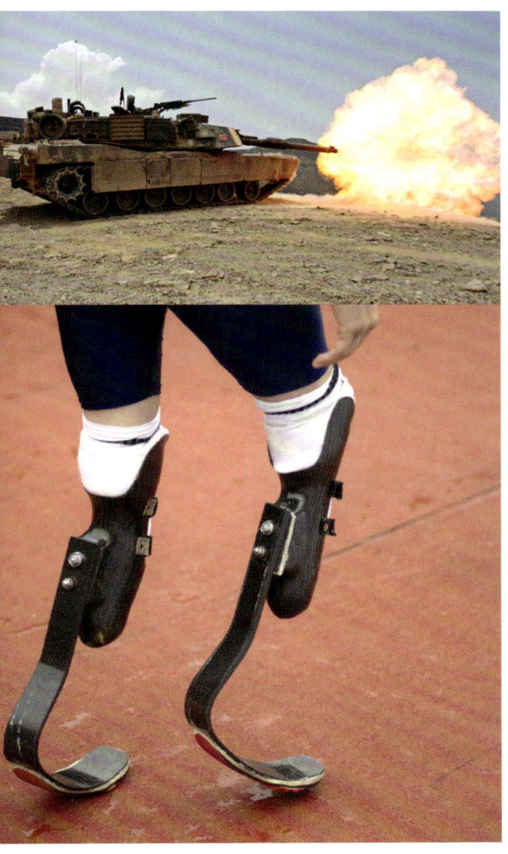

Today, everything has to be fast and mobile. Tanks included. During the First World War, tanks—known the world over by their common English name—were able to reach peak speeds of eight kilometers per hour. Today's top models from the German Leopard 2 series, the Israeli Merkava IV, or the Russian T90 can attain around seventy kilometers per hour—with some seventy tonnes in weight and a1500-hp engine. On chains, in any terrain! While shooting at the same time! The enormous forces to which the tank turret is subject could actually be expected to rip it off. That was not accomplished until the 1940s, by the comparatively lightweight American M3 tank and, later, the M4 Sherman. Yet firing is not everything—one would also hope to hit the target. Driving, firing, and hitting the target all at the same time would be impossible if not for the fact that the tank's turret is gimbal-mounted to the hull, with a gyroscope to ensure that the object (here: the cannon) does not track the terrain-based angle of its vehicle. Gyroscopes like these are responsible for stabilizing the cannon of battleships or tanks, whether on rough seas or in wavy terrain, compensating for any fluctuations and for up and down movements by the cannon. Today, electronically combined laser gyroscopes see to it that tank cannon barrels stay precision-trained on the target at all times, whether during high-speed driving, on bumpy terrain, or even if the tank happens to be airborne for a moment. If not for these devices, there would also be no "chase cameras" of the kind that afford football-viewing audiences at home a view of even the most deflected shots on goal. Both inventions are credited to the Italian Renaissance scholar Girolamo Cardano, who in 1548 had already designed a universal joint for the carriage of Charles V as a way to give the Emperor his due: a quiet ride in every situation in life. *A.L.H.*

THE ENORMOUS FORCES *to which the TANK TURRET* is subject could actually be expected to *rip it off.*

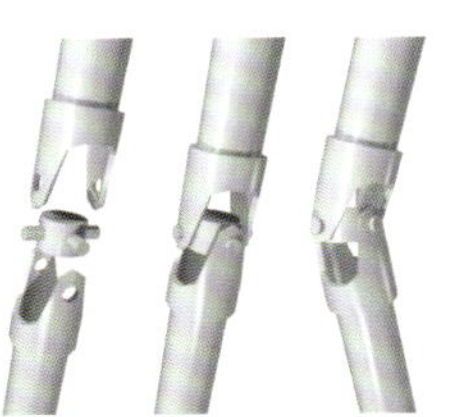

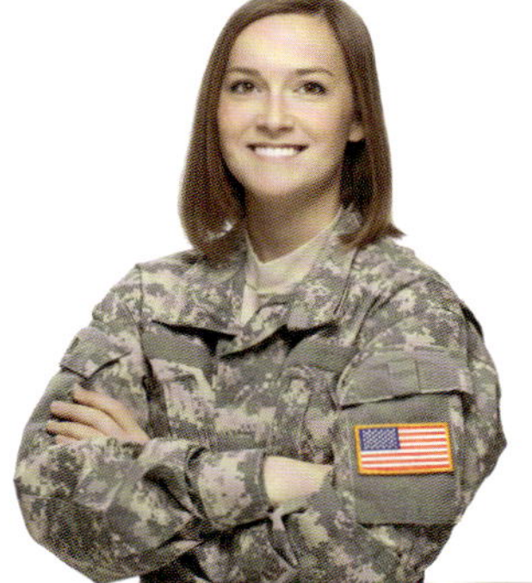

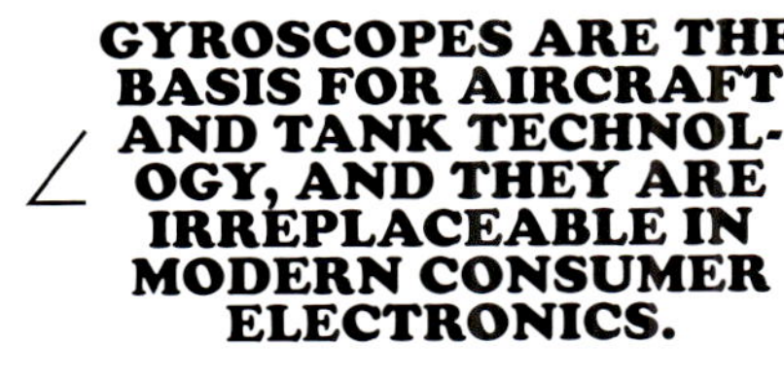

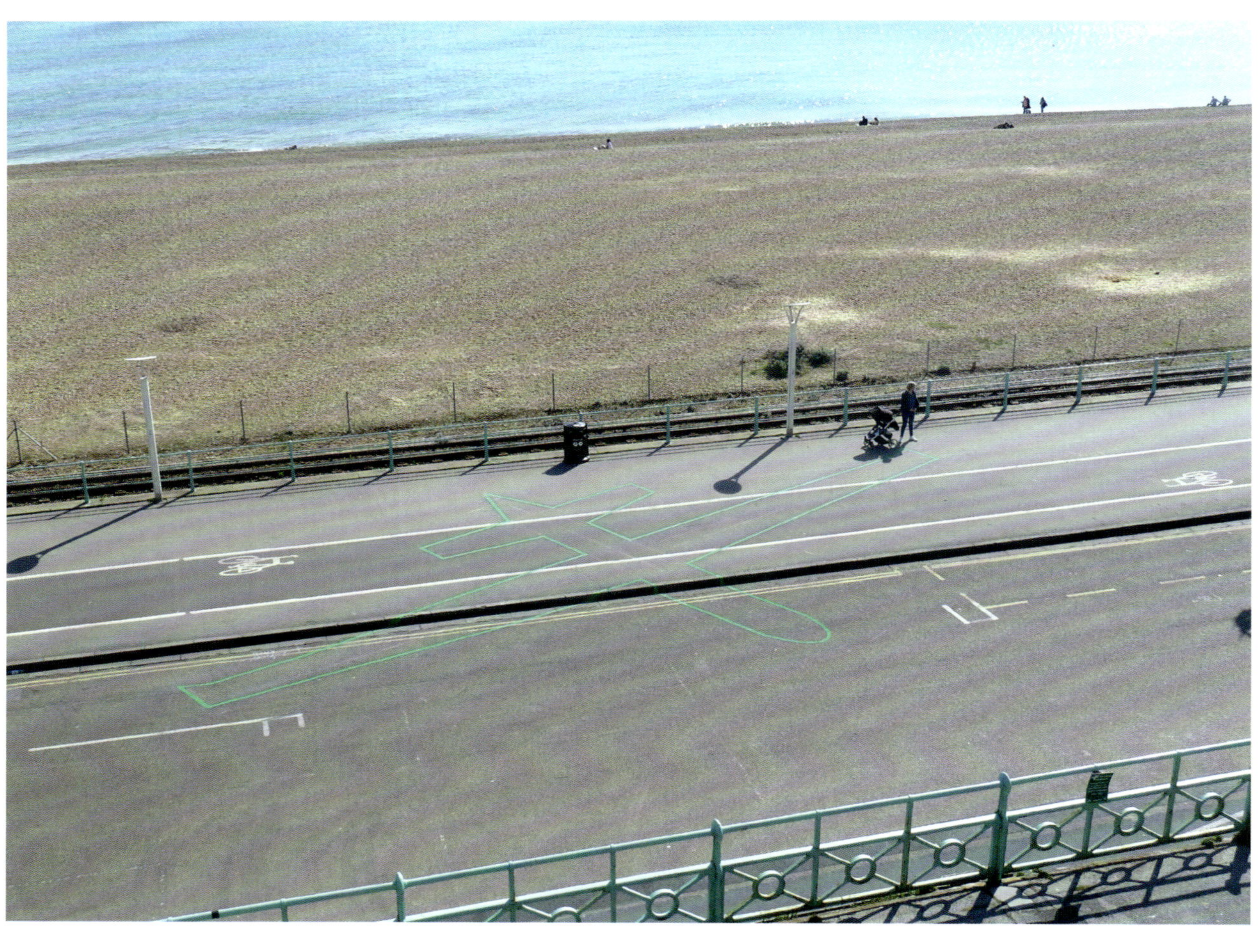

James Bridle,
Drone Shadow 003 (Brighton, 2013),
installation and public art project Brighton.

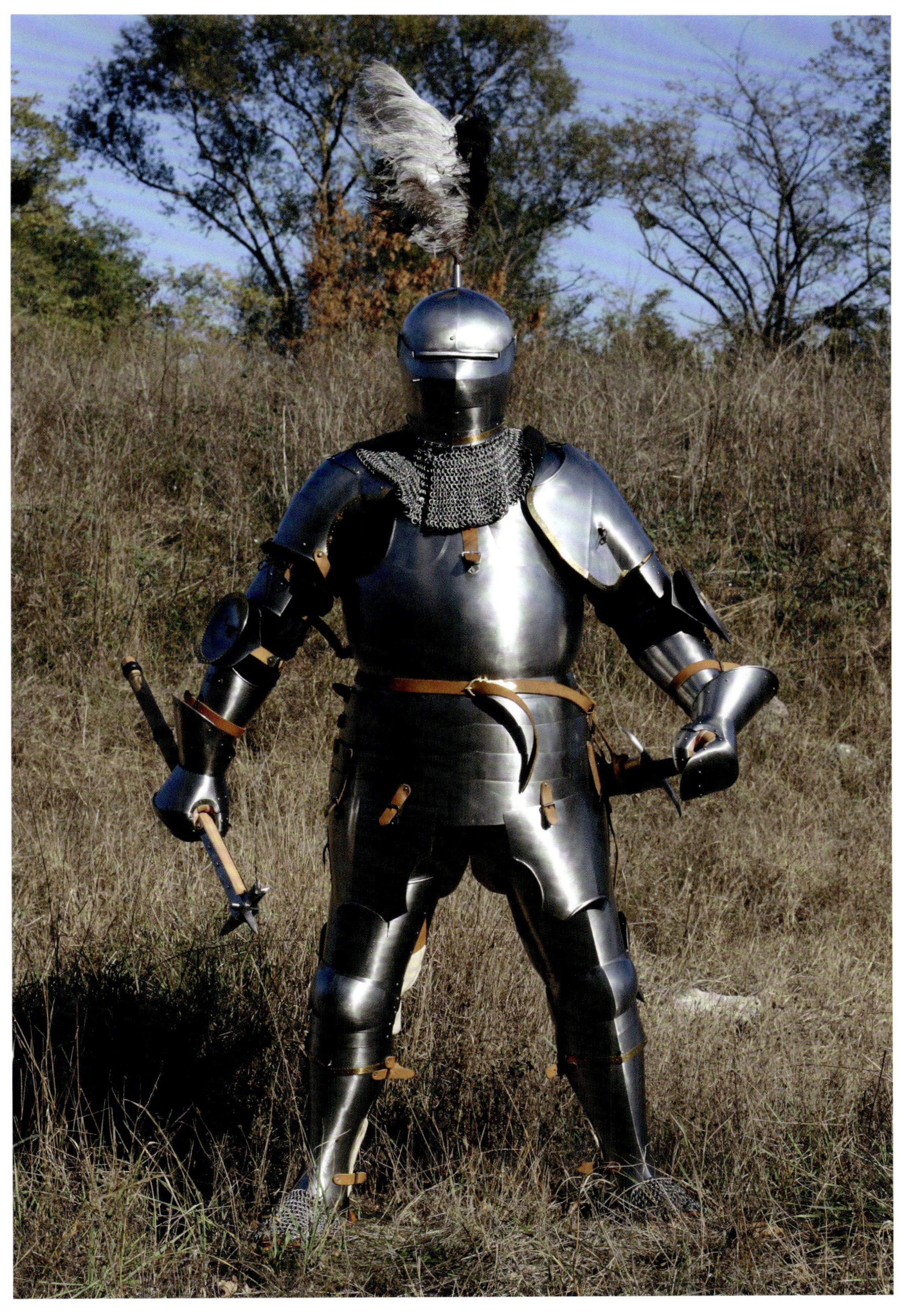

Nedko Solakov,
from *Knights (and other dreams)*
(2010–2012).

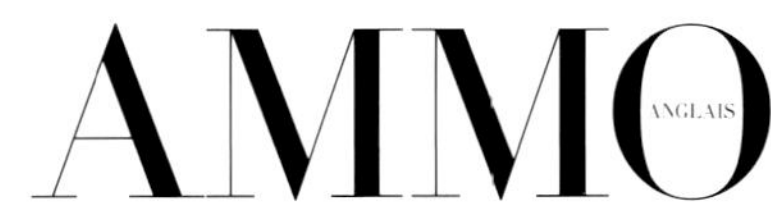

FRIEDRICH A. KITTLER, Seminar notes, "Literature and War," Winter Semester 1983/84, Albert Ludwig University of Freiburg/Br.

FRIEDRICH KITTLER (1943–2011) is considered a founder of modern media studies. It is no accident that he was nicknamed "CD-Rommel" in the United States: Today, his investigations of the interconnections of war, media, and literature are legendary. His collected papers contain hitherto unknown notes from the early days of his fascinating research. *AMMO* is delighted to present these to you here first!

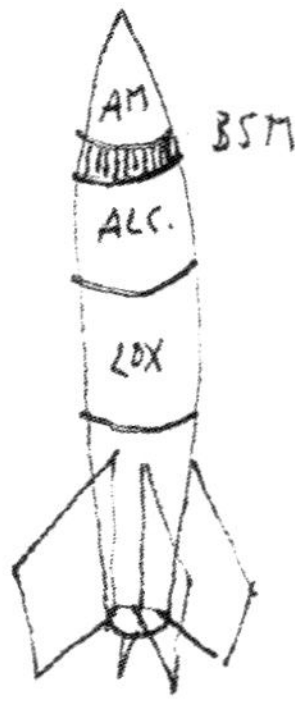

V-2 rocket, hand-drawn by Kittler himself, including notes on fuel distribution.

WAR 1.1

Never again war from German soil. Structural non-attack capability. Perhaps, as McNeill surmises, a great era of wars is coming to an end today. The shape of Europe formed by wars since the migrations, the shape of Germany formed by wars since the Thirty Years' War. What exists today: either Pax Americana or formation of new, Nietzsche-prophesied battle spaces (Pacific); only the futurologists know, or perhaps not even they.

No decisions, at least for literary authorities. The things we accomplish remain confined to literature. The question is: what does literature have to do with war? The answer always already provided in today's Germany: nothing. See answer to *FAZ* questionnaire, citing one from the beginning of the century: "Which military accomplishments do you admire most?" To which contemporary celebrities, meaning authors in particular, the most frequent reply is "none." The situation is not quite the same in the Anglo-American area, where people are reasonably clear that one is what one is because the Second World War was won. Major study by Fussell on the First World War, by Leeds on mass shift in *Merkwelt* [the perceptually based ability to experience and manipulate the world] into no man's land, as articulated in lit (unfortunately nothing commensurate for WW II, at least to my knowledge).

War as art, making others die for one—according to Jacques Lacan and Thomas Pynchon—has had, at least for long periods of time, an internal reference to lit. Adherents to this had to be recruited. Once again for purposes of preparation the first 136 pages of the 100th edition of the old book of students' songs, Lahr, 1919, revised: lots of promotions of war and soldiers by E.M. Arndt, Rückert, and the son of Schiller's Freemason friend Körner. Of course even more massive promotional efforts in the form of literature. History Carnival of Basel. Suspicion that beauty is less the beginning of the terrible than its final echo.

WAR 1.2

This futuristic prospect already makes it clear that this seminar is a pure experiment. Covered by nothing—no elaborated method, no uniformitarianism (anti-war sentiment, etc.), and above all not by literary criticism. This renders working conditions problematic, and as some know, I would also prefer different form, different status.

Lit crit possible as partial access to the matter, as will be shown. But ultimately only partial. Framework more a general science of the media, in which texts are only a part. After all, McLuhan was a lit crit and managed to talk about poetry and street systems in a single breath. This may be a role model and only needs to be supplemented by a more historical method. Alone because information always carries an historical character, novelty value, a surprise effect, as war does as well. Thus informing about information, dated and precise.

That war can be tackled in such a media-technological way is shown quite nicely by modern war games on the computer. Symbols, numbers in motion, no bodies or earthen masses. War games since the invention of the general staff in Prussia after 1806 (sandbox introduced). All of this compatible with old metaphor of the theater of war (from 18th c.), which can clarify the structural link science of war and lit crit.

So we test the extent to which war can be grasped as message. If you just take a broad enough view of message.Of the enemy position, the chain of command, the message system (cryptography, railways, roads, radio lines, telegraph lines) to propaganda, thus a form of literature. Whereby it must be suspected that intangible patterns of the chain-of-command type, and material patterns of the railway-network type, are equivalent to one another, topologically mappable to one another (Moltke's plan of 1866). Same for propaganda, which we must touch upon. The field postcard, the reading carried in the knapsack, selected or touted or captured. Mass media also deployed in modern wars (Pynchon). All of those things mentioned, messages, effectuate something in war, certainly in different ways if the messages are public or secret, but equally. By contrast, the news post festum: the war novels, memoirs, thus precisely what normally becomes literary studies where the topic is war literature. But these things, which no longer intervene, program, but instead merely reflect, perhaps not so harmless.

WAR 1.3

Jünger's war diary from the First World War was published by the Mittler military publishing house, right alongside *Reichswehr* armament. Perhaps that means something—shock troops in lieu of standing armies...

Thus programming at global level, too, not just a tactical and operational level. Body techniques such as sports (Jahn father of gymnastics) or swimming (Mauss), observation skills practiced e.g. on art, worst-cased in war.

Perhaps language itself belongs in this context. Its transformations, historical; its use, operational. *Le signifiant est d'abord impératif.* Into the dust with all the enemies of Brandenburg!

This complex can only be broached, such as via milit. style, which is, after all, famous. Kluge tells charming anecdotes. Moltke the Elder as great reticent. Bet that toast remains under ten words (Kluge *224*).

Silence, short message, deletion of everything superfluous, e.g. of the adjective, which is seen again among Expressionists. Schlieffen, Chief of the General Staff.

As presentation: Stramm.

As consequence: Jodl, who says he remained silent for five years. Milit. fantasy language or whatever you want to call it. Operation Backfire, PISCES in Pynchon to much-admired MAD by Pentagon.

But writing and language, as I said, only most visible or most audible part of a general message stream, the actual matter.

History of media, picking up on the last semesters, where many hints (radio, gramophone) were already offered, but on a physiological level of the individual body, which could then also apply in the broadest sense as aesthetic, lit crit level. Surrender restriction this time because diagnosis of the present impossible otherwise. And it is responsible for quite a bit of Where do we live/survive?

Simple things such as right-hand traffic on roads—Napoleon (McLuhan). Technically speaking, this means compiling data on how this world has come to be. The only response to data are data.

Though the game of historical tag is a nasty problem. The desire for dispatches, i.e. Vietnam War, hard to meet, we will see. History and present—no metaphysical difference, instead more and more a datable and data-based, technical one. How so? Files embargoed for release for thirty years. 1974 first enigma, decisive for outcome of war and not even complete.

(AMMO *thanks Susanne Holl and the German Literary Archive in Marbach for permission to reprint the notes from Collection A: Kittler, Box 99, Portfolio 1.)*

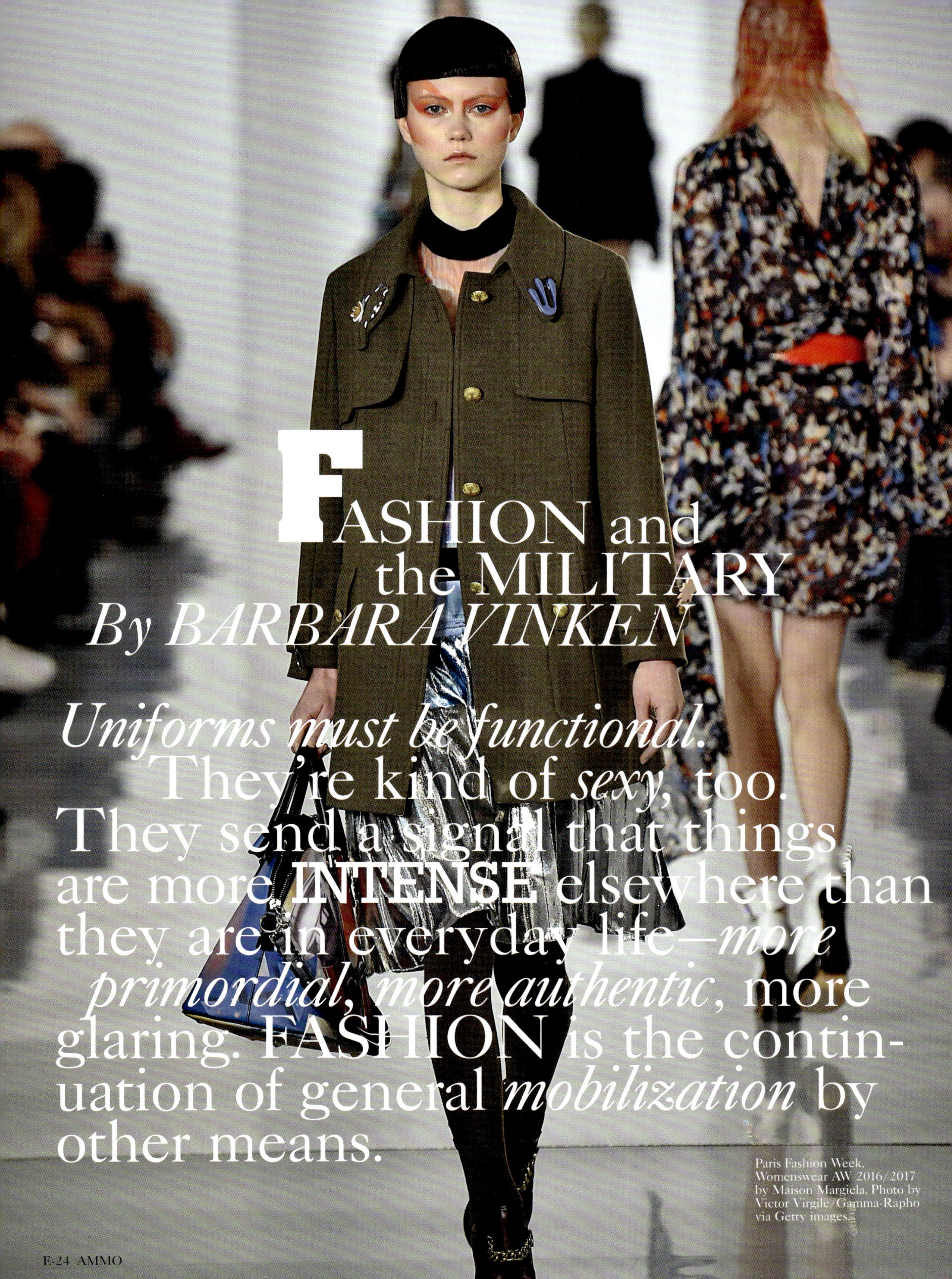

FASHION and the MILITARY

By BARBARA VINKEN

Uniforms must be functional. They're kind of *sexy*, too. They send a signal that things are more **INTENSE** elsewhere than they are in everyday life—*more primordial*, *more authentic*, more glaring. FASHION is the continuation of general *mobilization* by other means.

Paris Fashion Week, Womenswear AW 2016/2017 by Maison Margiela. Photo by Victor Virgile/Gamma-Rapho via Getty images.

The MALE SUIT is the *conditio sine qua non* of the republic; the *"habit noir,"* – CHARLES BAUDELAIRE

The German words for "fashion" [Mode] and "military" [Militär] appear to have little in common, aside from the fact that they both begin with the same letter and alliterate most beautifully. After all, the modern approach to fashion views itself as a matter of bourgeois civil society. And yet it was the military that was central to the measurement of the body and its standardization by size: a precondition of prêt-à-porter clothing no longer individually tailored but now serially produced. The standard sizes were oriented around waist circumferences measured in the Prussian Army. In this respect, the relationship between military and fashion is indeed more intimate than would appear at first glance. Ultimately, the uniforms could not be driven out of civil society, and even today, fashion is hard to imagine in the absence of military references. War, not peace, is the father of all things. Upon closer inspection, it turns out that quite a bit of what we drag around with us in civilian life today hails from the military. Trench coat, bomber jacket, camouflage, parkas, army pants and chinos, olive green und khaki—all of the camouflage colors and functional clothing for which we are to thank the army clothing of a variety of wars—are part of the standard core of everyday life. They have become classics.

The importance of the military, with its uniforms as a store of ideas for the fashion world, is impossible to overstate. Military references are taken out of their functional context; introduced into civilian life, they become all the rage, losing none of their sexiness even as perennials. It looks as though a classic is all the more certain to become a classic, the more repurposings, diversions, and appropriations it has behind it. In fashion, classics owe their existence to disguises and travesties: woman-as-man, bourgeois-as-worker, civilian-as-military.

In his collection of aphorisms, *Human, All Too Human: A Book for Free Spirits* (1878/1879), Friedrich Nietzsche describes the meaning, purpose, and significance of the bourgeois garment par excellence, the suit. The suit, born around the time of the French Revolution, is an icon of the modern era. Not only in Europe but all over the world, it supplanted uniforms and local costumes to become the standard attire of the citizen of the world. The suit is the foil on which the quotations of the military are played out.

Polemically summarized, the suit pits the spirit against the body. In his attire, the mature, European man—naturally a man of the mind—demonstrates "that he is a worker, and has little time for dressing and self-adornment, and moreover regards anything expensive or luxurious in material and cut as out of harmony with his work: lastly, that by his clothes he indicates the more learned and intellectual callings as those to which he stands or would like to stand nearest as a European" (English translation of Nietzsche 1966: 961–2). This is how the suit distinguishes the citizen—a point that remains implicit in Nietzsche—from the noble bearer of arms who, in his attire, displays a capable body, a body one decorated, adorned, cast in the right light. John Carl Flügel did not welcome the suit as quite so enthusiastically as Nietzsche did; he humorously captured the break in the dress code that the French Revolution brought with it in a *bon mot:* The Great French Revolution had led to the Great Male Renunciation. Up until the revolution, it was the men who were the more beautiful, the more spruced-up, the more splendid gender. In their clothing, men, aristocrats, showed their body—not the worn-out and used-up body of the farmer and agricultural worker, but a body that can beget, dance, fence, ride, hunt, run, play ball and, above all, wield a weapon. Men were uninhibited in showing what they had—oftentimes more than they had. With one's garb, the phallic body, armed with weapons, spoke unequivocally in a manner that was over-sexed and over-dressed.

The masculine, middle-class male body retains a certain negation of this aristocratic fashion. Unobtrusive, unadorned, neutral, all surface decoration fades behind the abstract-idealizing design, the cut that does not appear as such, the never-visible filler.

Muted colors, no eye-catching patterns, loosely falling woolen fabrics, free from appliqués, quilted seams or the like. Nothing is worn shiny and skin-tight any more; no muscles stand out from beneath the fabric. The unadorned sobriety, the disciplined rigor, one's "personality" alone appears in its unvarnished truth, seeking to be nothing for itself, and doubling bourgeois ethics. In the modern republics, the representation of power is linked with the sexually unmarked body. The male suit is the *conditio sine qua non* of the republic; the "habit noir," Charles Baudelaire wrote, is its only legitimate expression.

So the suit is perhaps conservative, but there is one thing it certainly is not: military. The people who wear it often work with the pen and do not wield the sword, or, put in more contemporary terms, they work with the Apple, not with the Kalashnikov. The suit-wearer is not a weapon-brandisher. If the dress code of the banker was referred to as "Frankfurt uniform," this did not refer to the military aspects but rather to the uniformly standardizing aspects, to the somehow ascetic dimension of grey in grey, night blue in night blue. Muscles, genitals, skin are enshrouded; the hair is not lush and tumbling over the shoulders the way it did with Samson and is instead cut neatly short. Only the hands and face are bare.

An aristocratic remnant in a civil society, the uniform marks an anachronistic overhang in the bourgeois era. In the middle of the century before last, the nineteenth century, only the weapon-toting man was still able to make an appearance in snow white, bright red, or Prussian blue, his garments adorned with braid, shiny buttons, epaulettes, fringe, sewn-on pockets, all manner of cords, plumes, striped trim all over, placing the upper body on display in the tight-fitting, aristocratic juste-au-corps. To gain a sense of the over-decoratedness of the uniforms of the day, one need only compare the red and gold striped trim with the elegantly restrained, black-silk galloons of tuxedo or morning-coat trousers of today. "Officers' stripes" have adorned ladies' slacks everywhere for several years. This presents a stronger contrast to the bourgeois suit, which is, above all, unadorned and does not accentuate or showcase the body and instead flatters as it conceals, inconceivable as the glitz and glory of the uniform. The practice of showing the body, adorning it—in short, "velvet and silk, flowers and ribbons, feather and paints," to quote Adolf Loos, vanished from male civilian clothing in the aftermath of the revolution. It was now the women's turn to appeal with these stratagems. Uniforms were the only place in which, even after the Great Male Renunciation a man could still wear colors and feathers, flashing and glittering and showing a skin-tight, sharply cut body. Gorgeous, ostentatiously male, in the bourgeois era,

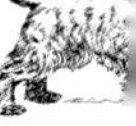

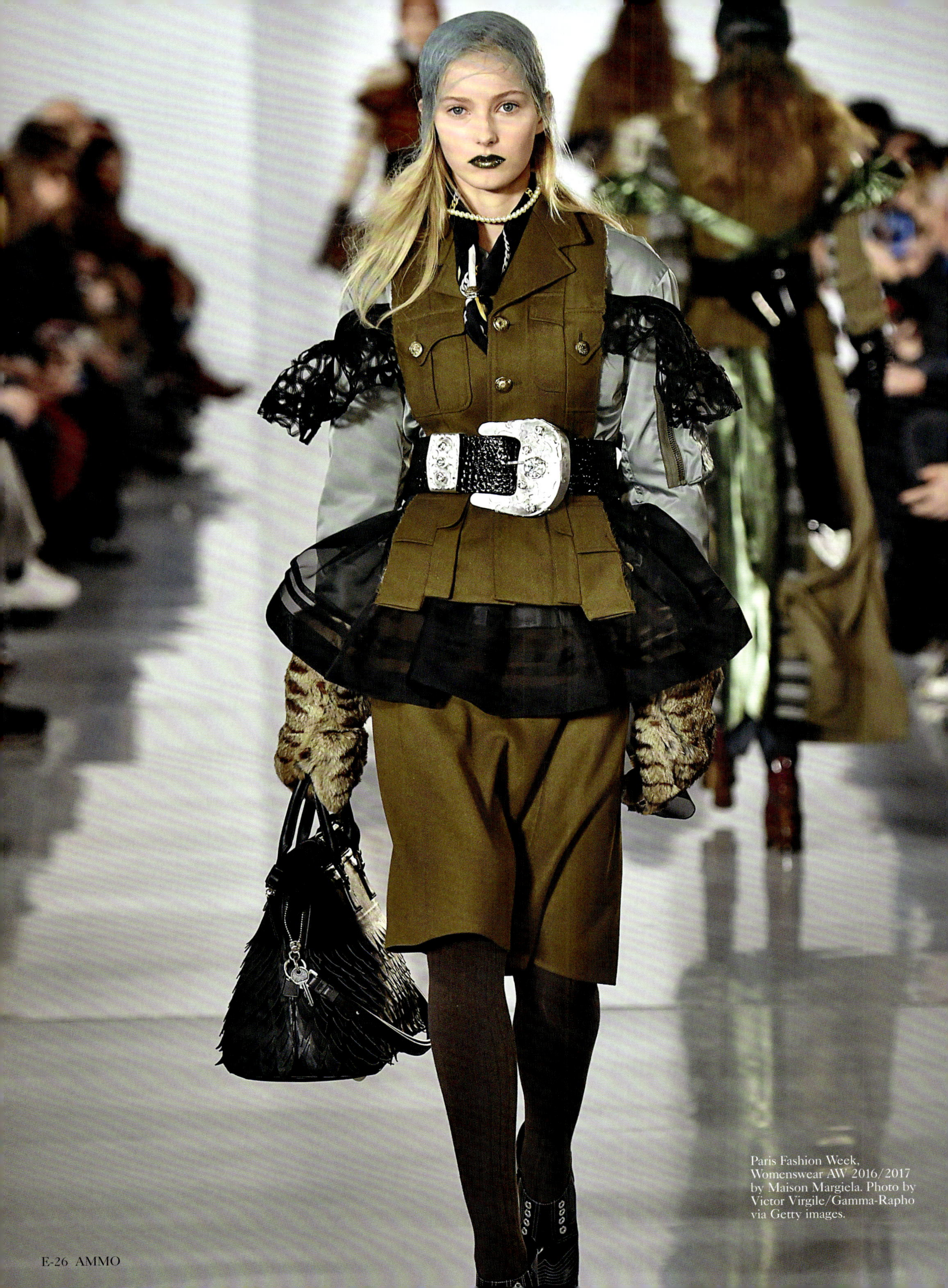

Paris Fashion Week, Womenswear AW 2016/2017 by Maison Margiela. Photo by Victor Virgile/Gamma-Rapho via Getty images.

it was only when on military parade that a man could appear as "jolly coppers on parade." In his "Non-Aryan Arias," the Viennese cabaret artist Georg Kreisler skewered the childish, carnivalesque parading of the military who look big "with a stripe on their slacks": "Well he happens to be a general/ So the damage there is total/ He sews trim on his skirt and little stars, too, and when they salute he likes that, ooh."

Civilian clothing and the military uniform interweave, creating a chiasm: on the one hand, with the First and, *a fortiori* with the Second World War, uniforms rejected everything ornamental and aristocratic, everything body-hugging, in favor of the strictly functional. On the other hand, more and more since the 1960s, the suit has come to be seen as the dress code of a caste, the garb of power. It is primarily perceived as a symbol, and no longer in its simple functionality, and has lost its casualness as a result. It has lost the sign of the functionally a-fashionable that set it apart from the fashionable-decorative of courtly attire. It no longer shows that one has more important things in mind than the clothes that one wears. The a-fashionable greeting of the strictly functional, of the practical and comfortable, transitions over to references from army clothes, which, in contrast to the classic suit, which cancelled the body, are now sexy thanks to the inevitable emphasis of the physical. The war appears like an extreme martial art practiced under extreme conditions. What counts is function alone.

The splendor of the uniforms has not vanished entirely, however; we find its last, distant echo in the female classic of the modern era. One of the greatest, consistently overlooked transfers of military references to the world of civilian fashion is the Chanel women's suit. It is generally considered the female counterpart of the male suit. Wrong. Because the Chanel suit, with its double-row of golden buttons, sewn-on pockets, decorative stitching and piping, its golden chains and its dazzling celebration of color joy is simply brimming with references to the uniform, rounded off with the pillbox so reminiscent of military headgear.

Of course, even during the First World War, people noticed that red pants and sparkling gold helmets are ideal targets, visible from a great distance. This made them sub-optimal in wartime conditions. Colors and plumage, pageantry and swank, sky-blue silks, golden sparkle, and red pants had to be abandoned. They were abandoned, but in a bourgeois, civilian manner. Since the First World War, with a few exceptions, the days of parading were over; the aim now was to withdraw, to conceal the body. It was to be protected from death, hidden, in camouflaged garb. The violence of the killing body was not to be aestheticized, either. In practical terms, aesthetics—being beautiful, shining gorgeously—was replaced by the anaesthetics of functionality: withstanding the hail of bullets, being protected from the elements, hidden from the view of enemy weaponry, and one with the underground. In this essentially "bourgeois" way, in this civilizing of the uniform, the aim is to survive in extreme conditions; the most extreme of these conditions is to kill and to be killed. But even a hidden body keeps the body in its sights.

A bourgeois-civilian way to dim masculinity, the splendor and glory of military accoutrements "on parade," further still was with field grey felt. Even in the First World War, color and splendor had to yield to the dull field grey that from 1914 until 1945 gave the German armed forces the name "Heer der Feldgrauen." A structurally related yet in fashion terms much more successful design than field grey—which led a rather field grey mouse life—was the trench coat. It was the horrific trench warfare of the First World War that gave it its name, but it had been developed already in 1879. Today, there's one hanging in every wardrobe, men's and women's alike. This owed not only to the fact that it was the garb of the victors: it was the French and English soldiers who wore it during the First World War. The material was invented by Thomas Burberry in London. The water-repellent gabardine from tightly twisted thread proved ideally suited in many walks of life. The terms "Burberry" and "trench" became near synonyms. One could wear a trench coat in windy, inclement weather and still move about freely. In the mud of the trenches, the coat's classic khaki was almost a camouflage color.

At the end of the war, women donned the uniform of the victorious warriors: already in 1918, *Harper's Bazaar* showed women dressed in trench coats. Particularly cool men, such as Humphrey Bogart in *Casablanca* (1942) or detectives, wore it, too: casual, yet still equipped. Certainly the trench coat belongs in the arsenal of a woman's secret weapons; they wear it from the street to the bed, and in all walks of life. From Marlene Dietrich to Ingrid Bergman, Audrey Hepburn, Kathrin Hepburn, Sophia Loren, and Brigitte Bardot (naturally in bed), from Cathérine Deneuve and Jackie Kennedy to Kate Moss, Victoria Beckham, and Kate Middleton (unfortunately frilled)—all of the icons of style have worn and still wear the trench coat.

Certainly the TRENCH COAT belongs in the *arsenal* of a *woman's* secret WEAPONS

I would also attribute camouflage, the uniform design of the next war, to the civil approach to smothering masculinity. Camouflage has enjoyed a similarly spectacular success to that of the trench. One could have expected that the peak of this fashion had been exceeded when, in 1994, Claudia Schiffer glided down the runway clad from head to toe in a Valentino camouflage print. Far from it: for more than a decade, and beyond all functionality, camouflage has been the dominant favorite pattern and has arrived in the mainstream. Everything, and ever more, underwear comes in variations of camouflage: from the most delicate, embroidered crêpe de chine lingerie to cocktail dresses and tuxedoes: eye-catching impact guaranteed. There's never a gallery weekend where not at least one visitor appears wearing a jacket adorned with this pattern. In ways other than those intended in wartime, and quite obviously not designed with this setting in mind, the camouflage stands out immediately, almost unpleasantly so.

What does the military look that plays an unmistakable role in many collections do? It has little to do with the concrete jungle of the metropolis, the struggle of all against all. The functionality of the military look is a quote, for in civilian life, there is no one who needs a jacket that can withstand so-and-so many degrees below freezing. Jungle or no, camouflage certainly does not conceal its wearer in the metropolis. Despite this obvious dysfunctionality of the military, in its employment of the rhetoric of non-rhetoric, this attire is "the most authentic" at accomplishing the most artificial of all speech acts: what this is about is not beauty but pure function. Even if protection and camouflage are at stake, the new functionality brings into play the things that the suit, in its civilian way, had sublimated: a body ready to deploy. This is why, particularly in their denial—allegedly nothing but pure functionality—military references are the new sexy.

FORTUNETELLING

Friedrich NIETZSCHE ORACULARIUM

Do you still recall what the CRIMEAN WAR of 1853–56 was about?—The conflict between the *Ottoman Empire* and *Russia* certainly impressed the young FRIEDRICH NIETZSCHE. With Great Britain, France, and Sardinia joining in later on, the war created a lasting shift in the balance of powers at the borders of *Europe*. Just about eleven years of age at the time, the young Nietzsche was so fascinated with the clash that he digested the experience in several "Oracle" games. We have selected seven questions for you: If you want to know whether the young warfare strategist's predictions were right, roll the dice for yourself, or ask a nearby historian!

WILL SEBASTOPOL REMAIN IN THE HANDS OF THE ALLIES?

1. The Russians will capture it next year.
2. It will become a port of call for the allies.
3. The allies will be f orced to surrender it.
4. After capturing it, t he Russians will surround it with solid works.
5. The allies will surrender it.
6. The Russians will not try to retake it

WILL THE WAR BE OVER SOON?

1. After the capture of Nikolayev.
2. After the recapture of Sebastopol.
3. Next year.
4. After Prussia's accession to Russia.
5. Two more years, but not here.
6. It will stop this year.

WILL THE RUSSIANS WIN?

1. It will not be a decisive victory.
2. The allies will be forced to flee.
3. The Russians gain advantages.
4. The Russians win.
5. The Russians are defeated.
6. The Russians conquer Turkey

WILL TURKEY SURVIVE FOR LONG?

1. Two more years.
2. It will remain.
3. Russia will gain it.
4. They will disperse there?
5. The allies will disperse into it.
6. 10 more years.

WILL THE PRINCE OF PRUSSIA BE AS PEACE-LOVING AS KING AS THE PRESENT ONE IS?

1. He will be very warlike.
2. He will send his troops to the Russians' aid.
3. He will remain neutral.
4. He will be similar to the current one.
5. He will go over to the allies.
6. He will be very peace-loving.

WILL NAPOLEON LIVE LONG?

1. Until 1857.
2. He will die after the flight of his army.
3. He will be killed by murderers.
4. He will die of cholera.
5. He will die in battle.
6. In 6 years.

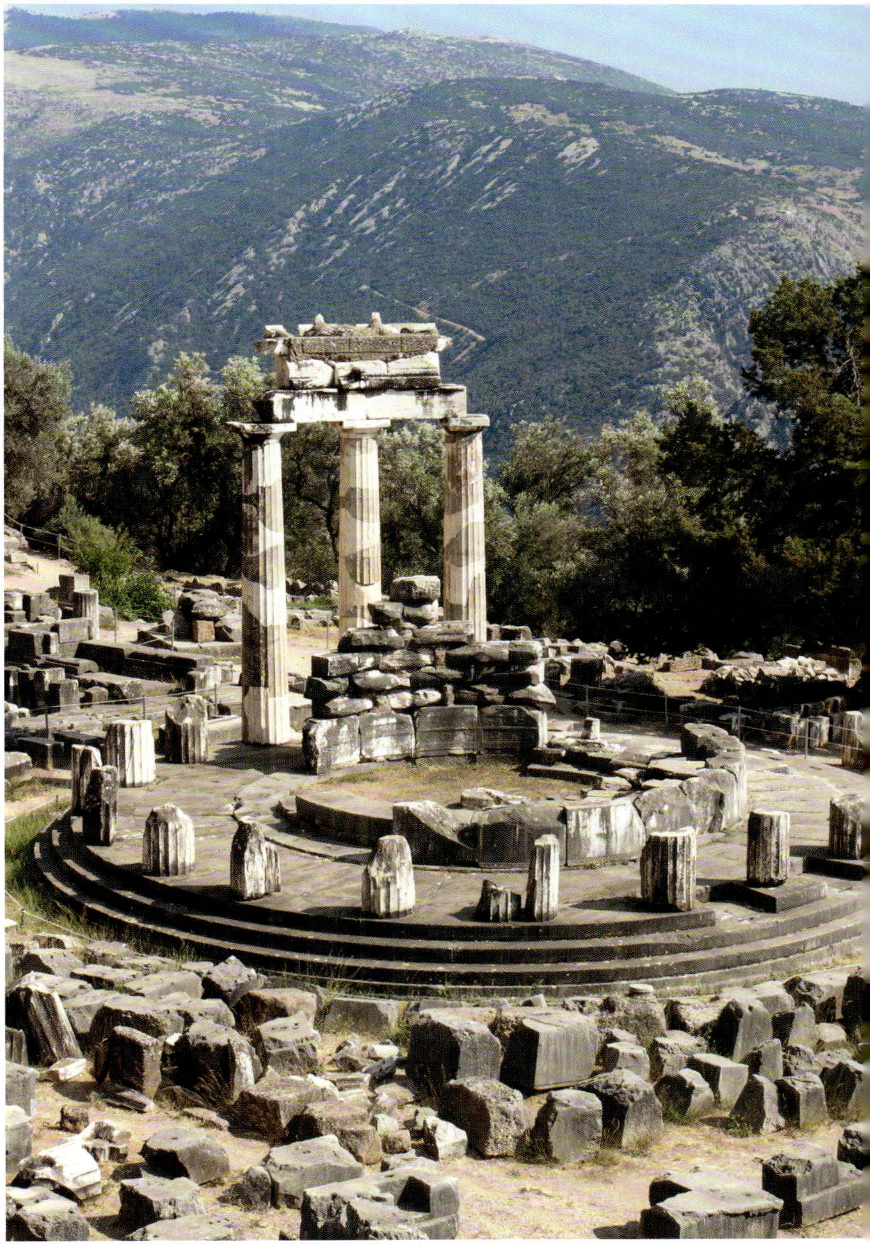

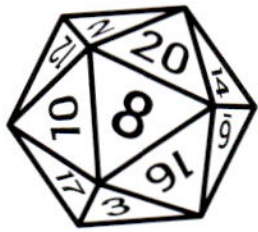

Oracles were consulted on important decisions throughout the ancient classical world. According to Greek mythology, the Oracle of Delphi was the navel of the world.

GUN CONTROL
IS A STEADY HAND

I CARRY A GUN
BECAUSE A COP IS TOO HEAVY

Inspiration / Indignation

A BRIEF LOOK ON US GUN STICKERS

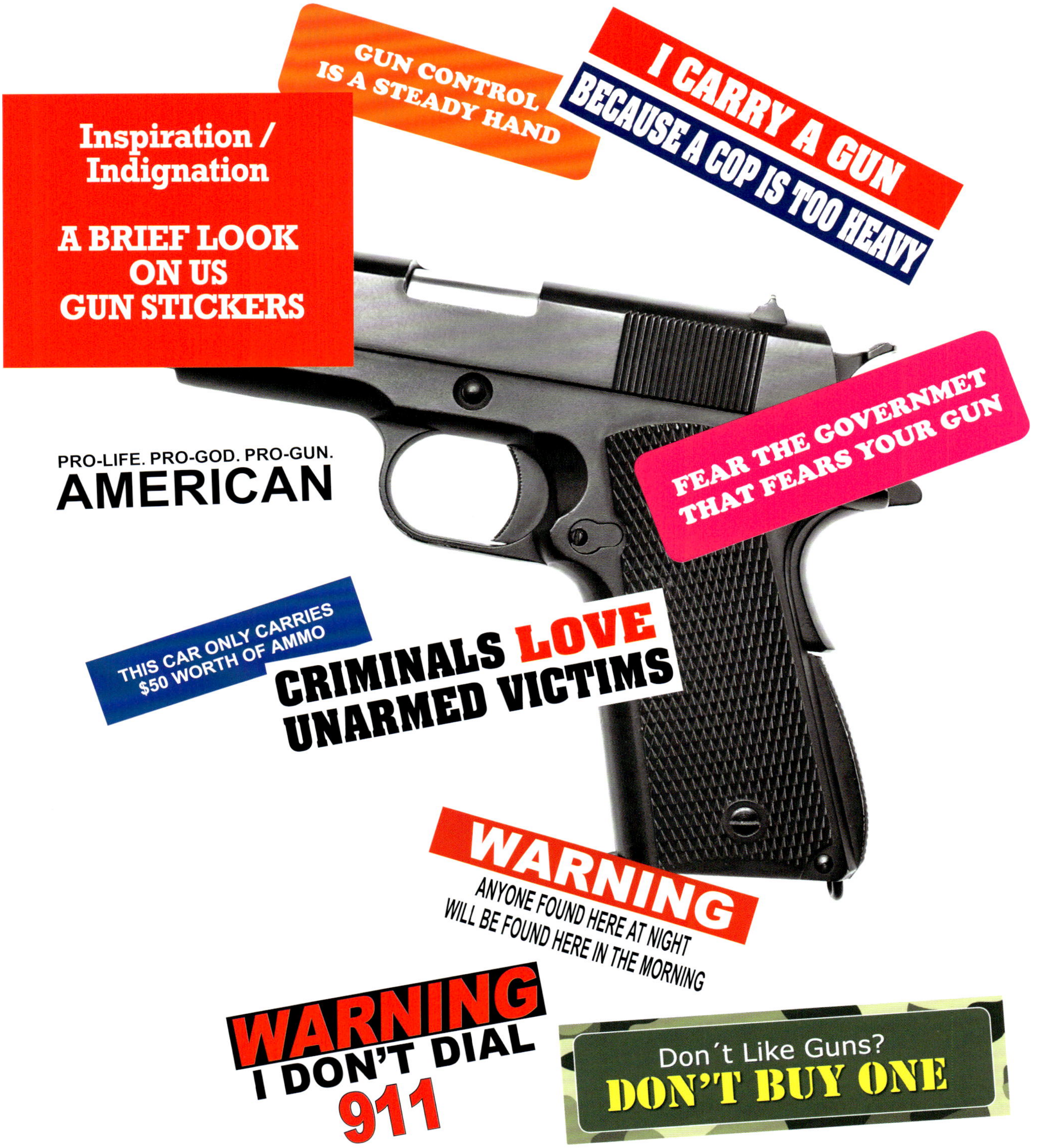

FEAR THE GOVERNMET
THAT FEARS YOUR GUN

PRO-LIFE. PRO-GOD. PRO-GUN.
AMERICAN

THIS CAR ONLY CARRIES
$50 WORTH OF AMMO

CRIMINALS LOVE
UNARMED VICTIMS

WARNING
ANYONE FOUND HERE AT NIGHT
WILL BE FOUND HERE IN THE MORNING

WARNING
I DON'T DIAL
911

Don´t Like Guns?
DON'T BUY ONE

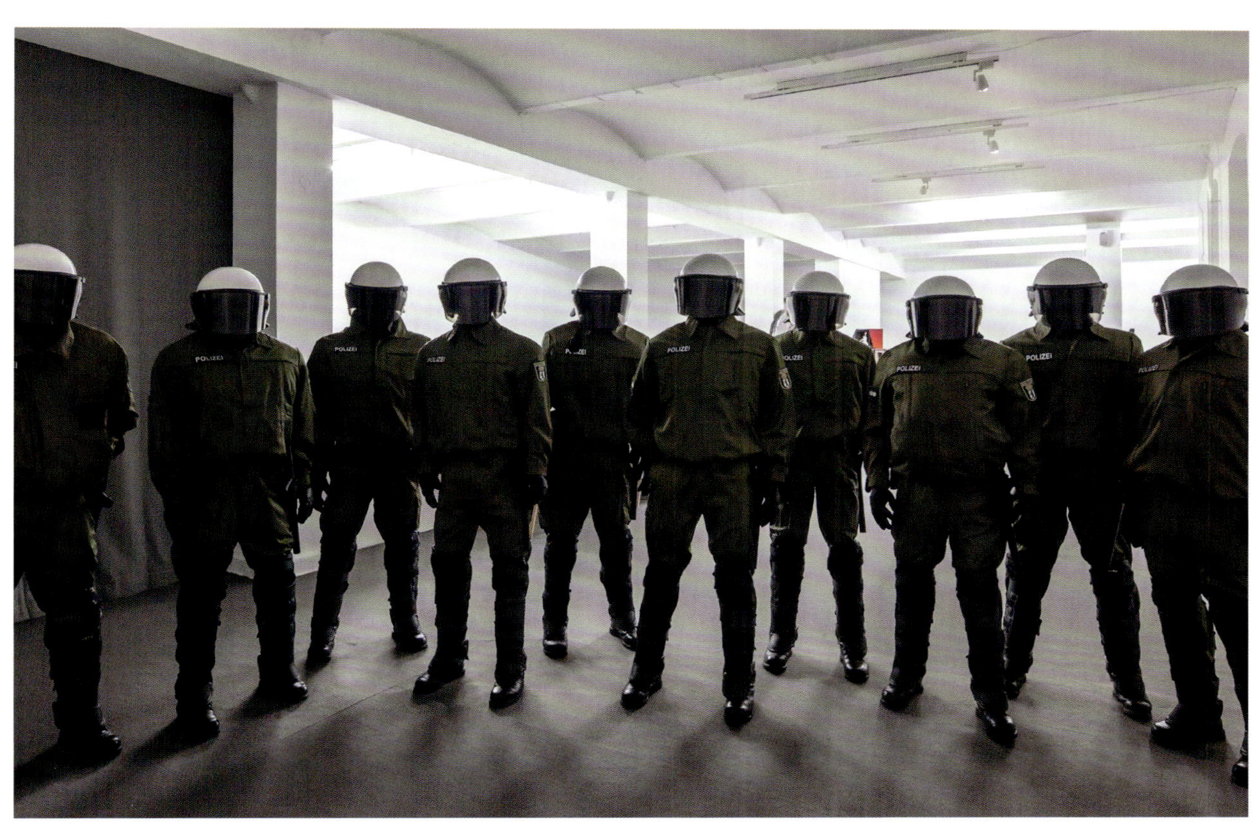

Julius von Bismarck,
Polizei (2015),
dummies, uniforms, engines.

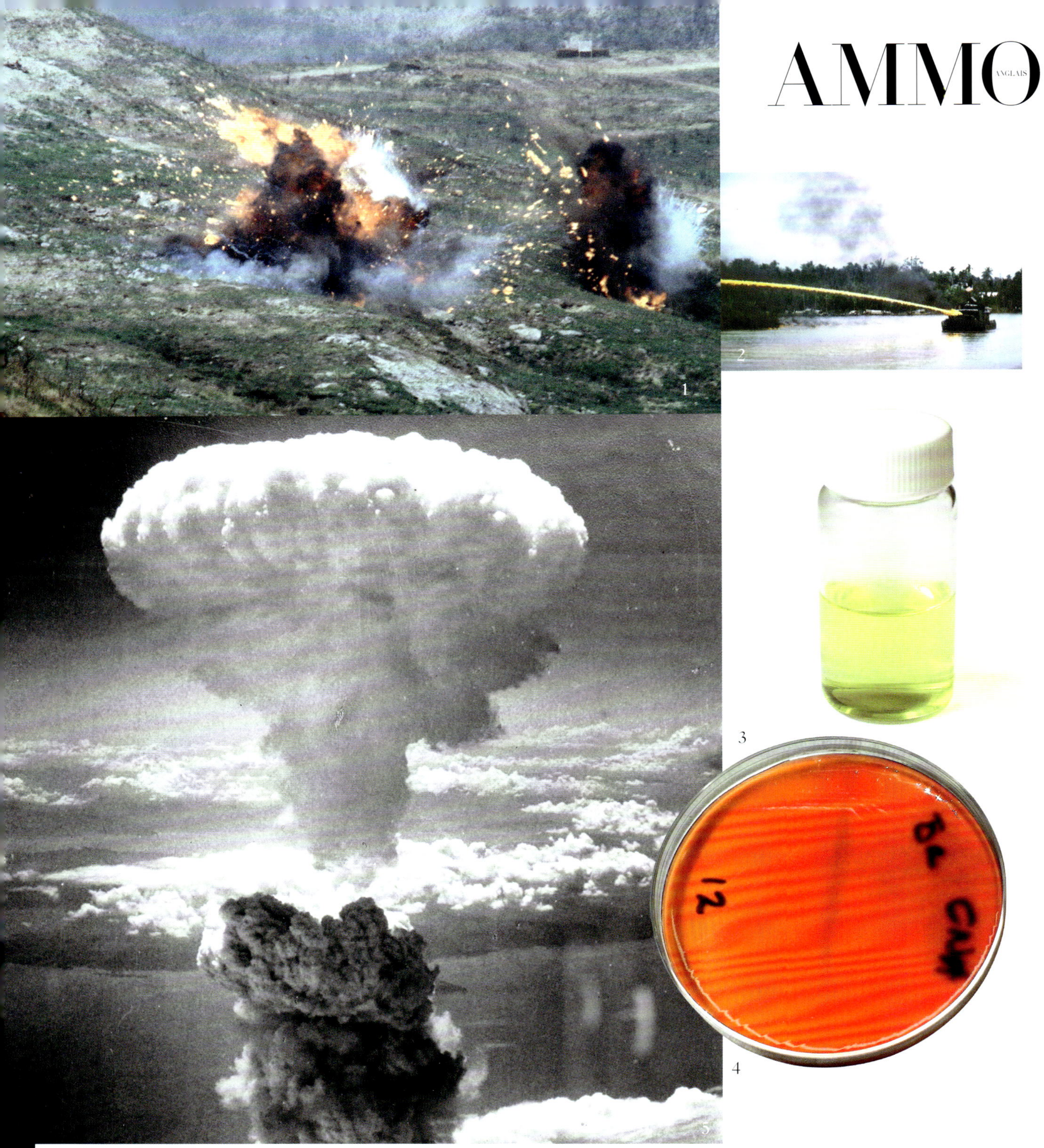

A PRIMER of BANNED WEAPONS

Whenever new weapons are developed, they change the existing balance of power and call for weapons to restore it; this propels us from innovation to innovation. The boundless possibilities of exercising force through developments in science and technology, however, must not go unchecked. 1899 marked the first legal stipulation of the political idea that not everything that is technically feasible should actually be implemented: For the first time, the HAGUE LAND WARFARE CONVENTION identified weapons that inflict "excessive suffering" on people and must therefore not be used. A number of international treaties have been concluded since then that outlaw a wide variety of weapons—from the ATOMIC BOMB to ZYKLON B.

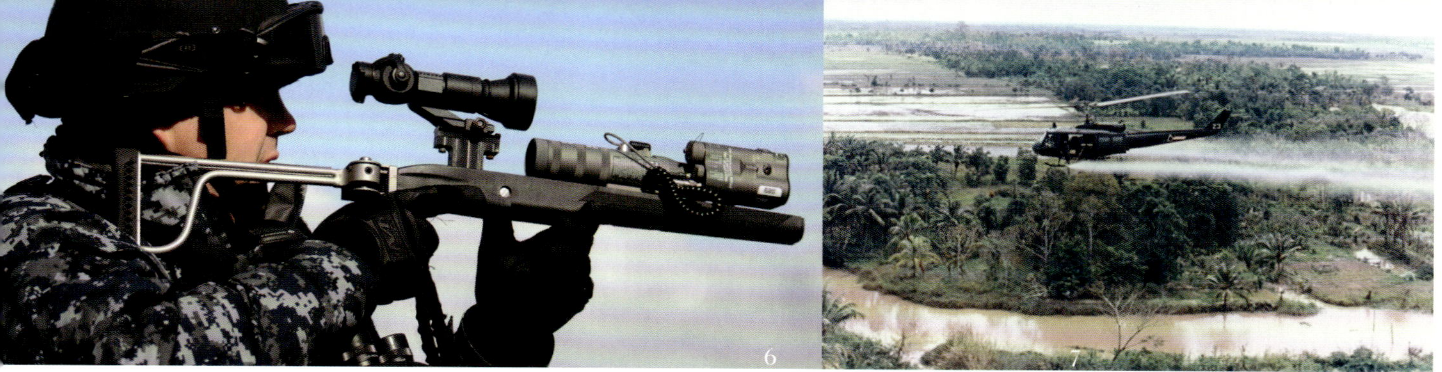
6 7

AGENT *Orange*

Chemical defoliant used extensively by the United States in the Vietnam War to destroy the camouflage and provisions of the Communist guerrillas ("Viet Cong"). Several hundred thousand residents, as well as soldiers of both warring parties fell severely ill from the effects of the chemical; drastic deformities occurred in new-borns.

ANTHRAX

(Gr.-Lat., "coal," also known as "splenic fever")
A. became internationally known in 2001 as a result of contaminated letters sent in the United States, claiming the lives of several people. It is an extremely resistant, highly toxic bacterium that attacks the skin, lungs, or gut. Named after the brown-black discoloration seen post-mortem in the spleens of sufferers of the disease. The leading poison among the twelve biological poisons that are known as the "dirty dozen" and are particularly suitable as weapons by virtue of ease of distribution, simple transmission, or high fatality rates.

ANTI-PERSONNEL MINE

Booby-traps, often hidden or thrown, that explode upon pressure or impact. Often designed "only" to injure, in order to tie up medical resources and demoralize the enemy. As APMs cannot be conclusively distinguished from anti-vehicle mines, water mines, or buried rock mines, numerous exceptions and relevant rules have been defined for the protection of the civilian population (who represent eighty percent of the victims); remote-deployable mines, for instance, should be equipped with a self-deactivation mechanism. Maps showing the land mines' locations should be drawn up and provided to the enemy after the war, or minefields completely cleared. To this day, the leading mine-producing countries (United States, India, Pakistan, Israel, China, Russia) have not signed the APM Convention.

ATOMIC BOMB

The a.b. operates on the basis of a simple mechanism: a supercritical mass of fissile material (usually uranium-235 or plutonium-239) triggers a fission chain reaction, the material explodes—and vaporizes ("Little Boy," Hiroshima). With the exception of India, Israel, Pakistan, and Southern Sudan, today all states have signed the *Non-Proliferation Treaty* (1970), which, however, permits civilian use as well as exceptions, as in the case of self-defence. The paranoia of a generation threatened by total annihilation during the Cold War has often been addressed through artistic means, including by Stanley Kubrick in the satire *Dr. Strangelove or: How I Learned to Stop Worrying and Love the Bomb* (1964).

BOTULISM

(Lat. botulus, "sausage," also meat poisoning)
A life-threatening, bacterial nerve poison found in tainted meat, among other sources. Following cramps, vomiting, and diarrhea, paralysis sets in. The shorter the incubation period (two hours to fourteen days), the more severe the disease.

CHLORINE GAS

Highly reactive, poisonous gas. When inhaled, reacts with the moisture of mucous membranes, leading to lung damage and suffocation. First deployed in the First World War; addressed in the most successful anti-war novel of all time, *All Quiet on the Western Front*, by Erich Maria Remarque (1929); Syrian government forces are said to have dropped barrel bombs containing C. over rebels in 2014.

CLUSTER AND FRAGMENTATION BOMB

Munition developed in the Second World War containing the submunition and scattering this after ejection. Despite the *Convention on Cluster Munitions* (2010), still produced and used worldwide; the leading producer countries have not yet signed the convention.

COBALT BOMB

Particularly intense and long-lasting radioactivity, very capable of penetration. Is designed to contaminate an area to such an extent that survival, even in bunkers, can be ruled out. It is unclear whether this bomb was ever built.

DAZZLER

Laser weapon that temporarily blinds the victim ("Flash-bang grenade" a popular weapon in the *Star Wars* universe).

DIRTY BOMB

Conventional explosive device that releases radioactive material to its surroundings in the blast.

ENCEPHALITIS

(Gr. enképhalos, "brain")
Inflammation of the brain triggered by viruses; causes disorders of consciousness, changes in behavior, and neurological deficits; left untreated, it often leads to death.

ENTEROTOXINS

(Gr. enteron, "gut," toxíne, "poisonous")
Poisonous proteins secreted by bacteria that attack the intestine and cause cholera, diarrhea, and dysentery.

EXPANDING BULLETS

(also known as "Dumdum bullets")
Deforms after penetration, thereby transmitting its energy more effectively to the target medium than full metal jacket bullets, yet with a lower off as full coat floor, when at the same time lower impact power. Expanding bullets shred the body hit, kill faster, rarely exiting the target, and thus reducing the risk of injury to bystanders. This is why expanding bullets are again in use in high-risk police operations and in the fight against terrorism.

GLANDERS

Known since antiquity, a highly contagious bacterium transmitted from horses to people through bodily excretions; affects the respiratory tract; often fatal if left untreated. Difficult to cure to this day; is endemic in Asia, South America, and Africa.

G SERIES

(G = Germany; including tabun, sarin, soman)
A series of nerve agents developed in Germany during the Second World War; originally synthesized by IG Farben as insecticides. Further developed during the Cold War, mainly by England, the United States, and the Soviet Union. This poison blocks the transmission of nerve impulses and kills through respiratory paralysis. Sarin was used by Chilean dictator Augusto Pinochet (1973–1990), among others, against the opposition; two attacks waged by the Aum sect in the mid-1990s used the substance as well.

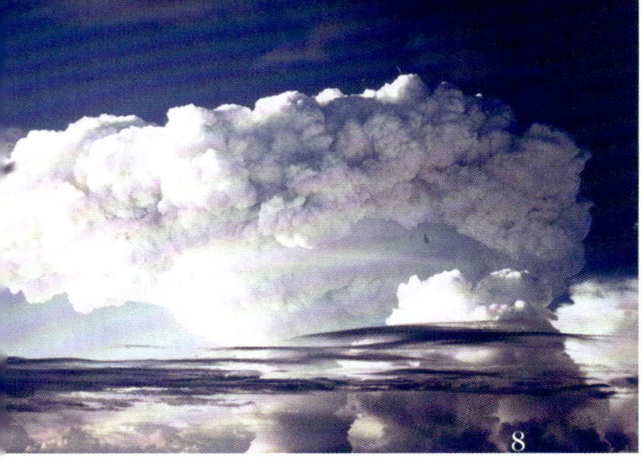
8

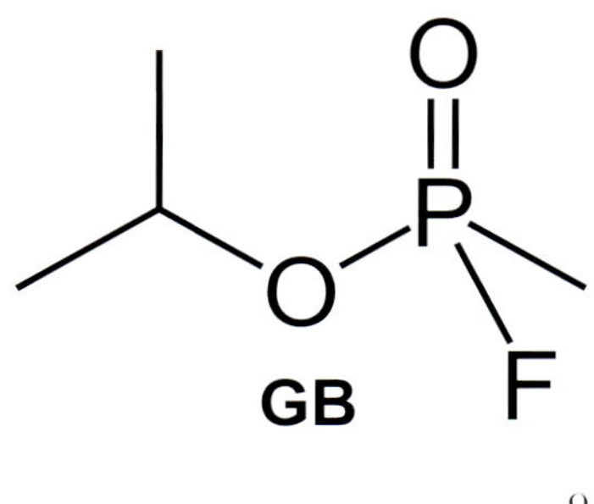

9

AMMO
ANGLAIS

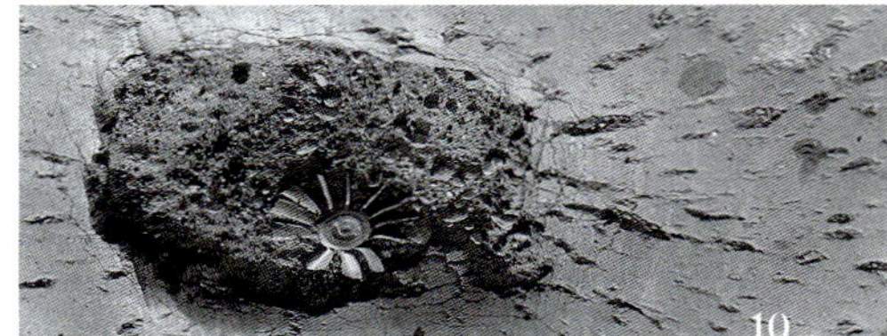
10

HAEMORRHAGIC FEVER
(Anc. Greek haima "blood," rhēgnymi "to tear up")
Life-threatening and highly contagious febrile illness accompanied by bleeding. In the 1990s, HF was a popular motif in Hollywood films, such as *Outbreak* (directed by Wolfgang Petersen, 1995).

HYDROGEN BOMB
Technologically more sophisticated, the hydrogen bomb delivers an explosive force that is many times greater than that of the atomic bomb. The horror fantasies that a possible use of the h.b. could unleash were staged nin films such as *Chain Reaction* (directed by Andrew Davis, 1996).

MRSA
(Staphylococcus aureus)
Strains of bacteria that are resistant to all known antibiotics and cause chronic infections. Particularly widespread in hospitals.

NAPALM
Petrol mixed with a gelling agent; adheres to the target, causing severe burning and difficult to extinguish. The combustion temperature is 800° to 1200° C. An early artistic testimony to critical consideration of n. is Harun Farocki's first film, *Inextinguishable Fire* (1969).

NEUTRON BOMB
Special form of nuclear fusion weapon which releases particularly high levels of neutrons. The n. is considered a tactical weapon that kills people and other living beings is designed to leave buildings largely intact. As far as is known, all n. were dismantled after the end of the Cold War.

NOVICHOK AGENTS
(Russ., "novice")
Soviet nerve agents developed between 1970 and 1990 and among the deadliest chemical weapons ever manufactured. There are more than 100 variations in this series.

PHOSGENE
(Gr., "produced by light," chem. carbonyl chloride) Colorless, highly toxic gas that smells like hay and is corrosive to eyes, mucous membranes, and lung tissue. Deployed *en masse* in the First World War in combination with chlorine gas and other chemical weapons (Yellow cross shells/ Multi-colored shooting). Today, used only in industry in closed systems (Green cross shells/Lung agents).

PLAGUE
Highly contagious bacterial infection; one of the most devastating epidemics in human history; still occurs today in locally restricted form. Is almost always fatal if left untreated. The three main forms are bubonic plague, septicaemic plague, and pneumonic plague; typically accompanied by black blisters and lymph nodes, as well as black discharge. Authors have addressed its occurrence in many texts in an effort to address the psychological consequences of the p., among others Boccaccio, *The Decameron* (1351) or Szczypiorski, *A Mass for Arras* (1971).

Q FEVER
(also Queensland fever)
Bacterium transmitted from animals to humans (especially cattle, sheep, goats) to humans; nests in dust or hay and transmitted by inhalation. Pregnant women are particularly at risk; rarely fatal.

Ricin
One of the most toxic natural proteins extracted from the seed shells of the castor oil plant (*Ricinus communis*); kills contaminated cells. Bulgarian writer and dissident Georgi Markov was assassinated by a r. injection in London in 1978; in 2013, US President Barack Obama and New York City Mayor Michael Bloomberg narrowly escaped an attack through letters containing the protein.

SMALLPOX
(Lat. variola)
Highly contagious, rarely deadly yet untreatable viral infection; transferable only by people. Thanks to massive global vaccination campaigns, considered eradicated since 1980. A typical symptom is purulent pustules over the entire body that leave severe scarring behind.

TULARAEMIA
(named after the city of Tulare, California)
Highly contagious bacterial infection transmitted by mammals to humans mainly through blood-sucking parasites (fleas, lice, bedbugs, ticks). The symptoms are similar to the plague. Presumably used as a weapon on the so-called "Eastern Front" during the Second World War.

VX
This chemical weapon developed in the 1950s enters the body through the skin, eyes, and respiratory tract; paralyses the breathing muscles, causing severe cramps and pain, and leading to death within a few minutes. Saddam Hussein is said to have deployed VX against Iraqi Kurds, killing several thousand civilians in the process. The weapon is known in the media through the action film *The Rock* (directed by Michael Bay, 1996).

YELLOW CROSS SHELLS
Shells used in the First World War and filled with chemical blister agents (e.g. mustard gas, lewisite, "dew of death"). To make them easier to identify, the various weapon types were marked with different colors; there were also blue, green, red, and white cross shells. The combined use of several weapons with different effects was known as "Multi-colored shooting."

Zyklon B
A highly toxic pesticide developed in 1922, and still produced to this day. The effective ingredient is cyanide gas which, when inhaled or in contact with the skin, quickly brings cellular respiration to a halt (inner suffocation). Massive use of this chemical weapon was made in Auschwitz and other extermination camps.

1, 2 NAPALM
3 CHLORINE SOLUTION
4 ATOMBOMB
5 ANTHRAX
6 DAZZLER
7 AGENT ORANGE
8 HYDROGEN BOMB
9 G-SERIES
10 EXPANDING BULLETS

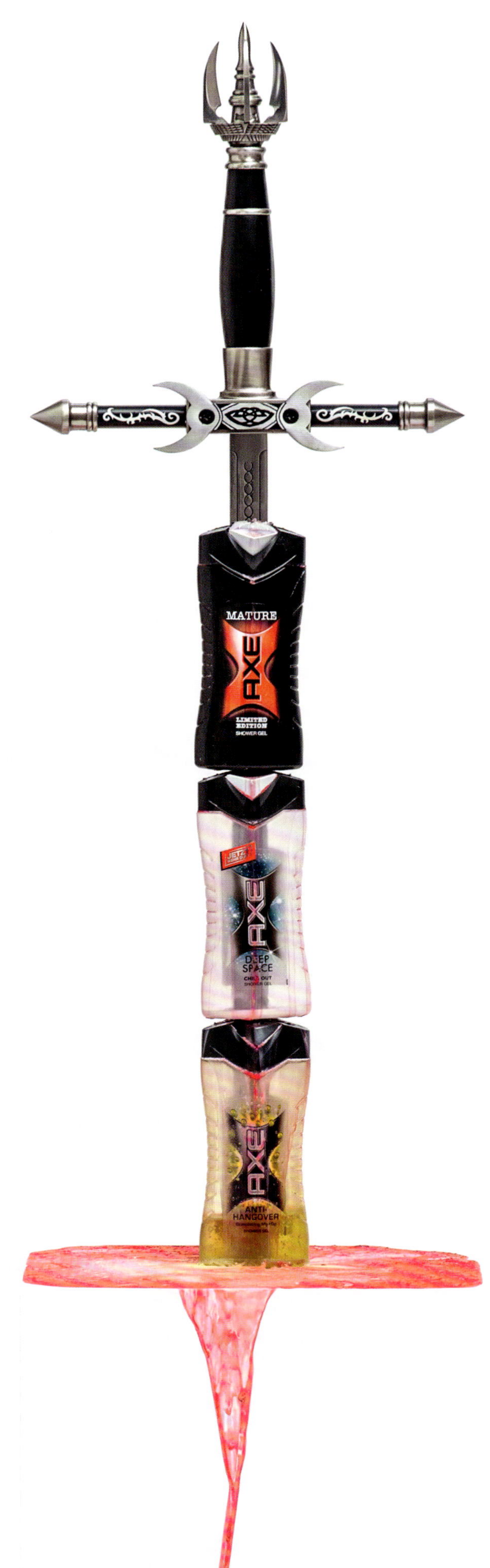

Timur Si-Qin,
Untitled (2014),
sword, Axe shower gel, vitrine.

Courtesy the artist and Société Berlin. Photo by Uli Holz

Increasing the **WELL-BEING** *of HUMANKIND*

Adverse circumstances often force changes in a course that later prove so useful that they serve the public good. Which is also why a war earned the Prussians an exemplary pharmacy of the most modern type.
By LEOPOLD GANTENBRINK

One may well lament the fact as sad, but war is a decisive engine of progress. By force, as it were, it drives both individuals and bureaucracies to innovations. According to a paperback for war surgeons published in 1914, from the moment battle begins, medical science also "places itself at the service of warfare, to maintain fighters' fitness for military service or to restore it as quickly as possible." Activity such as this is rewarded, for "war displays its gratitude by giving doctors ample opportunity to augment their experience and expertise." And it remains undeniable that wars bring forth not only new weaponry and technologies but everyday blessings as well.

During the Seven Years' War (1756–1763), the scope of which has led some historians to refer to the conflict as a world war, Christian Andreas Cothenius also augmented his expertise. Born into a surgeon's family in Anklam in 1708, after studying medicine in Halle and Berlin, he quickly made a name for himself as a consulting physician to nobility, the distinguished estates, and garrison officers. From 1748 he served as court and municipal *medicus* in Potsdam, from 1751 as personal physician to Frederick II, not the least of whose discomforts he alleviated stemming from a gout-stricken toe.

The state relied on his extraordinary organizational talent and vested him with oversight of all hospital establishments. Following 1763, his main focus was devoted to the reorganization of the Court Pharmacy of Berlin, which in the wake of war expenditures was deep in debt and essentially no longer operational. The Court Pharmacy served not only the royal family but also supplied the regiments, Charité, alms-houses, etc. Cothenius reorganized it within four years' time. To accomplish this, he drew up directives for the management and production of remedies and issued a regulation that governed the way these were to be produced, distributed, and managed. An office was created to oversee production of pharmaceutical preparations, together with quality controls for the basic ingredients used to produce them. It is no exaggeration to claim that Cothenius renewed the apothecary trade in Prussia, in the sense of the modern-day pharmacy. He remained in the private practice of medicine until his death, even tending to the destitute; after he went blind, he carried on for another six years, up until his death, with the aid of young physician assistants.

During the Seven Years' War, as "general field staff medical officer," Cothenius played a central role for the entire armed services of Frederick II. Medicine and surgery were still understood as separate fields at the time. Like the ordinary paramedical staff, the army doctors known as "Feldscher" had at best only rudimentary medical training or even none at all. The physicians, for their part, were not familiar with the basics of anatomy; for want of anaesthesia, operations had to be hastily performed within a few seconds' or minutes' time. Laughing gas, or rather the numbing effect of nitrogen oxides, was not discovered until 1799, by Humphry Davy. The "medical and surgical field kit" in use since the mid-seventeenth century still contained human fat, earthworms, and such miracle elixirs as "powder of sympathy." Even *sympathetic* methods are typical for the era, such as inserting a piece of wood into the wound of an injured person. This fragment of wood is then inserted into a tree (preferably: the ash tree), in a move thought by analogy to lead to healing of the wound once the wood has become fused with the tree. Added to this are field hospitals disinfected through the burning of incense, infection of gunshot wounds by surgeons' instruments and fingers, and wound dressings soaked in ointment, a treatment only the war surgeons under Frederick II began to abandon. Quite apart from the lack of effective treatments of fever, scurvy, diarrhea, scabies, or the practice of riding or marching until the flesh was raw.

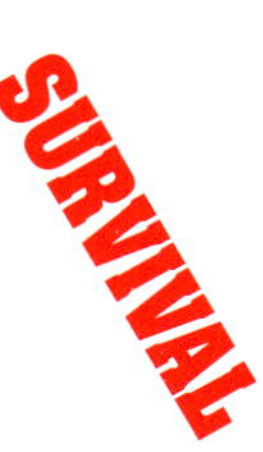

Though Cothenius did not carry out any radical changes, his measures pointed the way for the future. He relied on cinchona bark and camphor as antiseptics, and on Peruvian bark and ammonum carbonate. He himself compiled the king's personal field pharmacy, containing large amounts of opium, remedies against dysentery, musk, laxatives, and emetic tartar. He started the practice of keeping the field hospitals ventilated and redesigned their organization. This is where we encounter his true accomplishment. He had brief instructions, regulations, and guidelines issued for untrained "wound physicians" (surgeons) and paramedics and personally oversaw their instruction. The basics of hygiene were explained, the production of pharmaceutical products in the field was taught, and general guidelines were issued. Though this may at times have led to "mindless and naive" (according to one contemporary critique) adherence to the letter of the guidelines, it is here that we can clearly see Cothenius' merit: to have created order in chaos and made rules available to others in a way that enabled them to act for the benefit of all.

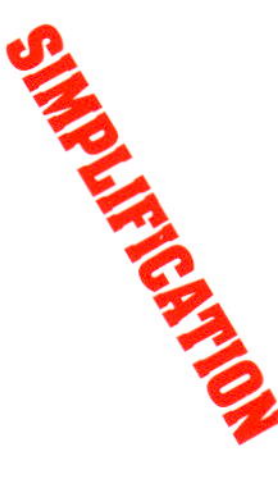

Since 1792 and down to the present day, the German National Academy of Sciences Leopoldina has presented the Cothenius Medal, a prize endowed by the last will of its namesake and funded from his own assets. This Medal has been presented to such prominent scientists as Ernst Haeckel, Otto Hahn, Ilya Prigogine, or Wolf Singer. Inscribed in Latin, the medal reads: "In recognition of the bearer's great contribution to increasing the well-being of humankind."

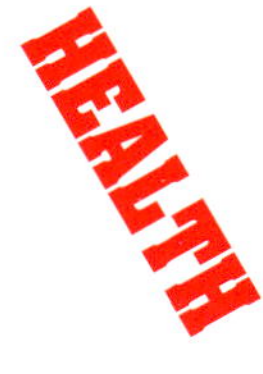

Women's WEAPONS

By MATTHIAS WAGNER K

Weapons aren't just for men. Armed women permeate world literature and the history of music and art. Judith with the sword, knife or sabre, and occasionally with a man's severed head, that of the Assyrian general Holofernes, likely ranks as the best-known of all motifs and has become deeply engrained in the collective memory. Artists including Donatello, Cranach, Botticelli, and Caravaggio created a wide variety of paintings devoted to the subject.

Interpretations of this motif range from Judith's heroism as a fighter against the tyranny of foreign domination to the role model of female rebellion against the prevailing gender order. Some readings emphasize a combative and emancipated femininity, others a womanhood driven by fantasies of revenge. The latter is perhaps most impressively linked to the person and work of Artemisia Gentileschi, an artist of the Baroque who at the beginning of her career was herself a victim of male violence.

Judith was first and foremost Yahweh's enforcer, but the armed women of today—characters in series, film heroines, singers, and pop icons—present a broader range of models of the feminine and, with these, roles and figures with which to identify. To judge from statements from post-feminist circles, the fascination with smart women fighters lies in the fact not just that they embody roles atypical for women, but that their very appearance is already a political statement the impact and import of which seeks to be understood as a deconstruction of gender. An iconic example of this, at least since 1992, is the shaved head of Ripley (Sigourney Weaver) in *Alien 3* as a putative uglification of the attractive woman. Though here one should be permitted to ask why a close-cropped woman's head should not unleash the same kinds of erotic fantasies (among some men) as long hair does (among other men). Interesting here, though, is the multiplicity of different models for being—one of them eventuating in "rebirth" as a clone—raising less the question of a changed sexuality and more the fundamental question of "identity" itself. Unlike Ripley in the science fiction epic, in "High by the Beach," her pop song from the album *Honeymoon*, singer Lana Del Rey does not wage an attack on the prevailing gender order. This is about a young woman who turns to the force of arms to rid herself of a paparazzo who has intruded into her private sphere, a response suitable to intrusion by the spurned lover in the film character and singer's emotional world. The resort to weaponry comes only late in the video. Before that, the scantily clad Del Rey meanders through the just-as-scantily furnished rooms of a beach house. Dropping onto the bed, gazing in the mirror, distractedly leafing through a boulevard magazine, stretching before the window open to the sea are the few actions before she leaves the house with rapid strides and runs down the stone steps to the beach. There, she bustles over the stones to remove first paper and garbage and then a black guitar case from a gap in the rocks. Having returned to the deck of the beach house, she lifts an oversized, futuristic-looking weapon from the case. Without hesitating, she takes aim at the black helicopter that has circled the house for the duration of the video and blows it out of the sky, together with pilot and paparazzo. A ball of fire can be seen, followed by a piece of paper on the beach with the final verse of the song lyrics, washed over by the spray of the sea: Everyone can start again / Not through love but through revenge / Through the fire, we're born again / Peace by patience / Brings the end.

Every pop song plays with emotions, feelings, moods—in short, with affects that summon forth favor and disfavor, dislike and fascination, or attractiveness and rejection. Indeed, "High by the Beach" also bristles with expressions of emotion with which Del Rey once again plays the keyboard of those affects that even Aristotle was convinced could be expressed musically and could be counted on to trigger the desired emotions in listeners. Whereas Aristotle derived eleven affects—appetite, anger, fear, confidence, envy, joy, friendly feeling, hatred, longing, emulation, pity, and in general the feelings accompanied by pleasure or pain—some 2000 years later the Rationalist Descartes reduced these to wonder, love, hate, desire, joy, and sadness.

The latter may also be the passions that inhere in stardom in and of itself—passions that, in dealings with the media and with one's own position, not only appear to be mutually conditional, but that are also always in conflict with one another, always in the process of defining anew which feelings an image evokes, and which images are suited to changing the emotional world. After all, it is the experience of liaison with the media that makes an artist a star to begin with. The person and his or her image are two entirely different things. And it is part and parcel of the image of Lana Del Rey to be glamorous and extremely sad. The "end of a love" equated with "the end of the world" as Jürgen Ziemer wrote in 2011 in *Die Zeit*, sets the stage for the melancholic background noise of her lyrics; the stylization as an American pop star comprises the retro self-reflection not just of one's own life but also of an entire country.

Her ladling from the Eros pool of the psyche may make her an object of sexual fantasies, but her image is most definitely not that of a passive sex object. With her image, she acts as a changer of traditional emotional patterns. "Because," as Michel Foucault wrote in 1971 in his homage to Jean Hyppolite, "every sentiment, particularly the noblest and most disinterested, has a history. We believe in the dull constancy of instinctual life and imagine that it continues to exert its force indiscriminately in the present as it did in the past. But historical knowledge easily disintegrates this unity, depicts its wavering course, locates its moments of strength and weakness, and defines its oscillating reign. It easily seizes the slow elaboration of instincts and those movements where, in turning upon themselves, they relentlessly set about their self-destruction." Somewhere in this analytical tradition, which,—like Artemisia Gentileschi 400 years prior—commits what it investigates, we find Lana Del Rey. Lana Del Rey is Gangsta Nancy Sinatra, is Lolita, is Claudia Cardinale in *The Legend of Frenchie King*, is Lana Del Rey. Everything is and remains staged, even the exercise of violence with a (Nerf Blaster) weapon. Film violence is work on the affect.

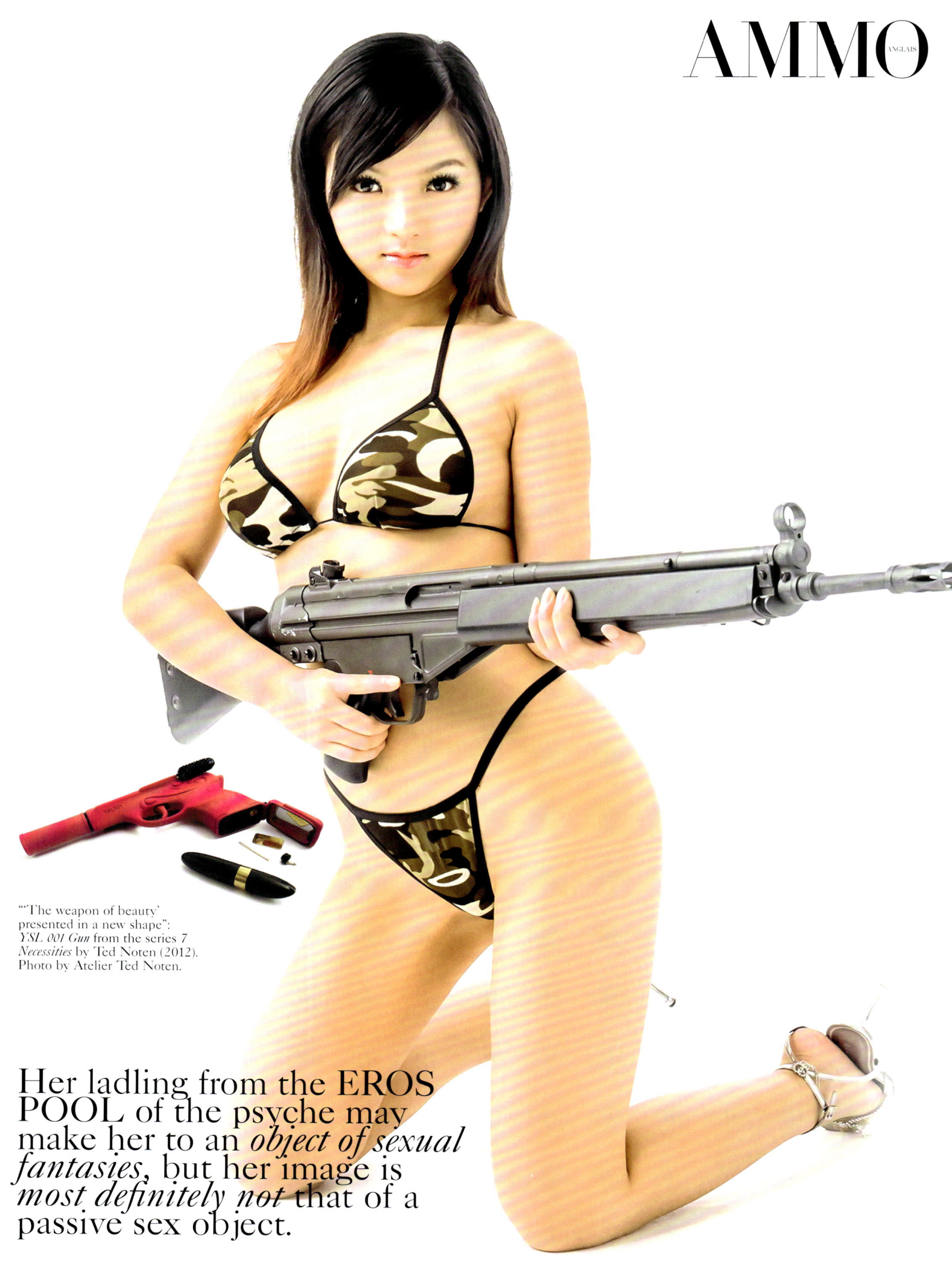

"'The weapon of beauty' presented in a new shape": *YSL 001 Gun* from the series *7 Necessities* by Ted Noten (2012). Photo by Atelier Ted Noten.

Her ladling from the EROS POOL of the psyche may make her to an *object of sexual fantasies*, but her image is *most definitely not* that of a passive sex object.

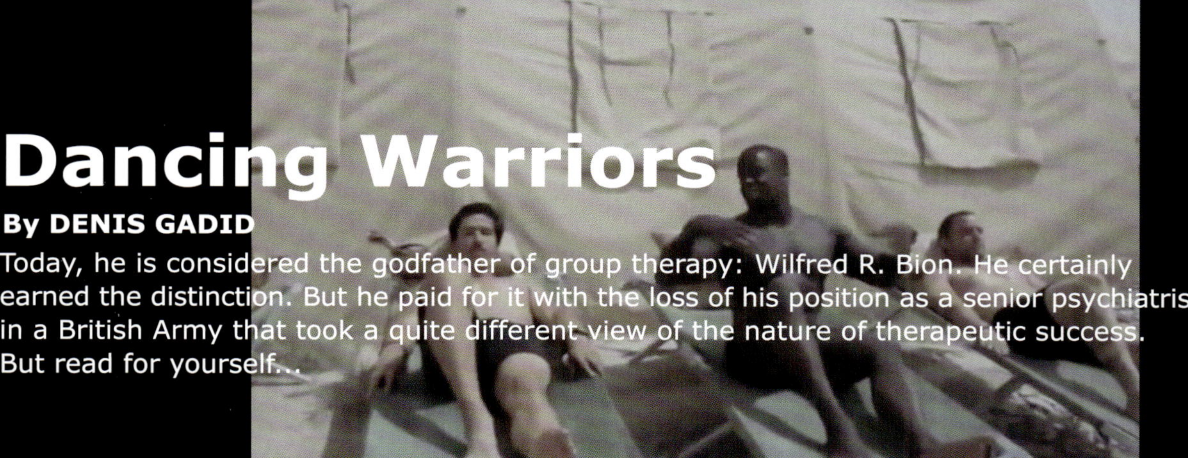

Dancing Warriors

By DENIS GADID

Today, he is considered the godfather of group therapy: Wilfred R. Bion. He certainly earned the distinction. But he paid for it with the loss of his position as a senior psychiatrist in a British Army that took a quite different view of the nature of therapeutic success. But read for yourself...

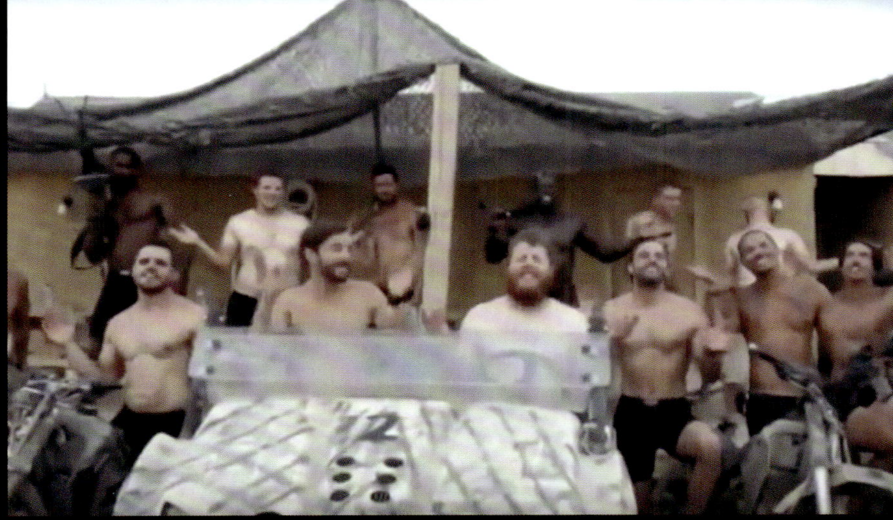

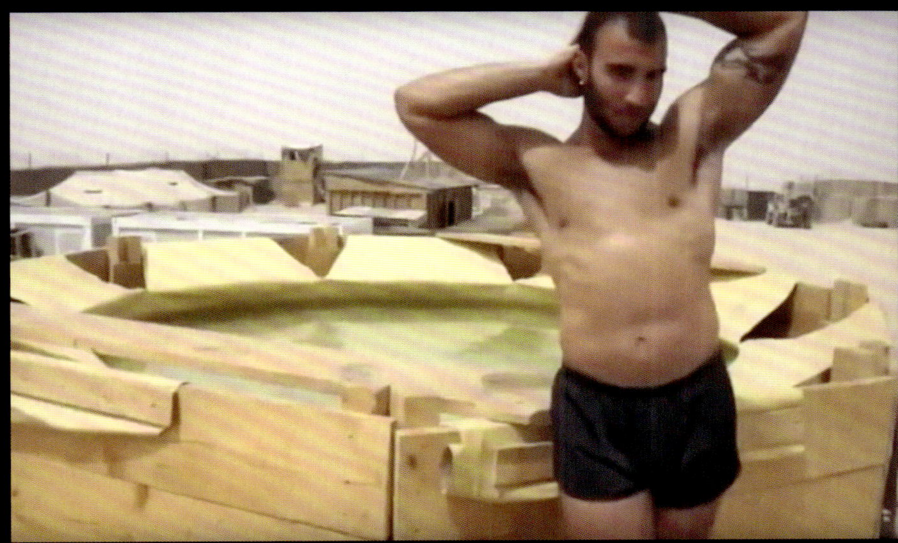

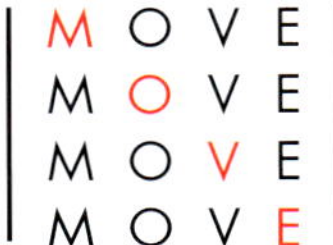

CALL ME MAYBE

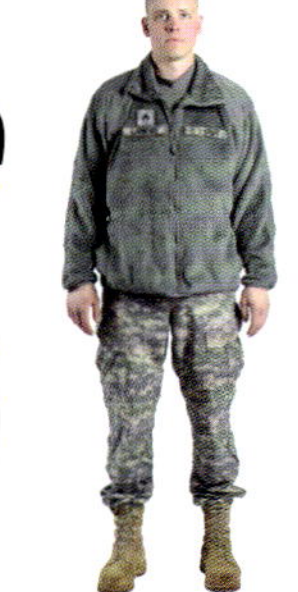

What are soldiers doing during lulls in the battle?—Well, some of them dance. Their sources: Lady Gaga and Carly Rae Jepsen!

IMAGINE there is a WAR and *everybody* only *wants to dance*

Like many psychologists and psychiatrists, Wilfred Ruprecht Bion (1897–1979) served in the military, too. Indeed, his first essay, in 1940, was entitled "The War of Nerves." In the Second World War, his missvion was to take British Army officers who had been traumatized by their experiences on the front and make them fit for duty again. Because wartime conditions made individual treatments à la Sigmund Freud seem inefficient, Bion thought about forms of therapy that could treat more than one patient at a time.

The point of origin for his reflections was the fact that the men in rehab lacked one thing in particular: discipline. Far from everyday military life, these soldiers were unable to take charge of organizing their free time; such a shortcoming complicated the effort to determine whether they were again fit for deployment on the front, and, if so, in what capacity and with what level of responsibility.

So Bion's question—and this is a question that concerns us all—was this: how does one authorize oneself to do something in the absence of any specified purposes? Because it was clear to him: "A psychiatrist [must] ... be spared the hideous blunder of thinking that patients are potential cannon-fodder, to be returned as such to their units. He will realise that it is his task to produce self-respecting men socially adjusted to the community and therefore willing to accept its responsibilities whether in peace or war."

It was not long before it became evident that the rehab group constituted its own problem: the members hindered one another in wanting to do anything. The kinds of things that seem not to exist at all for individuals or a couple suddenly emerge whenever several persons—specifically, more than six—come together; each human being comes equipped with a "protomentality" that cannot be shaken. So the question is how to overcome such neurotic blockage on the part of the group. In his attempts to do just that, Bion encountered several characteristics of groups: (1) pursuit of mutual dependency; (2) desire for pairing; and, (3) fight/flight based on a common adversary. According to him, these basic assumptions are "instantaneous, inevitable, instinctive." There is no group whose inner dynamics cannot be understood against the backdrop of these characteristics: whether the group is a bowling team, a reading club or the board of directors of a DAX-listed corporation.

So far, so great, one would think. But for Bion, things turned out differently. The "Northfield-Experiment" he had initiated was cancelled in 1943, after just six weeks. What had happened?

At first Bion had deliberately issued the group the very vague order to do something "useful." And it took the hospital group just days to fall into a rut. Left to their own devices, with nothing more than the order to do "something or other," what happened was virtually nothing at all; instead, eighty percent of the participants began to "shirk" and blame one another.

Asked about this at a (staged) emergency meeting, the men complained of a lack of leadership by Bion. Not rattled by the soldiers' complaints, Bion insisted that it was they who should come up with a common goal. Bion's aim was to find out what the group actually wanted, the way an individual patient on Freud's couch is called upon to discover what he/she actually wants.

Discussion. Then the suggestion: the soldiers wanted to learn how to dance. The idea behind the proposal was that the ability to dance was likely a suitable tool (or even a weapon...) with which to meet women (basic assumption 2: pairing), and this was an area in which all of the soldiers were unsure of themselves. A wish such as this replaced the otherwise normal group impetus towards fight or flight (basic assumption 3). What smoothed the entire matter over was the practice of dance, the rules of which embodied the authority in the room and were now mutually dependent upon the dancers themselves (basic assumption 1). In this setting, each member of the group had only himself as an opponent, in a rule-driven engagement with his partner: victory for the beautiful soul in the collective grouping.

Voilà! The group was now so fully in the clutches of dancing fever that, within less than a month, the members scarcely had time for other activities and devoted its resources entirely to organizing dance events and concerts. Requests for leave from the group, or for leisure time, ceased altogether. The general staff was not particularly pleased: They wanted a T/group bound together by prominent authority and a determination to attack the German enemy. Just imagine: there's a war on, but all anyone wants to do is dance! Bion had to go. Which doesn't prevent today's soldiers from bridging the time between combat missions with improvised dance choreographies modeled after the moves of former go-go girl Lady Gaga.

DANCING SOLDIERS: https://www.youtube.com/watch?v=OnPybGmF1M

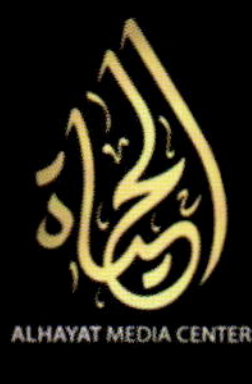

AT THE END *of the IMAGE*

On the VIDEO *of the EXECUTION of* Jordanian Pilot *MUATH AL-KASASBEH*

By DANIEL TYRADELLIS

So many affects. So much truth, so many lies in billions of images. What we see triggers something, hits and touches, leads us to judge and act, with and against all rationality. Images mark the first and the final points of causality and evidence. Therein lies their power, a power it is hard to overstate; in this regard, affective images are enormously high-impact weapons. And their range is constantly increasing. The only known repellents: numbing, habituation, education. The counter-reaction to them is escalation.

"In the beginning, images mean everything. Are durable. Spacious. But the dreams coagulate, take on a shape and disappointment. Already heaven no longer held in an image. The cloud from the airplane: condensation stealing sight. The crane now only a bird," Heiner Müller once wrote. Images use themselves up. Angels of history are now mere quotations of aesthetics and literary studies. It was to be feared that the last images will not have been of particularly high quality.

Christianity was said to be an iconolatric religion and Islam, by contrast, iconoclastic, for the latter considers not only the representation of the one God, but even images of people and animals, as an act of sacrilege. It considers such images to distract from what is actually the case ; thus they must be prohibited. One must not consider such prescriptions as mere assertions posited by bored or somewhat dim potentates. Instead, the aim is to limit the potential of images which almost always evince something that is not present in the here and now. The object is to prevent a change of reality through the inherent power of the media and their images, so as not to *denature* and thereby lose sight of the perfection of creation, which is actually disturbed by human ingenuity alone. The West was familiar with this argument as well, an argument that in the twentieth century was waged in the field of mathematics as a dispute over fundamental truths.

At stake is not logic or technological innovation alone but, to at least the same extent, the very fabric of society. In a world calibrated to market consumption, this may mean, for example, resisting the human tendency to read effortless enjoyment as synonymous with happiness. It is about the state of being engaged in the respective unique constellation of a life as happiness. Whether the dreams mediated in images are an integral part of this is the core question of the West, provided it is the hunger for an answer that carries history forward.

Foucault's "God Sex," for example, probably never would have played the role that we now consider normal, were it not for the universe of erotic and pornographic images. One in every eight clicks on the internet is devoted to a search in this universe—and it can be assumed that things do not look much different within the jurisdictions governed by aniconism. The pull of the forbidden is too great and access to it too easy. If one takes seriously the notion that every deprivation is a gift, that to say "yes" to a particular form perhaps means more freedom than its constant transgression or negation, then the only question that remains asks what could set limits to the pleasure of transgression, what weapons could have a disarming effect. Prohibitions of imagery and geoblocking alone are obviously not enough. Arab is a porn category unto itself.

I watched the video of the execution of the Jordanian pilot Muath al-Kasasbeh by IS, twice within twenty-four hours. It touches and beleaguers me, not only because of the unbearable depiction of a brutal murder, but also because of its choreography and direction, its approach to cinematic techniques, which seem thoroughly Western. The images are an imposition.

During a sortie over Syria, the young fighter pilot had crashed on December 24th 2014 – of all dates – presumably as the result of a technical defect aboard his F-16. He "rescued" himself with his ejector seat and landed in the Euphrates, one of the two biblical rivers of paradise, from which he was fished by members of IS and taken prisoner. Ten days later, he was executed. On the day of the Feast of the Holy Name of Jesus, the optional memorial dedicated to the importance of the person of Jesus taken in his totality.

Make no mistake: the video is amateurish and deplorable. Stupid through and through, but for that, alarmingly intelligent. Due specifically to its poor design ("malfaçon," as Jacques Derrida would have said), it is the most enlightening work of which I am aware on the question of what an image is. Every subsequent image ever published in the name of a struggle for freedom will have to explain itself before this video. The vast majority of them will not bear up against it. End of the notion of the image as we know it. It is not a ban but rather the erosion or *extinction* of imagery that represent its end. They will produce a new one, and will call human existence radically into question—even if the consequences cannot be formulated for decades yet to come. The truth of an image is its social impact. Its time horizon cannot be gauged. Knowledge of this fact places Islam and Judaism at an advantage over Christianity in its current form.

IMAGES mark the first and the final points of *causality and evidence*. Therein lies their **POWER**, in this regard, *affective images* are *enormously high-impact* WEAPONS.

The seventeen-minute film tells the story of an execution and a court. The site of the killing and the convening of the fighters and witnesses of the deed are shown in a chronological narrative featuring numerous flashbacks meant to justify what is to come. The IS fighters are masked and clad in black, the Jordanian pilot in a bright-orange garb of the kind familiar from the prisoners in Guantánamo Bay, presumably a $10 garment ordered online from Turkey or Bangladesh. The video systematically works with aesthetic set pieces, and even the timing of when and how the film would be posted on the internet is likely to have been precisely choreographed, as Clemens J. Setz had demonstrated several months prior within an article about the strategy of IS written for *DIE ZEIT*.

Muath al-Kasasbeh's face, his expression as he seeks an intense experience of the final minutes of his life, perhaps the anticipation of the pain to come, are shown as imploringly as the pilot's statements about the reasons for and conduct of his belligerent missions on behalf of the United States, combined with fade-ins of maps and other set pieces drawn from the technoid visual aesthetics of the countless Hollywood cinema variations of *Top Gun* (1986).

The video message is broken down into windows into which information is continuously imported. These windows are designed to convey the individual's embedding in a higher monitoring and supervisory body while at the same time permitting the protagonist to accurately assess the images in their space-time coordinates. The imagery suggests equal measures of adventure, on the one hand, and control and superiority as well as rational calculation and a precise weighing of right and wrong on the other. Messages are tickered in on the left as the countdown runs on the right. The only thing disrupting such an aesthetics is the Arabic chanting that overlies everything.

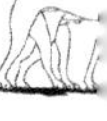

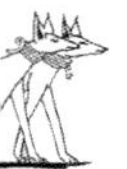

The narration itself follows an Old Testament logic of revenge. The video shows images of infants and children killed in US bombing; struck dead by the collapsed walls of destroyed houses or trapped and burned alive. The same happens to the pilot imprisoned in a cage, whose petrol-soaked jumpsuit leaves him no chance to survive the flames. At the end of the film, an earth mover dumps rock and concrete onto Muadh al-Kasasbeh, still in the cage and now burnt to a brown-black cadaver, and disposes of him.

The film reflects in the most tragic way the heroes of the Western feature film by adopting the same approach to staging and yet apparently offering the one thing that this genre is not capable of offering: the certainty of death, that event which we are constantly circling in its ambivalent fascination. We think we know that a person is *really* dying here. In our perception, it all comes down to this act of killing, the sacrifice. The animal on the slaughtering block, the pilot on the sacrificial altar. He dies representatively, but he actually dies. And yet—he dies like the countless innocents, like the civilians inadvertently bombed to death, or children in the Third World, who also die from diseases that would be easy to cure if they were given the drugs to do so. They, too, actually die, and everyone who wants to can and does know that. Muadh al-Kasasbeh plays Pete "Maverick" Mitchell (the name of Tom Cruise's character in *Top Gun*), except that the heroism is scattered into the nothingness to which technoid superiority, and to which contexts of social being simplified to the level of a caricature, condemned the Western subject. Death is the only thing left that can lend meaning to the reception.

Naturally, the West is familiar with films that seek to cope with uncertainty about the authenticity of an image and the feelings evoked by the assumption of a real death occurring with cameras rolling: "snuff," named after the 1976 film *Big Snuff*. No one, however, would refer to a documentary about the tacitly accepted deaths of children for want of malaria vaccines as a "snuff" film, even the film were to show a "live" death. The IS video is intelligent only in this respect: by extending the causal chains precisely where we have been trained to shorten them, and by shortening them where the West otherwise can come to no end of evidence—the actual death.

When, in his speech upon receiving the Peace Prize of the German Book Trade in 2015, Navid Kermani mentions the "snuff videos" reaching us "from Libya and Egypt," as always he misses the structural situation, in order more precisely to serve the identificational mood. What makes his *Incredulous Wonder* so popular is that it expresses that corresponds to the religious level of the Western agnostic and everyday Christian: at best, one succumbs to the affects Christian idolatry has perfected in order not to have to rely on that shaky candidate known as the intellect. One interprets what one sees without spending too long contemplating the background involved.

In fact, the IS films are the opposite of snuff. This is because these films celebrate the pleasure of lethal violence perpetrated on victims solely for its own sake. On the contrary, the IS videos are about staging and over-staging violence alleged to be expedient and necessary—even though in the end this, like all violence, remains senseless and blunt and even, if this were logically possible at all, topping itself. This is something Christians should actually know; after all, at the center of their religion is the deadly torture of the God they worship, an element that brings them the ridicule of other religions to this day. "Snuff" as used here actually refers to the extinction of direct compassion in the face of suffering—or its maximum exaggeration in negation.

The "snuff videos" of IS depict the structural sadism that issues from this way of thinking and insists all the more urgently upon real images. The West has a typically private answer to this: so-called "reaction videos" depicting people watching such execution videos as home entertainment. These are documents of the desire for authenticity and at the same time evidence that one can still actually feel something. This is the paradox: that one is always mere millimeters from the madness that forces to shock-like reality while at the same setting up elaborate scenarios of proof for the ability to be touched—as a moment of life itself, beyond any standard of right or wrong.

RATHER THAN *hypocritically deploring WESTERN coarsening* in the face of *drastically pleasurable images* we should be asking *why* people are so *bored and disinterested* over the everyday occurrence of *senseless* **SUFFERING** *and DEATH in the WORLD.*

It goes without saying that citizens, politicians, and media representatives are agitated by the brutality of the IS videos; those who consider themselves particularly clever complain of the coarsening of the Western image, which is why one should not be surprised if the IS responds accordingly. But that is not the question. When Verena Lueken claims in the *Frankfurter Allgemeine Zeitung* in October 2015: "The glorification of sadism to death is a marketing feature of the Western culture industry," this sounds more clever than it is. A look at the visuals that existed prior to a time when marketing departments invented the word "marketing" and philosophers the word "culture industry" reveals that the causal chain is possibly reversed. Cruel and extremely cruel depictions of violence were common in the West and always have been. The Western strategy (and this is something that can be diagnosed without being paranoid) consists precisely in extending causal chains to such an extent as to speak, with a straight face, about inherent necessity or regrettable marginal phenomena and accidents—the contemporary version of the best of all culture-industrial worlds. Rather than hypocritically deploring Western coarsening in the face of drastically pleasurable images in snuff videos or in feature films such as like Ridley Scott's *The Counselor* (2013), we should be asking why people are so bored and disinterested over the everyday occurrence of senseless suffering and death in the world.

Perhaps what is required is unfamiliarity with Western visuals and viewing habits to distil this truth out of them. In any event, the impression is difficult to shake that the IS video from 2015 is a helpless visual polemic, rooted in a lack of detachment, that comes across as genuine precisely for its lack of professionalism. Poor workmanship is a quality in its own right. It touches the beholder because it is not detected by the radar of expectations of high quality, is perceived as atavistic and thus promises an archaic truth. Dealing with it is far more difficult than the proliferation of the customary provocation of the kind encountered in the art world—from Ai Weiwei to The Center for Political Beauty. So it is not a contradiction to say, with Clemens Setz, that the IS videos are "user-friendly." They show just enough to make them candidates for broadcast; and they are done just poorly enough that the viewer does not perceive death as the result of cost-intensive simulation but as an authentic event.

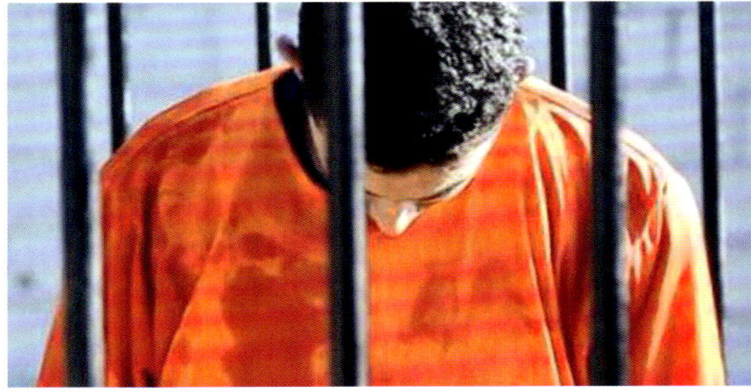

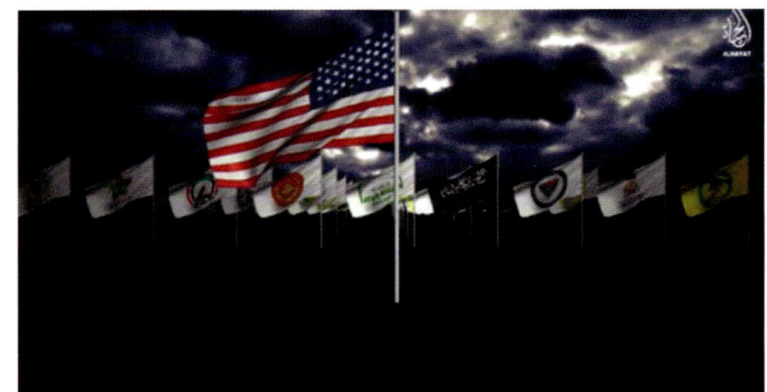

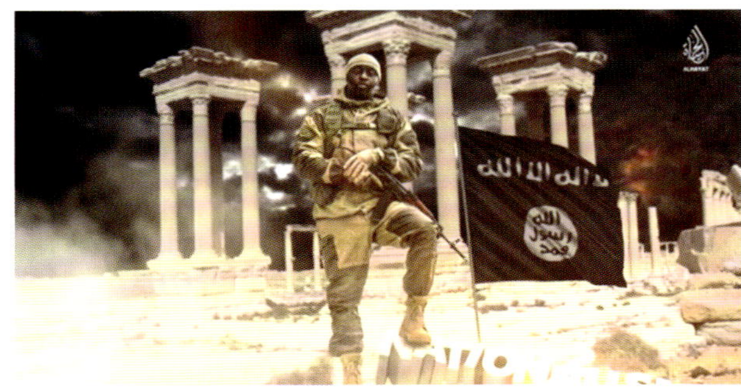

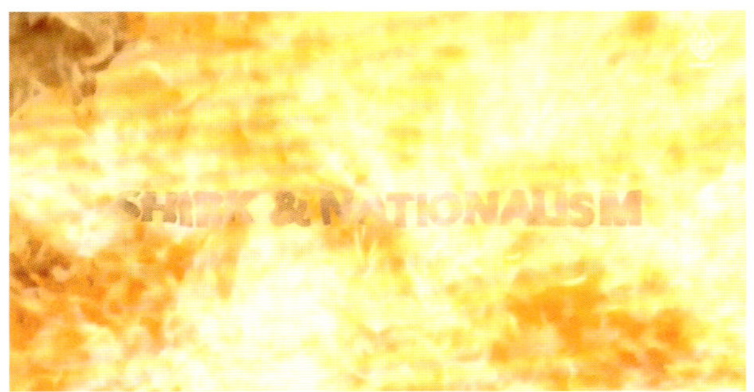

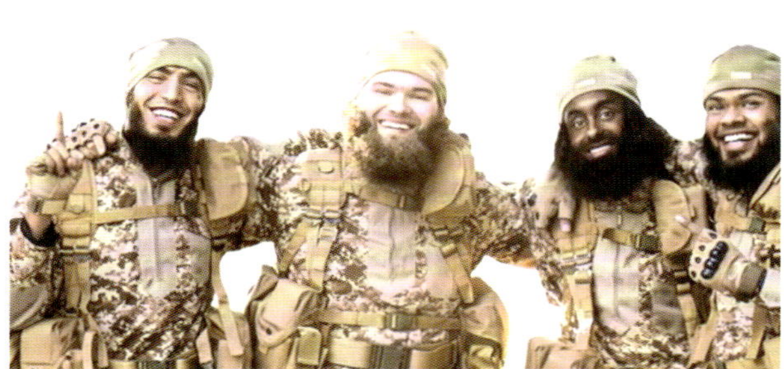

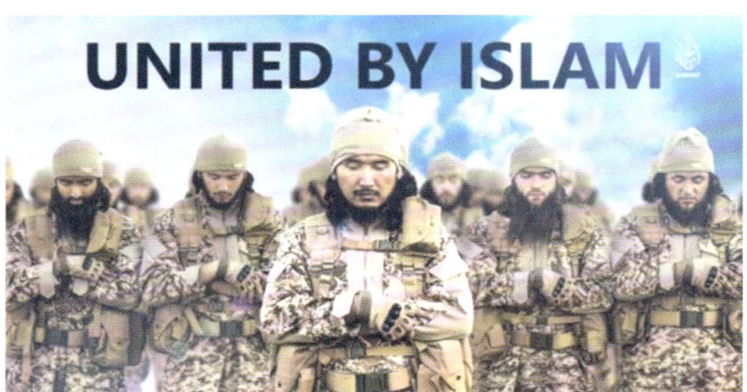

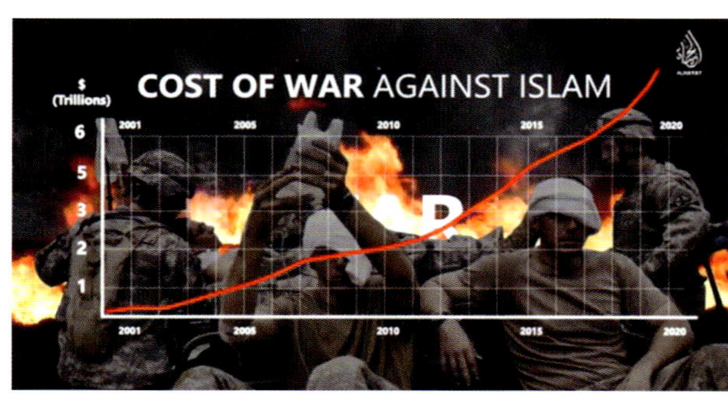

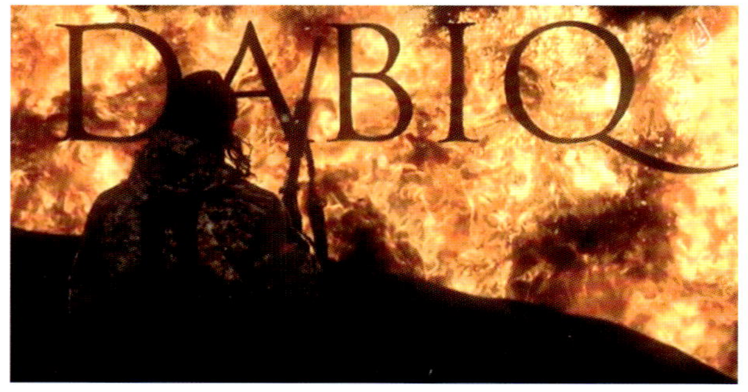

The videos by terror organizations are as amateurish as they are effective. They disfigure Western image logics to perfect recognizability.

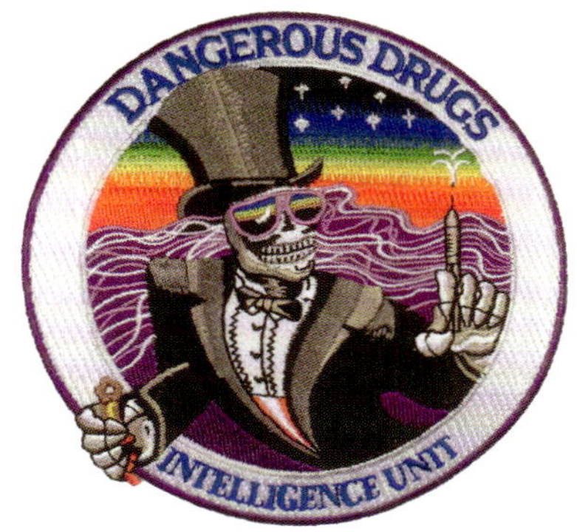

Inspired by drugs: the US Drug Enforcement Administration is a highly creative group that circulates thousands of hand-embroidered uniform patches.

TOTAL REINFORCEMENT *and LAST RESERVES*

Since the early Middle Ages, warriors in Yemen or Ethiopia have chewed khat; *to stay awake, the guards along the Great Wall of China used an herb that also suppressed hunger and enhanced alertness: naturally occurring ephedrine—the beginnings of controlled use of amphetamines.*

"Here to keep the inner peace": *Yoga Joes* by Brogamats (2015). yogajoes.com Photo by Brogamats/ Mark Wickens Photography.

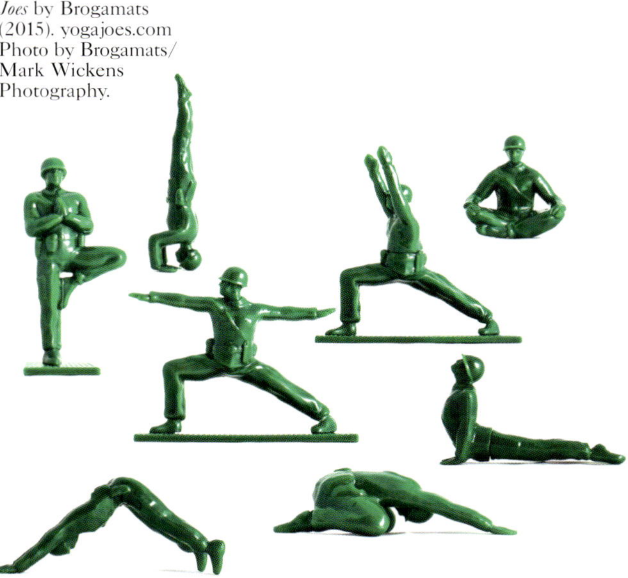

The usual prejudices against drug consumption amount to this: all drugs are essentially the same, lead to dependence or physical harm, undermine the self and conciousness, and are considered socially objectionable. Some time ago, then, it unleashed a tempest in a teacup when a Wehrmacht and a Nazi grandee, both doped with the methamphetamine Pervitin, were presented as the latest fad in historical research. There was simply nothing better until the invention of *Hipster Hitler*.

Indeed, the Second World War was a turning point for the military's use of amphetamines and methamphetamines—all the things colloquially known as "meth," "crystal," or simply "speed." Millions of Benzedrine, Dexedrine, and Pervitin pills for the British, Americans, and Germans. In Vienna in 1940, though, Viktor Frankl administered intracisternal injections (i.e. directly into the *cisterna magna*, the extension below the cerebellum) of high-dosage Pervitin, produced by Temmler-Werke Berlin, to resuscitate patients who had attempted to commit suicide with sleeping pills. Even into the 1950s, Pervitin remained in use as a therapeutic agent in situations ranging from treatment of the bronchi to obstetrics. Today we speak of cognitive enhancers such as Modafinil, Adderall, Aricept, or Pitressin. Politicians, students, scientists, and managers have brought these drugs onto the floors of the decision-makers and lightning thinkers worldwide. These derivatives are miles away from the old and popular everyman's drug, speed, that truck drivers, ravers, and away fans used to gulp. Concentration, vivid imaginative powers, defence against all manner of physical diversionary tactics (sex, hunger, sleep). What has grown nearly indispensable in the storm of steel of the meritocracy is now being further optimized by the Defense Advanced Research Projects Agency (DARPA) in the US. The new craze: *Metabolic Dominance for peak performance* by the "war fighter" (or top manager or air traffic controller). Uninterrupted peak cognitive and physical performance under highly stressful conditions—three to five days, twenty-four hours, without sleep, food, or rest. In 1965, when Allen Ginsberg told a reporter of the *Los Angeles Free Press* that "Speed kills!" he must have been mistaken. *A.L.H.*

The NEW CRAZE: METABOLIC DOMINANCE for PEAK PERFORMANCE by the "WAR FIGHTER"

Spiderweb creation under the influence of ecstasy. Image from NASA.

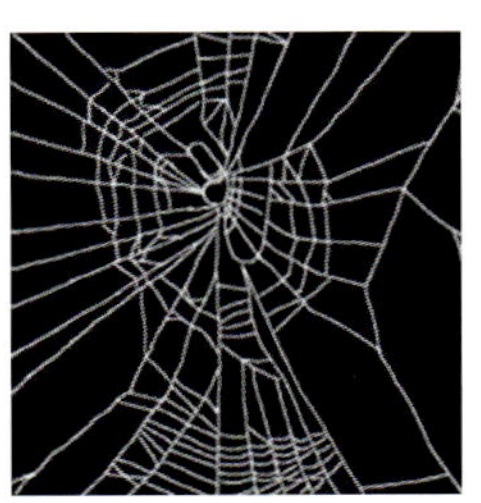

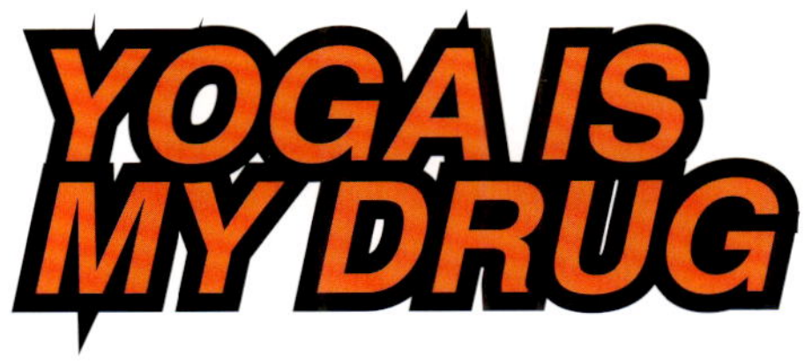

SUNRISE YOGA: https://www.youtube.com/watch?v=

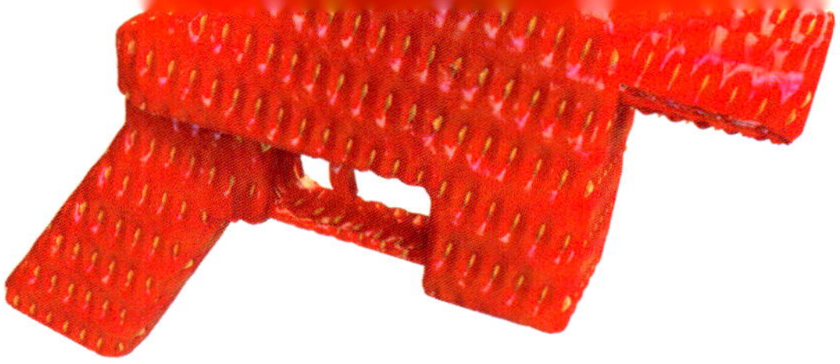

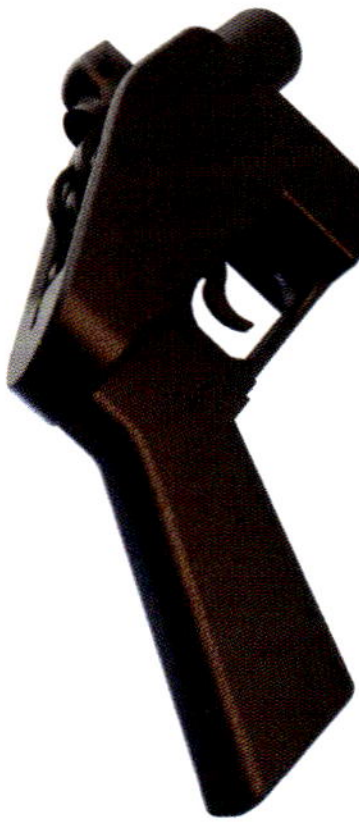

"WEAPONS WANT TO BE **FREE.**"

3D-printed weapons, distributed from my cold, dead hard drive?

By JULIANE DUFT

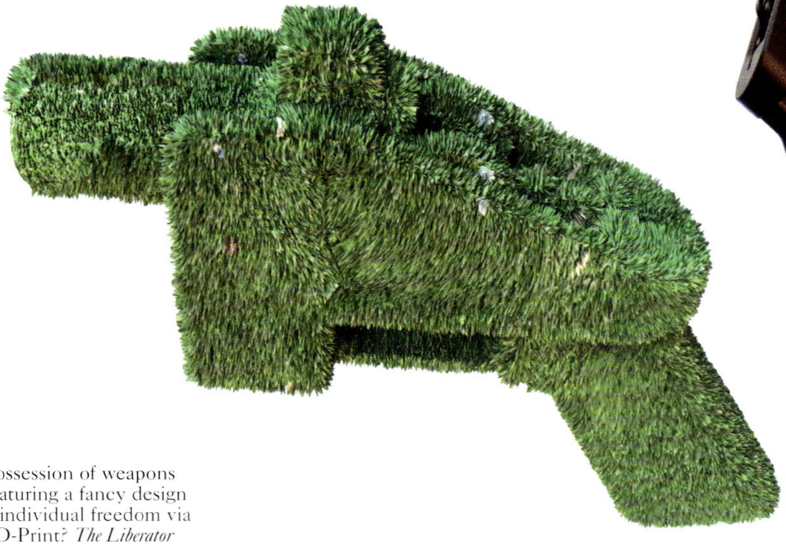

Possession of weapons featuring a fancy design – individual freedom via 3D-Print? *The Liberator* by Defense Distributed, 2013.

Renderings: JAN-PETER GIESEKING

She held the thing up for him to examine, a dull steel tube with a leather thong at one end and a small bronze pyramid at the other. She gripped the tube with one hand, the pyramid between her other thumb and forefinger, and pulled. Three oiled, telescoping segments of tightly wound coil spring slid out and locked. "Cobra," she said.

Beyond the neon shudder of Ninsei, the sky was that mean shade of gray. The air had gotten worse; it seemed to have teeth tonight, and half the crowd wore filtration masks. Case had spent ten minutes in a urinal, trying to discover a convenient way to conceal his cobra; finally he'd settled for tucking the handle into the waistband of his jeans, with the tube slanting across his stomach. The pyramidal striking tip rode between his ribcage and the lining of his windbreaker. The thing felt like it might clatter to the pavement with his next step, but it made him feel better.
William Gibson, *NEUROMANCER* (1984)

The world of tomorrow is the same as today, only worse. Humankind is corrupted, community is lost, the individual an anarchist and the only hope left. Totalitarian regimes, drugs, biotech, darknet, war games. No one but ourselves will be our undoing.

In 2016, cyberpunk romanticism is already history. Every person with access to the internet and to a 3D printer can produce a functioning firearm at any time. This is not science fiction any more. The data uploaded by Cody R. Wilson as part of the Wiki Weapon project have been circulating online for three years and make it possible to manufacture the components of the Liberator with any ordinary 3D printer. A click of the mouse is all it takes to turn raw data, liquid plastic and a metal pin into the hard reality of a working pistol. Wilson now calls his project, financed through crowdfunding, "Defense Distributed"; he is working on other firearm types. He is a representative and hero of the *Second Amendment* movement in the United States. This not-small number of Americans longs to return to the conditions of the Wild West, to a time when everyone fought for his or her existence with the aid of freely accessible firearms. They invoke the *Second Amendment* to the *Constitution* of the United States, a measure their compatriots passed in 1791, stipulating that every American citizen must have the right to possess a weapon for use in self-defence in the event of an emergency. It is in light of these calls, that gun laws in Texas, for instance, were recently relaxed to permit gun-owners the open carrying of firearms in bars. Cheers!

Wilson may be a Texan, but he is more than a techno redneck gone wild in search of that powerful feeling of displaying his Glock on his belt. The newly graduated lawyer gestures like a rapper but speaks of such political ideas as "bottom-up socialism," interlacing his discourse with quotations by theorists including Jean Baudrillard and Pierre-Joseph Proudhon. Wilson manifests high ambitions, both linguistically and theoretically; formally speaking, however, the Liberator is anything but high-end. It is a hilarious sight at first to see its creator, tanned for media impact, muscular, and wearing dark Ray-Ban sunglasses, fire his weapon on the Texas prairie. The Liberator is not a beautiful, sexy weapon with a cool, metallic sound. It is white, angular, and clunky, and somehow outsized. It looks more like a lighter than a precision killing instrument. Its proportions made it look like an Asian fake of itself. Actually, it is never a copy—and never an original, either. Wilson's shot sounds like the clicking of a stapler. He is quite obviously not concerned with prestige; to him, it's about technological progress: doing what is possible. "It's more radical for us," he points out to online magazine Motherboard in the documentary film Click Print Gun. "There are people all over the world downloading our files and we say 'good.' We say you should have access to this. You simply should." For him, 3D-printing permits "a world where you can have a firearm if you want. This is a world of equality."

Another convergence of desert and artificiality, this time in Las Vegas, Nevada. At DEF CON, the world's largest hacker conference, one sees not just a few pro-weapon statements emblazoned on T-shirts, backpacks, and bumper stickers. In the desert outside of town, DEF CON Shoot invites attendees as a prelude to the conference.

"Information wants to be free." Cyber icon Stewart Brand's famous dictum has been the mantra for hacker culture since the

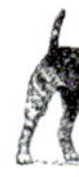

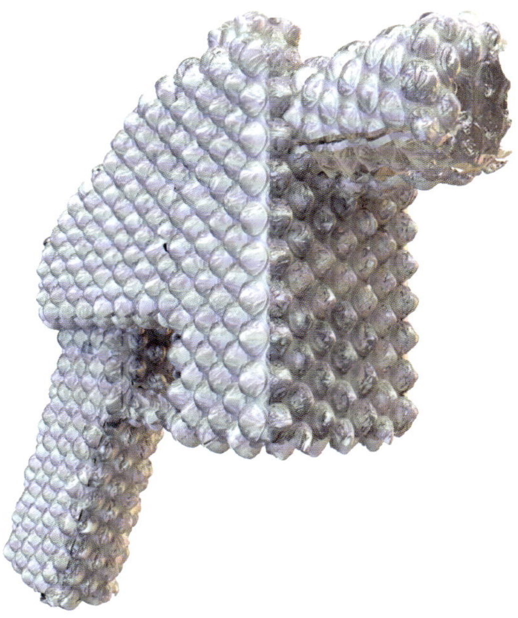

„I just don't see how you can **STOP** it effectively. *The BITS will FLOW.*"

Puzzle for the modern gun lover: single parts of *The Liberator* from the 3D printer.

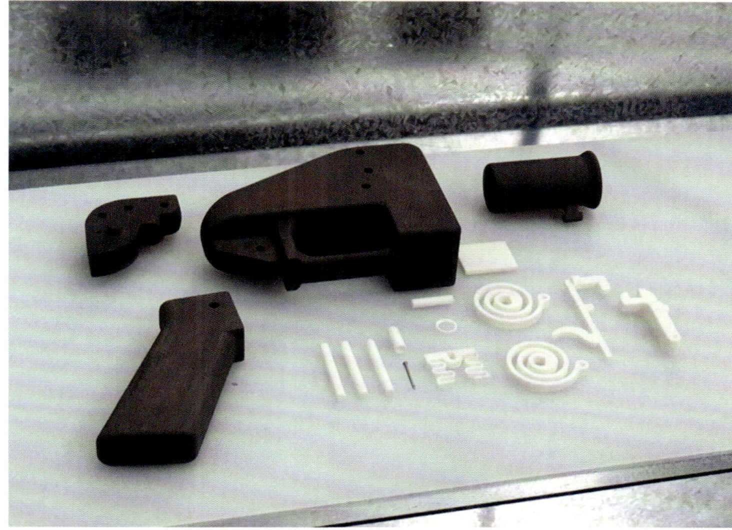

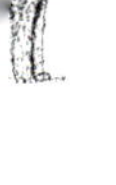

first digital networks of the 1980s. "Cypherpunks" fight for the liberation of information by militating for internet privacy through cryptography. If cyberpunk is a dark literary vision, cypherpunk is reality. Thanks to Wilson's data for the Liberator, it pokes out from the web and into our material reality. Wilson describes himself as a crypto-anarchist, a term he borrows from Tim May's eponymous 1988-manifesto. It is the manifesto of the cypherpunk movement, which calls for an age of individual freedom in which data can flow freely, secured through robust encryption technology.

Cypherpunk and weapons enthusiasts have something in common: distrust of state power. Both cryptography and the radical interpretation of the *Second Amendment* as a right of free access to weapons view themselves as weapons against potential tyranny. Indeed, as a matter of law, the US government treated both as weapons up until the 1990s: encryption keys longer than forty bits were subject to strict state regulation. Wilson still sees no difference between data information and the weapon as an object. To him, both want to be free. He describes the 3D printer pistol as a jinn that cannot be closed back in its bottle: "I just don't see how you can stop it effectively. The bits will flow." His assessment seems correct; there is hardly a process conceivable that can stop the spread of data. Still, Wilson deliberately refuses to classify the technology in ethical or moral terms: "I don't know where that puts it on a moral spectrum." Is a weapon a neutral object, a medal with two sides? There is an uncanny, dark side to the cypherpunk movement, too. In the late 1990s, on the one hand, there was Richard Stallmann, the GNU General Public License founder, whose "copyleft" software was intended as an ethical alternative to licensed codes. Software with a GNU license can be modified and freely shared by any user—as long as he or she makes the resulting software freely available to others. On the other hand, there was Eric Raymond, the founder of what became known as the Open Source project. Even though Raymond's utopian rhetoric disguised it, Open Source is a marketing strategy, a calculated "rebranding" of the anti-corporate philosophy of free software in favor of technological progress and economic profit. So while Stallmann, the former hippie, pursued a moral-political vision of transparent, controllable software with his GNU project, Raymond's campaign was based on the cold logic of machines and Randian entrepreneurial spirit. No doubt Cody Wilson's logic of free weapons is not motivated by love, peace, and flower power.

But to step back once more: the human being is still bound to his or her body. So although today all it takes is a click to materialize a weapon in a 3D printer from data drawn from the internet, and although encryption codes strike such a wonderfully heroic pose, data and firearms are not the same. Weapons are physical objects and can kill with a "click." The option of encrypting information means power no matter how it is used; it also creates space for criminal activities, but it does not kill *per se*.

"Why are some shapes more dangerous than others?" Cody Wilson asks rhetorically. Design does not seem to be one of Wilson's hobbyhorses, and even if he almost animistically conjures up a life of its own for the weapon—his studies of the French philosophers apparently have not (yet) taken him to Bruno Latour's object-centred theory. It is no coincidence that the firearm is Latour's example of choice in his text on technical mediation, in which he ascribes to objects a role as central as the role of human beings in a social network of actants. The weapon has a function inscribed into its design, a function clearly directed against the human body, its existence. The weapon is a thing that covets other things and demands: money, blood, respect. Whether or not one wishes to follow Latour, it is beyond doubt that objects do something with people. A person holding a gun in his or her hand behaves differently to an unarmed individual. The weapon can serve in a moral structure of defence or maintenance of order in a state. Weapons from a 3D printer, which have no registered serial number, can wind up in anyone's hands and are nearly impossible to detect in airports, seem to enter into and bring about different social interweavings. Just recently, Wilson developed the first submachine gun printable by a 3D metal printer for under $150. From a formal-aesthetic point of view, the Ghost Gunner seems more designed, and it looks good in images, too. The requisite printer is available for an investment of $21,000. Less of a hot deal for Texas shooting clubs—than for terrorists.

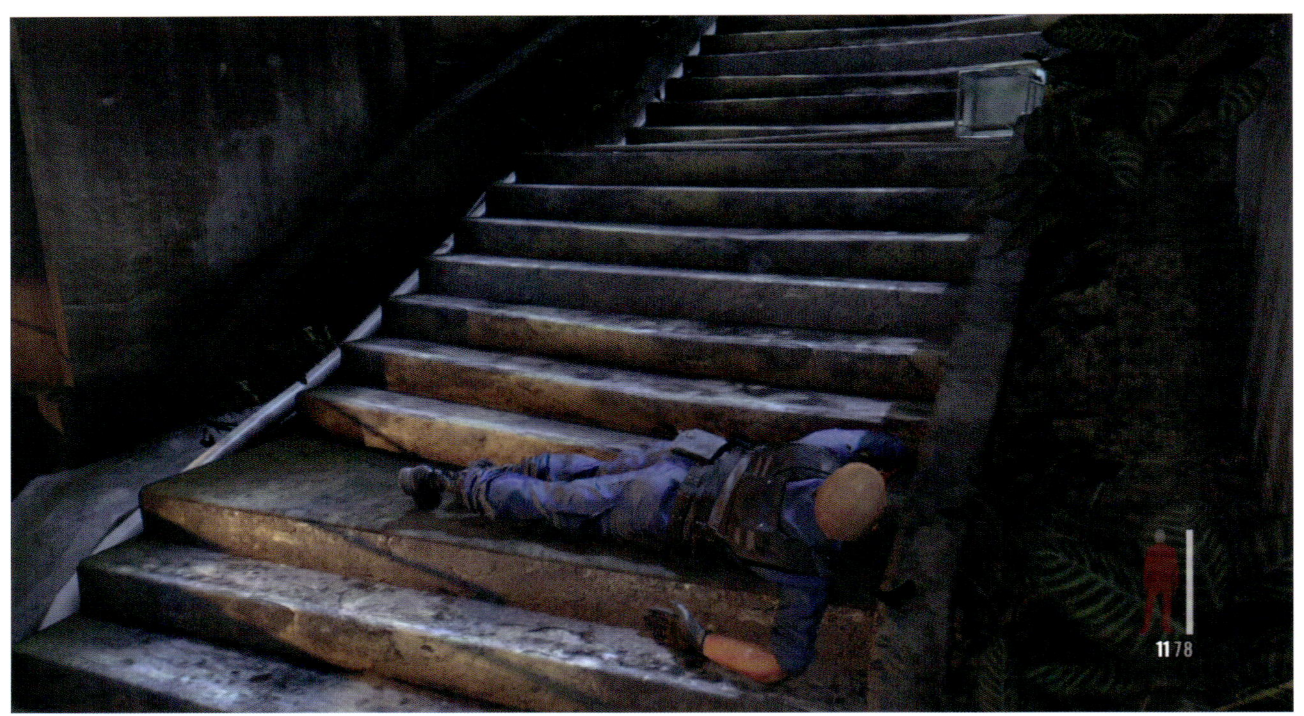

Jon Rafman,
A Man Digging (2013),
video stills.

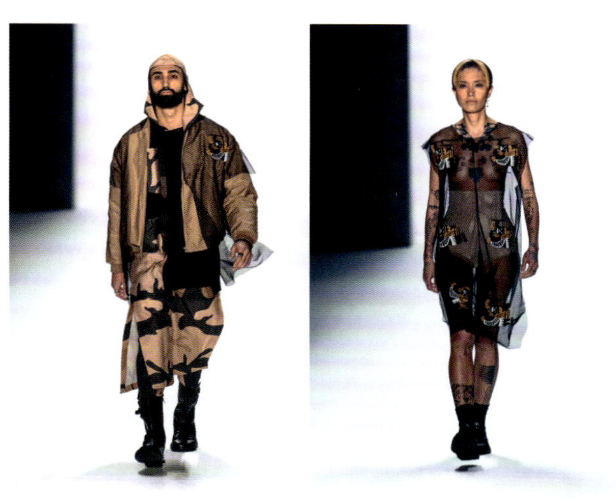

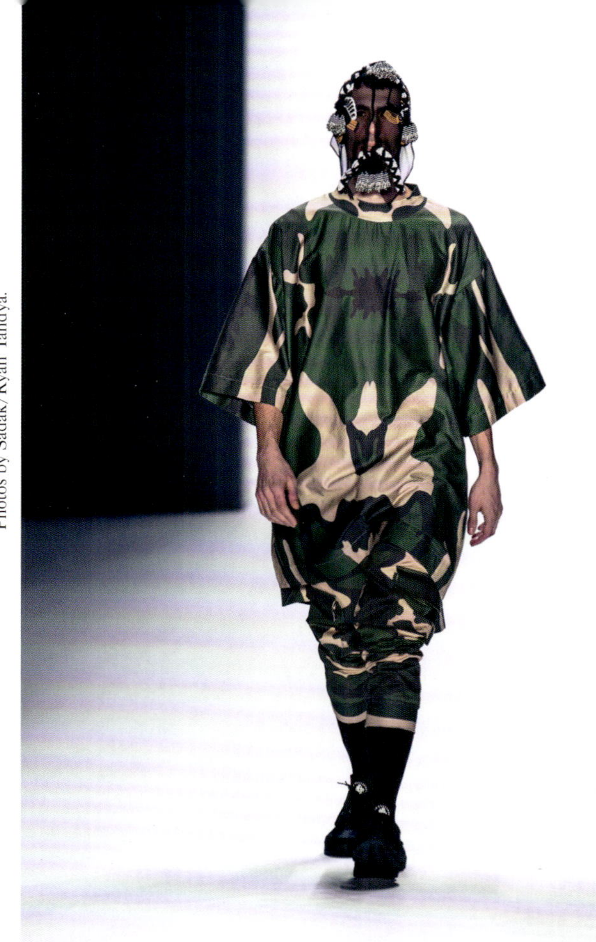

Photos by Sadak/Ryan Tandya.

MODA

PARADISE *Lost*

From STYLE WARS to WAR STYLES
By MAHRET KUPKA

The inspiration for this text came from a photograph emailed to me by a friend some time ago, together with a question: "Since when do IS fighters dress in fashion by Rick Owens?"– A few weeks later, an article appeared in the *Frankfurter Allgemeine Sonntagszeitung* entitled "The New Black: On the Fashion of Darkness." In the article, Mareike Nieberding references the question posed by the Tunisian Bader Lanour, from his blog *SLF*, the "Magazine for Modern Salafists": "Why do the infidels try to look like us?" According to the author, the article, which, like the blog itself, is no longer online, showed "images of George Clooney and other stars with full beards, along with photos of the fashion weeks in Paris: men in harem pants down to the ankles, with oversized T-shirts tumbling down with almost as much volume as a tunic, worn with sandals or white sneakers." She concludes: "The new black came to the mainstream of jihad and the shopping centres of the world at the same time ... Black of hooded sweaters printed with white lettering are worn ... not only by Islamists but also by high school students in Berlin-Zehlendorf." At the time, the style was known as "Street Goth" and was propagated by rappers such as A$AP Rocky or Kanye West, among others. A few years later, and now with a pronounced sporting component, the style spread on the internet and was known as "Health Goth," perhaps the more clearly to set itself apart from political implications: physical fitness through sports rather than through armed battle pitting one person against another. In her text, Nieberding does not find an answer to the question of who is influenced by whom: whether it is the fashion labels that draw their inspiration from propagandistic YouTube clips, or whether it is instead the jihadis, secretly ogling such trappings of Western lifestyle as Nike sneakers and hoodies. There is no clear direction discernible. "Fashions are global," she writes.

> "Since when do IS fighters dress in *fashion* by RICK OWENS?"

The aesthetically new has its roots in the global village of the internet.

In the current fashion issue of *Texte zur Kunst*, Ingeborg Harms describes today's fashion as "forms of a precarious willingness to drop everything." These forms are more diverse than ever before, yet their essence lies in a "climate of mistrust" that, although perhaps directed against the ever-accelerating cycles of the fashion system in particular, more generally reflects a yearning for the kind of order and clarity that are worth fighting for. In the 1980s, Japanese fashion designers introduced a "fashion after fashion" to the scene, dropping a nuclear bomb into the dazzling, colorful Western world of fashion that left behind little more than representatives of Hiroshima chic clad in black rags. Fashion became more colorful and playful again in the years that followed, but it could no longer free itself from the stigma of doom of a "fashion at the edge," highly politicized as in the designs by Alexander McQueen, who, in works such as his *Highland Rape* collection for fall/winter 1995/96, highlighted not only his own Scottish ancestry but also and above all the exploitation of Scotland by England.

Arguably, then, the black that Nieberding describes in the *FAS* is not "new." In its simplicity, it saves Yohji Yamamoto, by his own account, from distraction; it afforded Coco Chanel the opportunity to focus on the essential, be it a specific cut or a message to be conveyed clearly. "In a time in which everything is always becoming shriller, more colorful, louder, more pink, black is also a provocation," it is written in the *FAS*. And that is universal and timeless. The article also says that the IS fighters opted for black "because in the eighth century, the armies of the Abbasid Caliphate had conquered an entire empire dressed in black."

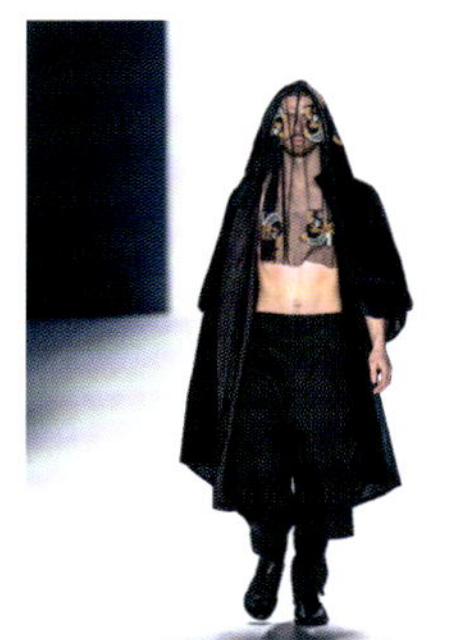
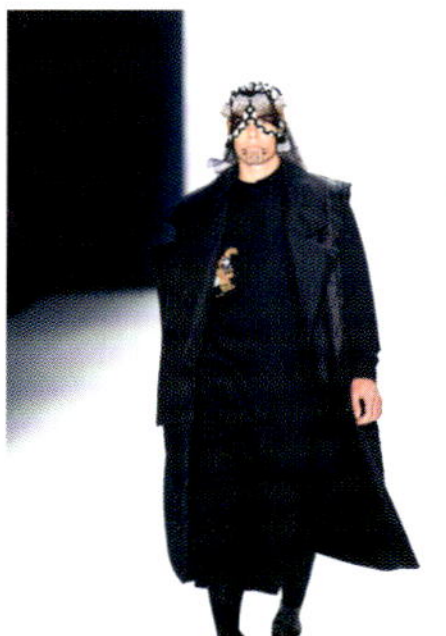
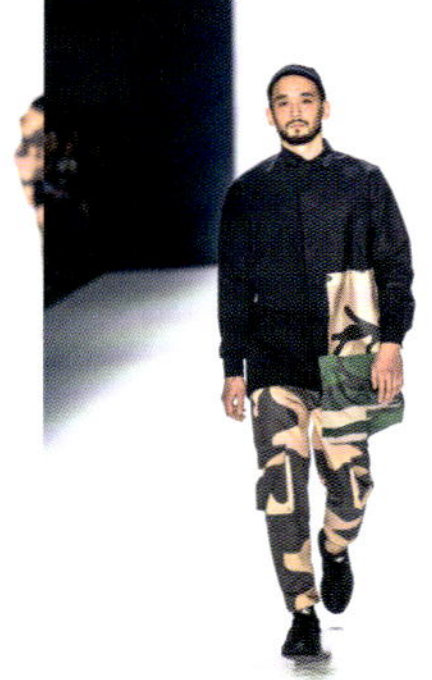
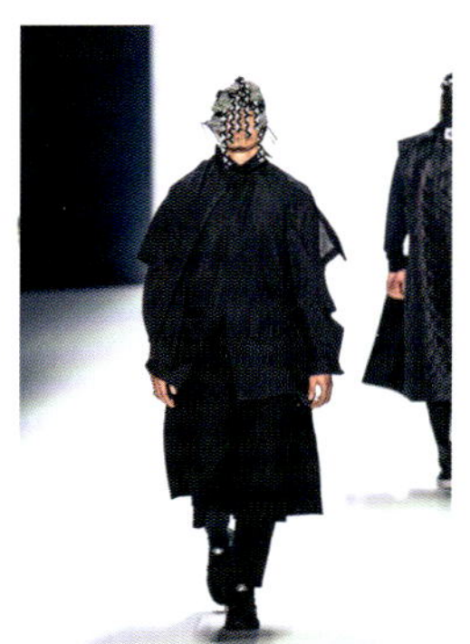

Inspired by embroidery from the Balkans or traditional nomad clothing, Sadak's outfits are combined with military camouflage – and provocatively confront current events: AW 2016/2017 Collection *Borders* by Sadak.

We are at **WAR,** particularly with ourselves. And *the fabric on our skin* serves as the multifunctional ARMOR.

The Western urban fighters of today take their lead from the color codes of the domestic military, combined with elements drawn from sports. Everything utterly functional: the simple, skin-tight yoga pants made of breathable materials, perfect for the studio and the everyday office life that follows. Simply throw on a bomber jacket and you're ready to go. Those who wish to can combine this with a model from the Nike Air Max *Camo* line in the spotted camouflage pattern of the army of wearer's favorite nation. The clothing that, just a few years ago, mothers viewed with great suspicion and considered oversexualized everyday style when worn by their young daughters, are now being worn by the mothers themselves. The ideally lean and muscular leg, perfectly staged through skin-tight, elastic fabric, carries the well-toned upper body, which is subtly accentuated by ruffled fabric of the bomber jacket. The look is a sexual proposal and a declaration of war at the same time: "Look. But don't even think about it." Body challenges waged on social networks have long since ceased to be about the thinnest body and are now about the perfect measure of muscle mass. The limbs are no longer simply lean but well-formed; the city-dweller is fit and agile as she scampers, undetected, through the night streets in a black track suit.

The "precarious willingness" of which Harms speaks is not necessarily monetary in nature and instead references, first and foremost, a dearth of meaning and values. The hero is a lone warrior on the yoga mat, or in the Ironman competition. "His mental constitution," Harms points out, "is not all too far removed from the ideas of the youth of Western metropolises as they head off to jihad." While some steel themselves for a martyr's death and entry into paradise, others—who already live in paradise—steel their bodies for their own personal War. There is no need to answer the question of who's influenced by whom, because the respective manifestations of style root in a similar basis. They are signs of a battle fought out by warriors operating in the shadows, not in the parliaments of the states or in the boardrooms of multinational corporations. In these shadows, they encounter fear, violence, and wrath that not rarely manifest themselves in cruel terror, a violence that briefly shoots to the surface in the form of attacks, but that also crops up constantly in everyday life in the makeover of the self.

In his 2011 book, *Topologie der Gewalt* [Topology of Violence], philosopher Byung-Chul Han analyzed the fact that, in contrast to archaic cultures, violence in the modern is not staged in public. Lacking ritualized venues, violence in the modern world has no language or symbolism of its own. Rather than vanish, it relocates inward, occurring "in a psychized, psychologized, internalized form. ... Destructive energies are not directly, affectively discharged but rather mentally *worked* up," often with the aid of a therapist. This may explain why the terror we prefer to characterize as Islamist—hence different and not belonging to us—seems so alien to us. The jihadi strikes us as precipitous, archaically intemperate, a case for a psychoanalyst. The "civilized" person takes responsibility for his or her emotions. He or she experiences violence through inner psychological conflicts that either lead to burnout and depression or are defused through socially acceptable coping and relaxation strategies. But what difference does it actually make? In September 2014, in an controversial article published in *The New York Times* philosopher Slavoj Žižek described IS as a "Disgrace to True Fundamentalism." According to Žižek, true fundamentalism is based on an absence of envy and resentment. It is also characterized by a resolute indifference vis-à-vis the life of the nonbeliever. For Žižek, there is an inherent contradiction in the belief by fundamentalist religious groups such as IS, on the one hand, that they are in possession of ultimate truth, and the need, on the other hand, to wage a violent defence of this belief against nonbelievers. He sees the reason for violence in envy. Essentially, the terrorist deeply covets the very thing he rejects: "One can feel that, in fighting the sinful other, they are fighting their own temptation." So the battle is directed not against the others but against himself—more precisely, against the inner longing to indulge in that which is perceived as sinful. The problem grows exponentially through the fact that fundamentalist groups such as IS do not feel superior to Western culture and indeed actually have a deep inner sense of inferiority. The problem, Žižek continues, lies not in cultural difference, which essentially scarcely still exists at all. Rather, and paradoxically, the problem lies in the fact that groups such as IS are already shaped by the West; they have already internalized all of the Western standards and measure their lives against them. What is indeed problematic is the lack of a sense of one's own superiority within these groups. Žižek provides a radical psychoanalysis of IS providing space for reflection: *Us vs Them? But who are they actually? And who am I?*

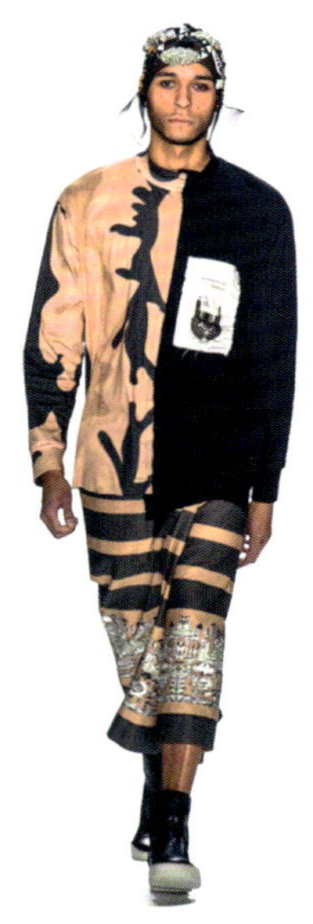

There is a tragedy inherent in the violent rejection of the self in the other, just as there is in the rejection of the other in the self. Fashion these days is finding its way to a disturbing yet reconciling linkage. We are at war, particularly with ourselves. And the fabric on our skin serves as the multifunctional armor.

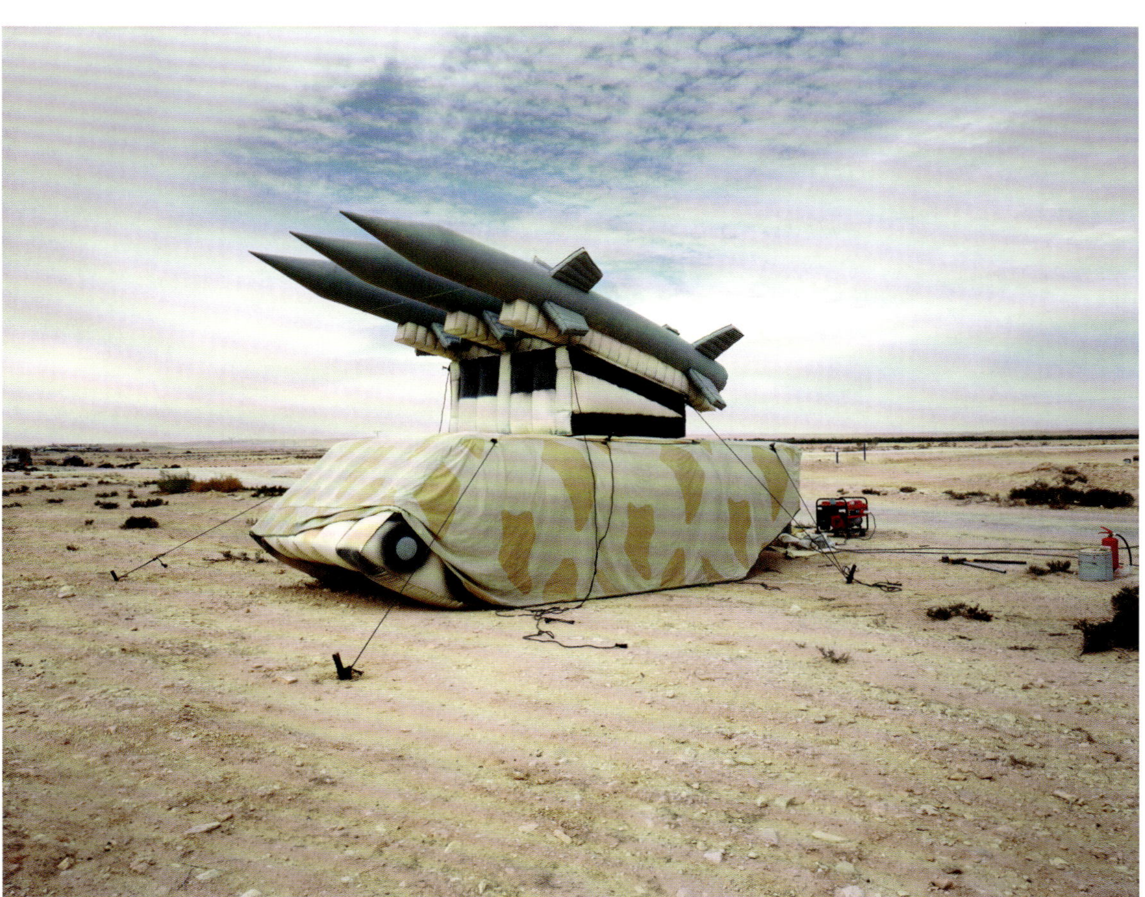

Artist Amir Yatziv took a closer look at the inflatable fake tanks. From: *The Inflatables* (2009). Seven-channel video installation, series of four c-prints. Courtesy the artist.

Tags: Rusbal, Amir Ytziv, Ellen Blumenstein, Under Arms. Fire & Forget 2
Posted in Decoys, Ammo Lifestyle

The Art of Deception

Are you familiar with the term "cannon fodder"?—That's the word used most notably in the First World War to describe soldiers whose own commanders sent them into battle to die in the service of strategic interests. Tens of thousands died on the Western Front in France and Belgium alone, a battle theater that for years was maintained for the sole purpose of wearing down the opponent. Another tactic, one perfected in the Second World War, seems less barbaric: Dummy weapons were used to simulate units of troops where none in fact existed at all. This not only protected the belligerents' own soldiers but also prevented the firing of a single shot. For you, we've taken a close look at the risky game with "real" phony weapons. By ELLEN BLUMENSTEIN

"All warfare is based on deception," the famous Chinese military strategist Sun Tzu claimed 500 years BCE. To have its desired effect, this art had to intertwine several components with one another: On the battlefield, the enemy should be surprised by unexpected maneuvers, while on a political level, strategic alliances, intrigue, and covert operations by the intelligence services should help promote one's own interests.

Tricks such as these were not unknown to the (ancient) Greeks, from whom perhaps the most famous stratagem of all is handed down: hidden in the torso of a huge wooden horse disguised as a gift, its soldiers infiltrated Troy, opened the gates to the city otherwise thought impregnable, and went on to conquer the Trojans effortlessly. En passant, the famous Trojan Horse thus spared countless Greek soldiers a death on the walls of the besieged fortress.

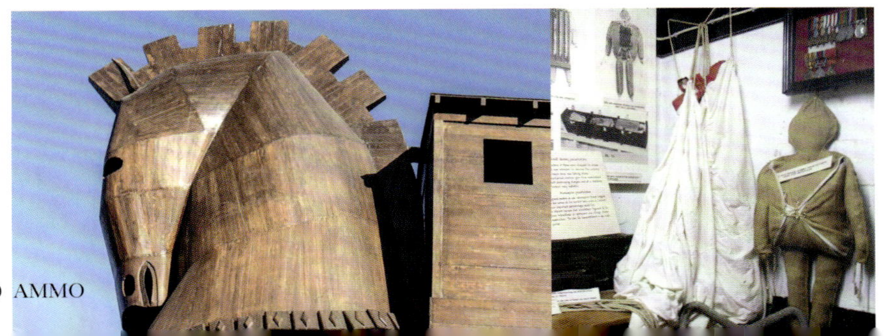

Troy was conquered by means of a hollow horse sculpture, parachutist figurines saved soldiers in WW II from the actual mission.

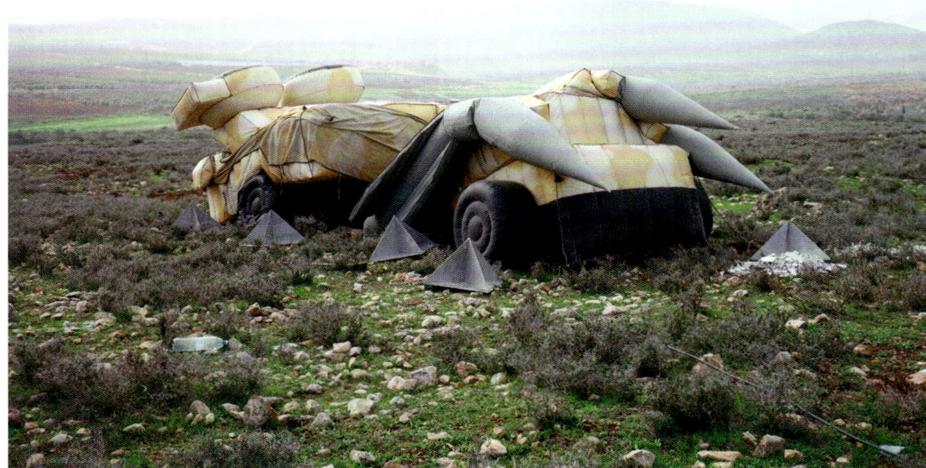

Spot your enemy: *Beretta Lamp* by Raffaele Iannello (2006). Photo by Raffaele Iannello.

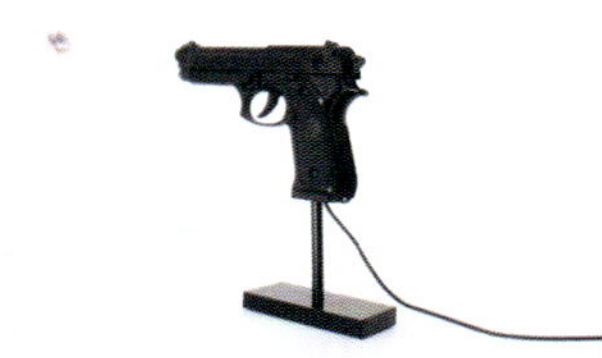

This art of deception has steadily evolved: during the Second World War the British and the Americans even created secret special forces whose only mission it was to avoid battle altogether. England turned to stage magician Jasper Maskelyne—the "war magician" who, with nothing more than some pyrotechnics, powerful spotlights and fourteen assistants, is said to have put the dreaded German field marshal to flight in North African El Alamein. Hollywood has recently taken note of his talents, too.

The so-called US "Ghost Army" was well-equipped by comparison: more than 1000 sound engineers, illustrators, photographers, actors, and artists contrived fake forces down to the last detail, simulating genuine deployed weapon systems and entire units while the real forces took up positions unnoticed somewhere else. With the aid of a total of 600 inflatable plastic tanks, aircraft, and artillery guns, the 23rd Headquarters Special Troops, themselves nearly unarmed, choreographed marches of up to 30,000 soldiers down to the particulars across land that was in fact unoccupied land. At times they even appeared as actors dressed in the uniforms of the feigned units, disseminating rumors about their activities in surrounding towns.

The record of this undertaking is impressive: while only two of the its soldiers were killed in the war, US journalist Jack Kneece estimates that the unit's deliberate deceptions saved the lives of up to 40,000 comrades.

Away from the front, the employees of various Hollywood studios discovered the art of deception for themselves as well: Out of fear of Japanese air attacks, hundreds of set designers, carpenters, painters, lighting technicians, animators, and art directors volunteered for months at a time in the effort to take aircraft factories that were instrumental to the war effort and camouflage them as American suburban housing estates.

If the ruse works, then, during battle, the benefits of an inflatable imitation Sherman tank are obvious compared to a real model weighing 30,000 kilograms and measuring nearly six by two-and-a-half meters in size. Folded up, it can fit into a rucksack; with a compressor, it takes just a few minutes to inflate (or longer with an air pump), and weighing just forty kilograms, it is quite easy to relocate. In combination with phony radio transmissions, invented radio messages and battle noises amplified over loudspeakers, it does not seem outrageous at all to imagine that it could be worth the effort even today. Against this backdrop, the decision by the military press office not to officially confirm the existence of the rubber army until 1996, four decades after the war, is not whimsical at all.

Indeed, even in the recent history of armed conflict, the search for strategic usage of fake weapons quickly hits pay dirt, although here the circumstances are reversed and the result ambivalent. In the early 1990s, namely, Iraqi dictator Saddam Hussein attempted to prevent Western forces from responding to his invasion of the small neighboring country of Kuwait by positioning what were alleged to be poison gas plants in areas that would threaten the civilian population. The Americans had long since discovered that these factories were fake, and that Saddam was merely bluffing. But rather than uncover the deception, they turned the tables: The putative danger handed them the perfect pretext for what under international law constituted a legitimate "defensive attack" on the country—accompanied by access to its oil resources.

Just another step further and the result would have been a positive-reciprocal deception: All parties to the conflict feign battle, and no one dies—the war is fought for show only, as in the sports world.

Dummy weapons online.
Today, theoretically anyone can order the very latest in war technology online. For most providers, trade in dummy weapons is nothing more than a product line in a broad range of inflatables that also include bouncy castles, hot air balloons, or promotional materials for business customers. Even states use these to meet their military needs: The Rusbal company, for instance, delivers lightweight tracked vehicles, military aircraft, and entire missile battalions to the military worldwide, supplying international armies with military equipment that can effectively dupe land, air and even space-based reconnaissance efforts. The company offers a Russian T-80 tank ordinarily costing nearly thirty million Euros, complete with infrared sensors and sound generators, for just a few thousand dollars. What would that be like?

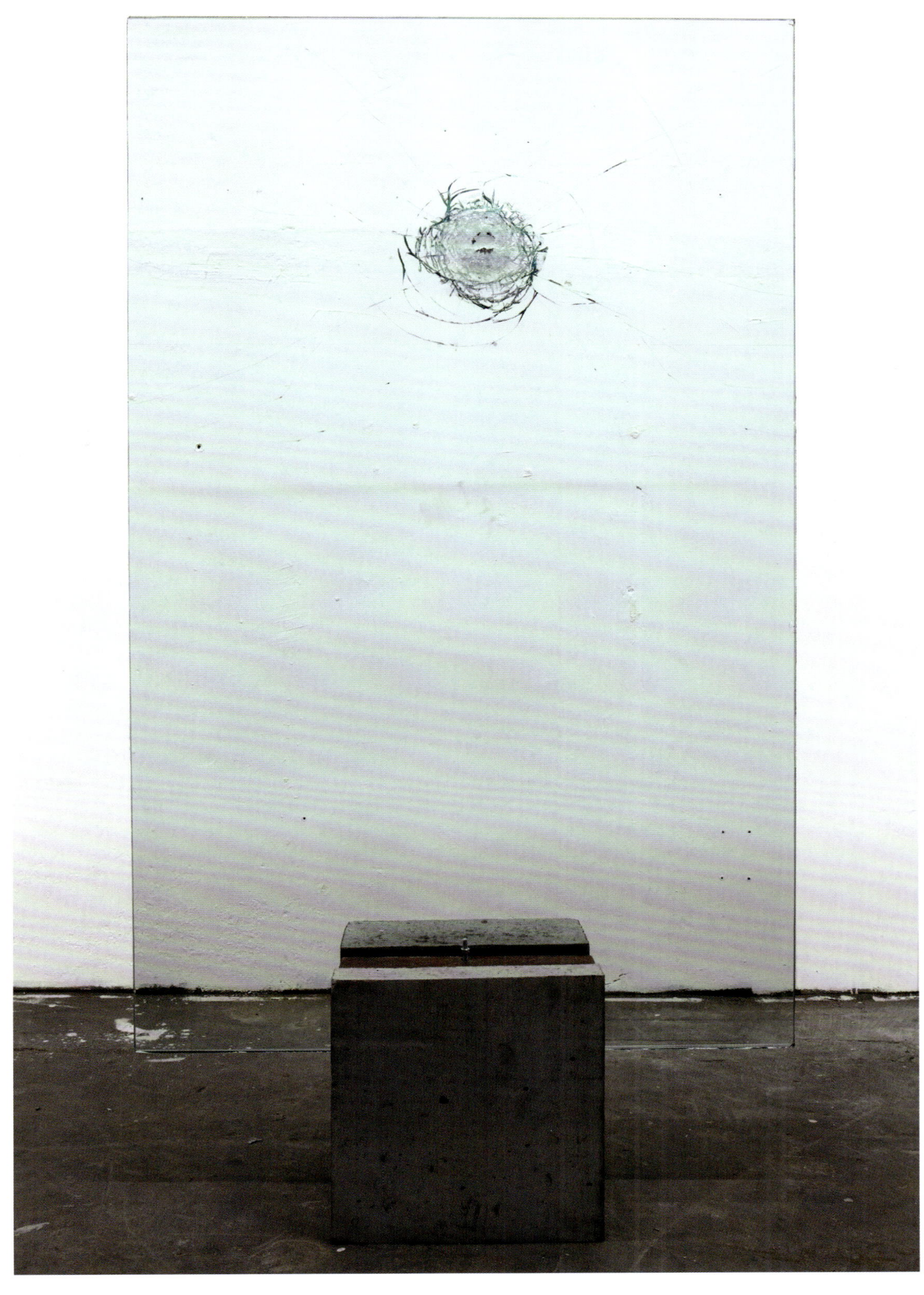

Marcelo Cidade,
Tempo Suspenso de um Estado Provisório (2011), bullet proof glass, cement, and wood.

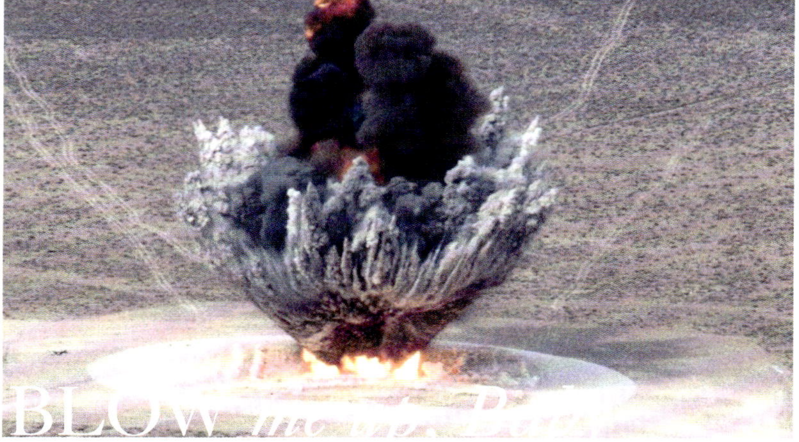

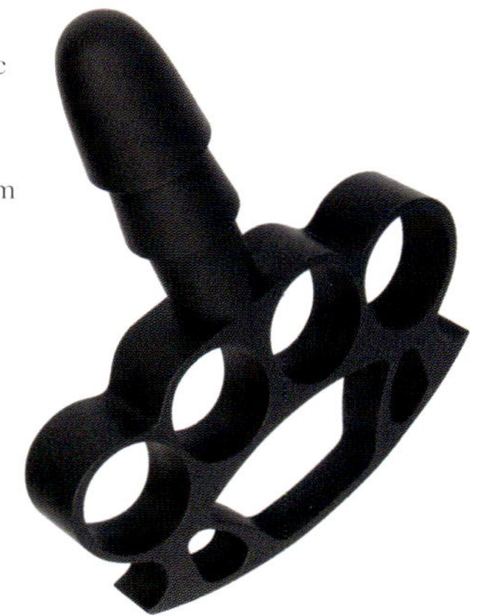

Right: *Vac-U-Lock Knuckle Up* by Doc Johnson (2012). *Left: Anal plug All Black AB33 Andreas* by Belgo Prism (2013). Photos by T.H.

These wild delights *have wild ends... Explosive and passionate potential can be found in a host of everyday objects, whether the glass grenades of the* Ezterházy Collection *or the "Master explosion" plug chain*

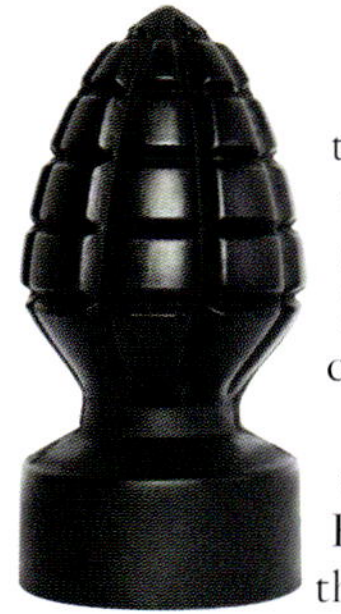

Hand-blown items are traditionally quite popular—even where one might not expect them. Deep in the vaulted cellars of Forchtenstein-Castle, for instance—a property held by the Esterházy family since the seventeenth century and situated in the Austrian Burgenland region—there lies a peculiar treasure: one of the largest inventories of the hand-blown glass hand grenades used by Hungarian grenadiers. At once menacing and fragile, the hollow bodies, now unfilled and unarmed, are displayed in the showcases of the armory, with their perfect contours stacked into dazzling piles. One can imagine their explosive power only with the aid of the adjoining illustrations of their deployment in combat. There are times when beauty and evil are closely juxtaposed.

This beauty still shines through in "Charming Babe," on Jill's enraptured face, when her frictionlessly shaven interlocutor takes a shapely, honeydew melon-sized version of this glass grenade and, bypassing the pink panties that have been pushed aside, inserts it into Jill's vagina. To judge from the effusive comments beneath the video, apparently "Massive Destruction" is what the viewer can expect to witness over the next seventeen minutes. Still, this little porn film entitled *Blow Me Up, Baby* is just one of many that play with the kick of the explosive. While this modern-day adaptive reuse of explosives may seem far-fetched at first, a brief rehearsal of the historical roots of the concept of flammable projectiles soon permits other conclusions: The pomegranate *(malum granatum)*—the fruit that first grew in the garden of humanity from the blood of the intoxicated and lustful Dionysus and the tender fingers of Aphrodite, and which in many cultures has stood for fertility and abundance ever since—is in fact the namesake of this versatile weapon. If one approaches it carelessly, it explosively disseminates the cumulative force of its 613 seeds.

So it comes as no surprise to see grenades make an appearance in the colorful world of erotic short films and sex toys. A search of the keyword "explosion" at Dildodave or other websites returns a broad selection of red-hot toys. *All Black AB33 Andreas*, for instance, an anal plug in the shape of a hand grenade, fifteen centimeters long and with a circumference of sixty-six millimeters at the thickest point, is thoroughly up to the task of breaking resistance and blowing up muscles; shipped via diskretpackstation, it will find its way into the home bedroom in sixteen hours and fifty-nine minutes time; also available in red or blue—for those with a more playful disposition. One should certainly be "well-armored" when exposing oneself to the pleasures of this "deadly hot" device. And if the small version, with the affectionately true-to-original design, and anti-slip, sequin-like finish, fails to meet expectations, then "Master Explosion," the fifty-three centimeter long plug chain, or "Colt," the pocket vibrator, promise even spicier interludes. Compliant with EU regulations, the "petite mort" molten in phthalate-free TPR catapults the user into the hyperspace of consciousness—total destruction and absolute rapture. Borderline experience of potential annihilation, compressed into hard plastic, four-and-a-half by seven centimeters in size.

After *fourteen fulfilling minutes* of "DEEP PENETRATION," Jill reaches the *plateau phase* in the arms of her *potent grenadier and reliably indulges herself* in multiple orgasms.

At the heart of the manufacturer's promise, however, is not transcendence but rather near-military functionality. The High Effectivity Grenade pocket vibrator, which on more harmless platforms such as Amazon is sold as a "vibration alarm," looks harmless at first glance, almost austere. With its matter-of-fact, black-and-yellow look, it is reminiscent of locators and spirit levels of the sort found in the product range at the Hornbach DIY store.

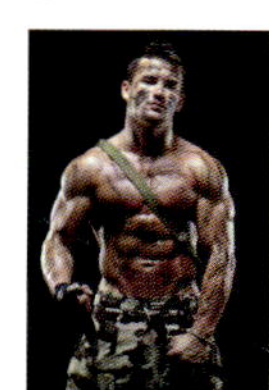

Touchy feely or happy hardcore? Some sorts of destruction can be simply delightful.

But that is only incidental; to return to the heart of the matter: After fourteen fulfilling minutes of "Deep Penetration," Jill reaches the plateau phase in the arms of her potent grenadier and reliably indulges herself in multiple orgasms. This makes manifest the effectiveness of the destructive performance. And if this still cannot fulfil the longing for delegated explosiveness, there are an additional 12,000 and more videos on the subject at Pornhub. So hard-core you simply have to love it.

TIP: For the more sweet-tempered fans of explosions among us, true-to-original reproductions of the historic Esterházy glass grenades are also available in vase form as a living-room edition. A clear case of misuse of military gear. *A.G.*

PLEASURE

BEST EXPLOSIONS EVER. https://www.youtube.com/watch?v=znbxiNm3rjE

With WEAPONS MAN Should be ARMED—About the Narrative of JUSTIFICATION of SELF-DEFENCE

By KLAUS GÜNTHER

In Richard Wagner's Valkyrie, the second part of his tetralogy "Der Ring des Nibelungen," Hunding challenges Wehwalt—whom he has prosecuted for poaching and who now seeks refuge in Hunding's house—to a duel. He intends to give the persecuted peace and protection in his house for the night, with the duel scheduled to take place in the morning. While Hunding takes his weapons with him—"With weapons man should be armed"—Wehwalt does not know where to find a weapon. His father (Wotan) once promised him that, if he should fall into dire need, he would procure him one. In the house, he meets Sieglinde, Hunding's unhappy wife. Over the course of the increasingly familiar conversation, he notices the handle of a sword peeking out from the stump of an ash tree, the same tree that is holding up the house. Sieglinde tells him that, at the forced marriage to Hunding, her father had plunged this sword into the ash, and that no one had been able to pull it out ever since. In the scenes that follow, Wagner manages to pack a variety of highly dramatic processes of discovery, liberation, and self-awareness that mount—musically as well—up until the moment in which Wehwalt succeeds in pulling the emergency sword, the Notung, out of the tree: Based on what Sieglinde tells him—and the two are already in love with one another—it becomes clear to Wehwalt that she is his sister, and that he is in fact Siegmund. He becomes aware of his true identity and withdraws the sword from the tree, they profess their love for one another and, as if this wasn't enough, the music tumbles from a frenzy into the gentle melody of a springtime song, as winter ends and spring begins at the same time.

Discovery of male identity, the love for the sister, the transformation of the world from winter into spring—everything centers around the discovery and appropriation of a weapon for self-defence. Yet even if secretly intended by Wotan to play out this way, his plan can and must not succeed. The weapon with which the world is to be freed from the entanglements of a rigid normative order—an order created by Wotan himself through fraudulent contracts entered into with the best of intentions, yet an order that has now become a curse to him—breaks to pieces through his own intervention in the duel. Siegmund falls. Incest and adultery, even if committed out of the purest love, must not become the seed of a new order. And yet Wotan does not abandon his plans altogether. His daughter Brünnhilde, who supports her father against his own will in fulfilling his wish to replace the shattered order of the contracts with pure, innocent heroes, heroes not corrupted by neither cunning nor malice, secretly brings the pregnant Sieglinde to safety and collects the remains of the sword. Many years later, Siegfried, son of Sieglinde and Siegmund, will melt these fragments down and forge a new sword from them.

Even though there is no shortage of examples for the eroticization and sexualization of the weapon (in his "Sword Song" of 1813, for instance, Theodor Körner staged a marriage between sword and soldier), in Wagner's depiction the weapon for self-defence as medium of self-discovery and at the same time a dramaturgical element in a process of loving self-relinquishment vis-à-vis the other, the amalgamation of such a plethora of motifs is unparalleled. The connotations can be condensed into a story about the resilience of a man who helps and defends himself. The man must be capable of defending himself not only in the face of attacks on life and limb, but also and above all against attacks on his honor, his social claim to validity, his title to recognition as a person. A person who does not defend his honor incurs shame and disgrace; anyone who permits himself to be humiliated without retribution loses the society's esteem and, as a consequence, society's recognition. The struggle for recognition is, as Hegel has shown, a life-and-death struggle. A person who does not risk his life for honor may not lose his or her physical life but meets a social death nevertheless. It is only in self-defence against insults and injuries, in retaliation for humiliation, that the man finds his way back to himself. He testifies to

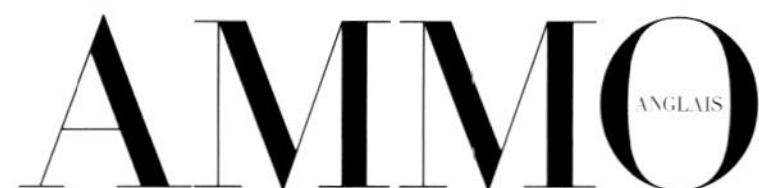

his resilience through nothing more explicit, nothing more public than through a weapon.

This self-image has become deeply engrained over the course of social evolution, particularly in the self-image of the man. It dominated all of the patriarchal societies for millennia. This may explain why the long process of state monopolization of force was such a laborious, conflictual and, above all, bloody and murderous affair. Patriarchally structured clans, warlords, knights, and princes wore themselves out (and their subjects all the more so) in endless feuds, and in cycles of retribution exercised from one generation to the next, over what at times were minor injustices, the violent, excessive compensation for which generated fresh injustices. Under these conditions, life becomes a burden that is, in the words of Thomas Hobbes, *nasty, brutish, and short.* The disarmament of these men, enforced in often brutally waged wars in which the brutality of the victor scarcely differed from that of the vanquished, was additionally dependent upon new and elaborate narratives of justification. The family patriarchs capable of defending and willing to help himself against injustice had to be convinced that it was better for them to turn in their swords, in order to forge them into a collective sword wielded, from both an ideal and a frighteningly real point of view, solely and exclusively by the hand of the sovereign state. Thomas Hobbes, one of the great narrators of the necessary departure from a state of nature characterized by the war of all against all and arrival in a civil society governed by the rule of law, demonstrated this in his magnum opus, *Leviathan.* The Leviathan, made up of contracting, unarmed subjects, holds a mighty sword in one hand with which to protect the now-defenceless subjects against infringements of rights. But as soon as the sovereign states formed nationstates—typically through bloody wars—and the artificial unity of a nation was replaced by the momentous idea of a putatively homogeneous and monolithic national people in search of ethnic purity, then the nation itself was able to act as a collective ego of all able-bodied and then quickly conscripted men. It was now the nation that asserted, and in ravaging wars also practiced, the right of self-defence against hostile nations. Since then, tremendous energy has been devoted to the production and technological improvement of weapons worldwide.

Still latent in the modern era of sovereign states, however, is the individual self-image of the self-defending, able-bodied man. The duel as a form of armed one-on-one battle brought on by an insult was long practiced among male nobles and among officers. Though officially prohibited by the force-monopolizing state, it was often quietly condoned. The absurdity of this ritual can be read in Arthur Schnitzler's short story "Lieutenant Gustl." But even the defence of family honor—be it against a family member, typically female, who offends it, or against a third party—remained, and in isolated cases still remains, an effective imperative, even though in Gabriel Garcia Marquez's *Chronicle of a Death Foretold* one can glean how it overwhelms those who carry out this defence, and the kinds of horrible atrocities its execution entails. Particularly in the United States, despite all the criticism leveled at the practice, there is recognition of a right to carry a weapon; this is considered a fundamental, constitutionally protected right subject to only few restrictions. Apart from that, it flares up now and then, particularly if there is a pervasive fear that the state is no longer in a position effectively to carry out its mission of protecting the rights of its citizens, a mission that accrues to it by virtue of the surrender of all of the swords. Just one example of this are the occasional calls heard for male protection against the men who beset, robbed, and sexually molested women who had gathered on the square of the Cologne Cathedral on New Year's Eve 2015/16. A number of authoritarian states, and segments of their societies, are re-cultivating a self-image of a force-wielding man protecting supposedly weak women. Quite conspicuous in all of this is the fact that, in constellations of failing states, warlords and mafia-like organizations with their bosses immediately surfacing, staking claims to protect their families, and their clients pledged to loyalty—if need be, by force of arms—against the encroachments of third parties.

At the same time, however, general disarmament is also accompanied by the rise of the right to life, which is advancing into a fundamental right within sovereign constitutional states and a human right protected under a variety of human-rights conventions and constitutions all over the world. In Article 2, Section 1 of the *European Convention on Human Rights*, which dates to the 1950s , states that everyone's right to life shall be protected by law. Article 2, Section 2 of the *German Basic Law* of 1949 also lays down: "Everyone shall have the right to life and physical inviolability." Any encroachments of these rights must be by law, and hence particularly not arbitrary in nature. Even if the primary function and meaning is this right inheres in a defence against government intervention—as the mighty Leviathan has a natural tendency to interfere with the lives of its unarmed subjects in the interest of maintaining its own power—it also establishes the state's obligation to protect its defenceless citizens from life-threatening attacks waged by third parties. After all, the trade of the right of self-defence and self-help for the state's obligation to protect was the noblest reason for the waiver of self-armament and self-defence; it is the *raison d'être* of state sovereignty. The battle for recognition is shunted to different social fields, where it is waged at times no less aggressively, yet under the constraints of a broad (and state-enforced) renunciation of violence, with or without weapons.

> The *struggle for recognition* is, as HEGEL has shown, a *LIFE-and-***DEATH** *struggle.*

At the same time, there are legal exceptions that permit the killing of another person, even with weapons, and against that other person's will. The rights to defend and assist oneself or others in need constitute the remainder of the original right to self-help and self-defence, and of the right to assist the defenceless under attack. Exercise of these rights remains confined to the case that someone is under acute attack, the attacker has no right to do so, and there are no less-invasive, equally-effective means for successful defence available. If the attack is life-threatening, the attacked individual may even defend himself or herself by lethal means. The limitation applies particularly to the time period of permissible self-defence. The attack must be present and state assistance through police not immediately available. Self-defence following a freshly executed attack or, for that matter, preemptive defence in advance of an attack, is no longer permitted. One of the main reasons for this limitation of the right to self-defence lies in its precarious character. It permits a person, within a state that holds a monopoly on force, to commit acts the prevention of which are the very reason for that state's existence. This makes it a grave exception, an exception that, if taken too far, could at once turn into self-help and vigilante

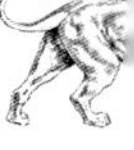

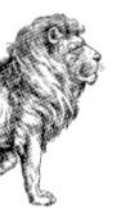

justice. After all, self-defence in the face of attack, including and particularly if it is lethal, is legally permitted only in response to an attack that is itself unlawful. So the authorization is limited to the defence against a wrong. Hence, conversely, it is not permitted to defend oneself against a person acting in self-defence in the face of an attack. Invocations of self-defence against self-defence are prohibited.

The historic ascent of the human right to life has been unable to prevent an increase in the killing of people by force of arms in wars between sovereign states. Here too, the focus is upon the right to defend oneself, since wars of aggression have gradually been scorned and have finally very recently been criminalized under international criminal law. Article 2, No. 4 of the *Charter of the United Nations* lays down a general prohibition on force, and at the same time, in Section VII, the "inherent right of individual or collective self-defence" on the part of a Member of the United Nations against armed attack. The appeal to the inherent nature constitutes recognition that this right, accruing to a sovereign state, is uncontested and not been conferred by any international legal authority. Still, this applies only as long as the Security Council of the United Nations has not yet taken steps to preserve the peace. Nowhere in the laws of armed conflict, of course, can an express authorization be found that permits soldiers to kill in situations of war. This is a fact for which there is no particular legal basis for permission beyond the general right to self-defence. However, since the carnage of the first modern trench war, the Crimean War in the mid-nineteenth century, efforts have been under way, as a matter of international law, to at least dampen killing in warfare: to create law in wartime *(ius in bello)*. These efforts include the Geneva Conventions, the Hague Convention, and other rules, most recently the international criminal law with its own International Criminal Court, although the latter has jurisdiction only over those states that have acceded to the relevant international treaty. That treaty holds that the killing of non-combatants is generally not allowed. The aims, the means, and the methods governing the lethal use of weapons are legally qualified as well. Accordingly, the use of poison gas and other weapons that inflict particular torment and avoidable suffering is not permitted. Most recently, international criminal law has criminalized the most serious crimes committed during armed conflicts, such as genocide, war crimes, and crimes against humanity. The commanders of such crimes are no longer protected from prosecution by sovereign immunity. It is undeniable that the waging of war violates these rules in many cases. Against the current geopolitical backdrop, there are cases in which the line between combatants and non-combatants is becoming blurred, e.g. in the case of attacks carried out by terrorists.

Siegmund goes into the duel with his sword Notung not only in order to defend his own life; at the same time, he wants to free Sieglinde from the constraints of her unhappy marriage and take her as his wife. Theseus and Ariadne, Perseus and Andromeda are further mythological examples of this dynamic. Protection of and aid to the attacked, enslaved and oppressed is a justificatory narrative that always goes hand-in-hand with self-defence. Armed force in revolutions is mainly justified with the fact that *fiat* and injustice could not otherwise have been eliminated, the prison walls of the oppressor blasted open, the exploited and downtrodden set free, the living conditions of hungry improved by any other means. Particularly when the counter-revolution takes up arms in turn, or enlists the aid of third-party states, does the justificatory narrative of self-defence

> The *mighty* LEVIATHAN has a natural tendency to interfere with the *lives of its unarmed subjects* in the interest of maintaining its own **POWER**

take hold, amplified further by the fact that the defence and safeguarding of the gains of the revolution are at stake.

No differently from self-defence, individual emergency aid remains a conditional and limited right, even within the sovereign constitutional state. The restrictive conditions that apply to self-defence apply to emergency aid as well. More controversial as a matter of legal policy is the grant permission, sanctioned under the police laws of most of the states, for police officers to make lethal use of firearms under certain conditions in order to ward off danger to life. Paradigmatic of this permission are cases of extortionate bank robbery with hostage-taking in which the perpetrator asserts his or her demands by threatening the bank and the police with the immediate killing of the hostages. If the lives of the hostages cannot be saved by any other means, the hostage-taker may be deliberately killed by the police.

Also emerging in relationships among states is an international trend towards permitting a military, so-called "humanitarian" intervention by the international community in a state that fails to protect the most basic human rights of its citizens, namely the right to life and physical integrity, against massive violations on a massive scale. If the state is either not willing or able, or if it actually is ordering and commissioning the violations of human rights itself, that state loses the right to respect for its sovereignty. This vests the international community with a responsibility to protect that permits even military attack in the event that less-grave measures to prevent further violations are no longer sufficient. That a state's responsibility to protect may also result in moral dilemmas that are difficult to resolve can be seen in the controversy surrounding the *German Aviation Security Act*, declared by the German Federal Constitutional Court as unconstitutional, which, in the interest of warding off even greater loss of life, would have permitted the shooting-down of a passenger-filled airliner and turned by terrorists into a weapon.

Even in the modern era, the justificatory narrative of self-defence and the responsibility to protect remains latent and becomes virulent again in phases of political and social crisis. Even then, pluralistic, democratic, multicultural, post-heroic societies are often not immune to a renaissance of nationalist, identitarian movements that justify their aggressiveness with self-defence against all manner of threats and claims of responsibility to protect those who are supposedly oppressed and discriminated against. This is orchestrated with images of heroic men who defend by honor (and their respective understanding of the honor of the women), if need be, by force and a willingness to sacrifice themselves. It will not be possible to banish the right to self-defence and the responsibility to protect from this world in the foreseeable future—but their respective narratives of justification should be listened to attentively and critically. We do not know how the world would have looked if Siegmund's sword had not been cracked to pieces through Wotan's intervention. Perhaps it would have been a world of sovereign individuals, a world in which, at a minimum, self-defence is no longer pressed into the service of (male) self-discovery.

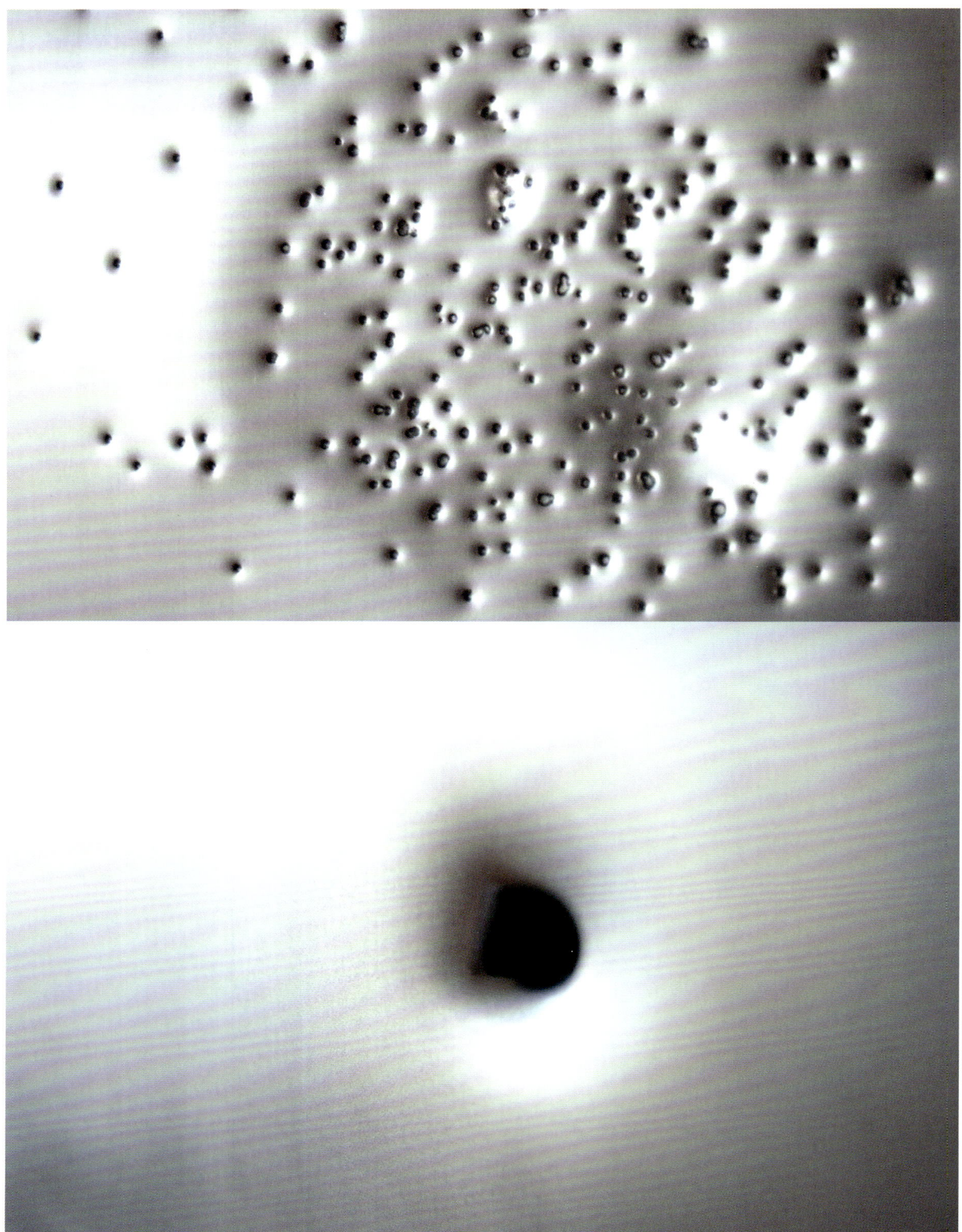

Clara Ianni,
Natureza morta ou estudo para ponto de fuga (Still Life or Study for Vanishing Point) (2015/10),
nine metal plates with bullet holes
made with ammunition of the Berlin police.

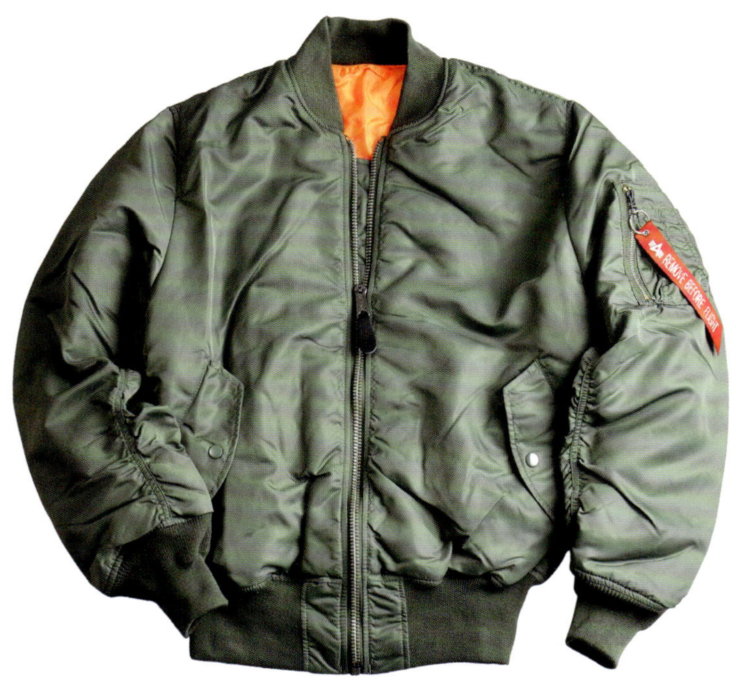

The Bomber Jacket. A classic traveling around the globe since the late 1950s.

Alpha Industries *MA-1* (2016/1963). Photo by Alpha Industries.

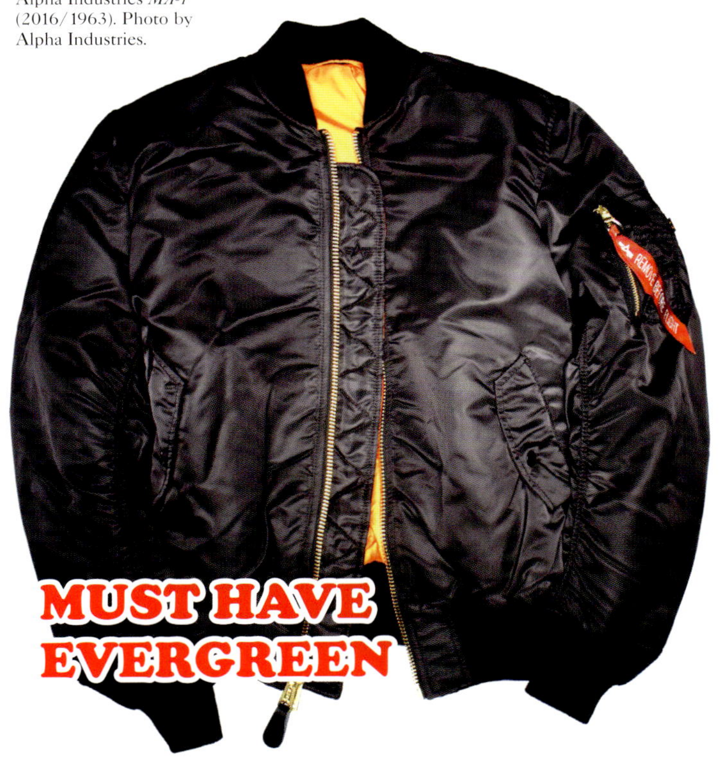

BOMBER JACKET

LONDON / BERLIN / PARIS / TOKYO

The ART of WAR

In global hypercompetition, only knowledge can continue to create reliable BENEFITS. *Sustained education and training of management functions in the techniques, tools, and best-practice examples of* LEADERSHIP are essential to this. And from whom can a MANAGER learn more effectively than from the *great strategists of warfare?*

@SunTzu

We were an influence, an idea, a thing invulnerable, intangible, without front or back, drifting about like a gas.... We might be a vapour, blowing where we listed.

Each victory is won with a different tactic. The tactics vary in an infinite variety in order to adapt to changes in situation.

This is why a general will mislead the enemy. He lures the enemy with small advantages that the latter is certain to seize. This is how he keeps the opponent on the move and waits for an opportunity to ambush him.

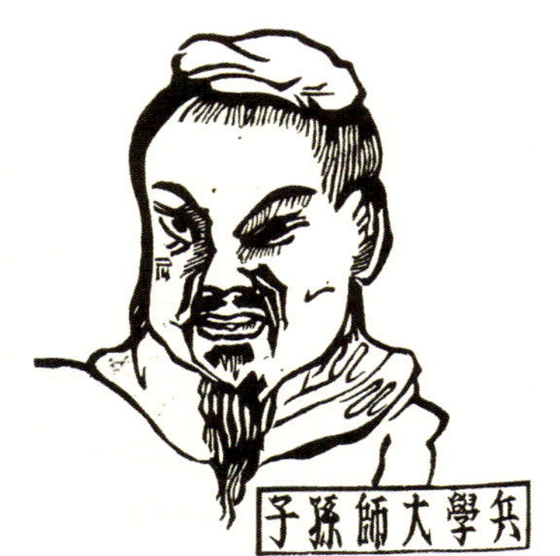

Sun Tzu (544–496 BC): A Chinese general and philosopher who wrote the first known book on military strategy, *The Art of War.*

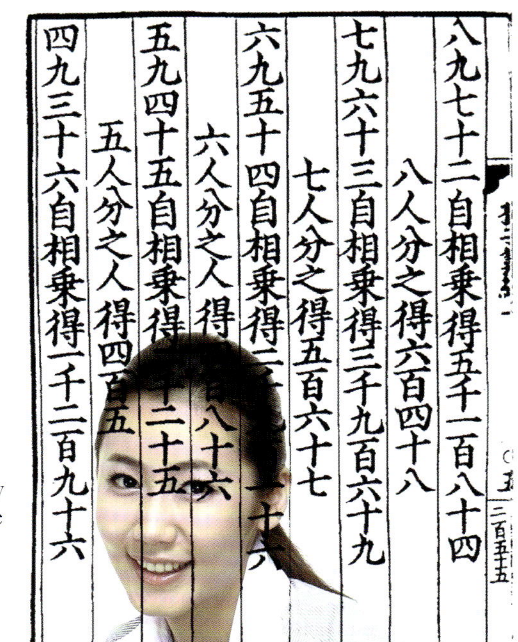

八九七十二自相乘得五千一百八十四
八人分之得六百四十八
七九六十三自相乘得三千九百六十九
七人分之得五百六十七
六九五十四自相乘得二[illegible]十六
六人分之人得[illegible]八十六
五九四十五自相乘得[illegible]二十五
五人分之人得四百五
四九三十六自相乘得一千二百九十六

AMMO ANGLAIS

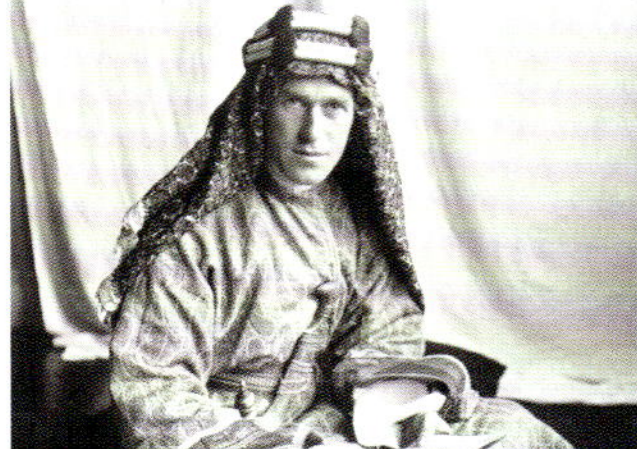

Thomas Edward Lawrence, aka Lawrence of Arabia (1888–1935), was a British officer, archeologist, spy, and writer; he fought alongside the Arabs against the Ottoman Empire during WW I.

Cling tight to your sense of humor. You will need it every day. A dry irony is the most useful type... The power of mimicry or parody is valuable, but use it sparingly, for wit is more dignified than humor.

@Lawrence of Arabia

W I N
W I N
W I N

Allusion is more effective than logical exposition.

Invincibility depends on oneself and the vulnerability of the enemy through his negligence and his errors.

The kind of battle and heroism we think we know have long since been played. But if these qualities still seem too heroic: just reach for a copy of Dirk Baecker's *Postheroisches Management* (Postheroic Managment).

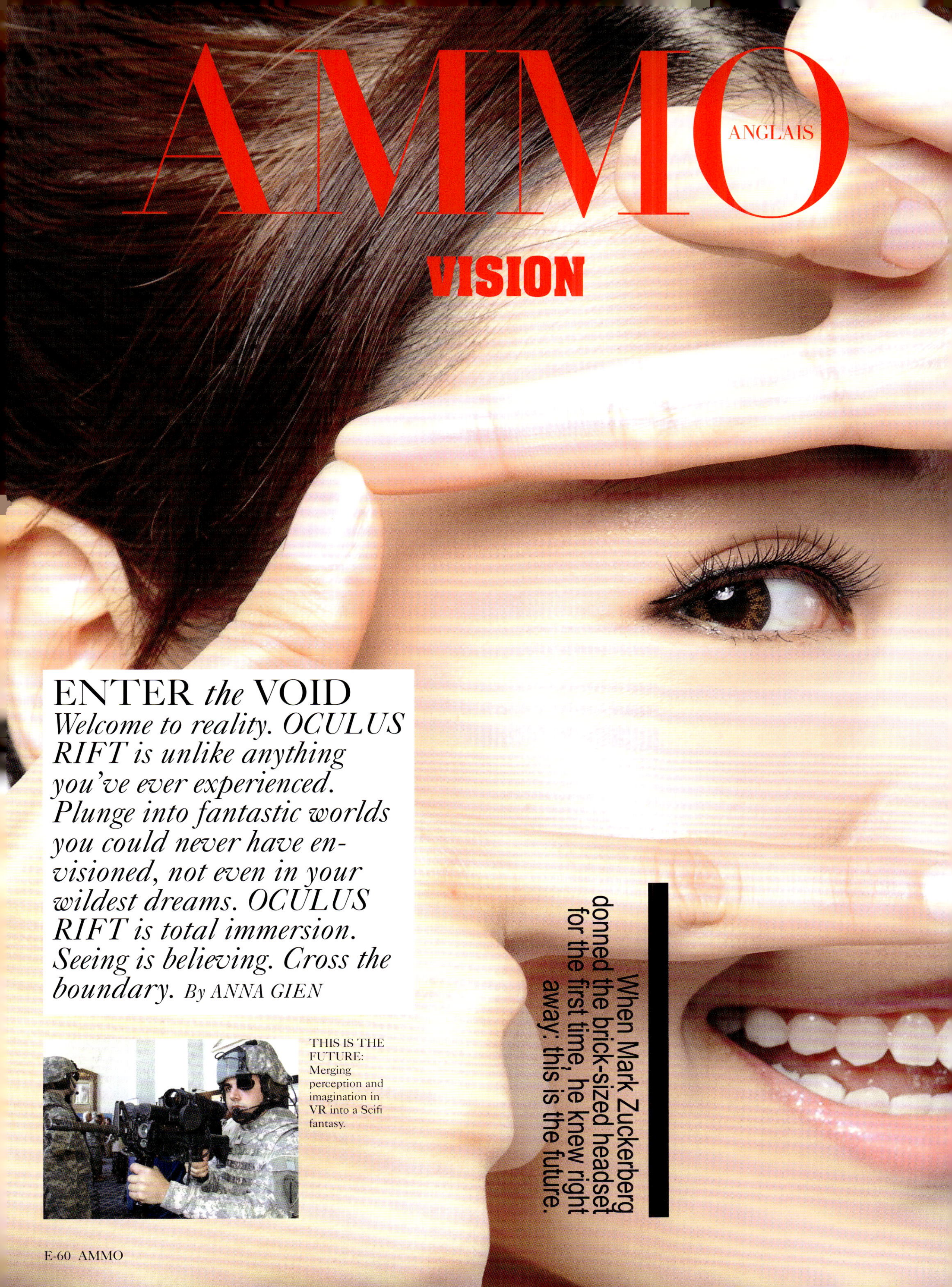

VISION

ENTER *the* VOID

Welcome to reality. OCULUS RIFT is unlike anything you've ever experienced. Plunge into fantastic worlds you could never have envisioned, not even in your wildest dreams. OCULUS RIFT is total immersion. Seeing is believing. Cross the boundary. By ANNA GIEN

THIS IS THE FUTURE: Merging perception and imagination in VR into a Scifi fantasy.

When Mark Zuckerberg donned the brick-sized headset for the first time, he knew right away: this is the future.

"YOU *have really never seen* REALITY until you've just come out of virtual reality." JARON LANIER *(VR PIONEER)*

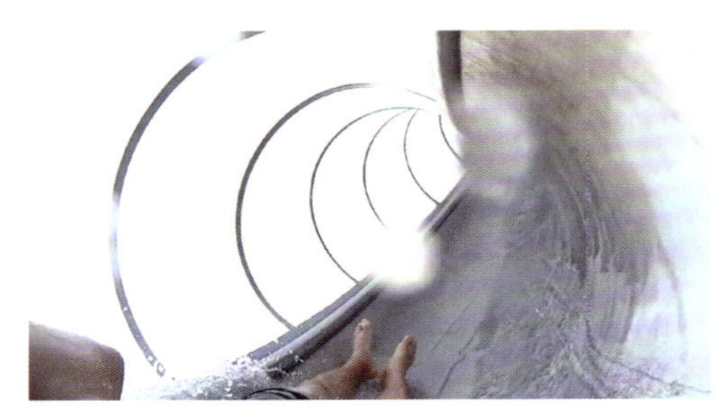

When Mark Zuckerberg donned the brick-sized headset for the first time, he knew right away: this is the future. Palmer Luckey, the inventor of Oculus Rift, was a barely seventeen-year old sci-fi geek when he began building the prototype in his parents' garage in Long Beach, California. Within a very short time he managed to raise $2.4 million for his project through a Kickstarter crowdfunding campaign and to bring the project to Silicon Valley. Four years later, the device, which at first glance looks like outsized, ski goggles in matte black, is perched on the face of the most powerful man on the internet. "Wow, this was pretty awesome." The large display generates a field of view of 110°, the edges of the image are not consciously perceived, thereby creating total immersion in the scene.

"You have really never seen reality until you've just come out of virtual reality." JARON LANIER (VR pioneer)

POV is a new approach to seeing. With its worlds of subjective perception, Oculus Rift follows in the footsteps of the so-called point of view shot, which has a long tradition in the history of film. *The Lady in the Lake* (1947) was the first film to use the POV shot throughout the entire film: the action was shown exclusively from the perspective of the main character, Philip Marlowe, whom one sees only when he stands in front of a mirror or other reflective surfaces. Director Robert Montgomery began work on this film noir after serving in the U.S. Navy in the South Pacific and Europe in the Second World War. In a 1956-interview with a British journalist, Montgomery referred to the camera angle he had used in the film as "the heroic perspective." A form of seeing that is always already a sighting at the same time: military sight machine, night vision device, image converter, field glasses, and telescope. Montgomery's execution of this perspective, however, was considered a cinematic flop; the images were thought to be too confined, the protagonist's visual axis too forced.

But what at first failed to carry the day in Hollywood managed to prevail in a roundabout way in the entertainment industry, by way of Japan. In the early 1980s, hamedori (ハメ撮り), the Japanese version of POV, emerged as a sought-after category in pornography. Here, the (typically male) lead actor operates the camera during the interaction, filming the action from his perspective. The director Company Matsuo is considered a pioneer in the world of POV porn, a man who "can completely dissolve the boundaries between the actor's own body, that of the interlocutor (here typically amateur actors and actresses) and that of the beholder," as he was assured at an awards ceremony held by the X-Rated Critics Organization.

The intensification of the gaze, an element with which Matsuo plays, ranks among the basic technical requirements of visual equipment. When using a telescope, for instance, the image is considerably restricted, on the one hand, and presented more clearly on the other. The size of the apparent range of vision, together with the ergonomics of observation, are mainly controlled by means of the eyepiece. Modern versions exhibit a range of vision of around forty-five degrees, and wide-angle eyepieces can increase this to up to seventy-five degrees. But the view through the lens the Japanese director uses in order to create proximity and distance performs differently in its original military context. Border patrols and naval forces for instance use particularly expensive and elaborate prismatic binoculars. The broader the field of view, the safer the border. To ensure the greatest possible field of view, the so-called "large field of view," experts here work with prismatic binoculars that must be mounted on massive tripods to be operational.

This implies not only that size matters but also that seeing is power. That is something which the visionary Zuckerberg also understood, who for the acquisition of Oculus VR paid a purchase price of $400 million in cash and $1.6 billion in shares of Facebook stock. Zuckerberg has big plans for the slightly silly-looking headset. In the history of seeing machines, it is the first device to eliminate its own thing-ness. The Facebook founder sees the Oculus Rift as the link between our individual worlds of experience, as he described in an interview with *Vanity Fair* in October 2015: "These headsets would eventually scan our brains, then transmit our thoughts to our friends the way we share baby pictures on Facebook today. 'Eventually I think we're going to have technology where we can communicate our full sensory experience and emotions to someone through thought.'"—Oculus Rift connects. Welcome to reality.

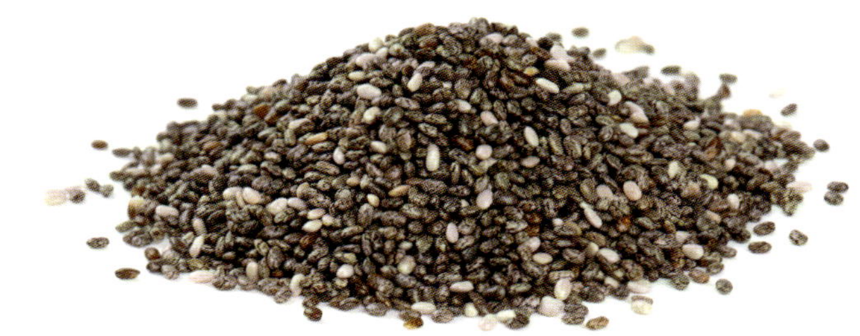

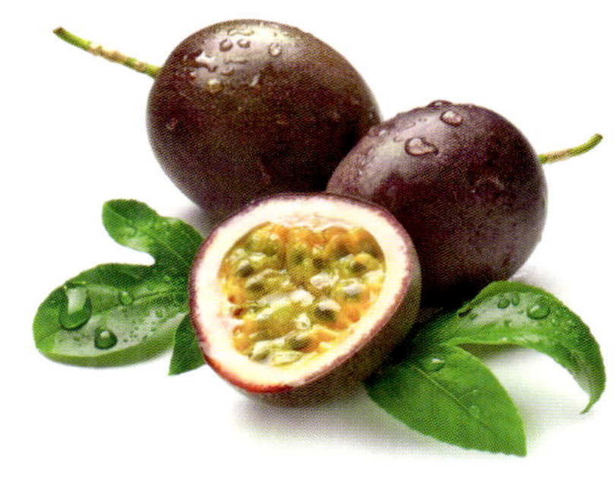

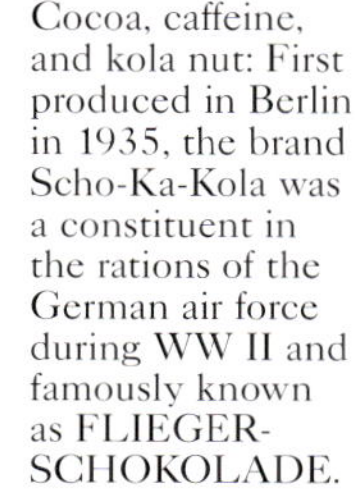

Cocoa, caffeine, and kola nut: First produced in Berlin in 1935, the brand Scho-Ka-Kola was a constituent in the rations of the German air force during WW II and famously known as FLIEGER-SCHOKOLADE.

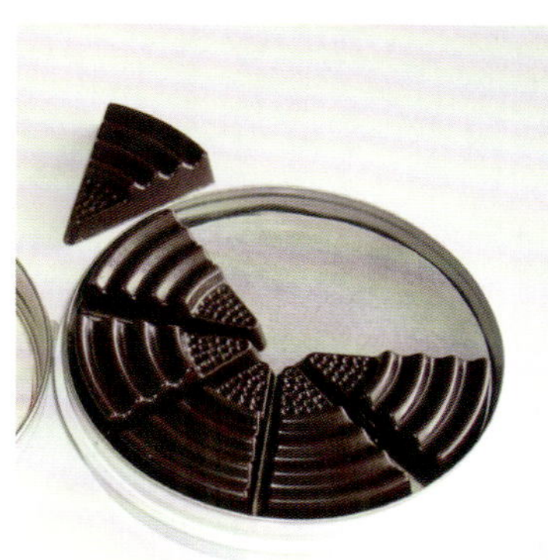

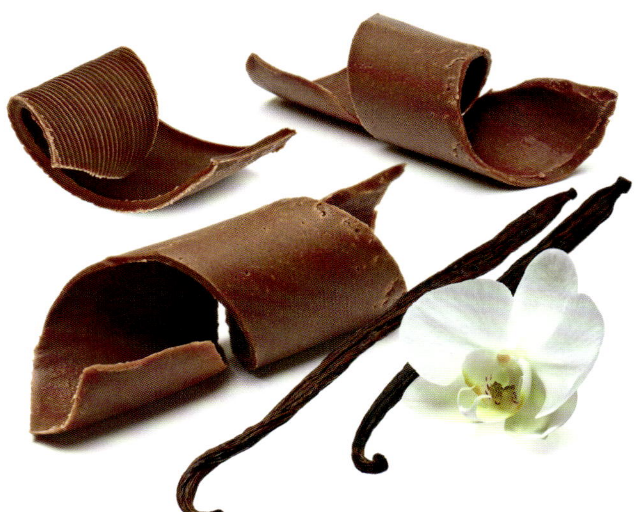

Send A Salami to your boy in the Army

CLAIM OF KATZ'S DELICATESSEN
205 EAST HOUSTON STREET
(CORNER OF LUDLOW ST)
NEW YORK CITY, 10002

(MILITARY) CHOCOLATE BARS

From his prison cell, on 16 May 1779, the Marquis de Sade wrote his wife an indignant letter: The biscuit she had sent him was not filled with chocolate. It was simply filled with some stuff or other that had been dyed with black cabbage. The next time, he wants cakes that smell of chocolate and taste the way something would taste when biting into a bar of it. This demonstrates two things: first, given the high price of cocoa, chocolate always used to be diluted with various substitutes; secondly, even fifty years prior to Van Houten's invention of the cocoa press—commonly regarded as a turning point in chocolate production—chocolate was evidently already available in bar form in Paris. In the noblest case, one would stir ambergris, produced in whale intestines and imported from New England, into one's drinking chocolate, the way Tuscan princes used to do.

The rules that applied to the twentieth-century soldier and his emergency rations were different, however. Chocolate boosts morale, and the added fat and sugar make it rich in energy. Still: how does one keep a soldier from consuming his rations prematurely? Out of pure lust? And how does one render chocolate optimally transportable and temperature-resistant? This is done by replacing virtually all of the chocolate components, adding syrup, bitters (to prevent thoughtless nibbling) and, for instance, cola nut extract, packing the whole thing in tins (like the famed "pilots' chocolate," Scho-Ka-Kola, still popular as a legal drug and range extender for vehicle operators and sold at motorway petrol stations), or by pressing it into bars that are as hard as possible. The imagination takes care of the rest. But the substance in widespread use during the Third Reich and known as "tank chocolate" and "marching powder" has really nothing at all in common with chocolate or cocoa powder.

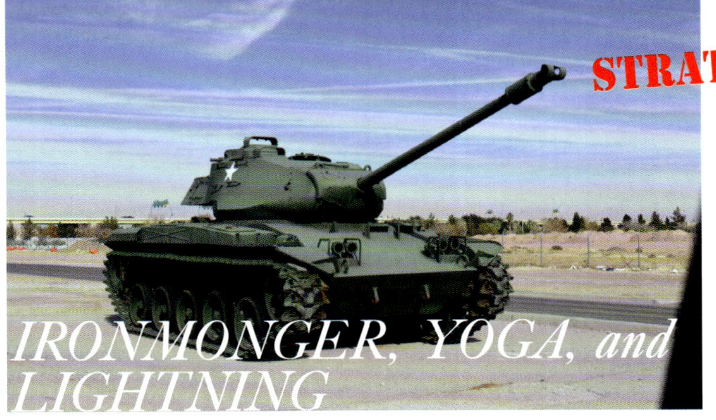

IRONMONGER, YOGA, and LIGHTNING

By *ANDREAS L. HOFBAUER*

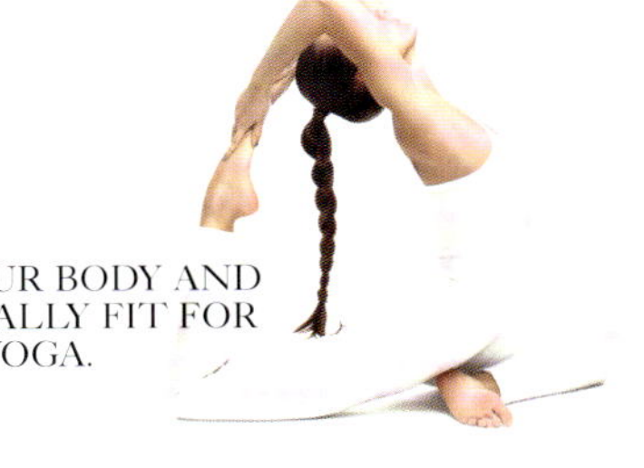

MAKES YOUR BODY AND MIND EQUALLY FIT FOR COMBAT: YOGA.

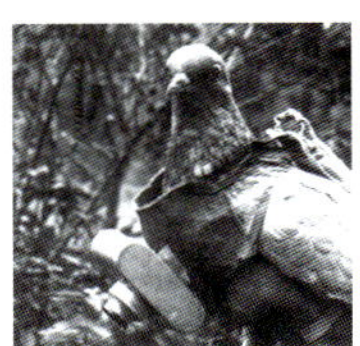

Unimaginable: The British tank posts in the battlefields of WW I communicated via carrier pigeons—reason enough to revolutionize military combat strategies.

Do you remember Major General Albert "Bert" Stubblebine III and the "First Earth Battalion" in Jon Ronson's Channel 4 documentary, CRAZY RULERS OF THE WORLD? The general who wanted to go through walls and institute psychic warfare? Or what about Jeff Bridges in THE MEN WHO STARE AT GOATS, and his drug-fuelled, revolutionary ideas on the reform of special-forces units? Do you know Michael Aquino, the high priest of the Temple of Seth, who coordinated Operation Stargate for the US Army, which should have been just as successful as the TV series devoted to it? … Scatterbrains, crackpots or fictional film characters, you will say. Far from it: Those were the days when there were folks of a quite different calibre!

In 1917, the battlefields of Flanders did not look as if H.G. Wells had once again demonstrated prophetic foresight. Fourteen years prior, he had described iron behemoths thirty meters long that moved on wheels, had tremendous firing power, and could overcome any obstacle that got in its way. Though the British army was working at full tilt in the strictest secrecy to realize this vision, the first deployments of heavily armored, tracked vehicles armed with cannon and machine guns—created under a variety of aliases including "container," "reservoir" and, later, "tank"—did not augur well. Each of these monstrosities was staffed by an officer and a seven-member crew. The vehicles' insides were illuminated with light bulbs and housed Vickers machine gun s and a cannon; the noise within was so loud that the soldiers needed signal flags to communicate with one another. The range of vision beyond the craft was limited to the few meters visible through narrow viewing slits and a periscope. Carrier pigeons notified the command posts; communication with other tanks was maintained by telephones, the cables for which had to be rolled up and unwound by infantrymen positioned outside the tanks. When deployed, the tanks often became stuck in the trenches or in the mud, where enemy artillery shot them to scrap. In the summer of 1917, the British troops had lost 400,000 soldiers in just three months' time. The carnage of trench warfare continued.

At the same time, the new Mark IV was undergoing tests at the training ground in Bernicourt. There, a man tirelessly wrote up tactical instructions and monitored the interplay of the motley tank corps comprised of volunteers, drivers, engineers, and officers. His credo: these armored fighting vehicles must be tactically mobile and agile and must operate in groups. None must lose contact with the infantry. The element of surprise is just as essential as the ground conditions. Hours of preparatory artillery bombardment is suicidal, as it makes a hindrance of the terrain the tanks will later cross. "The more the weapons with which we fight are mechanised, the less mechanically the spirit that leads them must be."—The author of this sentence: John Frederick Charles Fuller. Who was this man?

His autobiography bears the title *Memoirs of an Unconventional Soldier*, and this is no vain pose. The son of an Anglican priest began his military training at Sandhurst. In 1898, at the age of twenty, he fought in the Second Boer War in South Africa; he was transferred to India in 1903. Deeply impressed, he immersed himself into the mystical world-view of Hinduism, met holy men and practiced yoga. He got in touch with the infamous magician Aleister Crowley, who was in the process of preparing his expedition to Kangchenjunga, departing from Darjeeling. The encounter developed into a friendship in the course of which Fuller would become not only Crowley's first biographer but also the editor of the occult magazine *Equinox*, for which he wrote articles and illustrated the issues, modeled after his own oil paintings, among other things. After returning to England, he entered in Crowley's secret reform order, Argenteum Astrum, choosing the lodge name Frater *Non Sine Fulmine* [Not/Nothing Without a Thunderbolt].

Where deep antipathy towards Christianity, Socialism, massification, and the decadent forms of democracy were concerned, the two got along superbly. But when Crowley came to be cast in an even more unfavorable light in the wake of rumors of Satanism, homosexual orgies, and financial fraud, J.F.C. Fuller began to worry about his own military career and severed his ties with Crowley.

And he did indeed build a career. He routinely annoyed his superiors with the sentence: "Give me the power and limitations of any weapon and in half an hour I will give you a reasonable tactical answer!"

Thus it also came to pass in the First World War. Once a position with optimum ground conditions had been found, from which it should be possible to break through the Germans' Hindenburg Line, 476 tanks were amassed—creating the mightiest war machine of world history up to that point. It erupted in the early morning hours of 20 November 1917. According to Fuller's plans, it advanced in groups of three, with the first tank breaking through the entanglements of barbed wire, without attempting to drive over the trench, heaving to and keeping it under fire instead. The other two followed, laying out simple "landing bridges" and thus in a position to cross even broader trenches. A subsequent group leveled the barbed wire permitting the advance of the infantry. The result was quite literally a sweeping success, and within a few hours' time this section of the Hindenburg Line had been rolled up; the Germans fled in panic. In the end, the tank corps had lost half of the tanks deployed, and there were 188 officers and some one thousand infantrymen dead, severely injured, or missing. Still, not only did the offensive lead to a turning point on the Western front, but battles would never be waged in the same way again from there on. While some general staff members on horseback still dreamed of cavalry attack, the chain-reinforced chariots of the twentieth century had now set the stage for a completely new approach to warfare.

Fuller and Baron Brocket II would be the only Brits ADOLF HITLER personally invited to Berlin as guests of honor at his fiftieth birthday on 20 April 1939.

After 1918 Fuller led the Experimental Brigade at Aldershot and continued the strategic development of the mobile armored fighting vehicle. Well-meaning experts trace his moniker, "Boney," to Napoleon and his tactical prowess, but it is also clear that he is a stubborn bone with an irascible streak and few diplomatic skills. In 1933, though he was promoted to the rank of major general, his tirades against Churchill, anti-Semitic attacks, fanatical posturing as a "Commie stomper," and his commitment to the British fascists under Mosley led to his retirement at half-salary. From that point on, he would write and publish the majority of his forty-three books and countless articles—about the secret wisdom of Kabbalah, propaganda, Ghandi, how to defeat *Russia*, *Machine Warfare*, *the Black Arts*, or Julius Caesar... And he had eager students. Both in Communist Russia and in Nazi Germany. His pen pal Heinz Guderian and propaganda soon made the tank-based *Blitzkrieg* a reality. On the eve of the Second World War, Fuller and Baron Brocket II would be the only Brits Adolf Hitler personally invited to Berlin as guests of honor at his fiftieth birthday on 20 April 1939. After three hours' worth of tank convoys and motorized units had filed past the VIP stands, the *Führer* turned directly to Fuller and observed: "I hope you were pleased with your children." To which Fuller replied: "Your Excellency, they have grown up so quickly that I no longer recognize them."

Today, some consider Fuller a shady figure whose narrow-mindedness serves as a prime example of the assertion of power by military means. Others, however, see in him the innovative strategist and theorist of the science of war, a twentieth-century Clausewitz. What is certain, however, is that J.F.C. Fuller was a great magician of war.

TOYS OF WAR

WEAPONS in children's playrooms—irresponsible or therapeutically useful? AMMO interviewed well-known *child* psychologist *Dörte Flowerstone, Ph.D.*

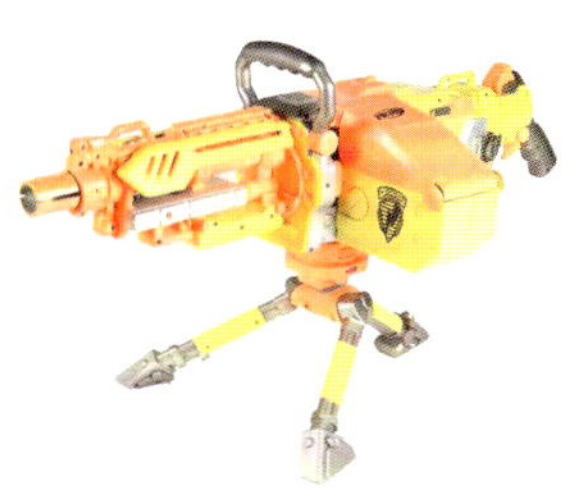

Habsro, *Nerf N-Strike Vulcan Havok Fire* (2010).

AMMO: Do you think it's wrong to prohibit children from playing with toy weapons, or you don't think weapons and violence correlate with one another?
FLOWERSTONE: The topic is complicated, and many of the hasty judgments rendered, even by the so-called "experts," also seem to involve wishful thinking, superficial knowledge and wrong intuition—rather than careful analysis.

Relationships are often suggested where they don't necessarily exist. Aggression, for instance, is not equivalent to violence; playing with weapons doesn't automatically translate into violent behavior or violent tendencies. Weapons do not necessarily produce violence; instead, they can also represent a confrontation with one's own sense of thrill in view of power, and of powerlessness in the face of violent fantasies.
AMMO: What does that mean specifically? Why do children like to play with weapons?
FLOWERSTONE: Every instance of play represents a protective space in which feelings such as fear, hatred, and revenge can be tried out without any fear of punishment. Weapons, for example, convey power. Whether a child has observed weapon-carrying persons of respect in real life, such as police officers or soldiers; or whether the child identifies with television heroes or mythological figures—the social embodied in role models such as these typically assigns weapons to "the good guys." So if children feel weak or defeated and seek security, then toy weapons can be a means of raising these questions that are so important to identity formation. Of course children need to have it made unquestionably clear to them that there is a fundamental difference between a toy and a real weapon.

Every instance of play represents a protective space in which feelings such as fear, hatred, and revenge can be tried out without any fear of punishment.

AMMO: So the weapon—whether real or in play—is initially neutral, meaning it depends on how and why it is used?
FLOWERSTONE: That is a crucial point. Weapons are part of the history of human development, because the "invention" of tools for the procurement of food and for purposes of protection marks the difference between human and primate. The distinction between tool and weapon has been a fluid one right from the outset—"necessary" use, for instance, isn't always separable from the desire to kill. But by no means are weapons necessarily evil.
AMMO: There is also the theory that video games, for example, have a cathartic function and can actually reduce aggression.
FLOWERSTONE: This idea is just as untenable. But if children do not learn to actively deal with their affects and instead remain exposed to them—to themselves—this energy almost always takes a turn for the negative. Where the human psyche is concerned, a shooting game can be just as helpful in defusing tensions as a stroll in the forest. But it can also augment tensions, too.
AMMO: So when a young gunman crosses over the threshold that keeps "normal" people from killing one another, this isn't the fault of the first-person shooter...
FLOWERSTONE: A game like this can only lower inhibitions in combination with real, formative experiences of violence. Even on a smaller scale, however, violence in the school is not the result of games—no matter what the medium. There are always underlying personal and social grievances involved, often a loneliness and isolation on the part of the children and teenagers involved. These problems need to be addressed at the political, social, and cultural levels, and not simply through blanket prohibitions.
AMMO: Are there differences in the ways girls and boys relate to weapons?
FLOWERSTONE: Girls do not feel attracted to weapons; to them, aggression is an unspoken taboo. But girls also use toys to work off their anger, although they tend to do so more by twisting a doll's arm or stabbing it with scissors. On the other hand, more than ninety percent of boys own or play with war toys. Unlike the practice common years ago, though, they typically do not recreate historical battles. Instead, they opt to stage the archetypical game of good versus evil. There is an apparent fascination with the range of affects that can be tried out here. Tactics and team spirit play a major role among older children.
AMMO: How should adults behave towards children who want to play "war"?
FLOWERSTONE: It is pointless to forbid them from playing with weapons. Through observation, parents and educators should make sure that the play remains imaginary, and that direct aggressiveness and brutalized ideas do not gain the upper hand. They should ensure that certain boundaries are observed where the hardness of the war toys is concerned, and discuss the topicality and directness of these weapons with the children.

After earning degrees in Aesthetics and Art History and Psychology (Ph.D.), and completing a training analysis with Jacques-Alain Miller in Paris, Dörte Flowerstone specialized in the use of war toys in psychoanalysis of traumatized children. As the initiator and director of the research group founded in 2003, Kinder Spielen Krieg (Children Play War, KSK), she is involved in multiple interdisciplinary research projects for the experimental treatment of post-traumatic stress disorders in children with and without migration background. She is in great demand as a consultant at technical conferences and an official advisor to a variety of political committees. Published by The MIT Press her book, Play It Right: The Creative Potential of War Games (Cambridge, MA, 2014), is an international bestseller and has been translated into twenty-four languages to date.

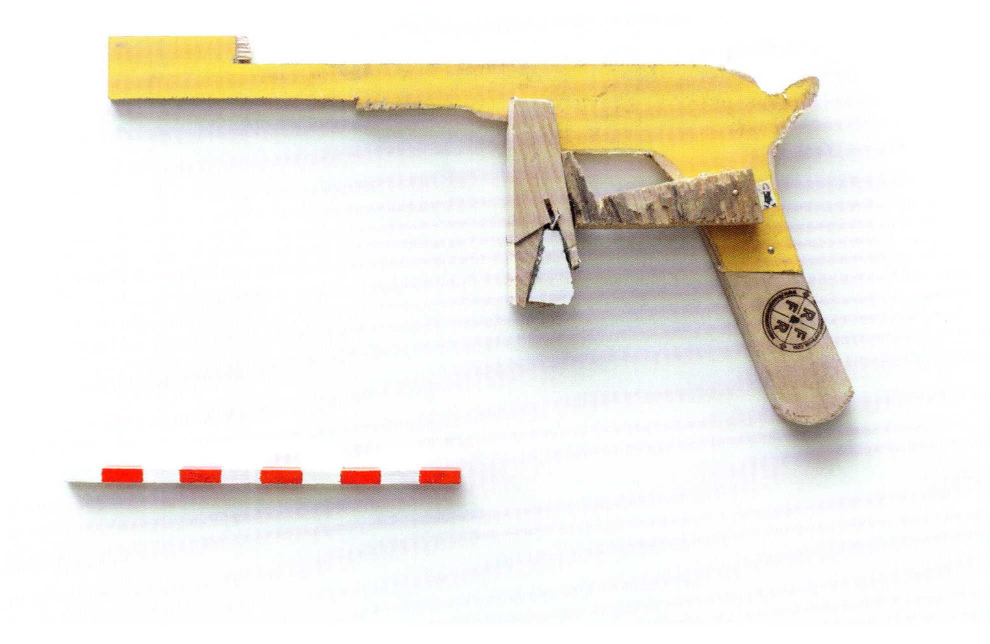

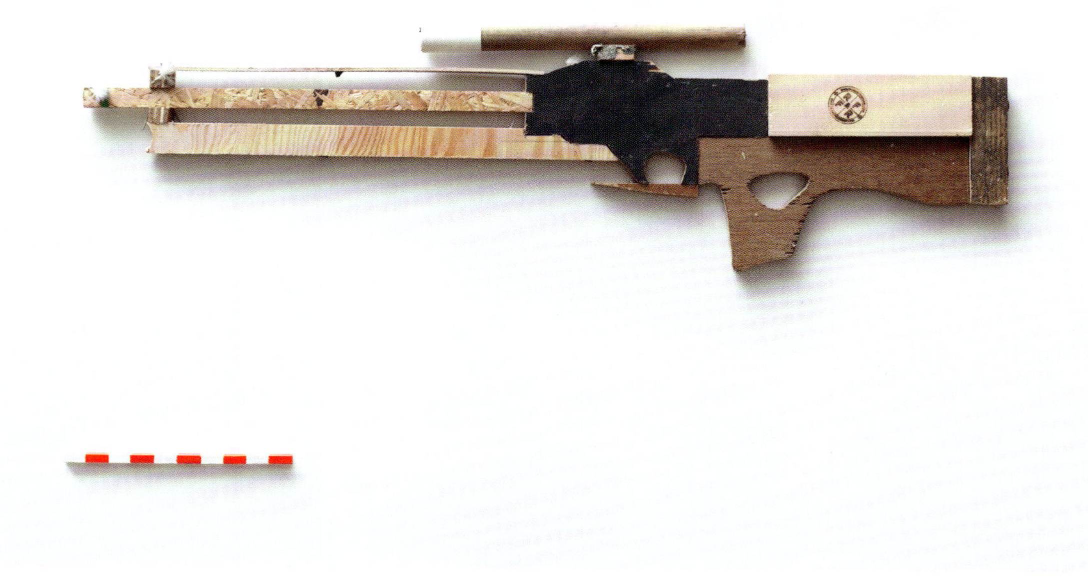

Robbert&Frank / Frank&Robbert,
Guns (2014),
two sculptures (from a series of 380).

TASER *Total*

It is *the year 12014*. The APOCALYPSE is over, the human race destroyed. Six intelligent machines are trying to reconstruct the events that led to the disaster—at the center of the investigation is FRONTEX, the *"European Agency for the Management of Operational Cooperation at the External Borders of the Member States of the European Union,"* in Warsaw. From there, the flows of refugees from all over the world were monitored, controlled, and prevented from entering the EU by all means available. Our correspondent OLAF ARNDT of the artists' group BBM has traveled through time and has filed this exclusive report for AMMO.

GROUP 2
ACTOR
So, are all the Blue Helmets that are going to go with me ready to go? Good.
Come on, then, follow me. I'll show you around the site a little here, and we can use the time and talk to each other.
[walks on in silenc]
Oh, wait, I wanted to briefly introduce myself. My name is Stefan Bäcker, and I work here as a Leinhausen Adventure Park tour guide every evening from Thursday through Sunday.
Exciting, but not entirely without.
[walks on in silence]
It's a challenge for you as visitors, too: walking instead of sitting, and while walking taking care to understand the text.
[walks on in silence]
Here at Level 1 of our evening program, a short site visit, first let's acquaint ourselves with the play area.
The only kind of infrastructure in an abandoned factory is lean infrastructure.
Heating, toilets, cloakroom, whatever visitors expect, must be improvised in one way or another.
And that's actually quite all right if you're willing to lower your sights for a moment.
After all, you get something in return.
As I said, Level 1, short site visit.
[walks to chimney stump and opens the door]
A nuisance, these pigeons. It's the power of poop. It piles up meters high, brimming over with viruses.

A sheer virus bomber.
Airborne biological weapons.
All the air is full of it: pigeons, and above the pigeons hawks that stalk the pigeons seeking to feed them to their hawk children. Above that, helicopters fly people to hospital who have come into contact with the pigeon droppings.
[continues into the drive-through tunnel, stops, and looks up]
And above that, at an altitude of 18,000 meters, other metallic artifacts.
Might be satellites.
But I don't mean them.
Look!
Oh no, won't work, come out with me.
[goes out]
Like that.
You can see them there.
There!

EXTRA
I don't see anything.

ACTOR
But they see you: little silverfish with eagle eyes. Drones!
Let me tell you the latest news. About the Eeee Youu security strategy. Come with me.
[walks along the left side on the embankment and stops just before the end of the meadow, gathers visitors around him, and starts again]
As you know, according to a study in 2014, statistically speaking, Hanover is the city with the worst-informed citizens in Germany.
I wanted to help correct that today with a fast-track approach. So back to the EU security strategy. EU security strategy: that means: Radio waves connect the drones in the air with unmanned objects on the ground, robots.
[waits for responses, then continues]
Fully automatic robots that scurry through the bushes, guided by drones.

EXTRA
You're joking now, right?

ACTOR
No, seriously: I met someone at the Hanover Industrial Trade Fair, German Aerospace Center Braunschweig, he programs the things' attack behavior for the German armed forces, they hunt in packs, like dogs, they rush their prey, and bring it to bay with tasers. looks at the Extra: You don't know what a TASER is, do you? Even though every traffic cop in Lower Saxony now carries a TASER. But it's obvious, too: why should someone who secretly wants to cross the border, who has already walked 5,000 kilometers and spent two years in a labour camp in Libya, who has already paid all the money he could borrow from the entire family for the †ing, in the end, with the destination already within reach, stop because of an unarmed robot? Why should he give up his escape plan and stop, just because there's a robot encircling him?
He doesn't.
He will keep on running.
Unless the robot forces him to stop.
And how does it accomplish that?
With a TASER, a handy harpoon that fires two wires and paralyzes, the refugee, paralyzing him over and over the moment he twitches and wants to run away.
[starts out as if he wants to continue on but soon stops and points to the transformer block in the distance]
Look, it says right there: 50,000 volts of energy directly intervening in the nervous system.
Positive energy: spontaneously increases the delinquent's grasp of the error of his willful misconduct. And yet it's completely harmless to the body.
[Extra uses the audio player to play the TASER screaming sound as an endless loop c2Taser.X26.a.MIB3Taser_01]
In a way, it's a serious refreshment for the whole body. It's the liberal-Christian thing to do: Like a nail driven through the soles of one's feet and into the spinal cord. It's great for the psyche, since someone who's been tasered once won't risk the experience a second time. And anyone who sees someone being tasered will not dare risk that same fate. So no one will run away any more once it becomes known that the border robots have tasers that they fire automatically.

Taser is an acronym from the youth novel *Tom A. Swift and His Electric Rifle* by Victor Appleton (1911). Used only by the Bavarian police in Germany, Tasers are legal to own in the US and can be purchased online.

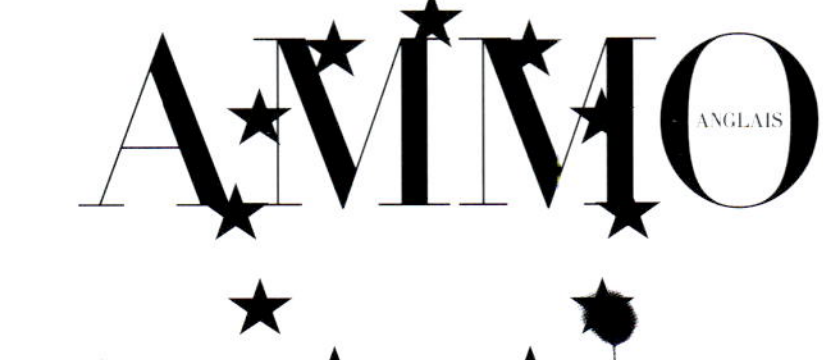

#HIGHVOLTAGE #CROSSINGBORDERS

A taser?

It´s tickling essentially!

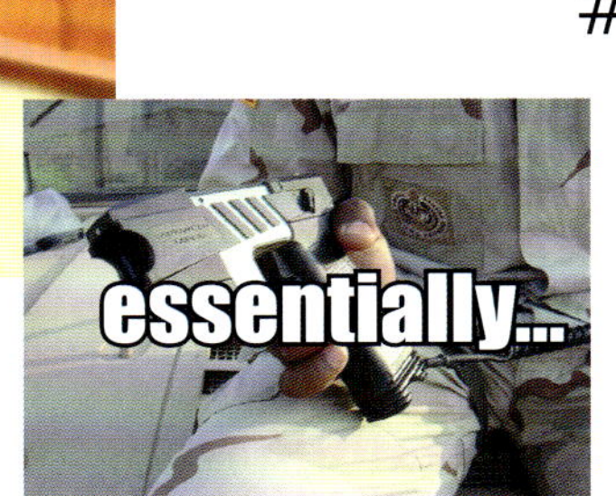

1-16 von 869 Ergebnissen in "TASER"

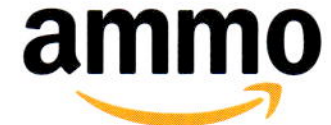

PowerMax Elektroschocker 500 000 Volt

EUR 86,77

Andere Angebote

EUR 86,00 neu (9 Angebote)

77

Kostenlose Lieferung möglich.

Sport & Freizeit: Alle 153 Artikel ansehen

That's exactly what they mean when they talk about a "smart border." It's what they mean when the speak of "humanizing border control."

A sensible solution.

Yes. Exactly.

We act rationally.

We're going to get them all.

No one gets through.

[continues on before the transformer block, points to the type plate]

50,000 volts. You know, let me tell you the story about Hans. Hans Marrero. Hans works with the US Marine Corps as a hand-to-hand-to-hand combat instructor. Hans is considered the hardest man alive. A Super Rambo. To him, a kidney punch is like a caress. When a grenade tore away his kneecap in Thailand, he completed his mission anyway, as if he had simply scratched his skin open a little on a blackberry bush. To him, pain is a weakness that has left his body. Hans took a bet against the TASER: located just five feet away is a case of beer that belongs to Hans if he can reach it. Hans is standing on a thick blue exercise mat. The electrodes of the TASER are stuck to his naked torso.

Hans says: I'm ready. The TASER crackles. Hans becomes stiff as the Eiffel Tower. Instant neuro-muscular stiffening. Hans screams. Hans begs for mercy. Hans says: Alright alright, turn it off. The TASER continues to crackle, for just five seconds. Hans says these are five seconds he'll never forget. And of course he still got the beer, to calm his nerves.

That is the TASER.

Questions?

Oh, one more thing: as I have mentioned: Hans is considered the hardest man alive. That was absolutely correct! Because all women are harder. How do I know this? Well, science has long agonized over how it can measure pain. Then someone found something: the pain of birth. That was set as the absolute standard of measure. To bring a child into the world means withstanding ten Dol. "Dol" comes from the Latin word for pain: "dolor." Men can only withstand a maximum of seven Dol. That's when they switch off. Click.

The TASER shoots well beyond the upper end of the scale. If it were felt, it would be the equivalent of fifty Dol. Fortunately inconceivable, can't be felt. But certainly more than enough to savor the upper reaches of the pain scale.

And now, let your imagination run free: you are standing at the border of a country unfamiliar to you. You have to get in, because for you there's no turning back. That's when a pack of robots appears, with a kind of silver eagle circulating above. And then it goes bang, bzzzzzzzt bang, bzzzzzzzt bang, bzzzzzzzt, and you and everyone in your group all around you are lying flat on the ground, with neuro-muscular paralysis from one of the twelve pairs of wires with which the all-round TASER, the brand-new Border TASER shoots in all directions at the same time. And every time you twitch, want to run away, to shrug, leave, it goes bzzzzzzzt again. bzzzzzzzt. bzzzzzzzt.

Let's say: for six or eight hours straight. Because there happens to be a great deal going on in your border section, Group F_x arrives a little late. The electrician was busy elsewhere. You're not the only ones who want to be disconnected. Meanwhile, the health-neutral TASER carries on. Ever onwards. After all, it's a machine, sitting on a machine, a mechanical machine bolted to an autonomous machine, controlled by a flying machine. bzzzzzzzt. bang. bzzzzzzzt.

[sets off towards the stairwell]

bzzzzzzzt. bang. bzzzzzzzt.
bzzzzzzzt. bang. bzzzzzzzt.
bzzzzzzzt. bang. bzzzzzzzt.

What a beautiful reception.

[calls into the stairwell]

in Euuuuurope!

[goes up]

bang. bzzzzzzzt. bang. bzzzzzzzt.

[goes first and stops on the second stair tread and talks down to the visitors following behind him]

And it's yellow, the new TASER, bright yellow like an oriole. It's stylish-looking. Good looks improve acceptance. If someone sees it on TV, he can be glad rather than afraid. There's no bloodshed. A clean business.

[points to the visitors]

Your colleagues who got around the TASER down below are glued in place 100 meters further on *[points upwards]* in a kind of inflatable mountain. A mobile barrier that automatically inflates whenever someone runs through the laser beam that replaces the border fence today. This is intelligent, incredibly intelligent. With intelligent adhesive on it, so anyone who tries to climb over it becomes stuck to it. And why is the adhesive intelligent? Because it knows where your mouth is, because it's not supposed to be glued shut in the action. You still have to breathe, actually breathe a lot after all the running, sprinting, rushing, with a pack of robots snapping at your heels. It's quite handy, an inflatable mountain like this. It's easy to transport, and quick to install. And then comes Group F_x, the black angels of the EU, with release spray in their hands, and they simply release the intruders who've been glued in place. Those still stuck under charge to the TASER are visited by the Po.W.E.R Team with the wire cutters and the long cable ties. They kneel next to the paralyzed person, briefly stretch the tissue next to the entry wounds, like this, stretching the tissue around the barbs with two fingers, that's perfect, yes, like that, nice and tight, and tear out the arrows. Boom. All over.

From: The World Without Us (IX): Po.W.E.R. *A Brief Introduction to the Blessings of the Poseidon Welfare Enhancement and Rescue Service*. BBM, Staatstheater Hannover, 2014.

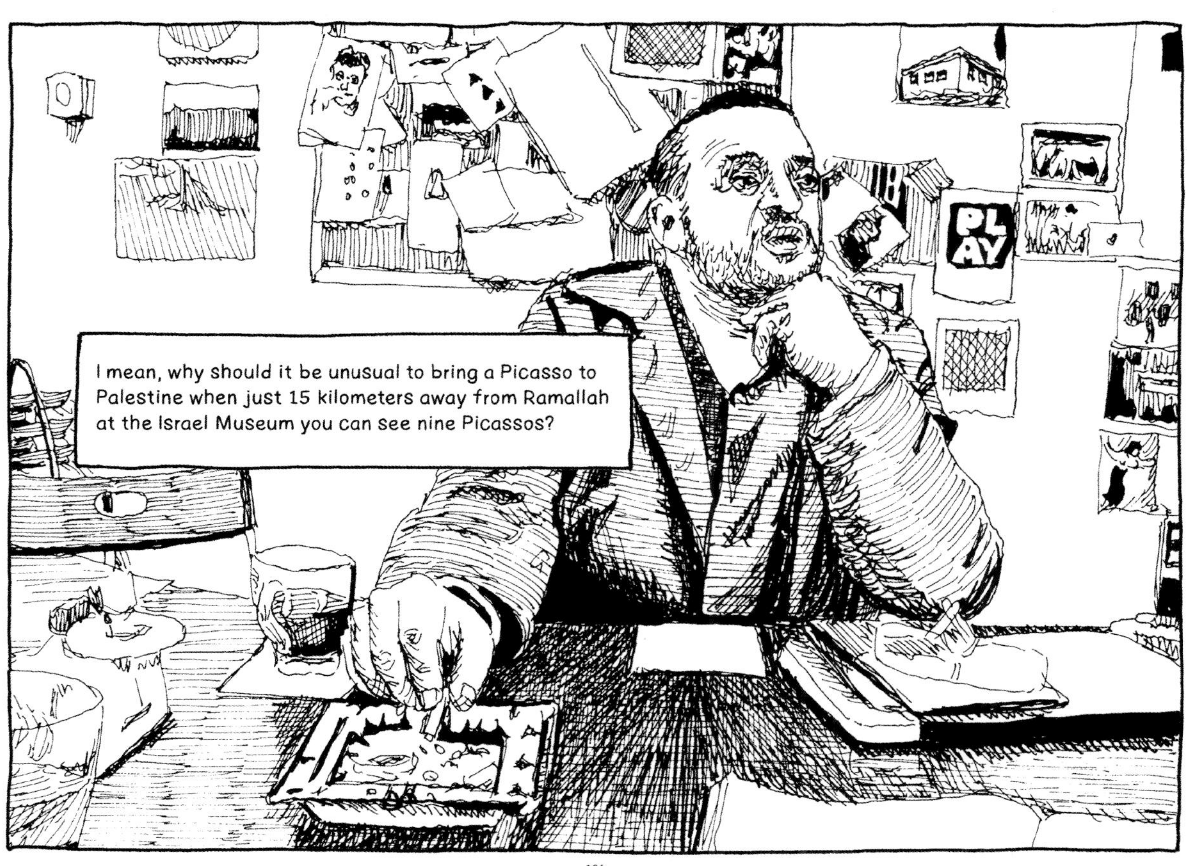

106

Michael J. Baers,
drawing from the graphic novel:
An Oral History of Picasso in Palastine (2014).

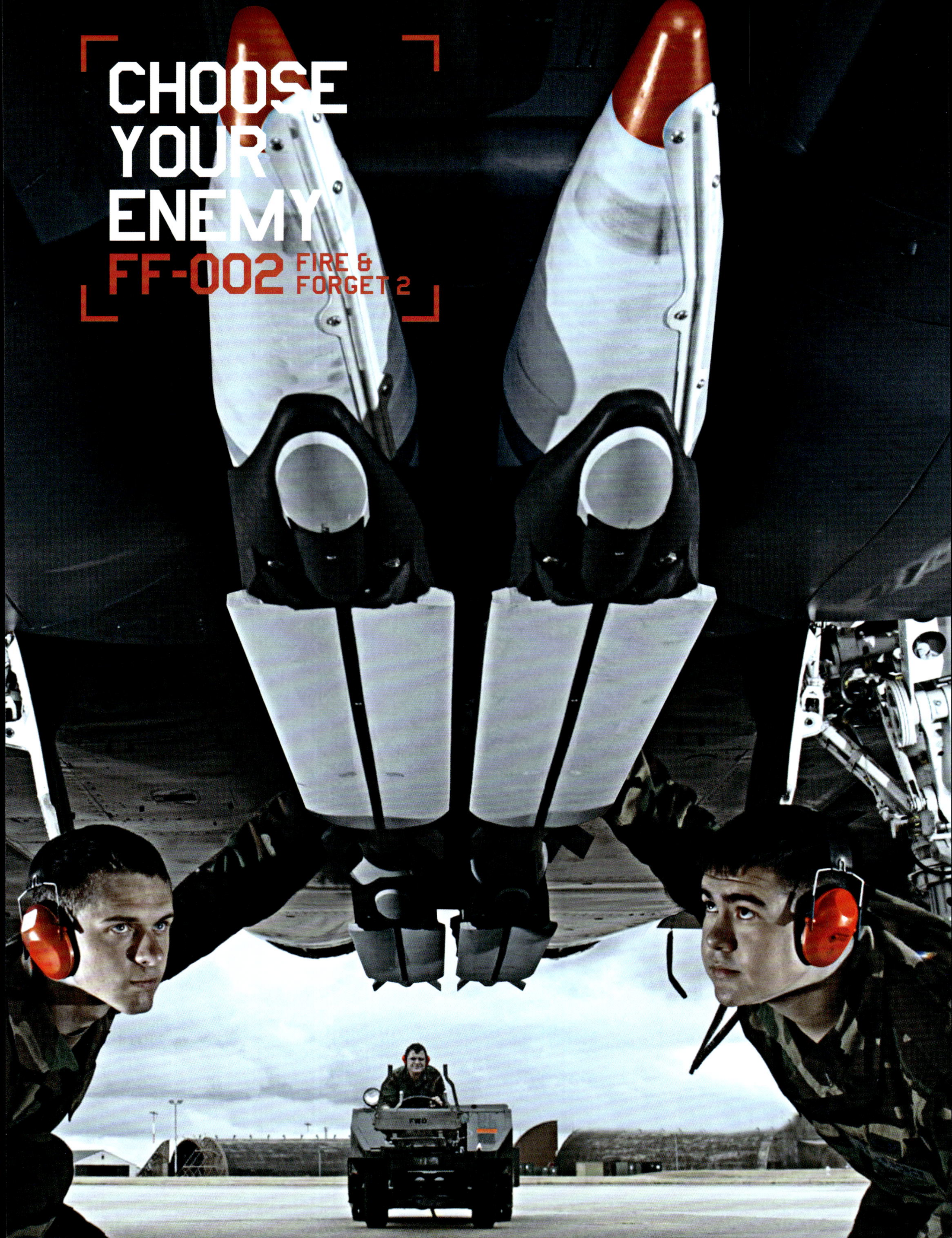
CHOOSE
YOUR
ENEMY
FF-002 FIRE & FORGET 2
FWD

GLOSSARY

AVANT-GARDE
A term from the French describing units at the head of an army (cf. "Pioneering role"). Its risky and trail-blazing activity has become an expression for creative, and particularly for artistic movements.

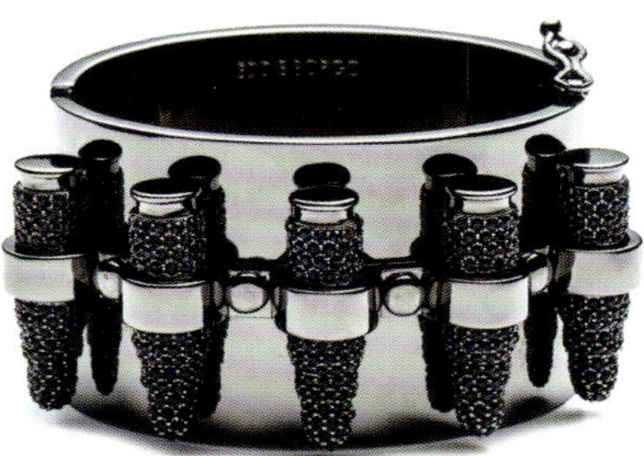

Bullet Cuff by Eddie Borgo (2011). Photo by Eddie Borgo.

BARBED WIRE
Was developed by cattle breeders in the US in the mid-19th c. in skirmishes waged over pasture land. In combination with the machine gun, the first strategically decisive use of barbed wire occurred in the trench warfare of WW I. It was not until the invention of the tank that people were effectively able to overcome barbed wire.

BAZOOKA
Portable anti-tank weapon named for its resemblance to a handcrafted trombone of American radio comedian Bob Burns (1890–1956). Its impressive size makes the b. a popular prop in action films in order to leave no doubt as to the wielder's superiority and will to power (cf. Til Schweiger).

BIRTH-TO-DEATH TRACKING
Monitoring dangerous explosives/objects from the moment of their launch to their final detonation; today, this is realizable for nearly every subject, thanks to smartphone-based localization (cf. Bruno Latour's "Actor Network Theory").

COUNTER-STRIKE
A successful "first-person shooter" network video game criticized as glorifying violence (1999). As members of an (anti-)terrorism unit, players must accomplish strategic missions (laying bombs, freeing hostages, protecting important persons) and/or kill their opponents; they have the use of a well-stocked arsenal of weapons.

CRIPPLE STOCK
Shaft for shooters who hold the weapon against their right shoulder and take aim with the left eye. Such stocks are offset, tooth-set, or fitted with shell-like recesses.

DEEP PENETRATION
Going deep behind enemy lines on the ground or from the air and penetrating into the enemy's territory in order to achieve a considerable impact there (cf. "petite mort").

DOOMSDAY MACHINE
Device of the US for an efficient solution in the event of nuclear war. Has the potential to wipe out the entire population of the world if sensors register detonations of nuclear warheads on the territory of the United States.

EASTWARD
Opposite of west. Binding word usage introduced in the Prussian military ("ostwärts") to minimize misunderstandings due to homophony in the transmission of location information in the chain of command.

EMPATHY
(Greek for "physical affection or passion") – since 2003 key word in the managementi *Lexikon Innere Führung* (published by Walhalla Verlag). An indication that the leading core missions currently revolve less around mere defence or the waging of life-and-death battle, and now include the attempt to mediate (cf. Intercultural competence).

FIFTH COLUMN
A term orig. used in the Span. Civil War (1936–39) to describe guerrilla tactics. More generally, the fifth column describes every real or imagined form of subversion of the waging of war that aims to demoralize and unsettle the opponent.

FOG OF WAR (FoW)
Describes unclear conditions that arise during a battle and that have the effect of "fogging" information necessary to decision-making. Whether this is literally flying dust on the battlefield, interrupted channels of communication, soil conditions due to weather, or attempts to interfere through strategic *information warfare*. FoW can be reduced (through tactical reconnaissance) but never eliminated altogether.

FRIENDLY FIRE
Firing on one's own or on allied forces in error in the course of an armed conflict (see exhibition catalogue for *Fire and Forget. On Violence*, KW Institute for Contemporary Art, Berlin, 2015). Also known as "blue on blue."

GAME THEORY
A model widely use in economics that assumes that people always seek to achieve aims that are most beneficial to them and assume that others take a similar approach. Developed in WW II and differentiated during the Cold War, to date game theory tends towards binary models (friend/foe), thereby favoring less than complex ways of thinking (cf. Hans-Werner Sinn).

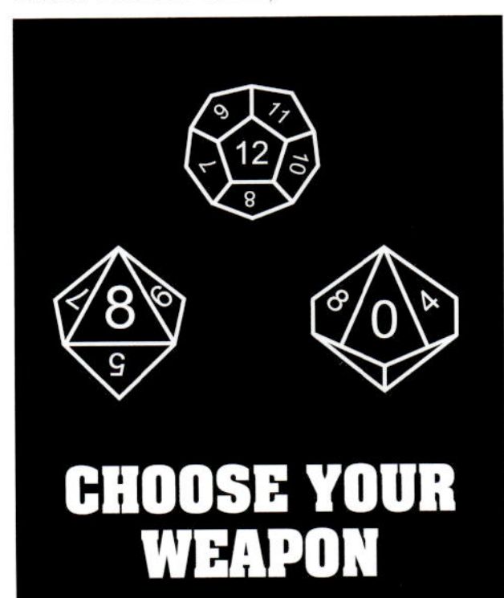

GERMAN HAIR TRIGGER
Device used to fine-tune the trigger of a single-barrel shotgun. In Austria, the design is known as a "Doppelzüngelschneller." The hair trigger is cocked with the rear trigger and released with the front trigger.

GHOST TAPE 10
Also known under the name "Operation Wandering Soul," was a psychological operation (PsyOp) conducted by the US Army during the Vietnam War. The "ghost voices" of the restless souls of Vietnamese fighters who had fallen and not been buried were mixed with cacophonies and bizarre music as well as the sounds of Buddhist funeral rituals and broadcast at high volume over loudspeaker equipment (attached to military helicopters) over the jungle and in proximity to suspected Viet Cong positions (cf. *Apocalypse Now*, 1979).

GUERRILLA
Diminutive form of the Span. "guerra" (meaning "war"). Politically motivated, irregular, and asymmetrically conducted liberation struggles waged against militarily superior occupying forces or one's own government. G. wars are considered to be non-sustained military confrontations; due to the obvious inferiority of one party to a war, that party usually conducts g. war from positions in hiding (cf. Partisan and Terrorist).

HONEY TRAP
Strategic use of sexual favors in order to gain control over another individual. This is part of the arsenal of activities by intelligence services (cf. Deep penetration).

"I'M TWO OIL TANKS"
An advertising slogan devised in the 1970s by Hans Scheibner to promote the use of private oil tanks in the home garden. According to legend, this occasionally also involves private fallout shelters the installation of which one seeks to conceal from neighbors with the printed title—to prevent unwanted visits in case of emergency.

INFRASONIC CANNON
Acoustic weapon the existence of which cannot be proven, but that is recurrently mentioned in the context of conspiracy theories. Infrasound is low-frequency sound (16–20 Hz) below the threshold of human hearing that triggers stress, fear, and anxiety and instils awe. So-called Long Range Acoustic Devices (LRAD) have been proven to exist. They are used in the sonic warfare and to disperse demonstrators (G-20 Summit in Pittsburgh, 2009). These devices utilize the audible frequency range of sound waves, however.

JINGOISM
Pejorative term for a form of unreflective patriotism that accompanies war euphoria (cf. Jürgen Habermas' notion of "Verfassungspatriotismus" or"constitutional patriotism").

FEAR + HATE

KILL BOX
The area one must not enter without almost certainly dying.

LEOPARD, PANTHER, WIESEL, MARDER, PUMA, GEPARD, SKORPION, BÜFFEL
Species animalium from the fauna of the tracked-vehicle fleet of the German Bundeswehr.

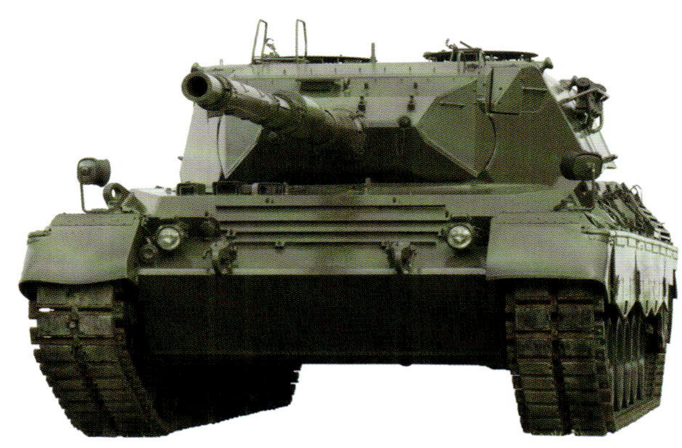

LIGHT CAR (Golf)
Most frequently used car in Germany, part of the tradition of the VW bucket car ("Beetle") for military exercises and spatial flexibility of the population in case of military emergency. According to the *Bundeswehr Equipment Manual* (1997), part of the category of "unarmoured wheeled vehicles."

MAUSER
German arms manufacturer. The C96-model army pistols and the successor model developed by the Tyrolean weapons manufacturer Luger, the P08 (Parabellum) were sold in large numbers worldwide beginning in 1896 and continuing until long after the end of WW II. Due to their distinctive shape, both are indispensable to representations of German officers and soldiers in popular culture. The C96 was not just the favorite weapon of W. Churchill; it was appreciated by the Bolsheviks as well. Mayakovsky is dedicated a line of a poem to it: "Silence, you speakers! Comrade Mauser, you have the floor."

MILITARY CLOTHING
Sign of military status and rank; also serves to distinguish between friend and foe. Only after WW II did this clothing undergo conscious efficiency enhancement through context-specifically designed materials and moulded parts taking factors including weight, weatherproofing, visibility, and protection of individual parts of the body into account.

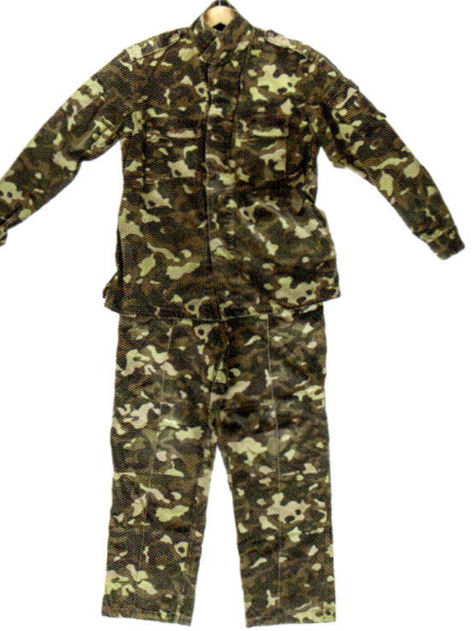

MILITARY MUSEUMS
Since the 17th/18th c., there have been collections of historical weapons, equipment, documents, and illustrations. They served the purpose of providing information about technological developments and forms of warfare; they were also an object of constant fascination and entertainment.

TALK AND FIGHT
"Basically, Talk-Fight was a strategy deployed against an overwhelming enemy the moment it showed the first signs of exhaustion and stress—from that moment on, time was on our side. Talk is desirable here, not to find a compromise (the American negotiating approach) but to feed the enemy with hope while continuously increasing the units in the enemy camp." (Bui Diem)

PISTOL
Small, portable, self-loading firearm; derived from the Czech term "píšťala," meaning tube"; prior to this, German *Fäustling*. First p. in the late 14th c. in Sweden, modern p. with replaceable cartridge magazine since the late 19th c. In contrast to most p., revolvers have no safety; here, the cartridges are housed in a rotating drum.

RECRUITING
"Suppose they gave a war and nobody came" is a pacifist slogan. Indeed: Nowadays, attracting dedicated soldiers requires investments in expensive PR campaigns. Recruits are attracted with the promise of solid training, a high salary, integration into a community, adventure, and glory.

REASON FOR WAR
No war lacks a reason, even if the real reason for a conflict is rarely the one officially advanced as such. Historians devote a great deal of energy towards gaining ground after the fact in this war against the truth. But no one has more to offer than the truth of a victory that has not yet ended the fight (HRK).

CASE UNSOLVED

RIOT CONTROL
Since the mid-19th c., this task has fallen into the scope of duties of the police (and not of the military). Initially unarmed, the German police have used particularly non-lethal weapons since the 1980s, such as tear gas, pepper spray, rubber bullets, and electric Tasers to de-escalate violence. The German Federal Police can lend assistance in case of tensions or self-defence; in exceptional cases, so can the German Bundeswehr.

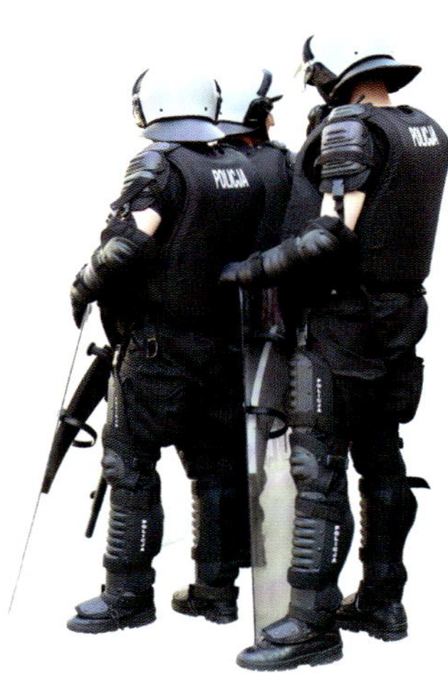

SALAMI TACTICS
The continuous uttering of a threat of attack that is undermined by repeated small actions, eroding the attacker's credibility over time.

SNAFU
Acronym for "Situation Normal, All Fucked Up." According to uncertain sources, this dates back to telegrams between the German army headquarters and the imperial and royal general staff in WW I. The Germans: "Our situation is serious, but not hopeless." The Austrians: "Our situation is hopeless, but not serious."

STEREO
Audio technology perfected in WW II as a targeting and localization method: German bomber pilots were given headphones with the tracking signal from Calais playing on the left shell and the signal from Antwerp on the right. When both signals were perceived as a single, spatial sound ("stereo"), they knew that they had reached their target (London) and could drop their bombs.

SURGICAL STRIKE
"War is a sledgehammer, not a scalpel" (anonymous).

V-1/V-2
Nomenclature introduced by Nazi propaganda in 1944 (V = "Vergeltung," meaning "retaliation") for two weapons he innovative nature of which was expected to lead to German victory after all. Whilst the V-1, as a cruise missile, was remotely controlable up to a point and thus represented a precursor to the guided missile (cf. "Fire and Forget"), the better-known V-2 was a ballistic missile that could no longer be controled once it was fired. It is considered the immediate predecessor to space technology.

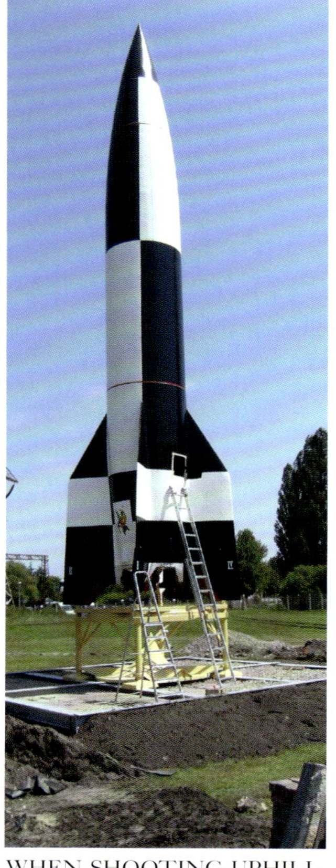

WHEN SHOOTING UPHILL, POINT AT THE TARGET; WHEN SHOOTING DOWNHILL, AIM BELOW IT
An often-misunderstood old rule. Only applies to shotgun shot. When shooting bullets great distances, the rule is: whether the target is uphill or downhill, always aim below it.

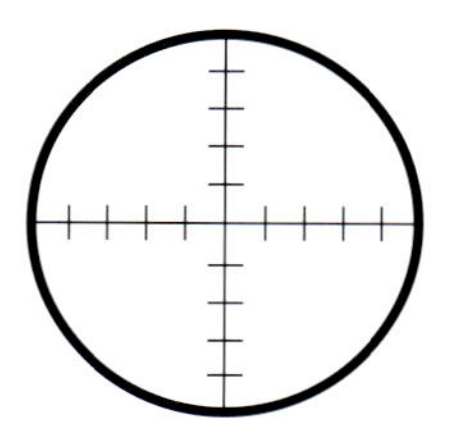

ZOMBIE OBEDIENCE
Characterization originally stemming from the rules of the Jesuit Order introduced in 1534 blind obedience to authority, even if the commands appear to be meaningless, inhumane, or life-threatening (cf. "Milgram experiment").

BIBLIOGRAPHY

Julius Castner (ed.), *Militär-Lexikon: Heerwesen und Marine aller Länder mit besonderer Berücksichtigung des Deutschen Reichs, Waffen und Festungswesen, Taktik und Verwaltung*, Leipzig 1882.
Vladimir Dolinek (ed.), *Illustriertes Lexikon der Waffen im 1. und 2. Weltkrieg*, Utting 2000.
Richard Holmes (ed.), *The Oxford Companion to Military History*, Oxford et al. 2001.
Walter Lampel/Richard Mahrhold (eds.), *Waffenlexikon*, München et al. 1994.
Timothy J. Lynch (ed.), *The Oxford Encyclopedia of American Military and Diplomatic History*, *Bd. 1–2*, Oxford et al. 2013.
Hans-Joachim Rieb/Peter Többicke (eds.), *Lexikon Innere Führung*, Regensburg 2003.
Jan Sach (ed.), *Illustriertes Lexikon der Hieb- & Stichwaffen : [der Ratgeber für alle Liebhaber historischer Waffen]*, Erlangen 1999.
Achim Th. Schäfer (ed.), *Lexikon biologischer und chemischer Kampfstoffe und der Erreger von Tier- und Pflanzenkrankheiten, die als Kampfstoff nutzbar sind*, Berlin 2003.
Harry Waldman (ed.), *The Dictionary of SDI*, *Wilmington* (DE) 1988.

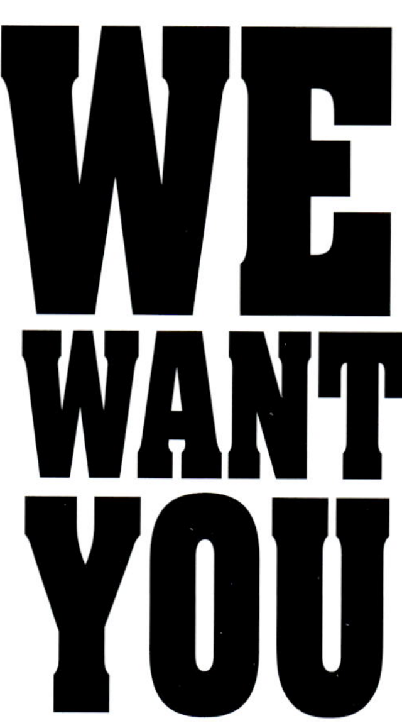

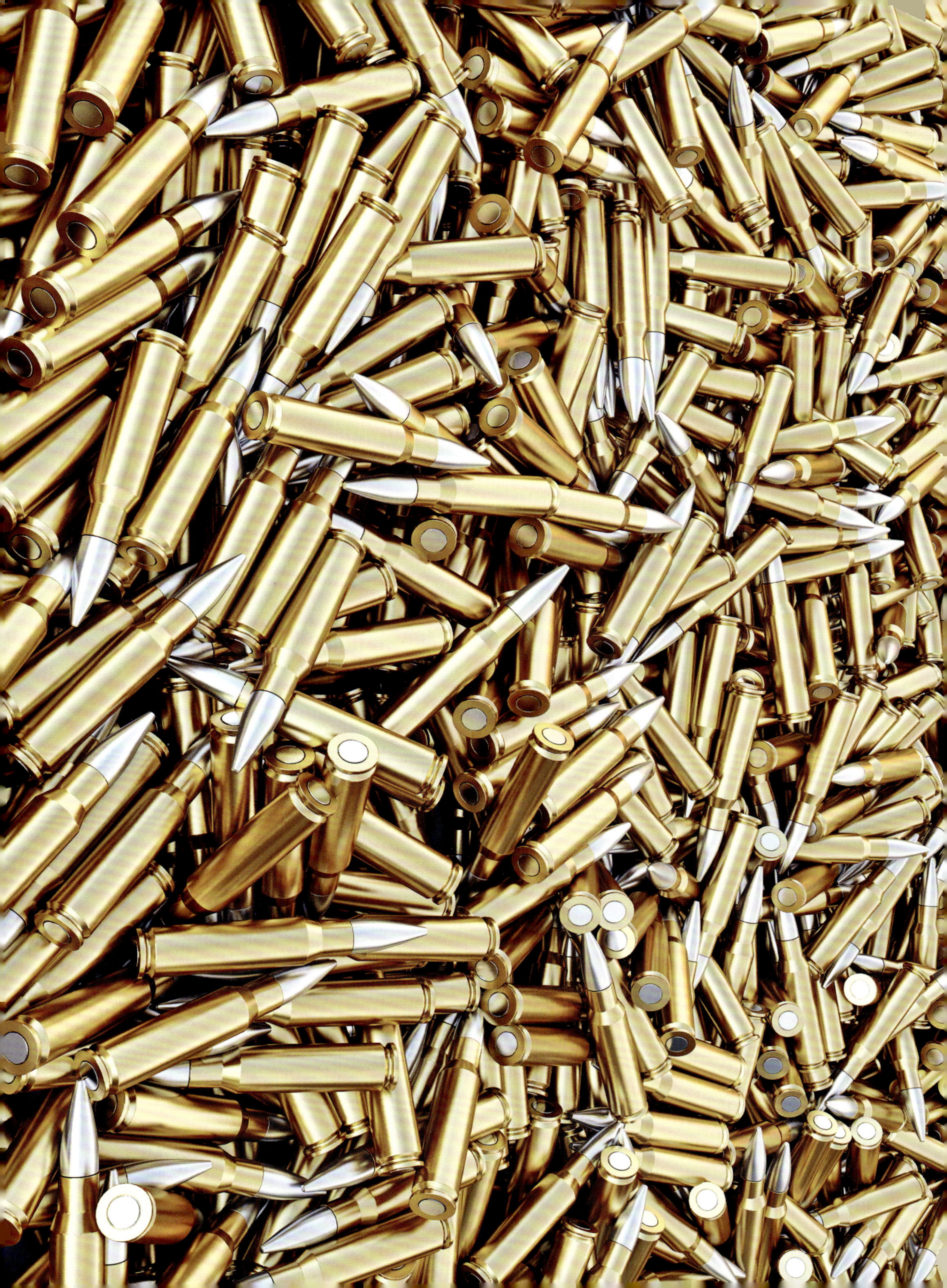